普通高等教育“十一五”国家规划教材

XIANDAI DAXUESHENG
RENWEN SUZHI YU XIUYANG

现代大学生
人文素质与修养

主 编 郭 华
副主编 孔江联 黄河浪
付华荣 黄海啸 何 琴

江西科学技术出版社

图书在版编目(CIP)数据

现代大学生人文素质与修养/郭华主编.—2版.—南昌:江西科学技术出版社,2010.7
ISBN 978-7-5390-2499-8
Ⅰ.①现… Ⅱ.①郭… Ⅲ.①人文科学—高等学校—教材②道德修养—高等学校—教材 Ⅳ.①C43②G641
中国版本图书馆CIP数据核字(2010)第121317号

国际互联网(Internet)地址:
http://www.jxkjcbs.com
选题序号:KX2004003
图书代码:J08105-204

现代大学生人文素质与修养 郭华 主编

出版发行	江西科学技术出版社
社址	南昌市蓼洲街2号附1号
	邮编:330009 电话:(0791)86623491 86639342(传真)
印刷	南昌市光华印刷有限责任公司
经销	各地新华书店
开本	787mm×1092mm 1/16
字数	485千字
印张	19
版次	2010年8月第2版 2014年4月第4次印刷
书号	ISBN 978-7-5390-2499-8
定价	29.80元

再版序言

五年前，我受编者之邀，为《现代大学生人文素质与修养》一书作序。为了不负所托，我通读了这部书稿，那时就感觉作为一群长期从事科学技术的教育者，能够如此重视人文知识、热衷人文素质教育，编著出这样一部当时并不多见的教材，实在难能可贵。该书出版问世以来，深受高校、职业学校师生欢迎，并于2006年荣获"第二届江西省普通高等学校优秀教材一等奖"，且入选普通高等教育"十一五"国家规划教材。这对促进人文素质教育发挥了非常好的作用，十分值得欣慰。今天，《现代大学生人文素质与修养》由江西科学技术出版社重新出版，其中许多内容根据时代的发展，进行了修订和充实，这既是一件难事，更是一件好事，为在新形势下更好地开展大学生人文教育提供了重要参考和生动教材。

高等教育肩负着培养大学生综合素质、促进大学生全面发展的重任。如何加强和改进高校的人文课程教育教学备受社会关注。从国际上看，建立个性化、人性化、多样化、终身化教育体系，努力实现通识教育和专业教育相统一已经成为一种趋势。联合国教科文组织21世纪教育委员会把对学生的教育归纳为"四个知识维度"：一是学习怎样去理解，二是学习怎样去实践，三是学习怎样与人相处，四是学习怎样成就自己。从我国的现状来看，教育领域存在的重理工轻人文、重专业技能轻综合素质、重书本知识轻实践操作等倾向，造成了一些大学生人文素质与修养的匮乏。因此，坚持以科学发展观为指导，更新教育观念，建立和完善我国高校新的课程体系、教育质量和人才标准十分必要。

我国自古以来就有重视人文教育的优良传统，古代的"孔门四科"，即德行、言语、政事、文学，以德行为首。近代教育家蔡元培先生提出培育学生"完全之人格"，主张美育与智育并重。新中国成立后，毛泽东同志就提出"德、智、体全面发展"的教育方针。改革开放以来，邓小平同志认为教育的根本任务是培养人，在新时期提高人的文化素质是至关重要的问题。江泽民同志强调:“教育创新的根本目的是要推进素质教育,全面提高教育质量。”进入新世纪以来,胡锦涛总书记提出:“全面实施素质教育,核心是要解决好培养什么人、怎样培养人的重大问题,这应该成为教育工作的主题。要坚持育人为本、德育为先,把立德树人作为教育的根本任务,努力培养德智体美全面发展的社会主义建设者和接班人。”近年来,党和政府对于人文教育高度重视,积极推进教育、教学改革。加强大学生人文素质教育得到广泛认同,相关理论和方法也不断创新,该书的再版问世就是其中一例。

本书从三个层面安排内容:一是本着教育服务于社会这一根本职能,介绍职业伦理与道德、职业形象与设计、职业文书写作等知识,以培养学生良好的职业品行,提升其为人处事之本领;二是着眼美化生活、陶冶情趣,介绍书法、摄影、茶艺和插花等知识与技艺,旨在培养学生的兴趣和爱好,使其懂得如何去创造充满情趣与和谐的生活氛围;三是围绕树立积极向上的人生观、价值观和审美取向,阐述文学、音乐、舞蹈的基本知识和鉴赏方式,从不同角度启迪学生更深层次地感受和认知世界,提高其辨别真善美的能力,以创造更加美好、更加绚丽的人生。

最后值得一提的是,再版的特点突出了理论与实践相结合、普及与提高相结合、知识与情趣相结合、个性与共性相结合,灵活运用案例和插图于教材之中,增添了该书的生动性、趣味性和可读性。本书既是理工医农类院校学生人文素质课程的教材,同时也可作为企事业单位高管人员的工具参考书及一般职员的人文知识普及读本,相信广大大学生和读者朋友能够从中受到教益和启迪。

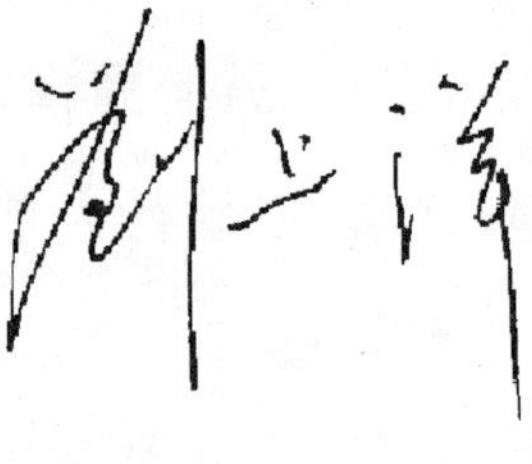

[目　录]

导 言

见贤思齐焉,见不贤而内自省也。

——《论语·里仁》

天行健,君子以自强不息;

地势坤,君子以厚德载物。

——《易经》

［一］

促进人文教育与科学教育的融合是当今各国政府、高等院校乃至社会普遍关注的话题。1998 年 10 月在巴黎首次召开世界高等教育大会,会议发表了《世界 21 世纪高等教育宣言》,该宣言提出,能否进入大学应取决于本人的品行而不是其优越的社会地位。国际 21 世纪教育委员会在《教育——财富蕴藏其中》的报告中就人才培养从知识、能力、素质方面提出了新的构架——21 世纪教育的"四大支柱",即让每个学生"学会认知、学会做事、学会共同生活、学会生存"。这个构架无疑为当今高等教育改革与发展注入了新的内涵。可见,摆脱和冲破旧的教育观念与体制束缚,探索和建立一种新的理念与机制已成为当今高等教育改革的必然趋势。

在我国相当长的一个历史时期(甚至包括现在),从高中阶段的文理分班到大学的文理分家,致使很多学生缺乏人文知识,从而在某种程度上表现出道德理性、审美价值、社会责任感、法律意识的缺失或淡漠等,使他们难以适应社会,难以适应时代。透过这一现象深入地分析,其原因有四:一是自然科学和技术学科的分化和扩张使人文科学的领地日渐狭小;二是教育功利化导致人文科学的地位进一步下降;三是重视培养专业人才的教育体制人为地造成了科学技术与人文的疏远和隔绝;四是自然科学自诩的"道德中立"使得科学工作者轻视人文知识,甚至心安理得地拒绝人文思想。此外,就我国教育发展的历史看,从古代的"科举制"教育到近代的"科学救国",我国的教育从一个极端走向另一个极端。"科学救国"、"科学强国"固然使中华民族得以振兴,但是忽视优秀的中国传统文化,轻视科学技术与人文的和谐统一,片面追求科学技术教育也使中国高等教育步入窘迫而尴尬的境地。

作为高校的教师和学生都应该清楚地清醒地认识到这一点。人文教育与科学技术教育两者不可偏颇,偏向任何一方的做法对教育和人才的培养都是不利的。意大利诗人但丁有句名言:“一个知识不全的人可以用道德去弥补,而一个道德不全的人却难以用知识去弥补。”仅有品行没有知识是脆弱的,但没有品行光有知识是危险的,是对社会的潜在威胁。这并不是危言耸听,教育的功利倾向和片面追求已造成了诸多负面效应,甚至酿成悲剧也是有目共睹的。

从全球发展态势看,各国之间的人才竞争、经济发展、现代高新技术飞跃等告诉我们,今天比以往任何时候更需要加强人文教育与科学教育的融合,需要让弘扬人性、提高素质、完善人格的高等教育功能得到充分体现,让人与人、人与自然、人与社会的关系更加融洽、更加和谐。基于这个前提,我国党和政府不失时机地提出了深化教育改革,全面推进素质教育的战略举措,前不久,教育部又制订并颁发了《国家中长期教育改革发展规划纲要(2010—2020)》,对高等教育提出:“着力培养信念执著、品德优良、知识丰富、本领过硬的高素质专门人才和拔尖创新人才”的目标。这些为当今教育的质量观和人才观注入了新的内涵,同时,对解决目前教育发展滞后、教育内容与形式存在的种种弊端下了一剂良药。我们应该积极地站在教育改革的潮头,顺应历史的潮流,努力开拓和探索教育的新路子,把科学教育与人文教育两者完美地结合起来,并付诸于实践;把怎样生存、怎样创造、怎样关心、怎样合作共事、怎样正确处理各种矛盾、怎样正确辨别各种是非和明辨历史使命、怎样坚定理想信念,如何以浓厚的优秀历史文化积淀构筑自己的精神支柱作为重要的内容;将学生塑造成真正具有高尚的情操、完美的人格,热爱生活、热爱祖国、热爱人民,追求真理、聪慧敏锐、爱岗敬业、勇于竞争、善于合作、乐于奉献、自觉地将个人价值与社会价值统一起来,并且自信而不狂傲、严格而不教条、刚正不阿而又从容不迫的与时俱进的高素质优秀人才。毋庸置疑,这个理想的目标是建立在以人为本的现代教育理念之上的。在此,编写本书的目的和意义也就不言而喻了。

[二]

要讨论人文内涵,首先应该在理论上弄清楚“什么是人文、什么是人文教育,科学技术教育与人文教育之间是什么关系”等问题。人文(Humannita)是指人类社会的各种文化现象。中国古代的“人文”原指“礼教文化”。现代人文的内涵是对人生“价值”和“善”的追求,强调“以人为本”。人文教育是将人类优秀的文化成果、人文知识通过知识传授、环境熏陶使之内化为受教育者的人格、气质和修养,成为他们相对稳定的内在品格的教育方法。科学(Sciences)是指反映自然、社会、思维等客观规律的分科知识体系,其内涵是对“事实”的“真”的追求,主张解决“是与非”的问题。科学技术教育主要包括科学知识的传授,科学能力的培养,科学方法的训练和科学精神的陶冶等方面,主要目的是让学生掌握基本的科学知识,形成科学的实验方法和思维方法,从而养成实事求是、开拓创新、坚持不懈地追求真理的科学精神。

人文学科博大精深，并有其自身的完整体系。深入地分析其内涵，不难发现人文知识与科学技术是相融的，也就是说，我们在强调人文教育的过程中不可以脱离和削弱科学教育。因为，第一，人文精神和科学精神都依赖于人的能动性和创造性，两者有内在的同一性。科学精神与人文精神的结合就是真、善、美的统一。第二，科学技术教育与人文教育都十分重视思维方式与能力，一个是比较强调理性思维，一个是比较强调感性思维，两者缺一不可。人文教育有科学技术教育的基础与珍璞；科学技术教育中有人文的精神与内涵。科学技术教育与人文教育的融合是科学、技术、社会和教育发展以及人的全面发展的要求和必然结果。第三，科学技术教育与人文教育的关系其实也是真理与价值的关系，真理的原则和价值的原则是人类活动的两大原则，是整个人类实践认识活动的发展史体现出来的根本性的原则。

以上简单阐述了人文教育和科学技术教育两者的关系。以下对本教材的编写和内容作些说明。在高校（尤其是理科院校）如何开展素质教育，如何开设人文课程，目前的教学现状如何，已经开设了的课程是否充分体现了人文内容，是否达到了教学的实际效果，他们还需要做什么样的努力等，本书编写过程中对此都加以考虑。另外，从目前传统的高等教育课程体系看，不论是理科还是文科大学生，都不同程度地学习了社会和人文等课程，且中学阶段的基础教育也包括了类似的内容，所以本教材也无需重复。本书的编写以人文学科为中心，采用填补法的方式从以下三个层面选择了人文教育的内容。

第一层，服务社会。本书用较大篇幅阐述了职业形象和道德教育。职业形象和道德教育作为一种大众的生活哲学（文化），体现在人们日常生活的衣食住行中，是每个人的行为或职业活动所必需的，且时时刻刻都能接触或感受到的，如礼仪中的“微笑服务”就蕴含着丰富的内容。一位著名的医学教育家曾对“微笑”作出过如下表述：“‘微笑’是一种表情，微笑更是一种定量表情，对狭义的服务人员来说，微笑是一个职业性要求。你到旅馆要一个房间，服务人员说，‘对不起，都住满了。’你到饭店要一种菜肴，服务人员说，‘很抱歉，这种菜卖完了。’尽管这些都肯定会让顾客失望，但他们都应该微笑着回答。这种微笑服务对医生而言是有选择性的，比如，病人急需一种药物，而医院没有，或者病人经抢救无效死亡了，医生没有任何理由笑。相反，一个曾被怀疑患恶性肿瘤的人最后被查明为良性，医生不仅可以微笑，即使开怀大笑也未尝不可。关键是医生要体现出与病人休戚相关、情感融合，在面对一些重要情况时，医生说话的严肃表情，也许是比微笑更高得多的要求。”这个例子说明在我们的日常生活工作中，即使是一个小小的“微笑”也大有学问，怎样应用它都必须讲究。

第二层，美化生活、陶冶情趣。如书法、摄影、茶艺、手工艺术欣赏和鉴赏等。在社会文明不断进步的今天，创造一个优雅的、有情趣的外在人文环境，以便人与环境和谐统一，无疑是必要且富有意义的。本书中介绍的插花、折纸、刺绣等手工艺术，就体现了中国传统文化和哲学的基本精神。和谐性、象征性、灵动性、工巧性等是这些作品的丰富内涵。古人云：“天有时，地有气，材有美、工有巧，含此四者，然后可以为良。”一个好的手工艺术作品，不仅可以美化我们的生活，更重要的是它像其他社会事物一样，体现了自然和人文的宇宙之“道”，表现出顺乎自然，物以载道、器以象生、重道体、讲关系、求和谐的倾向。

第三层，体现人生价值、审美取向、伦理观、世界观。如文学、音乐、舞蹈的鉴赏或欣赏等。文学艺术从不同的角度弹拨着人们敏锐的神经之弦，引起心灵共振，激励人们从更深层次的领域去感受这个世界，进而提高评判美丑、是非的能力，振奋精神，陶冶情操，创造美好人生。人们不会忘记20世纪五六十年代，在读者中有着广泛影响的《钢铁是怎样炼成的》、《牛虻》、《青春之歌》等一批优秀的文学作品所产生的积极意义。

另外，还需要重申的是，人文教育的内容是多方面的，本书中所涉及的内容只是沧海一粟，观点偏颇也在所难免。作为一种尝试，编者在编写时比较注重它的实用性、趣味性，选用的实例也较多。编书的动机在于抛砖引玉，在于为继续深化教育改革、全面推进素质教育作一些尝试和有益的工作。迄今为止，尚未见与本书类似的人文教材问世。当然，这并不等于没有开展人文教学实践，事实上，许多兄弟院校都在以各种不同的形式和手段开展丰富多样的人文教育，且成绩斐然。可以说，本书就是在这一实践感召下编写的。

[三]

众所周知，教学的目的重在效果，而不只是形式。人文课程的教学也不例外，教师应围绕课程的教学内容与效果，多动脑筋、多花力气。教学中坚持理论与实践相结合、国内与国外相结合、历史与现状相结合、当前与未来相结合、普及与提高相结合、知识介绍与理论升华相结合，做到集古今中外人文之精华、人文理论与实践于一身，融人文教育与素质教育于一体。在教学效果上应努力达到“文而化之”，即通过人文知识学习，以了解、观察、分析人间事物百态，然后加以综合并凝练成一种生活方式和人生的态度或信念，使学生的素质真正得到提升。要达到上述效果，应从以下两个方面去做。

首先，提升教师的人文素养。就当今而言，教师，尤其是理、工科类教师的素质，迫切需要在人文知识领域加以拓展和深化，“不可除了自己的专业以外，孰不知地球是圆的还是方的”。一名合格的教师，应始终站在时代的前列，感受时代的脉搏，适应当今教育发展的潮流，应该清楚地看到学科间的相互渗透、相互借鉴、相互促进所构建与重组的知识是培养高素质综合性人才的必然选择。如讲授建筑学的教师，仅会讲授建筑的“实用、坚固、美观”三大基本要素是远远不够的，还必须懂得建筑中的线条、形状、色彩、质感、光影以及装饰等学问，即具备建筑学上的形式、静态、动态、意境方面的审美能力，从艺术的层面去论述建筑，以使教学质量与效果达到最佳。毫无疑问，传授知识是教师的一项重要职责，但教师的职责不仅仅止于此，唐代大教育家韩愈在《师说》中曾提出了“传道、授业、解惑”教师的三大职责。作为人文学课教师，“传道”和“解惑”从某种意义上来说尤为重要，因为一个人对“价值”的追求，必须建立在“道”的基础之上，对待生命的态度与生活方式不可“惑”(迷茫)。为此，任何学科专业的教师都应自觉地重视人文修养，在人文知识方面先行“内化”，然后去布行于天下。只有这样人文课程的教学才能收到良好的效果。

其次，当代大学生均应以开放的眼光看待世界。在学习科学知识的同时，也要自觉地、积极地学习人文课程，汲取世界人文之精华。大学是文化教育、精神传承的理想场所，大学生们不仅对探索与发现真理负有无限的责任，而且对人类精神文明的继承与发展也负有无限的责任。要肩负起这两大使命，就必须做到科学技术知识与人文知识的高度统一、自我塑造的完美。就今天的现状而言，完成这个塑造过程，需要在人文知识方面下一番功夫，更需要从我国的教育制度、教学内涵、教师以及学生自身加以关注。例如，人文课程学习，仅仅“机械地讲授”、“死板地考试”是难以奏效的。唐代大画家张璪说得好：“外师造化，中得心源。”什么是造化？天地山川，“一花一世界，一叶一菩提”，皆为造化。也就是说，所有一切均可为师。然而更为关键的是“中得心源”，就是自己内心要有一泓永不干枯的源头活水。有心源的滋养，再与外在的点化结合起来，那我们就会永远进步，就能对世界保持新鲜的、敏锐的感受能力，始终适应社会并与时俱进，彰显出科学与人文的光辉，这就是我们在人文教育教学实践和探索中所追求的。

[四]

如同其他学科一样，人文学科有着丰富的知识内涵，而且仍在不断发展，知识的不断积累与更新所给予人们的压力，可以说当今每一位教师和学生都可以感受得到。即使当今的一流大学，也难以给她的学生提供与现在社会发展和科学技术进步完全同步或者完全相适应的知识与技能，以致今天全球教育界都在讨论这样一个问题——学校该教什么？多数学者认为最重要的是两大方面：即教会学生怎样学习、怎样思考。美国一位教育家说得好：“我们怎样学习比我们学习什么重要得多”。

人文课程的教学，应该同自然课程教学一样，不仅是要向学生提供“黄金”（知识），即选择精华进行讲解，使学生从中发现人文“价值”，获得求“真”、求“善”、求“美”的精神食粮；而且还要在这个过程中授予学生“点金术”（能力），即激发学生的求知兴趣，活跃其思维，开阔其视野，提高其为人处世的能力等。本书分 12 章，容量较大，不可能一一讲授，教师应根据学生的专业特点和爱好等加以选择。如对理工科专业的学生，可以选择“职业形象”、“文学鉴赏”、“音乐欣赏”、“书法鉴赏”等章节作为授课重点。在形式上，可采取课堂讲授、讨论（案例分析）、现场演示、作品展示、实践体验、自学等。有兴趣的同学还可以参考一些课外读本，如：《中国大学人文启思录》编写委员会主编，华中理工大学出版社，2000 年出版的《中国大学人文启思录》（1 ~ 6 卷）；全国干部培训教材编审指导委员会组织编写，人民出版社，2002 年出版的《古今文学名篇》（上、下册）、《中国艺术》（上、下册）以及《21 世纪干部科技修养必备》；徐飙主编，中国文联出版社，2002 年出版的《艺术欣赏》；美国著名中国问题研究专家列文森著（郑大华、任菁译），中国社会科学出版社，2000 年出版的《儒教中国及其现代命运》等书。这些读本从不同层次、不同角度、不同专业更为丰富、更为深入地阐述了人文教育对一个人、一个国家、一个民族的重要性和必要性，对我们进一步搞好人文课程教学大有裨益。同时，我们还可以通过网络这一形式来学习和了解相关的内容等。

第一章 职业形象

大学学习、生活的时期是职业准备的重要阶段。在这个阶段,除了完成专业知识、技能的学习外,还必须充分地了解未来职业的特点,并根据未来职业的要求来塑造自己,设计自己,完善自己未来的职业形象。

本章结合人文学科的有关内容,将介绍职业形象及其内容、个人职业形象的设计及自我评价,旨在帮助学生熟悉职业形象的内容及职业形象设计的特点,从而根据职业要求来完善自己、塑造出个人良好的职业形象,为适应将来的职业生涯、开创美好未来奠定良好的基础。

第一节 职业形象概述

一、职业形象的概念

职业形象是在一定时期内和一定环境下,社会或者公众对个人在工作中的外在形象和内在素质的印象、看法、认识的综合体现。它是现代社会中个人的无形财富,谁拥有了良好的职业形象,谁就在职业生涯中迈出了成功的一大步。

二、职业形象的基本要素

职业形象的基本要素包括:

一是内在素质。内在素质是在日常生活、学习、工作中所表现出的气质、道德、人格、心理、修养、文化、才学等方面的基本品格,是一种以人的生理条件为基础,在自然环境和社会生活中,逐渐发育、形成、成熟的"生理－心理－社会－环境"的品格特征。

二是外在形象。莎士比亚曾说过:"如果我们沉默不语,我们的衣裳与体态也会泄露我们过去的经历。"人的外在形象,是内在素质显现意蕴和特性的表现形式,实际上外在美是内在美的载体。

职业形象美是人的内在美与外在美的统一。人的所有外在形象都从其内在素质中获得依据和动力。换句话说,即内在美决定外在美,秀内才能华表。人的内在素质主要通过言谈举止自然地展现出来,但也能从人透射于外在的神韵、气质而被人直观。"诚于衷而形于外"、"腹有诗书气自华",就分别道出了道德修养和文化素质对外在形象的影响。所以,必须从文明礼貌、文化修养、道德情操、知识才能等各个方面来不断提高个人的素质和修养。刘伯温在《卖柑者言》中说得好,"金玉其外,败絮其中"。如果只有外表的华美,而没有内涵作为基础,其言行与举止就会使人感到矫揉造作。

个人职业形象的范畴,可以引申为外在形象和内在素质两个基本要素。

一是外在形象。主要概括为以下两方面:

(1)视觉形象,包括①外貌形象;②仪表形象(发型、妆型、服饰等)。

(2)社交形象,包括①礼仪形象;②人际形象。

二是内在素质。主要概括为五个方面:①政治形象;②人格形象;③心理形象;④才学形象;⑤财力形象等。

外在形象中的视觉形象表达的是相对静止状态的外在形象,是令旁人产生第一印象的直接因素;社交形象是内在素质的外在表现,它建立在热爱自己所从事的职业、对他人尊重与关心的基础上,涵盖了一切社会交往活动中所应遵循的行为规范,展示着自身承担和完成社会工作的才华和能力。内在素质是决定因素,是建立整体形象美的基础和支柱。在个人职业形象设计中,这两个问题一个也不能忽视。

内在素质是每个人在一生中都在不断完善的。恩格斯说过:一个人高尚品德的养成是不可能在学校学习的过程中完全实现的。在学校里的学习,人们更多的是从外部获得了一种道德上的认知,具备一定的是非判断标准,对人之为人所应该具备的品德素质有一定的了解,对一个从业人员所应该具备的职业道德素质也有一定的理性认识。但是,这些认识要最终内化为自身的道德品质,外化为个人的道德实践活动,必须是在进入社会以后,即只有当社会为每一个人提供一个实践的舞台时才可能实现。

内在素质在人们进入社会,或者说进入职业状态后,主要表现为职业素质。职业素质为具有社会职业特点的现代人全面发展的政治思想道德、品格、才学、能力的特征,它包括价值取向、政治立场、思想观念、思维方式、知识结构、心理素质、职业技能、学习能力、创新能力、形象意识等。内在素质需借助于我们在日常社会工作及生活中的言行举止、社交礼仪、服饰、妆型、发型等得到应有的显示。如果在社会活动和生活方式中,能强烈地表现出优秀的道德品质,就会让人具有更加神采焕发的形象美。在这种场合,人体先天的某种欠缺,可以由积极的道德品质、直接的外在表现来弥补;而消极的道德品质常常导致形象美的退化。职业形象设计不仅追求外在美,更重要的是塑造内在美。

因此,青年大学生要养成良好的学习习惯,通过大量的阅读、大胆的实践,不断地丰富自己、提高自己。在未来的职业专业学习中,不断地培养职业认知、职业技能、职业情感、职业理想、职业意志、职业道德,努力塑造并不断完善自己的职业形象。回顾过去的教学实践,与几十年来的精神道德教育相比,我们在社交礼仪、文学、艺术欣赏、妆型、发型、服饰等美学方面的教育太少，几乎等于零。高文化层次并不一定就具备良好的礼仪知识、文学知识、美学知识、艺术修养，更不用说潇洒自如地运用妆型、发型、服饰等来创造恰到好处的美的能力。例如：大学里的教授勤于耕耘，埋头教学，成果丰硕，但可能从未去看过书画展、听过交响乐；接待人员不懂礼宾次序、不精通迎送礼仪；很多人闲暇的日子里，既没有茶香，又没有花香；在正式场合用西餐无从下手；男士不会打领带，穿西装总是保留袖口上的商标；不懂"女士优先"的礼节；与女士见面，握手长达数分钟令对方尴尬异常；走路习惯随地吐痰；公共场合，目中无人大声接听手机；求职时，笔试夺魁，面试时竟不知如何介绍自己……凡此种种，都会给个人职业形象带来大小不等的负面影响，同时也降低了我们的生活质量和生命质量。

个人职业形象对获得一个理想的工作非常重要，尤其是当应聘者没有这方面的经验时，就更需要依靠自身良好的素质，并通过展现良好的外在形象来让人接受。一个人的外在形象就是其内在素质的反映。调查表明，35%的人是因为自己不良形象导致失败；调查还表明，面试中最重要的因素是，良好的身、心健康状况、精神面貌，高雅的言谈举止，大方得体的穿着，吸引人的发型，恰到好处的妆型。

个人职业形象的建立和完善是一个良性循环的过程。我们的职业形象越好，就会越自信，越注重自己的价值，从而工作也更加出色，得到别人敬重的程度也就越高，这样又会促使自己更加注重职业形象。

第二节　职业形象设计

从某种角度来说，职业形象设计是追求真善美和谐统一的人格教育；是在对潜在的内在美与外在美的发现、开掘和展示中，表现美与科学一体、美与人文同在以及爱美、审美与创造美并进的美学教育；是在关注人的整体素质和个性自由全面发展上的素质教育；是在学会生活、提高生活质量、提高生命质量上的身心关怀教育；是在职业生涯中不断追求、不断完善、不断实现自我价值的职业教育。

一、个人职业形象设计的概念

个人职业形象，是一个人让他人可以感觉得到的综合印象，包括视觉形象、社交形象、政治形象、人格形象、才学形象和财力形象七个方面的内在素质和外在形象通过认知提高，不断改善，不断充实，精雕细琢，紧密结合而形成的一个适应社会工作需求、突出个性的整体形象。它是大学教育的一个重要组成部分，是人类多学科综合的最高境界。

职业形象设计是对大学生整体素质的提高，既提高美学认知、审美能力和创美能力、陶冶道德情操，同时也开启心智之门。

个人职业形象设计要素包括个人外在形象、个人内在素质两个要素。我们在校期间或者说我们处在职业准备状态期间，应该认识个人职业形象设计的重要性，认真塑造良好的自我形象，为未来职业形象打下基础，并不断完善与提高。个人职业形象设计从微观讲是一个大学生职业准备状态，需要学习、了解、掌握的职业基本技能；宏观地讲，又是我们提高国民整体素质和形象的一个新课题。

职业形象设计对于处在职业准备状态的大学生是十分重要的，这不仅是因为通过职业形象设计，可以使个人塑造良好的社会形象，而且职业形象设计过程其实就是大学生提高自身素质的过程，是增强相关学科（如美学、审美学、文学、法学、艺术学、心理学、管理学、公共关系学、社会学等）必备知识的过程，是调整言行、完善自我的过程。完美的自我职业形象设计可使自己的职业角色（社会角色）、心理角色、家庭角色得到相应的塑造和完善；可使自己更适合社会需求，更适合未来职业需求，使自己能够加快成熟和发展。

二、个人职业形象设计的基础

个人职业形象设计的基础，关键在于个人自身内在素质，内在素质决定了个人职业形象设计的成败。个人职业形象对于绝大多数人来讲，基本是靠自我设计。因此，个人内在素质越高，外围知识越丰富，设计的形象就越完美，品味越高，越贴近工作、生活和社会。

（一）充分地了解自己

职业形象美是一种整体的美，是一种和谐的美，也是一种与周围环境相协调的美。真正懂得美的人，会综合考虑自身的相貌、个性、身材、职业以及所处的环境等，将色彩、线条、样式合理地运用于服饰、妆型、发型，使美协调地统一于一身，并与所处的环境相称，这样才可能塑造出整体和谐美的形象。当然，这种设计能力，需要良好的修养并经过长期的生活实践才能培养出来。

职业形象美在一定程度上体现着人的兴趣爱好、性格气质、审美观点、创美能力，每个人不必强求一致，更不必随波逐流。例如，对服装、化妆、发型等不能被动地接受，而应主动选择，选择能表现自己独特魅力的装扮方式，以充分地展现自己的活力与个性，增强在社交场合下的吸引力。

1. 保持个体的优良本质

充分展示自己的长处和特点，唯有符合个体气质、风度、个性、年龄、体型、体重、脸型、肤色、职业、职务、心理状态、经济状态以及受教育程度等因素的职业形象设计，才能让个体原本美好的特点更鲜明。在个人职业形象设计中，不追“星”、不赶“潮”，抓住自身的特点、亮点，塑造自我、展示个性，才能创造出“独一无二”的个体职业形象和人格魅力。

人格魅力是一个人在性格、情感、气质、能力、道德品质等方面具有的很能吸引人的力量。在今天的社会职业生涯里一个人能受到别人的欢迎、容纳、喜爱，他实际上就具备了一定的人格魅力。人格魅力的基础在于人的性格特征，高尚的人格魅力，是具有较高的思想境界，具有健康的人格。人格魅力不是本身就具有的，需要一点一点地积累起来，一点一点地历练出来。

2. 充分考虑个人面对的外部环境

如社会环境、家庭环境、工作环境、职业特点、服务对象等因素，只有个体的职业形象融于社会、工作、公众、集体，才能创造出迈向成功的个人职业形象。

(二)充分地了解未来职业的角色内涵

职业形象设计离不开对未来职业的角色内涵的思考。一是对角色的全面认知，即对职业角色的了解，对角色的职业技能及其角色环境、公众的认识、感觉、解释；二是对角色的心理准备，即为适应未来社会、环境、公众需求，我们个人对角色需要具备的状态，即职业心理、职业情感、职业意志、职业道德的培养与提升；三是对角色的技能准备，角色需要具备的职业技能，即专业及其相关专业知识和技能进行系统地学习、实习、实践；四是角色实现，角色实现的成败取决于我们个人对角色的全面认知和角色的心理准备及角色的技能准备的程度。

许多人都曾经有过这样的困惑：同样的职业岗位，同样的起点背景，同样的技术能力，不同的人却会做出不同的成绩，甚至有天壤之别，原因何在？答案只有一个：在职业岗位上，干得最好、走得最远的往往就是能把职业当成事业来追求的人，是对事业爱得最深的人。

(三)努力学习一切相关知识

在我们职业准备状态时期，需要学习的相关知识很多。譬如，美学（爱美、审美、创美）、文学、社会学、教育学、心理学、公共关系学、法学、伦理学、管理学、天文、史地、艺术学、经济学、哲学、辩证法知识等等。相关学科知识的学习和掌握的程度，以免在自我形象设计与完善的过程中有"书到用时方恨少"之感。

毛泽东同志曾说过："读书是一种学习，使用也是一种学习，甚至是更重要的学习。"职业形象设计的过程也是个人不断学习、大量汲取各种知识，不断认识自己、提高自身素质及完善自我，不断了解职业特点，培养职业情感、职业道德、职业意志、职业技能，不断使用学到的知识，丰富职业形象的过程。这个过程周而复始，永无止境。

(四)努力发现并培养自己特有的、突出个性的美

"美"的真正内涵在于气质。什么是气质呢？气质——高级神经活动在人的行动上的表现；即流露或展现在人的体态、面容、衣着、服饰、言行举止和自我感觉状态上的神情、仪态、气势。它能概括一个人所处的时代、地域、种族、民族、阶层，也包括其身份、职业、经历、年龄、学识、教养、情趣、爱好、习惯、健康状况，以致某些（不是全部）性格特征等，简而言之，就是人的外貌流露出来的、体现某个人的一定个性因素的神情状态。

每个人因心理、生理素质和其处的时代与环境不同，而使其具有的气质因素的容量也不同。如20世纪30年代初期，留着长发、穿着西服、打着黑领带，神情带着抑郁的中年男子像个艺术家；当下，戴着白色太阳帽、留着乌黑的马尾发、穿着鲜红T恤衫、银色西装短裤、雪亮运动鞋的年轻女子则像个朝气蓬勃的网球运动员；又如，随着时光的流逝，一个天真烂漫的少女会变成形容憔悴、整日忙于柴米油盐的家庭主妇，……又终于变成拄着拐棍步态蹒跚的白发祖母……显然，这正是人们经历了不同时代、环境、物质生活、精神生活，以及自身年龄、健康状态等变化而导致了气质或气质因素的改变。的确，岁月和环境能改变包括气质和美在内的许多东西,但又不尽然。从实质讲,一个人的气质与美能否永驻?关键是如何养育自身一种独特的、永恒的、内外统一的东西。众所周知,宋庆龄女士八十高龄风韵犹存,当然,她的天生丽质是一个不可否认的事实。著名女诗人柯岩在《彼美人兮:宋庆龄》一文中谈到一位曾拜访过宋庆龄女士的艺术家对其具有的美感叹道:"(她)之纯净美、圣洁美、端庄美、典雅美……都对,都有,但又都不完全。那是那样一种深沉的、内在的美,十分丰富,却又无比强烈,令人不可抗拒……,这是一种气质、一种风度……"。该文在作美的比较时谈到周恩来总理,作了以下描述:"总理是男人,他的魅力是男性的,而她(宋庆龄)的是女性的;但就其本质来说,他们的气质是相近的,因为他们的魅力都不是单一的、肤浅的,而是来自他们的整个生命、全部历史。无论外形、内心、意志、信念、胸怀、文化素养及人格力量……"。

我们在学习、生活、工作中努力发现、培养、创造和表现自己特有的、突出个性的自身美的同时,更需要懂得去发现、去欣赏和感悟他人的美、社会的美、大自然的美,以用来不断充实和丰富自己,这应成为我们日常学习生活中的一部分。

三、个人职业形象设计的内容

职业形象设计是个人事业成功的基石之一。一个人的成功离不开成功的职业形象设计,好的形象设计,能使个人在最短的时间树立起良好的形象,为成功打下坚实的基础。古人云:"先谋后事者昌,先事后谋者亡",意思是先谋划好再行动,事业就会成功和兴旺,毫无疑问,这里讲的"谋划"就包括了形象设计。

个人职业形象,是一个人让他人可以看得到、可以感觉得到的综合印象。包括视觉形象、社交形象、政治形象、人格形象、心理形象、才学形象和财力形象七个方面。

(一)视觉形象

视觉形象是指一个人通过其外貌、服装及饰物、举止、言谈、礼仪等方面表现出来的形象。它主要由下列要素构成。

1. 外貌形象

外貌形象是指由神韵、年龄、相貌、身材、表情等因素表现出来的形象。神韵,就是一种魅力、气质,它是职业形象之源。譬如,年轻人的仪表端正、英姿勃发、性格开朗、体魄健康、情绪乐观、表情快乐、兴趣广泛、身材健美等,都是给人们留下良好的第一印象,建立富有吸引力的形象要素之一。

【案例 1-1】 宋庆龄主席的仪容与魅力给我们后人的形象设计留下了不少的启迪。她的仪容与魅力的永恒,始终有美的神韵相伴,始终体现在眼睛所表达出的内在力量上,始终反映在举手投足之中,始终离不开动人的微笑和动人的语音——富于感染力、吸引力、征服力,始终取决于女性创造个性的品格。

2. 仪表形象

一个人的仪表形象体现出该人的文化素养、审美观和欣赏水平,并通过服饰、发型、妆型等形式表现出来(详见本书第四章“职业仪表”)。不同的服饰、发型、妆型,会给他人感觉出不同的形象,同时也向他人传递着交往的信息。

如果男士经常着西服、中山装等,似乎让人感觉到该男士是一个保守型、传统型的人;如果女士穿过于暴露、过分艳丽的服装,会让人觉得她过于浪漫和不稳重、不成熟;如果在生产第一线穿高级服装,烫披肩大波浪的发型,会给人华而不实、难以胜任工作的感觉;如果在社交场合不修边幅,又令人感觉太过于随便、不认真或对客人有失尊重等。

(二)社交形象

社交形象的培养和建立是个人立足于社会的基石之一。社交形象的培养和树立,一切从我开始,一切从心开始。

建立和谐社会,建立和谐人际关系,是中华民族传统文化的基本精神。在人与自然的关系上,把天、地、人看作一个统一、平衡、和谐的整体。在处理人与自然、人与社会、个人与他人、个人自身的身心诸方面关系时,重和谐、重整体、重人的价值;在人际关系上,强调和谐有序,建立以爱为核心、以仁为标准、以德为基础、以礼为规范的德性思想体系,追求实现“仁者爱人”、“礼之用、和为贵”的和谐社会。

在多变的社交场合,人们的仪表礼节、言谈举止都有一定的规范,这是人的外在形象的又一表现形式。

1. 礼仪形象

礼仪形象是指通过一个人的仪态、言谈、举止以及礼仪和礼貌表现出来的尊重他人和自己的修养水平的形象。讲究礼仪、礼貌是我国人民的传统美德,也是尊重他人的具体表现(详见本书第三章“职业礼仪”)。

如果在初次见面时,不懂介绍礼仪,不会握手,不会使用名片,不知坐哪个位置,给人的第一印象是个人修养欠佳;在严肃的场合大声说话,接听手机,人们会认为缺乏教养;在需要解决问题时畏缩不前,就给人以懦弱无能、不负责任的印象;对需要帮助的人不理不睬,其形象是冷漠和没有同情心;在谈话时,只顾自己滔滔不绝而不管他人感受、不让他人说话,则是自我感觉太好、表现欲太强的体现。

在同等的外部条件下,不同的人会有不同的反应,并采取不同的作为,最后得到的结果也会迥然不同。

【案例1-2】 “扫帚的测试”是对被试者文明、礼貌、礼仪的检验。有两个女大学生求职时,过五关斩六将,从数百名应试者中脱颖而出,她俩竞争总经理助理这一职位时,几个回合的测试后,总经理不知在两位佼佼者中选谁。第二天早上最后一次面试,在通往总经理办公室的过道上,倒着一把扫帚,走在前面的女孩跨了过去,走在后面的女孩随手拾起扫帚,并把它放好。总经理出现,便宣布走在后面的女孩被录取了!最后一次面试就这么简单。

2. 人际形象

社会性是人的一个重要的本质属性,它决定了人与社会、人与自然、人与人、人与自身之间，必然会建立多层次、多方位、多向性、多类型的联系。一个社会人，并不是被动地受社会制约着、塑造着，当我们在进行自我完善时，也改善了人与人的社会关系，塑造着整个社会形象、民族形象。

(1)团队精神。团队合作是同两个或两个以上的人，以和谐的态度和主动积极的精神，为实现共同目标齐心协力奋斗。团队合作的原则使人得以分享他人的智慧、经验、教训和知识。如果能有效地运用团队合作，无论个人受教育的程度或才智如何，几乎能克服所有的障碍。

团队合作的力量就如一只手的五指可以摊开，也可以形成拳头，只有形成拳头才能显示最大的力量。没有人能够不需要任何帮助而成功，毕竟个人的力量有限，所有伟大的人物，都必须靠着他人的帮助，才有扩展和成功的可能。现代物理学之父牛顿有一句名言："我之所以比别人看得更远，是因为站在巨人的肩膀上。"

团队精神的基础是真正的集体荣誉感。"木桶理论"告诉我们，一只木桶盛水量的多少，取决于最短的那块木块和每一块木板之间的缝隙，而不是最长的那块木板。难道我们愿做那块最短的木板吗？团队精神是成功的重要法则之一。

(2)诚实守信。孔子说："民无信不立。"周恩来同志曾讲过，世界上最聪明的人是最老实的人，因为只有老实人才能经得起事实和历史的考验。这些话说的都是，诚信是做人的根本，诚信是为人的基本品质。

成功的路途上，最重要的原则就是诚实。诚实是永恒不变的最佳策略。不论你所能获得的利益有多大，永远不要选择用不诚实的方法或手段去获得。诚信是健康人格的体现，能够让我们活得更踏实、过得更美好的生活态度，就是诚实正直、光明磊落、表里如一。没有谁愿意同表里不一、言不由衷、不讲信用的人打交道，也没有谁瞧得起朝秦暮楚、心性无常、背信弃义之辈。因而人若无诚信这个品质，就会失去他人的起码信任感，从而也不会拥有自己的尊严、人格。让我们都给自己一个目标，从此刻起，用完全诚实守信的态度来面对一切，让诚信成为我们成长、成功的社会通行证。

还有一个看似小实际大的问题——守时。年轻人常常忽视这个"时间观念"，认为迟到几分钟或拖延几分钟没关系。然而正是这些"几分钟"，让一些人失去了工作形象，失去了信任。

【案例1-3】 有一件发生在身边的事，一位医学院校的毕业生走上工作岗位后，常常因"睡过头"迟到几分钟。有一个星期日，接班的时间又过了几分钟，他还没有来，一位外科急腹症患者急诊入院，夜班的大夫带着一脸的倦意，再次登上手术台，病人没有因为他的迟到而延误抢救，但从此谁也不愿在排班时与他搭档。他确实多睡了"几分钟"，但他失去的是用无数个"几分钟"也无法挽回的形象。因为他被人记住的是他的短处。

(3)谦逊。谦逊是一种美德，对于培养、收获其他品格是非常必要的，因为它能使人们意识到自己的不足，它能引导我们努力去克服自己的不足。教育家戴维·艾萨克这样写道：

“谦逊不但可以使我们认识到自己的不足，还可以使我们认识到自己的能力所在。谦逊能督促我们去发挥才能而不是为了吸引别人的注意或赢得他们的掌声。”

(4)相互尊重、相互快乐。倘若你和某一个人认识、交往觉得快乐，对方也很快乐，双方可以相互“取长补短”，相互尊重，这样的交往模式算是最佳的，这种现象可以称作“一加一大于二的法则”。想要和别人相处融洽，除了贯彻自己的想法外，最重要的诀窍还要处世大度、尊重对方，学习对方的长处，多听对方的意见，时刻保持谦虚谨慎，谦虚谨慎就像是一个天平，用它可以测出自己的重量，可以时刻提醒自己，即我还不是一个尽善尽美的人，还需要不断地自我教育、自我锻炼。

嫉妒的心态实际上是一种无能的反映，如果你只是一味地嫉妒，让自己生活在内心不满的情绪中，绝对无法享有快乐。嫉妒别人不如自己努力去实现自己人生的价值。毕竟人不能靠嫉妒来推动进步，更不能因嫉妒而停止前行。要学会把自己的快乐分给别人，因为每个人都希望生活在快乐中。“你的心情现在好吗？你的脸上还有微笑吗？生活的路总有一些不平事，请你多一些开心，少一些烦恼。”歌曲《祝你平安》就是最好的表白。因为“有深爱者必有和气，有和气者必有愉色”，只有让他人快乐的人，自己才会快乐。

满怀理想和希望、热情向上、灵活和幽默等性格上的优点，构成了积极人生态度的方方面面。亚伯拉罕·林肯曾经说过：“大多数人的幸福程度和他们自己愿意的差不多。”选择拥有积极的人生态度，因为人生态度是可以由我们自己来选择的。如果对人生持有消极的态度，那么会成为自己和别人的负担。如果拥有积极人生态度，那么对自己和别人来说都会充满意义。

【案例1-4】　电视剧《诺尔曼·白求恩》的导演杨阳写道：

1890年3月3日，诺尔曼·白求恩诞生于加拿大安大略省格雷文赫斯特镇一个牧师家庭。1938年3月，他受加拿大共产党和美国共产党派遣，率领一个由加拿大人和美国人组成的医疗队来到延安，担任八路军晋察冀军区卫生顾问。

白求恩来中国之前已经是北美有名的胸外科专家，他在一家州立医院工作，拥有今天我们大多数人所羡慕的一切——房子、汽车、高薪、名誉。但当法西斯主义在欧洲开始抬头的时候，他认识到法西斯主义才是现在威胁人类的最大毒瘤，必须坚决清除。他毅然放弃一切，奔赴西班牙战场，后来又辗转来到中国。在晋察冀，他住的是窑洞，吃的是粗茶淡饭，穿的是八路军军装；他翻山越岭，来往奔波，为了及时营救伤员，不惧枪林弹雨，把手术台设在离战场最近的地方；他拼命工作，经常连续数十个小时做上百例手术；他带领村民用五个星期就建起一所正规医院；他创办了我军第一所军医学校，留下了一支永不离开的医疗队……这些都是他在一年零八个月中所做到的。

看他从温哥华出发时的照片，还是一个衣着考究、品位精致的中年人，可在他牺牲后的遗像里，却已是一个瘦骨嶙峋的老人。由此可以想象他是在怎样燃烧着自己的生命。可他却说：“我很累，但我好久没有这样快乐了；我很满足，我正在做我要做的事；我没有钱，也不需要钱，我万分幸运能够来到这些人中间。我知道，他们爱我，我也爱他们，我知道他们需要我，当一个人被需要的时候，他就是最幸福的人。”

这就是诺尔曼·白求恩的“幸福指数”。

(5)心存大爱。托尔斯泰曾说过:爱就是生命本身,爱是一种要求很高的美德。一个人只要有爱心,爱祖国、爱社会、爱大自然、爱职业、爱事业、爱家人,爱周围的人——心中充满"爱"的人,才能每天都生活在灿烂的阳光中。比尔盖茨曾经讲:世界上最不能等的,就是孝敬父母。比尔盖茨把这种爱扩展到了他的团队,他的企业,最后扩展到了全世界。

一个人的人生价值公式,等于对他人的付出减去对外在的接受。换言之,对他人付出愈多,人生的价值与意义就愈大。如果能主动地关怀、帮助别人并伸出爱的双手,对自己也是一种回馈,因为给予是一种快乐,付出也是一种收获,而爱是不受任何空间及时间所限制的。有一句名言:天才、荣誉和仁慈都不足以反映人类灵魂的伟大,能反映的是"爱"。要让世界充满爱,必须做到互相关心、互相爱护、团结协作,尊老爱幼、家庭和睦,妥善处理邻里关系,主动帮助别人、助人为乐,爱护生态环境、爱护生活环境等。爱是人在社会上立足的基础。

【案例1-5】 我们曾经要求在校大学生回家过年时,给父母亲洗一次脚,许多同学因为父母亲拒绝没有洗,有一位男同学告诉我们:"我帮妈妈洗脚开始还说说笑笑,洗着洗着,我们谁也不说话了,因为,当我的手抚摸着妈妈的脚时,我感觉到妈妈在流泪,母子连心,我的心也特别的酸楚,长这么大,我只知道妈妈给我买的都是名牌的旅游鞋、运动鞋,而我却不知道妈妈穿多少码的鞋?不知道妈妈的脚如此粗糙!不知道妈妈从来没有舍得给自己买一双好鞋……"

【案例1-6】 参与过李嘉诚基金会的"医疗扶贫行动"医疗队的大学生以自己的亲身体会真情写道:最初申请参加这个扶贫医疗队时,我将注意力放在"贫"字上,结果最令我感动的不是贫穷,而是爱。我明白一位真正爱病人的医生,是不会计较病人的身份与家产,医生不再是高高在上,而是用爱来治疗每一位病人,不计较他们身上是多么脏,因为他们身上有多苦,医生心里就有多苦。

【案例1-7】 2008年感动中国人物:大爱至朴　　唐山十三农民兄弟(自发去灾区救灾的农民兄弟),年龄最大62岁、最小19岁。

【颁奖词】 不是归途,是千里奔波,雪中送炭;不是邻里,是素不相识,出手相援。他们用淳朴、善良和倔强的行动,告诉了我们"兄弟"的含义。一方有难,八方支援。正是他们及无数个他们这样的人,在2008年撑起了中国的脊梁。在国家巨大灾难面前,他们以无声有力的行动,宣告了民间志愿救灾时代的来临。

(6)感恩。感恩是学会做人的支点。感恩,说明一个人对自己与他人和社会的关系有着正确的认识;感恩是道德良性互动的一种润滑剂。报恩,则是在这种正确认识之下产生的一种责任感。如果没有感恩情怀、不知报恩,仁爱善良则难以延续,一个社会能够正常发展更是不可想象。社会公德看似没有强制性,却需要每个人去主动遵守,一句感谢或赞赏的话,可能就是他人遵守社会公德的动力,学会感恩也是最起码的社会公德。

站在成功的平台上,回想奋斗的经历,很多人往往第一个想到的是个人努力,然后是父母的养育之恩,老师、朋友、同学的扶持关爱。在成功后,更不能忘记国家、社会、人民对个人成长给予的支撑和力量。

当感恩从感性升华到理性,世界观、人生观、价值观不再是虚无缥缈,不再是假大空的说教,而是具体而又实在地存在着,与每个人的成长息息相关。

(7)少说多听。在与人沟通的过程中,少说是指少说无原则的话、不利于工作的话、不利于团结的话、废话。尤其是当着某个人的面不敢说的话,或者是不好说的话,绝不在他背后去说。多听、聆听已成了一门艺术。聆听有两种意思,一是不经意地听,二是用心地听。前者是指当听到一些背后道人是非及不重要的闲话时,应左耳进、右耳出,听完就算了,千万不能放在心上。后者指当领导或同事、同学很认真地告诉你一些话时,必须专心、用心地听其内在的声音,因为内在的声音是非常重要的。多看,是要善于观察,培养自己的辨别能力、判断能力。

(8)从小事做起。荀子说:"不积跬步,无以致千里。不积小流,无以成江海。"老子说:"千里之行,始于足下。" 西方有句谚语:"并非伟人在做事,而是做事让人变得伟大。"历史的经验表明,做事情要从小事开始,一步一个脚印。美国管理理论中有一个著名思想"Think big, do small."意为:从大处着眼,从小事做起。眼高手低,不屑小事,不愿沉下来踏踏实实干具体工作的人,不可能一步登天,一鸣惊人,成就一番大事业。而那些正埋头甘愿做小事的人们,心中却怀着一个远大的奋斗目标,他们通过无数件小事的成功,铺垫了今后干好大事的坚固基石。

(三)政治形象

政治形象,是在生活和工作中表现出的政治立场坚定、政治观点鲜明、遵纪守法、热爱祖国、热爱人民,同时把祖国命运、社会发展与个人前途和事业紧紧相连,在大是大非的问题上,坚持真理、深明大义,维护国家利益、维护人民利益的形象。

不少大学生都亲身经历了2003年的春天,党中央、国务院带领全国人民与SARS(Severe Acute Respiratory Syndrome,严重急性呼吸道综合征,以下简称"SARS")瘟疫展开的那场特殊的战斗。医务工作者始终坚定地、前仆后继地站在预防、治疗SARS的第一线。当时,人民群众自发地在北京大学人民医院的门口悬挂中国结和祝福语,不仅仅是对医护人员医德、医风、医技的表彰,更重要的是赞美了他们面对国家有灾难时的政治立场和对人民负责的精神。在抗击SARS的队伍中,就有医学院校学生,在"中华民族到了最危险的时候",不逃避,不退缩,毫不犹豫地、义无反顾地与党和人民站在一起,站在抗击SARS的第一线,用自己的青春和生命塑造着新时期中国大学生的政治形象。

(四)人格形象

人格是个体的立身之本,没有人格也就失去了形象。人格形象,是一个人通过自己的言行表现出来的品行与风格形象。人的言行是由其思想观念决定的,因此人格形象也主要是由其世界观、人生观、价值观决定的,是职业形象之魂(详见本书第二章“职业人格、道德、伦理”)。歌德说:“人格是大地之子最崇高的幸福。”已故的周恩来总理就为后人留下被世界瞩目的伟人人格。

【案例1-8】 1976年1月8日周恩来总理去世时,联合国降半旗志哀。自1945年联合国成立以来,世界上许多国家元首去世,联合国从未降过半旗。一些国家感到不平,他们的外交官聚集在联合国大厦门前的广场上,言词激愤地向联合国总部发出质问,他们国家第一元首去世都不曾降半旗,为什么为中国第二元首降旗?当时的联合国秘书长瓦尔德海姆站在大厦门前台阶上,发表了极短的演讲:“为了悼念周恩来总理,联合国降半旗,这是我决定的。原因有二,一是中国是一个文明古国,她的金银财富多得不计其数,她使用的人民币多得我们数不过来,可是她的总理周恩来没有一分钱的存款!二是中国有10亿人口,占世界人口的1/4,可是,她的总理周恩来没有一个孩子。你们任何国家的元首,如能做到其中一条,在他逝世之日,联合国将同样为他下半旗。”演讲只有一分钟,说完他转身进去了。广场上的外交官个个哑口无言,随后响起了雷鸣般的掌声,这场面、这沉默、这掌声无一不反映了已故的周恩来总理的高尚人格。

1.品德形象

品德形象是一个人在道德品质方面的形象。道德是做人的基础,是一个社会、一个阶级向人们提出的处理人与人之间、个人和社会、个人与自然之间各种关系的一种特殊的行为规范。职业道德是人格的一面镜子,是事业成功的保证(详见本书第二章“职业人格、道德、伦理”)。人格上做到了自尊、自爱、自强、自立,行动中才能表现出无私、无畏、无怨、无悔,处理问题才能公正、全面、无私,为人才能诚实、可靠、忠诚,接人待物才能表里一致,凡事才能以大局为重。品德形象好的人,常常是人们信赖的对象,在人们心目中享有较高的威望。简单地讲,一个人只有学会做人,才能学会做事。“做事”和“做人”毕竟是两回事,做好了“事”,并不等于做好了“人”,但要做好“事”,必须先做好“人”。

“一个国家的繁荣,不取决于它的国库之殷实,不取决于它的城堡之坚固,也不取决于它的公共设施之华丽;而在于它的公民的文明素养,即在于人们所受的教育、人们的远见卓识和品格的高尚。这才是真正的利害之所在、真正的力量之所在。”—— 一位先哲的名言告诫我们,品德,才是一个人和一个民族的力量源泉,是一个国家繁荣的真正基础。

新时期的大学生应认真领会江泽民同志提出的“以德治国”和国务院颁布的《公民道德纲要》的精神实质,认真、自觉地接受思想政治教育、品德教育、纪律教育、法制教育并努力实践,使自己成为一名品德高尚、学业进步、心理、身体健康的新时期大学生。

2.价值形象

价值形象就是价值观,具体表现在个人的理想、追求以及人生目标。例如,毛泽东为开国领袖轰轰烈烈一生,雷锋在平凡岗位默默奉献一生,但他们都很伟大,他们在自己的职业生涯中追求着、贡献着、快乐着、幸福着。总之,为人民做好事的人,人民永远不会忘记。

著名诗人臧克家写过这样的诗句："有的人活着，他已经死了；有的人死了，他还活着；……"很多青年人都曾思考过死与活的辩证哲理，有过理解之后心灵的震颤。一切希望实现人生价值的人都应记住，由于我们赖以实现人生价值的手段是从社会中获得的，而我们的成就和作为也只有对社会有用才能被认为是有价值的。因此，我们只有一种选择，在平常的工作中，寻找自己理想的人生模式；在服务社会中完善自己，从而实现人生价值。

有一份"大学生缺少幸福！"的调查报告发人深省。这是怎么回事？他们被父母呵护、宠爱，被社会承认、老师褒奖，本应觉得快乐，但是由于主体处于消极状态，是被动地接受。这种快乐感不会是强烈而持久的，真正强烈持久的幸福只能来自主动的付出或奉献，即使付出不能得到回报。

主动的行为来自生命本身的需要，它是积极热情的，深沉持久的。行为者乐意付出，并从付出中看到自己的力量，认识到自身存在的价值。高层次的追求使人超越于世俗和社会的评价，淡泊名利，不屑于粉饰自己、取悦他人，人格愈加独立高大，精神愈获得自由，境界愈得到升华。

【案例1－9】 1994年12月8日新疆克拉玛依的大火灾，无情地夺去了320条生命，其中288个是活泼可爱的孩子。火灾发生时，三年级班主任孟翠芬老师置安危于不顾，组织孩子们逃离火场，最后，直到她倒下的瞬间，还不忘用自己的身体和双臂护着两个孩子。被营救时，她已经烧焦了，可她身下的两个孩子还有一个活着。2008年5月13日22时12分，当汶川地震搜救人员从德阳市汉旺镇东汽中学教学楼坍塌的废墟中搬走压在谭千秋老师身上最后一块水泥板时，所有抢险人员都被震撼了：他咬着牙，双臂撑住课桌，他身下蜷伏着四个幸存的学生。不同时间、不同地点，同样的险情、同样的生死抉择，我们的两位老师用他们自己的英雄壮举，诠释了什么是为人之师；在突发灾难来临时瞬间的身躯定格——一双恪尽职守、充满大爱永恒的双臂，在人们心中塑造了一种永不倒塌的大爱形象，树起了一座人民教师职业价值的丰碑！

（五）心理形象

良好的心理素质、健全的心态是提高个人形象效果的关键（详见本书第二章"职业人格"）。一是坚定自信心，敢于进取，敢于创新，勇于实践；二是提高自己的观察能力、判断能力、决策能力，克服"没主见"的毛病；三是克服心理障碍，调适自我性格，树立良好的个人职业形象，让社会接受自己。

1. 意志形象

华罗庚立志当数学家，成功了！高尔基立志当文学家，也成功了！然而，立志并不等于成功，它仅仅是为我们的努力选择了　个目标，能否达到目标，要树立起一种"不到长城非好汉"的信念，还要付出执著于此、锲而不舍、坚忍不拔、百折不挠的行动。成功主要取决于一个人的意志品格和条件。意志坚强的人可以创造条件，寻找机遇；而意志薄弱者虽有良好条件，却不会利用，故而不能成功。青年大学生应敢于在"否定之否定"中超越自我，在"发展之发展”中不断笑迎挑战，始终追求一种“无限风光在险峰”的境界，形成一种勇往直前的意志品格和勇于开拓进取的职业精神。

【案例1－10】 世界上第一位两次获得诺贝尔奖的波兰女科学家居里夫人(36岁获诺贝尔物理奖，44岁获诺贝尔化学奖)的成功，是用她一生的经历证明了自己坚忍不拔的意志品质和对事业执著追求的顽强职业精神。

大学生正处在意志的形成和发展时期，我们的意志能力还不甚稳定，坚强和脆弱的意志品质处在不断的较量之中。坚强意志的形成，关键是学会战胜自己。郭沫若先生讲过：“艰难的环境一般是会使人沉没下去的，但是，在具有坚强意志、积极进取精神的人，却可以发挥相反的作用。”

意志在坚持目标和克服困难的行动中表现出来，又在坚持目标和克服困难中得到磨砺、考验。意外、逆境、危机是发展的新起点，不能气馁、沮丧，更不能放弃。

【案例1－11】 2002年8月，北京大学山鹰社登山队雷宇等5名队员在西藏登山时遭遇雪崩，不幸遇难。但是，他们敢于探索大自然、挑战大自然、努力攀登高峰的行为体现了人类不断勇敢向上的精神和追求，体现了山鹰登山队的精神：“存鹰之心于高远，取鹰之志而凌云，习鹰之性以涉险，融鹰之神在山巅。”北大山鹰登山队没有因挫折而舍弃山鹰的精神，没有因山难的发生而折断山鹰的翅膀，2003年7月北大山鹰登山队重整英姿，选择了青海玉珠峰，带着“五位登山勇士”的遗愿，带着众多的期盼和祝福，以顽强、坚定的毅力和意志，再踏登山征途。

2. 个性形象

个性形象不是一个已存在的、统一的形象模型，而是个人在学习、工作、生活无限地创造性实践活动中，所逐步形成的个人性格形象。因此，大学生应具体分析自身气质，塑造每一个个体的个性形象。培养良好的、积极向上的学习态度、工作态度、生活态度，保持良好心态，始终保持大气、雅气、豪气。

应以积极、乐观的心态来面对这个世界，面对一切可能出现的困难和险阻，始终用积极的思考、乐观的精神、充沛的精力和潇洒的态度来支配自己的人生，不断克服困难，从而不断地走向成功。积极的心态能使一个懦夫成为英雄，从心志柔弱变为意志坚强。在平时学习、工作、生活中注重涵养，磨炼意志，提高自我约束能力，忌怒、忌狂、戒骄、戒躁，对人对事始终保持一种积极、乐观的心态。锻炼心理承受能力，既要有对成功和快乐的承受能力，又要有对挫折和不幸的承受能力。当自己遇到不如意事件或者无法克服的困难时，仍要能够保持正常的心态和行为。我们要有“永不放弃”的信心和毅力，又要有“退一步海阔天空”这种海纳百川的胸怀和气度。我们要学会受到赞扬、取得成绩时减三分，受到挫折、对待批评时加三分，始终提醒自己保持清醒的头脑，平常的心态，正确地认识自己，眼睛朝前看。

【案例1－12】 德国作曲家贝多芬，一生遭到数不清的磨难，即贫困、失恋、失聪种种不幸，挫折磨砺了他的意志，他承受着心理、生理上巨大的伤痛，创作出了《第九交响曲》等辉煌的音乐作品。

增强心理适应能力，在遇到突发的环境变化、情况变化时，能及时调整自己的心理状态并使之适应新环境和新情况。心理适应能力强的人，不管遇到什么困难和挫折，都会很快调整好自己的心态，树立起解决困难的信心，坚定不移地寻找克服困难的方法和途径，最后战胜困难而取得胜利。

3. 战胜人生最大的敌人——自己

国学大师翟鸿燊教授讲过一句话：互联网时代，知识很容易就能学来，很多根本不用储备，检索就行了。但人的能力是练出来的，人的胸怀，人的境界，人的德行是修出来的。认识自我是战胜自我、完善自我、塑造自我的基本条件。人们身上常常有这样那样的问题，如爱名利、图享受、贪安乐，自尊心太强，把困难看得太重，对外界条件过分挑剔，害怕身体状况不能适应工作需要，怀疑自己的能力，怕付出、怕失败，甚至自我放弃；自大、固执、过分忧郁、羞怯和恐惧、无法与自己不喜欢的人相处等等。这些问题要有勇气和信心战胜它，每一次修正缺点都是一次学习的过程，自我教育的过程，自我形象提升的过程。自我完善的循环轨道如图1－1所示。

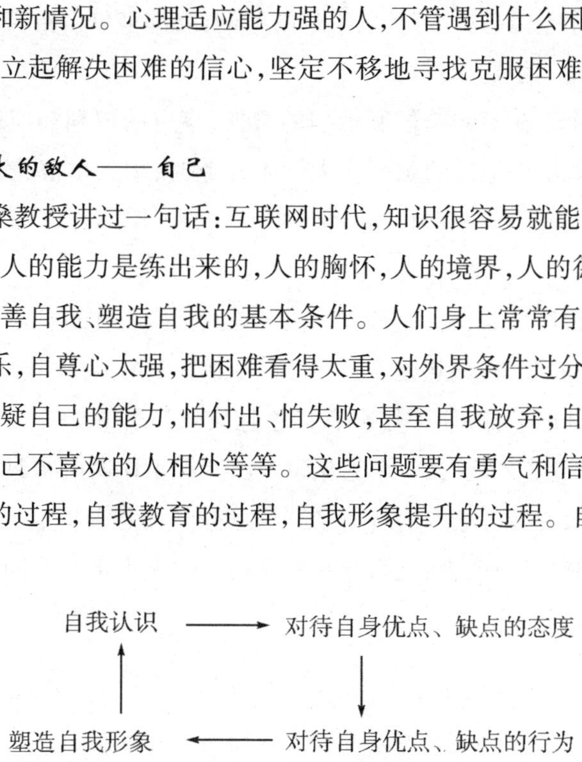

图1－1　自我认识、自我完善的循环轨道

这个大循环是自我完善的基本轨道，只要生命不息，这个大循环也不会停止，对自己的认识、对人生的态度、对塑造自我付诸的行为，将决定这个循环是良性的还是恶性的。

（六）才学形象

外在形象是一个人步入社会、取得公众认可和达到自己目的的基础，但在现代社会中，人们更看重的是人的能力等内在素质，即既要外表美、还要心灵美、更需能力强。今天的人才竞争已不仅仅是专业素质而是综合素质的竞争，个人内在素质就是个人综合素质的主要组成部分。个人内在素质决定了个人的才学形象。

在社会中求生存的每一个人必须具备各种能力，作为个人形象核心的内在素质，也往往通过人的能力表现出来。能力的大小，决定了未来扮演社会角色的轻重主次。

1. 直观才学形象

个人直观的才学形象是由人的学历、个人经历、职务、职称等构成的，它不同于内在素质，不需要通过学习、工作、生活去了解。

学历是一个人受教育程度的体现。一般而言,一个人学历水平越高,说明其掌握的知识越多,工作基础越好,工作能力相对越强。然而,随着社会的进步、科学技术的发展,今后的学历层次是随工作需要而不断通过继续教育来提高。

个人经历主要是指工作经历。工作经历为一个人积累了工作经验,工作经验越是丰富,其创新的基础越好,工作差错越少,劳动效率越高。例如,许多单位招聘工作人员时,会提出"有过几年此项工作经历"的要求等。

职务、职称表明一个人在某一岗位所承担的责任、享有的权利和应履行的义务,具有的一定的权威性,也是一般工作地位的象征。大学生择业时,用人单位就会注意"在校期间是否担任过学生干部"或"是否曾主持社会活动或中心性的工作"等。

2. 专业才能形象

专业才能形象,即工作形象,由一个人对待工作的态度、工作责任心、工作创新精神和工作效率等方面表现出来的形象,如热爱自己的工作,谦虚谨慎,对工作认真负责、踏踏实实、兢兢业业,能创造性地开展工作,使工作富有特色且成效显著等。工作形象好的人,常常是人们寻求的工作伙伴。专业才能,是一个人从事自己专业工作所必须具备的特殊能力,也就是工作的角色能力,一般专业才能形象不仅是敬业爱岗,而且要对自己从事的专业精益求精。不同的专业有不同的专业能力要求,并对专业能力的大小也有不同的要求,这就是在工作岗位承担工作的能力。

【案例 1-13】 救治香港凤凰卫视女主持人刘海若的中国内地神经外科专家凌锋,一时间成为海内外关注的焦点。51 岁的她,红润的唇,映着双颊一抹淡淡的腮红,笑意盎然。浅驼色宽边眼镜后面的双眸,充满平和与柔情。墨绿色手术服,衬着颈上那水晶项坠反射着柔和的光,若隐若现,而脚下却是乳白色软拖式平跟皮鞋。这一切给人视觉上那自然和谐的美,仿佛都在不经意中将这感觉和游刃于险象环生的神经外科手术中的凌锋——世界介入神经放射联合会教育委员会主席、北京市脑血管病中心主任、首都医科大学脑血管研究所所长、北京宣武医院神外科主任、博士生导师——联系在一起,这似乎有些不可思议。这就是一个真实的凌锋,一个女性味十足且出色的中国神经外科专家。凌锋的言谈举止,甚至她的眼神、笑容,她内在、外在的气质,她的为人,以及她的医德、医术、医业无不吸引人。这一切,构成了她的职业才能形象!

3. 必备能力

必备能力是从事每一项工作都应具备的基本能力,包括探索创新能力、做实事的能力、学习能力、表达理解能力、组织能力等等。

有实验表明,人的智力是在学习和实践中逐步增长的,任何人大脑接受的信息越多,则处理的信息就越多,脑子也越用越灵活了,边学习边吸收边运用是提升智力的最佳途径。学习是运用知识和创新的基础,运用有利于加深对所学知识的理解,创新则对学习提出了更新更高的要求。学习、运用和创新三者之间是互相促进的。

(1)探索创新能力。这是分析问题和解决问题时,产生高效能的、与众不同的、切实可行的思想、方法和结果的能力,具有超常、超群、超前的特点。创新是一个民族生存、发展与社会进步的灵魂,创新能力包括创新精神、创新思维和创新行为等方面。在校学习期间要训练和培养自己的好奇心、探索欲、挑战性、自信心、意志力,要培养自己敢想敢干的踏实作风。如果想都不敢想,敢干就无从谈起;如果只想不干,也就成了空想。许多专家都认为,形成创造力的要素人人具备,或者说人人都有创新潜质。创造力是可以培养和提高的,并且同样需要为之不懈努力。

【案例1-14】 瓦特从小喜欢各种机械,装了拆、拆了装,每天"动脑、动手",后来学习、借鉴前人的成果,制成了改良的蒸汽机;莱特兄弟是一对没有受过高等教育的"犟兄弟",从小喜欢观察老鹰飞翔,自己动手制造风筝,经过无数次不懈努力,兄弟俩1903年发明了第一架飞机。瓦特的蒸汽机和莱特兄弟的飞机,就是经历了无数次想象、观察、思考、实验、失败、再实验,最后终于获得成功的。

(2)做实事的能力。工作没有高低贵贱之分,但想干事、敢干事、会干事、干好事确实在表现着每一个人工作态度的好坏和能力的高低。学会合理地分配工作时间,学会"十个指头弹钢琴",在许多工作交叉进行时,先办"重要事"、"急事"。要努力地做好每一件事,并让自己快乐工作、工作快乐,学会享受工作。

(3)学习能力。这是指利用各种机会、方式学习,运用各种传播沟通手段获取信息、传递信息和利用信息的能力。

胡锦涛总书记在团中央十五大座谈会上对广大青年提出的要求:"勤于学习,善于创造,甘于奉献。"勤于学习、学会学习,是我们在大学学习期间主要的学习任务。因为今后的职业生涯所处的,是知识爆炸、技术更新的时代,不可能经常离开工作岗位去学习,这就要求我们认真地制定学习目标、集中精力,学会利用各种学习媒体,掌握各种学习手段和方法(如自学方法、记忆方法、思考方法等),养成良好的有始有终的学习习惯(如听课习惯、阅读习惯、摘录习惯等)和学风。

学习能力强的人,或者说会学习的人,除了可以提高学习、工作效率外,还可以从浩瀚如烟海的信息中分辨出自己需要的信息,可以利用各种传播手段和方式传播信息,还可以从自己需要的信息中获得最大的效益。学习的关键在于学以致用,活学活用,学习不快乐的人是因为不会使用、利用学习的东西。正如国学大师翟鸿燊教授所言:"不是学习没有用,而是因为我没用,因为我没用,所以我没用。"

古人云:书山有路勤为径,学海无涯苦作舟。学习毫无疑问是艰苦的,但是,我们今天可以从学习心态上把"苦"字改为"乐"字,学海无涯乐作舟,因为只有快乐学习,才能学习主动,承担艰苦的学习,才能学有所获。如果消极地认为学习是件很痛苦的事,就没有办法学会学习。我国著名的数学家华罗庚先生,就是通过自学成才的,快乐的小船载着他,在数学的海洋中遨游，不论是风平浪静还是惊涛骇浪，他的目标始终没有动摇。

【案例1-15】 在美国西雅图一所教堂，有一位德高望重的牧师——戴尔·泰勒。有一天，他向教会学校一个班的学生们讲了下面这个故事：

冬天，猎人带着猎狗去打猎。猎人一枪击中了一只兔子的后腿，受伤的兔子拼命地逃生，猎狗在其后穷追不舍。可是追了一阵子，兔子跑得越来越远了。猎狗只好悻悻地回来了。猎人气急败坏地说："你真没用，连一只受伤的兔子都追不到！"猎狗听了很不服气地辩解道："我已经尽力而为了呀！"兔子带着枪伤成功地逃生回家后，兄弟们都围过来惊讶地问它："那只猎狗很凶呀，你又带了伤，是怎么甩掉它的呢？"兔子说："它是尽力而为，我是竭尽全力呀！它没追上我，最多挨一顿骂，而我若不竭尽全力地跑，可就没命了呀！"

泰勒牧师讲完故事后，又向全班郑重其事地承诺：谁要是能背出《圣经·马太福音》中第五章到第七章的全部内容，他就邀请谁去西雅图的"太空针"高塔餐厅参加免费聚餐会。《圣经·马太福音》中第五章到第七章的全部内容有几万字，而且不押韵，要背诵其全文无疑有相当大的难度。尽管参加免费聚餐会是许多学生梦寐以求的事情，但是几乎所有的人都浅尝辄止，望而却步了。

几天后，一个11岁的男孩，胸有成竹地站在泰勒牧师的面前，从头到尾按要求背了下来，竟然一字不落，没出一点差错，简直成了声情并茂的朗诵。泰勒牧师比别人更清楚，能背诵这些篇幅的人是罕见的，何况是一个孩子。泰勒牧师在赞叹男孩那惊人记忆力的同时，不禁好奇地问："你为什么能背下这么长的文字呢？"

男孩不假思索地回答道："我竭尽全力。"

十六年后，那个男孩成了世界著名软件公司的老板。他就是比尔·盖茨。

泰勒牧师讲的故事和比尔·盖茨的成功背诵对我们很有启示：每个人都有极大的潜能。正如心理学家所指出的，一般人的潜能只开发了5%左右，还有90%多的潜能处于沉睡状态。谁要想创造奇迹，仅仅做到尽力而为还不够，必须竭尽全力才行。

(4)表达理解能力。这是将自己需要传递的信息通过语言、文字或者其他方式表达出来的能力，以及理解对方表达的能力。语言表达能力关键是沟通，沟通就是信息的互动，情绪的互动，是情感的互动。语言表达能力（详见本书第三章"职业礼仪"）要求要点明确，叙述准确，吐字清楚，层次分明，简单明了；能用需要的语言来表达，如普通话、英语等。文字表达能力，要求主题明确，层次清楚，用词精练，语句通顺。其他方式的表达能力，如采用动作、眼神、服饰、物品等方式来表达意思的能力。总之，表达、理解能力既要求表达的意思要准确清楚、不能产生误会，又要求理解对方表达的意思准确无误。在快节奏的工作环境中，沟通交流障碍可能成为当代人致命的缺点。

(5)组织能力。这是指善于充分发挥多数人力量，调动一切积极因素，也就是使一加一大于二的能力。

① 团结合作的能力，也就是能充分激发群体成员的工作积极性，最大限度地利用群体成员的聪明才智来取得最大效益的能力，能团结相同意见和不同意见的人一道工作的能力。

② 合理分工的能力，是根据工作需要和群体成员的特长、水平和能力，设置整体工作流

程，为群体的每一个成员安排合适工作的能力。其要求是用最少的人员，承担、完成最大的有效工作量的能力。

③ 整体协调、顾全大局的能力，一个社会群体要完成总体目标，总是由群体成员具体承担的小目标构成的。在完成群体总目标的时候，不可避免地需要群体成员的配合和协调，它要求从全局出发，以大局为重。

（七）财力形象

对金钱的态度是一个人是否独立和成熟的标志。人活着当然需要金钱和物质，但活着的目的不是为了金钱、物质。

现在的大学生许多还靠家庭支持在上大学，也有一部分困难家庭的大学生靠自己勤工俭学、贷款、亲友们的资助来完成学业。大学生对金钱、物质的态度既有慷慨大方、勤俭节约，又有挥霍浪费、吝啬小气等。

1. 精神财富形象

建立良好的精神财富形象，不必倚靠金钱的多寡来粉饰自己的外表，而是靠对金钱价值的正确认识和使用来表达。有些大学生并不富裕，但遇到国家有难、同学生病等情况总能慷慨相助；有些同学勤工俭学来支持自己完成学业，他们没有财力去追求吃、穿，但他们的精神并不贫穷；有些大学生穿名牌、吃洋餐、挥霍着父母的钱，外表看他们很富有，但他们的精神财富等于零。

【案例 1－16】　王选，北大计算机科学技术研究所教授、博士生导师、所长、文字信息处理技术国家重点实验室主任、“国家级有突出贡献的专家”、汉字激光照排系统的创始人，几十年风风雨雨，经历了太多贫穷和艰辛的磨难，也见识了无数荣华富贵。王选说：“1985 年我家中还只有一台 9 英寸的黑白电视机，当时我已多次去香港和国外，有一次在香港看到高级商场中一些人在买高档首饰，尽管我当时工资很低，没有奖金，但我突发奇想，‘将来会证明，这些买高档物品的人对人类的贡献可能都不如我王选。’我一下子感到有一种强烈的自豪感，后来我把此称为‘精神胜利法’，但这与阿 Q 完全不同，是对知识价值的高度自信。我很赞赏欧美科学界流行的一句话，‘一心想得诺贝尔奖的，得不到诺贝尔奖。’我也很欣赏北大学生的一种说法，‘不要急于满口袋，先要满脑袋，满脑袋的人最终也会满口袋。’”

【案例 1－17】　著名导演张艺谋在被问起他的成功经历时，记者插了一句题外话：“张导演，能不能透露一下，您现在到底有多少财富呢？”张艺谋仔细思考了一下，然后认真地对记者说：“说来你也许不信，我的财富，只是一架旧式照相机。”记者睁大了眼睛：“这怎么可能？”

张艺谋笑着说，“18 岁那年，我迷上了摄影，可在当时，家里连吃饱饭都困难，哪里还拿得出钱给我买照相机，供我学摄影呢？有一天，我听人说，卖血可以赚钱，于是我瞒着家人，偷偷地到城里去卖血。一连卖了 5 个月，终于攒够了买一架照相机的钱。凭着那架照相机给我的艺术积累，1978 年我考入了北京电影学院摄影系……可以这样说，是那架照相机，或者说是那段卖血的经历，给了我特殊的人生体验，鼓励我不断挑战逆境，打破宿命，去实现人生的最大价值。所以，不管到哪里，我一直保留着它，那才是我真正意义上的财富！”

事后，记者在专访上写上了这样的话：当人们把羡慕的目光投向成功人士名利光环的时候，却往往忽略了他们身上隐藏的精神财富，那才是他们动力的源泉、制胜的要素、成功的秘诀。

大学生在校期间就应以自己的能力来证明自食其力的实力。如在校大学生任家教的队伍日益壮大了，寒、暑假在校大学生打工的人数增加了，则尤为可喜。

【案例 1－18】 美国的一个小故事，给人以很大的启示。美国的小孩子有着一种很好的传统习惯，靠帮社区邻居锄草、粉刷房子、铲除车道上的积雪之类的工作，赚取额外的零用钱。有一年冬天，在大雪纷飞的清晨，一个八岁的小朋友使劲地按着一位老太太家的门铃：“你好，我是来帮你们铲雪的。”老太太称赞道：“你年纪这么小，就这么积极地打工，将来长大了，成就一定很可观。打算怎么来运用自己赚来的钱？”小朋友兴奋地道：“我爸妈都还在念大学，我打工赚的钱，先赞助他们的学费！等我将来长大，他们答应也会同样地帮助我读到大学毕业。”

在传统观念里，父母养育照顾孩子，让他能够尽其所能地升学，本来就是天经地义的事情。然而，还可以从另一个角度来思考，美国孩子之所以相对独立、主动、积极，其原因也正是来自于美国的传统教育。

2. 勤俭节约形象

改革开放以来，人民的生活水平有了很明显的提高，消费观念也随之变化，但国家正处在一个发展阶段，她并不富裕，国家要把有限的财力用在刀刃上。作为一名大学生要懂得勤俭节约，提倡适度消费，不能去追求高消费，去追求物质生活享受。陈毅同志讲过一句话：“历览古今多少事，成由勤俭败由奢。”三峡大坝的建成不等于我们有权力浪费水、浪费电，袁隆平教授的水稻丰产不等于我们就可以浪费粮食。

第三节 职业形象自我评价

通过外在形象来展示个人特点，从职业形象评估表中的项目，我们可以了解到自己给外界的印象，同样也在告诉别人我是个什么样的人，这是职业形象最基本、最直观的信息，这也是自我广告。

表 1－1 是一份评估自己的职业形象的评价表，我们不妨试着给自己的职业形象作一个评价。

表 1－1 评估自己的职业形象

形象要素	较差	一般	较好	好
1. 健康状况	□	□	□	□
2. 精神面貌	□	□	□	□
3. 心理状况	□	□	□	□
4. 个性表达	□	□	□	□
5. 人际关系(包括团队精神等)	□	□	□	□
6. 学习、思考与创新能力	□	□	□	□
7. 干实事的能力	□	□	□	□
8. 文字与写作能力	□	□	□	□
9. 语言表达能力	□	□	□	□
10. 交流技巧	□	□	□	□
11. 介绍礼仪(自我、相互、集体介绍、交换名片等)	□	□	□	□
12. 目光交流(微笑的魅力、眼神、笑等)	□	□	□	□
13. 握手技巧	□	□	□	□
14. 举止风度	□	□	□	□
15. 坐、立、行姿	□	□	□	□
16. 职业服饰(服装、饰品等)	□	□	□	□
17. 职业妆型	□	□	□	□
18. 职业发型	□	□	□	□
19. 就餐礼仪(中、西餐等)	□	□	□	□
20. 会议礼仪	□	□	□	□
21. 接待礼仪	□	□	□	□
22. 个人兴趣爱好、技能(音乐、舞蹈、运动、书法、摄影、插花、茶艺、手工艺等)	□	□	□	□

【注】全面评估自己的职业形象除自评之外,还需要有同事(或同学)、上级领导、专家、专家以及工作中面对的公众的评价。

第二章　职业人格、道德、伦理

第一节　职业人格

一、职业人格概述

在社会生活中，人们常会被问起："您是做什么工作的？""您在哪里高就？"也就是说，人们普遍表现出对职业的关注和重视。原因就在于，一个人要实现自我人生价值或社会价值都离不开职业。职业不仅是一个人生活的支柱，也是其事业走向成功的载体，人生价值、人生意义、人生幸福都将由此得到充分的体现。所以，从某种意义上讲，一个人只有开始从事某种职业时，才算真正地走上了社会。

所谓职业，即个人在社会中所从事的作为主要生活来源的工作。劳动分工的具体形式不同，决定了职业的多样性，从而也导致不同的职业在劳动任务、劳动条件、劳动手段和劳动结果上存在差异，如公务员在国家行政机关从事行政管理和服务工作，医务工作者在各类医疗卫生机构从事预防、医疗和保健工作，等等。但是，不管什么职业，它们都是适应社会需要而形成的劳动分工的结果。也就是说，社会需要是职业存在的前提。从这个意义上讲，不同职业只有社会分工不同，决无高低贵贱的差别。

人格是极为复杂的，至今心理学界还没有一个公认的定义。英国心理学家 H. J. Eysenck 说："人格乃是决定个人适应环境的个人的性格、气质、能力和生理特征。"多数心理学工作者认为，人格是具有一定倾向性的各种心理品质的总和。另外，从法律的角度讲，人格也是人能作为权利、义务主体的资格。譬如说，某人的人格受到污辱，这里的"人格"就是指法律概念上的人格。

一般认为，人格是由人格倾向和人格心理特征组成的。人格倾向是决定个人对客观事物的态度和行为的基本动力，并使人格具有选择性和积极性，主要包括需要、动机和兴趣等。人格倾向是人格结构中最活跃的因素，给人的行动提供动力和方向，并决定了人对现实的态度和认识。而人格心理特征是指一个人身上经常地、稳定地表现出来的心理特点，它能集中且全面地反映和折射出一个人独具的心理面貌或精神世界，主要包括性格、气质和能力。人格倾向和人格心理特征两者相互渗透、交互作用。人格心理特征的形成、发展与体现受到人格倾向的调节与控制，而人格心理特征的变化与差异则在一定程度上或某种趋向上影响人格倾向的定位与发挥作用的力度。

由此可以看出，人格具有一定的稳定性，因为人随着年龄的增长和社会阅历的丰富，逐步形成相对稳定的动机、兴趣、理想、信念和世界观；同时，人格又具有一定的可塑性，因为不同的社会制度、社会实践活动、文化背景、社会氛围、家庭出身、经济状况、教养方式、集体规范等，都会对人格产生重大的影响。除此之外，人格还有共同性的一面，因为一定的民族、信仰、阶层、地域和经济基础等，都会对生活于其中的每一位成员产生一定的影响和规范作用。譬如，我们常说中国人勤劳勇敢，美国人民主、豪放、崇尚自由，法国人浪漫而富有艺术细胞，英国人保守且具有绅士风度，德国人善于思辨而略显呆板等。正因为此，多样化的社会和民族才有了千差万别、五彩缤纷的心理世界。

我们所说的职业人格，是指人在职业环境中所应具有的体现职业特点的相对稳定的人格心理特征要求，即人的性格、气质、能力与职业生活的完美结合。也就是说，健全而优秀的职业人格，不仅应体现在对职业环境的良好适应性，更应体现在职业环境中受到欢迎、得到承认、获得尊重，并最终获得事业上的成功。

（一）性格与职业

古希腊哲学家赫利克拉特说过，性格决定命运。人为了与命运抗争进行着各种努力和奋斗，有些时候，尽管社会背景、家庭环境、生活际遇相似，但有的人成功了，有的人却失败了。为什么？因为性格起了决定作用。什么是性格？简单地说，性格就是人在对待不同事物的态度和行为方式上表现出来的心理特征。譬如，热情诚恳与冷漠无情，沉稳豁达与急躁粗野，谦虚谨慎与骄傲自满，坚强自信与软弱可欺等。一般认为，性格的结构包括性格的态度特征、性格的意志特征、性格的情绪特征、性格的理智特征四个方面。性格的态度特征，主要表现在对社会、对集体、对他人、对自己的态度，如有的人维护公德、热爱集体、正直善良、诚实自信，而有的人却对社会和集体不关心、不热情，为人虚伪，孤僻傲慢；性格的意志特征，主要表现在对自己行为进行自觉调整和控制的意志，如有的人坚定、果断、勇敢、有毅力，而有的人却浮躁、轻率、怯弱、三天打鱼两天晒网；性格的情绪特征，主要表现在受情绪支配的程度和对情绪控制的能力上，如有的人沉着稳重、能自我克制，而有的人却喜怒无常、稍遇不快即暴跳如雷。性格的理智特征，主要表现在感知、记忆、思维、想象等认识活动的特点上，如有的人善于独立思考、注意事物的细节，有的人却墨守成规、只看事物的轮廓。另外，性格按心理功能的优势可分为理智型（用理智衡量一切并支配行为）、情绪型（行为举止易受情绪左右且容易感情用事）和意志型（行动目标明确、行为主动且有毅力）。性格按心理活动指向性可分为内向型性格（安静、退缩、不喜欢聚会与交谈、不易激动、喜欢整齐有序的生活方式）和外向型性格（善社交、乐于交谈、喜热闹、易激动、喜欢具有挑战性的生活方式）。当然，影响性格形成和发展的因素也很多，如自身的外貌特征（身体有明显缺陷的人大多都内向、孤僻,美丽的女孩易清高、自傲)、家庭环境、受教育情况、社会风气以及重大生活事件等。总之,性格是人格的核心,既在很大程度上影响着人生价值的实现,同时又通过丰富的人生经历与磨难去检验和完善。

作为职业人群中的一群,毫无疑问要高度重视培养良好的性格。因为,具有良好的性格,可以赢得别人的尊重,可以与人和谐相处,可以使能力得到最大的发挥,可以使自己正确地对待生活中的各种挫折,从而更容易实现自己的理想。综观古今中外多少灿若繁星的著名人物,他们的得失成败无一不与自己的性格有着直接的联系。例如,方圆性格的典型代表——中庸大度的曾国藩,能因人、因势、因时为人处事,刚柔并济,造就了令人瞩目的事业。尤其当处于"用事太久,兵权过重,利权过广,远者震惊,近者疑虑"的险恶境地时,清醒而巧妙地采取自削兵权等措施使朝廷消除尾大不掉之忧,终于位列三公,权倾当朝,成为千百年来"做帝王师,走圣贤相路"的唯一成功者。又如,美国五星上将麦克阿瑟,虽战功卓著,但刚愎自用、自负傲慢的性格却使他自命不凡,倔强狂傲,不仅在某些具体事务上擅自做主,而且多次在公开场合与杜鲁门总统唱反调,最终被杜鲁门总统撤销一切职务,凄凉地退出了政治舞台。

(二)气质与职业

法国著名作家斯丹达尔说过:"做一个杰出的人,光有一个合乎逻辑的头脑是不够的,还要有一种强烈的气质。"关于气质,目前虽无全面的定义,但一般界定为:气质是表现一个人的情绪和行为发生的速度、强度、灵活性、持久性等方面的动力性的人格心理特征。气质并不以活动的内容、形式、时间、条件为转移,而是在一切活动中都表现出其典型的、稳定的心理特点。目前,一般认为气质类型特征有胆汁质、多血质、黏液质和抑郁质四种,各种气质的典型表现如下。

1. 胆汁质

胆汁质的人,动作发生迅速,强烈有力;情绪兴奋性高,反应强烈;反应速度快,行动敏捷;精力充沛,直爽热情,易于冲动;急躁粗暴,自我控制力差;明显外倾。

2. 多血质

多血质的人,动作发生迅速,敏捷灵活;情绪兴奋性高,热情,喜怒易形于色;好动,善于适应环境;注意力易转移,情感不深厚,志趣多变;明显外倾。

3. 黏液质

黏液质的人,动作反应慢,不灵活;情绪兴奋性低,稳重沉着;自制力强,喜怒不形于色;注意力转移不灵活;冷淡,缺乏生气;明显内倾。

4. 抑郁质

抑郁质的人,行为拘谨,反应速度慢,言语动作细腻无力;情绪兴奋性高,体验深刻,善于觉察人们不易觉察的细小事物;孤僻,羞怯,敏感,退缩,易沉闷;严重内倾。

气质具有两个突出的特点,一是稳定性强。因为它是先天的高级神经活动类型在后天行为活动中的表现,必然具有稳定性强的特点,但气质在后天的磨炼下,固有的某些类型特征有的受抑制，有的被其他类型特征“掩盖”，所以也具有一定程度的可塑性。二是气质类型特征无好坏、优劣之分。因为每一种气质类型的基础都有向好的方向发展的可能性，也有向不好的方向发展的可能性，至于究竟向哪个方向发展，取决于后天的环境和教育，取决于自我观念的控制与调节，如胆汁质类型的人可以形成刚直、豪爽等良好品质，但也可以形成蛮横、粗野等不良品质。

在职业环境中，有些工作适合于某些气质的人来做，而由另一种气质的人来做就不适宜。譬如，灵敏、反应迅速的工作胆汁质和多血质的人容易做好，而黏液质和抑郁质的人则不易适应；反之，精细、持久、单调的工作，黏液质和抑郁质的人容易胜任，而胆汁质和多血质的人则不易做好。因此，一个人如果能根据自身气质的特点来选择和定位职业，对于发挥优势、人尽其才、提高工作效率是有现实意义的。

（三）能力与职业

有了良好的性格，又寻找到了符合自己气质特征的职业，并不意味着万事俱备只欠成功了。因为，除此之外，能力发挥着基础性的作用，没有能力的充实、提高和完善，任何事业要么是空中楼阁，要么缺乏进一步前进和发展的动力。

何谓能力？能力是人们成功地完成某种活动所必需的心理特征，代表一个人完成某种活动时已经具备而无须进一步训练的主观条件（即所谓“实际能力”）。就这一点而言，能力不同于潜能，潜能是指经过适当训练后个人能力的最大发展量，即可造就性。能力分为一般能力和特殊能力两种。一般能力是指从事任何活动都必须具备的能力，如想象力、观察力、注意力、记忆力、思考能力、言语能力等；特殊能力是指从事某种特殊性的活动才需要的能力，如敏锐的曲调感、节奏感是音乐工作者所不能缺少的能力，优秀的色彩鉴别能力是绘画工作者必须具备的能力。特殊能力是一般能力在具体活动中的专门化发展，而一般能力是特殊能力发展的基础和内部条件。一般能力和特殊能力的和谐统一就是才能。

毫无疑问，在职业生活中，个人既应具备一般能力，也应具备因职业种类多样化而要求不一的特殊能力。美国劳工部公布的最受雇主欢迎的十种能力是：解决问题的能力，专业技能，沟通能力，计算机编程技能，培训技能，科学与数学技能，理财能力，信息管理能力，外语交际能力，商业管理能力。当然，能力的培养是一个过程，特别是对于职业新手而言，首先要树立起对事业的兴趣、热爱和执著，然后以锲而不舍的精神，积极学习、勇于实践、不断总结，一定能够丰富和发展适应职业所需的各种能力。

二、职业尊严

谈到尊严，人们会很自然地联想起文天祥为了民族尊严，“留取丹心照汗青”，大义凛然慷慨赴死；联想起陶渊明为了个人尊严“不为五斗米折腰”而辞官归隐。

就尊严的词义来看，有两种含义：一是外在形象的一种描述即尊贵庄严；二是指值得尊敬的身份或地位。这里所说的职业尊严，指的是个人在职业生活中因地位和身份的提高而得到尊重。

按照美国心理学家马斯洛的“需要层次”理论，生活在现实社会中的每个人都有生理需要和心理需要，生理需要是其他各类需要的基础，只有生理需要、安全需要满足了，才能产生爱和归属的需要以及尊重的需要，最终才有自我实现的需要。由此可以看出，得到尊重是每个人心理需要中基本而广泛的内容，所以从这个角度讲，尽管从事的职业可以不同，但职业尊严无论在形式上还是内容上都应该是一致的。

由于身份和地位的作用，意味着职业尊严来源于事业的成功。因此，研究职业尊严的实质，就是研究在迈向成功的道路中如何通过个人的不断努力去实现职业尊严的表达和升华。

（一）职业尊严的表达

当尊严作为外在的尊贵庄严的形象时，必须在社会生活和社会交往中去表达才有现实意义，而表达的方式可以多种多样，表达的效果也因人而异。有的人其尊严自然流露，有的人却刻意做作；有的人很受欢迎和尊敬，有的人却得不到关心和注意。因此，在职业生活中，应重视尊严充分且恰当的表达。

1. 自信、自重

这是职业尊严表达的前提。心理学家把一个人的某些特征在他人头脑中留下的迹象称之为“首因效应”，也就是第一印象，即与人初次接触时给对方留下的形象特征。“首因效应”在人际交往中所具备的定式效应有很大的稳定性，第一印象就像深刻的烙印将长期存在于他人的心中。第一印象包括仪表风貌、言谈举止、性格气质、学识教养、处世态度、道德品质等。尽管第一印象对职业尊严具有重要影响，但并不意味着职业尊严不具有可塑性，实际上，第一印象并不佳的人同样可以在日后获得理想的职业尊严。值得注意的是，自信与自重是职业尊严表达的前提。因为不难想象，一个对自己都缺乏信心、不知道珍重自己的人怎么能够得到别人的尊重呢？在一个越来越强调人际交往和互动的现代社会里，在充满竞争的职场里，保持坚定的自信心，维护自身的尊严和权利，勇敢地说出和实施自己的想法与主张，将更有机会脱颖而出，获得更多的成功。

2. 自立、自强

这是职业尊严表达的过程和基础。一个人要想在社会中生存，离不开劳动和创造。自立、自强就是劳动和创造的过程。显然，一个勤奋好学、勇于进取的人，通过不断的开拓和努力，不仅可以使自己时刻处于积极向上的状态，更能不断地创新和进步，从而巩固已有的成果。由此，职业尊严的表达将更加深刻而牢固。

（二）职业尊严的升华

人格魅力是职业尊严升华的最终效果。谈到魅力，人们往往会联想到美貌、青春等这些外表印象。如今，魅力的概念早已变的不那么单一、直观了，更含有生活态度、为人处世、个性品位等方面的成分。人格魅力是一种自然流露的内在气质，是个人修养进步和完善的结晶，与人为善、豁达开朗、幽默风趣、公道、正直与诚实、兼容并包、为他人着想、敢于承担责任等优秀品质都是人格魅力的具体体现。杰出的政治家、革命家、军事家、外交家周恩来同志，以他独特的睿智、博学、幽默、热情、坦诚、善良，以及“举止风流潇洒，才艺清华舒旷”的美誉赢得了全世界人民的爱戴和尊重。林肯作为美国历史上令人称道的总统,也是凭借其坚强、勤奋、正直、诚实、乐于助人、勇于献身以及追求自由的品格而使美国人民永远怀念他。他们都是用人格的力量征服了世界。

无论从事何种职业,在追求成功的同时,更要培养和完善高尚的品格。我们需要职业尊严,不仅仅是为了维护尊严,更重要的是去创造尊严,唯有如此,人生的追求和人生价值才有现实意义。

第二节 职业道德

一、职业道德的含义

人类社会生活可以分为三种类型,即家庭生活、社会公共生活和职业生活。与此同时,道德也可以分为三种类型,即家庭道德、社会公德和职业道德。在社会主义社会,人们提出了社会主义家庭美德、社会主义社会公德和社会主义职业道德,统称为社会主义道德。

职业道德是同人们的职业活动紧密联系的符合职业特点所要求的道德准则、道德情操与道德品质的总和。职业道德不仅是从业人员在职业活动中的行为标准和要求,而且是本行业对社会所承担的道德责任和义务。职业道德是社会道德在职业生活中的具体化,因而每一个职业都须有每一个职业的道德,如医生需要医德,教师需要师德,律师需要律师的职业道德。因而,大学生学习职业道德有着重要的作用和意义。

学习职业道德:一是能调节职业交往中从业人员内部以及从业人员与服务对象间的关系;二是有助于维护和提高本行业的信誉;三是能促进本行业的发展;四是有助于提高全社会的道德水平。

学习职业道德的意义在于有助于提高学生综合素质并把学生们培养成为社会主义的"四有"新人,有助于发展社会主义市场经济和社会生产力,有助于精神文明与和谐社会的建设。

二、社会主义职业道德的形成

社会主义职业道德的含义是指社会主义社会各行各业的劳动者在职业活动中必须共同遵守的基本行为准则,是判断人们职业行为优劣的具体标准,也是社会主义道德在职业生活中的反映。社会主义职业道德规范既是人们对各种职业道德关系和道德行为要求的概括和总结,也是所有从事社会主义事业的劳动者都应遵守的共同行为准则。

(一)汲取传统职业道德精华

中华民族优秀传统职业道德的主要内容包括:第一,以国家、民族利益为重,以天下兴亡为己任的高度责任感。如《礼记·礼运篇》中"天下为公",北宋范仲淹"先天下之忧而忧,后天下之乐而乐",明代顾炎武的"天下兴亡,匹夫有责"等思想。第二,自强不息、艰苦奋斗的顽强拼搏精神。《周易·乾》中"天行健,君子以自强不息"的命题。孔子的"学而不厌,诲人不倦","士不可不弘毅,任重而道远"等思想。第三,提倡礼义仁爱,人际和谐的人道主义原则。荀子说:"人无礼则不生,事无礼则不成,国家无礼则不宁。"第四,倡导见利思义,以义制利的道德价值取向。孔子主张"见利思义",荀子则"以义制利"。孔子提倡"志士仁人,无求生以害仁,有杀身成仁","不义而富且贵,于我如浮云"。孟子"富贵不能淫,贫贱不能移,威武不能屈"。第五,忠诚坦白、恪守信义是处世立业的根本。孔子说:"与朋友交,言而有信","民无信不立","人而无信,不知其可也";"言必信,行必果"。

(二)借鉴国外职业道德的合理因素

国外职业道德中可以借鉴的合理因素包括:第一,崇尚独立自主、个性自由发展的人文主义精神。马克思把"自由个性"的独立人格及人的自由而全面发展看成是人类社会发展的最高理想。第二,社会正义、天赋人权的平等精神。西方国家崇尚社会正义由来已久,"正义"在本质上是平等、均等。天赋人权是指,公民享有一定的政治权利、经济权利、法律权利、社会权利等,其核心是强调人有言论自由、信仰自由、人格尊严与平等等权利。第三,开拓创新、勇于探索、敢于奉献的进取精神。西方社会认为,人要生存,就要开拓进取、不断创新,在探索中寻求人生之路。成功与希望只属于那些奋发向上、开拓创新、勇于探索、百折不挠、敢于拼搏的人们。著名的科学家爱因斯坦认为,一个科学家"只有献身于社会,才能找出那短暂而有风险的生命意义"。第四,忠于职守、勤奋刻苦的敬业精神。在许多国家的历史发展的进程中,逐渐形成了忠于职守、勤奋刻苦的传统和精神。这样一种敬业精神,是促进一个民族,一个国家经济发展的内在动力和主要因素之一,如日本各行各业所表现出来的敬业精神,一直为世人所称道。以致评论家称日本人是"只知工作的蜜蜂",因为他们工作起来全神贯注、旁若无人。有资料表明,如果劳动效率的国际标准为100,日本则为130,他们的勤劳刻苦是促进日本繁荣发展的巨大精神力量。

(三)社会主义职业道德的社会作用

社会主义职业道德有利于建立新型、和谐的人际关系,有利于调节党和政府与人民群众的关系,有利于规范各行各业的行为、促进生产力的发展,有利于提高全民族的道德素质、促进全社会道德风貌的好转。

三、社会主义职业道德规范的内容

(一)爱岗敬业

爱岗就是热爱自己的工作岗位,热爱本职工作(亦称热爱本职)。爱岗是对人们工作态度的一种普遍要求。热爱本职,就是职业工作者以正确的态度对待各种职业劳动,努力培养热爱自己所从事的工作的幸福感、荣誉感。一个人,一旦爱上了自己的职业,他的身心就会融合在职业工作中,就能在平凡的岗位上,做出不平凡的事业。敬业就是用一种严肃的态度对待自己的工作，勤勤恳恳、兢兢业业，忠于职守、尽职尽责。

爱岗敬业的具体要求：第一，爱岗敬业要求每个人干一行爱一行，又不排斥人的全面发展。第二，要正确处理职业理想和理想职业的关系。第三，要正确处理国家需要与个人兴趣爱好的关系。第四，要正确处理选择职业与个人自身条件的关系。选择职业应根据自身条件，不能好高骛远，即使一时找不到理想职业，无论在哪一个岗位上，都应兢兢业业干好它。第五，要正确处理所从事的职业与物质利益的关系。

（二）诚实守信

诚实，就是忠诚老实，不讲假话，光明磊落，言语真切，处事实在。守信，就是信守诺言，说话算数，讲信誉，重信用，承担自己应尽的义务。“诚”和“信”是不自欺，是内心和外部行为合一的道德修养境界。诚实守信是真、善、美的统一。

诚实守信不仅是做人的准则，也是做事的基本准则。诚实是个人对自身的一种约束和要求，讲信誉、守信用是他人的一种希望和要求。一个从业人员做事，既代表个人又代表一个单位，或企业、或政府，如果一个从业人员不能诚实守信，说话不算数，那么他所代表的社会团体或是经济实体就得不到人们的信任，无法与社会进行经济交往，对社会就没有号召力。

因此，诚实守信不仅是一般的社会公德，而且也是任何一个从业人员应遵守的职业道德。诚实守信，首先要重质量、重服务、重信誉；其次，要诚实劳动、合法经营；第三，要实事求是，不讲假话。

（三）服务群众

所谓服务群众就是为人民群众服务，时时刻刻为群众着想，急群众所急，忧群众所忧，乐群众所乐。情为民所系，权为民所用，利为民所谋，“居庙堂之高则忧其民，处江湖之远则忧其君”，服务群众是为人民服务精神更集中的表现。

服务群众一要树立服务群众的观念，二要做到真心待人，即：每个从业人员无论做任何事情，都要想到群众，想到群众的利益，实实在在地为群众服务，而且做每件事都要方便群众。

（四）奉献社会

奉献社会是不期望等价的回报和酬劳，并愿意为他人、为社会、为真理或为正义献出自己的力量，甚至献出宝贵的生命。奉献社会不仅有明确的信念，而且有崇高的行动。奉献社会，就是全心全意为社会做贡献，是为人民服务精神的最高体现，奉献社会是职业道德中的最高境界。

奉献社会是一种人生境界，是一种融入于一生事业中的高尚人格，与爱岗敬业、诚实守信、办事公道、服务群众这四项规范相比较，奉献社会是职业道德中的最高境界，同时也是做人的最高境界。爱岗敬业，诚实守信，是对从业人员职业行为的基础要求，是首先应当做到的。

四、社会主义职业道德培养

（一）社会主义职业道德的培养意义

2001 年 1 月，江泽民同志在全国宣传部长会议上提出，在建设有中国特色社会主义，发展社会主义市场经济的过程中,要坚持不懈地加强社会主义法制建设,依法治国;同时也要坚持不懈地加强社会主义道德建设,以德治国。在党的“十五大”报告中江泽民同志又指出:“建设有中国特色社会主义,必须着力提高全民族的思想道德素质和科学文化素质,为经济发展和社会全面进步提供强大的精神动力和智力支持,培育适应社会主义现代化要求的一代又一代有理想、有道德、有文化、有纪律的公民。”

社会主义职业道德的培养意义在于:一是促进行业兴旺发达的需要;二是调整和建立新型人际关系的需要;三是做好本职工作的需要;四是实现人的全面发展的需要。

(二)社会主义职业道德培训的方法

1. 确立目标

培训中只有以明确的具体目标为导向,才能顺利有效地进行。这就要求教师根据教育目标和学习的基础,构建教育的问题情景、设计符合学生认识规律的教育过程,安排必要的实践活动,独立地进行探索。

2. 进行教育评价

评价应当是全面的,不仅有对所掌握知识的评价,而且有对人格的、认识能力与水平的评价、道德实践能力的评价等。评价的方式是多样的,不仅有书面考试,还应当有口试;不仅有动脑思考,还有亲身的践行。评价的过程应是动态的,是对学生职业道德的发展、进步过程的评价。

3. 引入情感

把情感引进教学过程,使教学过程不是一种枯燥无味的纯知识输入-输出的活动,而是一种融知识、情感为一体的生动活泼的积极愉快的探索未知的学习活动。情感是认识活动的“催化剂”,它能使教学过程处于积极的状态。这是实现培训目标的动力源泉,只有在充满温馨的教学中,学生才能提高学习的积极性,逐步提高职业道德水平。

(三)社会主义职业道德培训的具体内容

社会主义职业道德培训的具体内容包括:①坚持爱国主义、集体主义、社会主义教育,加强社会公德、职业道德、家庭美德的建设,引导人民树立正确的世界观、人生观、价值观;②坚持用马克思主义、毛泽东思想、邓小平理论教育从业人员,用科学理论武装从业人员,不断提高从业人员的思想政治素质,增强把握全局和解决职业道德实际问题的能力;③培训的基本要求,要深入持久地开展爱祖国、爱人民、爱劳动、爱科学、爱社会主义的教育;④树立艰苦创业精神,这是实现社会主义现代化的重要思想保证。

五、加强职业道德修养

(一)职业道德修养的含义

职业道德修养,是从业人员在道德意识和道德行为方面的自我锻炼及自我改造中所形成的职业道德品质以及达到的职业道德的境界。

职业道德修养是一种自律行为,关键在于“自我锻炼”和“自我改造”。职业道德素质的提高，一方面靠他律，即社会的培养和组织的教育；另一方面取决于自我修养。

（二）职业道德修养的基本途径

1. 坚持学习马克思主义的伦理观和道德观

在马克思主义的历史唯物主义中，论述了许多关于道德和社会主义道德以及职业道德的科学观点，是我们职业道德修养的指针，有利于从业人员树立科学的世界观、人生观和道德观，学习马克思主义的伦理观，必须坚持理论联系实际。

2. 向模范人物和先进人物学习，发挥榜样作用

榜样的力量是无穷的，学习先进模范人物的高尚品德和崇高精神并使之在全社会发扬光大，是社会主义精神文明建设的重要内容，也是从业人员加强职业道德修养、提高自身职业道德水平的必由之路。学习先进模范人物要密切联系自己职业活动和职业道德的实际，注重实效，自觉抵制拜金主义、享乐主义、极端个人主义等腐朽思想的侵蚀，大力弘扬新时期的创业精神，以提高职业道德水平。

3. 提倡“慎独”、“积善成德”

我们现在依然提倡“慎独”，主要是重在自律，即在道德上自我约束。“慎独”既是加强职业道德修养的行之有效的重要方法和途径，也是一种崇高的思想道德境界。“积善成德”，就是精心保持自己的善行，精心地培养自己心中的优秀道德观念和品质。三国时刘备曾告诫亲人：“勿以恶小而为之，勿以善小而不为。”

第三节　职业伦理

一、职业伦理的含义

职业伦理是一门研究职业与自身、与科学、与社会、与人的伦理道德的相互关系、相互作用及其发展规律的科学；是一门职业与科学、社会学、哲学、人类学、人文、人生哲学、人才学、公共关系学、历史学、教育学、心理学、环境学、美学、法学、辩证法学等学科交叉的科学。职业伦理以职业道德关系和职业道德现象为研究对象，包括职业道德理论，职业道德意识现象（如个人的职业道德情感、心理、意志等），职业道德活动现象（如职业道德自觉、行为等）以及职业道德规范现象等。简单地讲，就是教人在职业生涯中“做人”的理论和在实践活动中践行：知行合一，知善而行善，知恶而惩恶，知恩而图报，知弱而帮扶，知难而挺身、知义而勇为。

学习、探讨、研究职业伦理的目的是为寻找和建立大学生如何修德、养德、行德的路径；一种如何调整人与人、人与社会之间的关系，维护良好社会秩序，构建起“职业领域”所吁求的“职业精神”的路径，引导大学生在职业准备状态中心身健康发展，缩短职业准备状态到职业状态的进程。

二、职业伦理的研究对象

职业伦理研究的对象首先是从业者自身的职业伦理道德观、伦理法则、品行规范，其次是职业伦理与科学、与社会、与人的关系。职业伦理研究必须强调伦理道德意识和道德自觉性培养与树立，因为伦理道德意识和道德自觉性是每一个人内心世界的活动，是一种无形的、非程序化的精神力量，深藏于人们的品性、意向之中，内化为人的感情、习惯、意志和信念，它是完善我们职业形象和职业行为的重要基础。根据职业伦理研究的内涵现从以下四方面作阐述。

（一）职业伦理与自身

职业人的职业伦理道德培养和建立应以人为本，从自我开始：一是坚定理想信念，这是职业伦理道德建设的核心，应正确对待市场经济条件下出现的困难、利益、调整及一些问题，坚定社会发展是硬道理的信念；二是强化职业角色（社会角色）意识，在职业准备状态阶段，努力完善心理角色、家庭角色、社交角色的适应与塑造；三是强化学习意识，学会价值分析、道德批判，自我反思、自我改进，自我进步；四是强化责任意识，责任心是个人职业伦理道德评价最基本标准和价值尺度，责任心是培养建立职业道德的支撑点，只有具有强烈责任心的人，才会有对学习、对工作、对生活、对社会的高度负责感；五是强化敬业意识、敬业精神，在职业准备阶段培养爱岗敬业精神更具有特殊性和社会意义；六是强化从业意识，从现在职业准备阶段开始，树立新型人生观、价值观、世界观，正确看待物质利益，正确对待个人、集体与国家的关系，把个人利益融入到集体利益之中，把集体利益融入到祖国的建设和发展之中，树立起全心全意为人民服务的理念。

社会与人们生产、生活的一系列现实活动表明，一定意义上的功利思想有其合理性，关键在于如何正确把握好功利与社会责任、道德的关系，当遇到功利意识与职业伦理道德发生冲突时，功利思想者就应该自觉服从伦理道德，个人利益就无条件地服从集体、国家的利益。对任何一个人来说功利思想不能成为唯一准则或支柱。一旦功利思想居于压倒一切的地位，就会唯利是图，其行为就可能与伦理道德相违背，甚至贻害社会，后患无穷，同时，自己活着也十分劳累。

【案例2-1】 英国某大学的一份关于建筑学专业学生在可持续设计方面的职业道德与修养的追踪调查表明，作为社会向可持续发展转型的先行军和中坚力量，建筑和相关专业的学生并没有在可持续建筑教育中获得相应的道德素质提升，可持续建筑教育的本质也因此受到质疑。同时，这一调查结果也使得可持续建筑市场化的前景堪忧——如果连建筑师自己也不推崇可持续设计所带来的收益，那么如何能够在参与式设计过程中引导和教育其他参与者，推行一种低资源消耗的生活工作模式？如何能够担当社会和人类赋予建筑师的责任？

（二）职业伦理与科学

科学技术发展，在推动社会进步的同时，往往会由于某些方面的异化而带来一定的负面东西，甚至在科学工作中出现浮躁、虚假或腐败等现象，这就需要从业者以良好的伦理道德秉持良知操守，敢于担当道义，严谨做人，求实做事，做时代精神的表达者和实践者。与投机取巧、急功近利以及科学腐败等现象作斗争，并自觉地遵守职业操守、恪守职业道德，坚持实事求是的科学态度。

在从事科学研究的过程中，始终做到目的纯正，造福人类；尊重科学和实事；团结协作，尊重他人；反对垄断，保守秘密。在科学活动的过程中，也会遇到许多难题，如：药物的造福与杀伤作用相互之间的矛盾；动、植物制剂、制品的利用与掠夺性消耗药物资源的矛盾；有性生殖的问题等等，这些又往往是当今无法避免的难题或事实。如何处理好它们之间的辩证关系，职业与伦理道德也难免面临着某种挑战，但从业者对社会良知与道义的担当仍是在道德与伦理必须遵循的前提下进行。

在职业伦理实践活动中有一个值得提起概念——双重效应，即一个行为可以产生两重效应，一个是为达到目的有意的、直接的效应，另一个是可以预料而无法避免的、并非有意的但有害的间接效应。在现实生活中，双重效应事件会不可避免地遇上或经历。如何选择需要在道德标准下作出抉择。

【案例2-2】　双重效应——舍取两难

如当母亲妊娠高血压，危及自身的生命安全时，提前终止妊娠可以挽救母亲的生命，但是会造成胎儿生命的结束。在这种情况下，挽救母亲的生命是直接的、有益的效应，而胎儿死亡是有害的、是间接的、可预见的效应。

【案例2-3】　《寂静的春天》不能忘

Rachel Carson 的《寂静的春天》的出版，掀起了保护环境的浪潮。诺贝尔奖的光环也掩盖不了敌敌畏带来的深重灾难，与其说它为人类控制病虫害发挥了巨大作用，不如说它破坏了人类与昆虫的生态关系。《寂静的春天》唤醒人类重新认识敌敌畏，充分认识科学技术的环境安全性，重新认识人与自然的关系。现代环境运动兴起，生态学的诞生，生态伦理学的问世，可持续发展理论的提出与倍受关注，为人类矫正与自然的关系提供了坚定的理论基础，成为当代人类社会安全发展的科学理论。

（三）职业伦理与社会

伦理道德与政治、经济、文化等生活领域也是密切联系在一起的，或者说，任何一个人的社会活动和其从事的职业，总是和社会经济、政治、文化密切相关。社会道德建设的根本目的就是要全面提高公众的道德自觉性，以形成整个社会良好的道德风尚。

职业伦理道德与社会风尚关系密不可分，社会风尚、职业道德建设首先要努力创造出一种社会氛围，要重视人的“第二天性”形成过程，培养健全人格，要重视职业道德建设中的制度性、实践性、有效性，重视坚持不懈、持之以恒，使社会形成良好的文明风尚，使个人养成良好的道德品性和行为习惯。

职业伦理道德自觉性有自律性和他律性。自律性能使个人心怀社会公德意识：爱心（爱国、爱民众、爱家人)、正义感、法治意识。他律性要求人们共同遵守社会伦理道德秩序。每一个公民的职业伦理道德的自律性和他律性共同构成了一个社会整体的职业伦理道德水平和伦理道德风貌,每个人的职业伦理道德意识决定了其能否自觉遵守社会伦理道德秩序和职业伦理道德秩序。

【案例 2-4】 试管婴儿——一个不该发生的后果

"妈妈,我的爸爸在哪里?"小女孩问她的妈妈,那位年纪不大却满面憔悴的母亲听后一把将女儿搂在怀里,眼泪扑簌簌地滚落下来……

1988 年,王与李正式结为秦晋之好。婚后,很长时间王都没怀上孩子,医院检查:"精子成活率低"。从此,夫妻开始了漫长的求医问药历程。几年过去了,药吃了几箩筐,可"病"却没有改善。不能生育孩子的遗憾长期煎熬着夫妻俩。1993 年,他俩决定采用试管婴儿技术,但丈夫心中仍是疑虑重重。在他看来,接受这个办法,等于让自己老婆给别人生孩子;不接受这个办法,自己将永远得不到孩子。思虑再三,李还是同意借助人工授精得到孩子,并委托王带着他的相关证件到公证处代他签字。妻子接受了人工授精手术并成功了。李和王都怀着激动的心情憧憬着未来,然而,这份喜悦没能延续多久。各种闲言碎语便接踵而至:"……天知道怀的是哪里的野种。""……他老婆怀的肯定是别人的孩子!"等等不堪入耳。看着异样的目光,本来情感脆弱的李此时恨不得钻进地缝,因受不了世俗偏见的折磨,他离家出走了。

王在妊娠八个月后早产生下了一女婴。婆家人到医院只看了一眼转身就走了。更令王始料不及的是,在女儿过完周岁之后,丈夫向法院起诉离婚。在法庭上,他竟否认同意王接受人工授精,并声称该女婴与自己没有血缘关系,不承担抚养义务。王上诉后,二审法院认定王生的女儿为李的合法子女,判定李按每月 100 元的标准给付女儿生活费至 18 岁,一次性给王玮姗 2.16 万元补偿。可是,二审判决书下达后李拒不兑现,始终未获分文,母女俩每个月就靠王外出打工挣来的三百多元艰难度日。在承担着巨大的经济压力的同时,最让王母女感到痛心的是,世俗和延续不断的风凉话,这使孩子幼小的心灵遭受折磨。王不敢想像,等女儿渐渐懂事以后,她又该如何去面对这一残酷的现实?

这一例子是很值得人们深思的,即如何用新的目光、新的伦理观念来对待科学技术进步所带来的新生事物?

(四)职业伦理与人

职业伦理与人实际上是一个人际关系问题,人伦种种也是职业伦理的重要组成部分。

其一,同行之间的关系。这种关系大致分为三种:一是排斥对立型:同行视冤家,争名夺利,相互封锁;二是谋生协作型:谋生求利,违心协作,委曲求全,貌合神离,只求个人生存、发展;三是志同道合型:共同的理想,共同的价值取向,共同的道德原则、规范和道德情感。大家形成一种并列-合作-互补型同志关系,相互尊重、相互协作、相互配合、相互信任、相互支持、相互监督、团结协作、同心同德。毫无疑问,在与人相处的过程中应取第三种类型,以弘扬高尚的职业伦理与道德精神。

其二,与公众之间的关系。与公众之间的关系大致分为三种:一是赐舍恩惠型;二是金钱交易型;三是友好合作型。不良的职业伦理道德在处理与公众之间的关系时,低境界的价值取向会导致为私利——失去公众的不信任，不信任——导致消极，猜疑、对抗——导致公众关系受阻。概括地说，一个人的价值取向，对其职业伦理道德的建立的作用或影响是巨大的，正确的价值取向有益于良好的职业伦理建立。

其三，与家人、与朋友的关系。这也是一个十分复杂的问题，如性、爱、婚姻等家庭问题，包含复杂的伦理道德和情感，而且这些东西也是处理好家庭成员间关系、家庭与社会之间、个人与朋友关系，树立良好的个人职业形象等的必要基础。

三、职业伦理的基础理论

（一）契约论

在职业生涯中，国家的法律法规、制度与规范，与每一个遵纪守法的公民形成了一个契约，并在社会工作实践的过程中得到普遍的共识、认可，自觉遵守、履行契约，这不仅保障了个体公民的合法身份，保护了个体合法的私人生活空间，保证了个人在公共生活中地位平等、权利与义务均衡，还规范和保障了社会整体秩序的正常运转。

在职业伦理道德实践中，每一个人内在的主体性与外在的约束性具有同样重要的作用，是一种内化与外化——即外在原则和规范的人格主体内在化（接受、服从、认同、内化、承诺、践行）与道德主体意志的外在化（个人意愿、意志与道德原则和规范的契合一致等等），它是一个两者相向互动的过程。一旦进入职业状态时，就建立起一种契约关系，这种契约关系就要求双方各自履行自己的义务。

职业伦理的契约论就是坚持良知和科学性相统一、理论和实践相统一、职业伦理道德和个人伦理道德相统一等原则，强调社会、国家或整体的利益，提倡为社会、为国家、为整体尽自己应尽的义务，正确区分什么是是非对错，什么是美丑善恶，明确什么是应该做的，什么是不应该做的，并在此基础上，逐步建立能够理解和自觉追求的、由职业道德、职业理想、职业信念、职业追求等意识和观念所构成的一种普遍的、共同的社会职业伦理道德。

（二）公平论

社会在发展和转型的过程中，改革开放使社会生活的主题发生了转变，进而使人们对公平正义有了新的觉醒与较为全面的理解。就每个人而言，对“什么是公平”的理解是非常不同的。由于社会发展，科学进步，就业市场发生根本的改变，某些制度和政策可能使一些人得益而另一些人受损，就以就业为例，得以就业者认为是公平的，未就业者可能认为不公平；即使在得以就业者中，得益多者认为是公平的，得益少者也可能认为不公平。所以说，社会公平原则，不能只考虑在个人意义上或小集团的公平，而是在社会意义或广大民众利益上的公平。公平是获得社会和谐与稳定的重要手段，但在现实工作中我们也会看到，往往个别行政人员在执行法律和制度框架下活动时，由于道德价值的缺失而造成了不公平，见【案例2-5】，我们不能因少数人的行为而否认政府公共权力和权威。国家的政策、法规、社会保障制度正在逐渐实现社会公平，规定利益和责任的关系，构建起长治久安的和谐社会。

【案例 2-5】 "开胸验肺"—— 公平何在？公理何在？

河南省新密市工人张某，2004 年 6 月到郑州某耐磨材料有限公司上班，先后从事过杂工、破碎、开压力机等有害工种。工作三年多后，他被多家医院诊断为尘肺，但企业拒绝为其提供相关资料，在向上级主管部门多次投诉后他得以被鉴定，郑州职业病防治所却为其作出了"肺结核"的诊断。为寻求真相，这位 28 岁的年轻人只好跑到郑大一附院，不顾医生劝阻，铁心"开胸验肺"，以此悲壮之举揭穿了谎言。

（三）功利论

功利论主张立足于个人，其次才是他人与社会；注重行为的绩效或结果，忽视思想端正与否、动机纯洁与否，只要有好的效果就可以了；在行为前更多的是权衡利弊得失，不合算的事，吃亏的事不干。职业伦理道德与个人利益的不可分离性，不仅在于它的本质、根源上的相同，同时还在于在现实工作层面上的相同。职业伦理强调"义"重于"利"，把"仁义"看作最高的道德原则，国家富强之大利即是大义，应当以义取利。在职业伦理道德实践中，我做利他人的事情，他人也会做利于自己的事情，在公正、有序的社会环境中就会形成"我为人人，人人为我"的局面。在利益关系矛盾时，将他人和社会利益放在首位，而暂时牺牲个人利益是必要的，尽可能的话，应争取实现有利于社会整体利益，也有利于自己的长远和根本利益这一理想之目标。

【案例 2-6】 损人利己、见利忘义——不可饶恕的罪恶

1956 年成立的某乳业合作社，只有 32 头奶牛和 170 只奶羊，经过 50 年艰苦创业，某集团已发展成为集奶牛饲养、乳品加工、科研开发为一体的大型企业集团。从 2008 年 6 月 28 日，兰州市解放军某院收治了首例患"肾结石"病症的婴幼儿。到该年底发现有 6 个婴孩因喝了该企业的奶粉，罹患疾病而死亡；进一步调查显示，在饮用该企业奶粉的儿童中超过 30 万儿童患病。2009 年 02 月 12 日，石家庄市中级人民法院正式宣布某集团破产。对某"问题奶粉"的严厉查处，向全社会发出了一个讯号：一切危害食品安全、危害人民群众生命健康的违法行为最终难逃法网！对于"某问题奶粉"事件的严厉查处，不止使见利忘义、铤而走险的违法犯罪人员得到应有的刑事处罚，也让我们看到见利忘义，足以使一个 50 年的品牌企业瞬间毁于一旦。

（四）道义论

道义论与功利论相反。道义论不是立足于个人的利益，而是立足于全社会的人民大众的长远或根本利益；主张注重行为本身或注意行为动机和依据的原则，不关心行为的后果；不计算，不考虑事物与行为的后果对自己会怎么样。道义论突出了个人的自律性，"尽义务"、"负责任"就是自律性的外在表现，属于人们的基本伦理道德范畴；道义突出了个人的道德责任感，是自觉意识，不是"被动反应"而是"主动反应"。道义论有两个相关特征：一是符合职业道德原则即意味着道德行为的规范化；二是符合职业道德原则，以具有普遍的合法性和有效性为前提的。

刘少奇同志在《论共产党员的修养》中写道，"在个人利益和党的利益不一致的时候，能

够毫不踌躇、毫不勉强地服从党的利益，牺牲个人的利益。为了党的、无产阶级的、民族解放和人类解放的事业，能够毫不犹豫地牺牲个人利益，甚至牺牲自己的生命，这就是我们常说的'党性'或'党的观念'、'组织观念'的一种表现。这就是共产主义道德的最高表现，就是无产阶级政党原则性的最高表现，就是无产阶级意识纯洁的最高表现"。从刘少奇这段论述看，无产阶级的共产主义道德观，即马克思主义的道德观是名副其实的道义论。

【案例 2－7】　柔肩担道义——揭穿德国人工心脏"试验门"丑闻

"打假医生"陈晓兰开始对上海某医院"人工心脏"事件进行调查，令人震惊的事实渐渐浮出水面：手术者称成功率 90% 以上，医院称"成功完成九例"的人工心脏手术，竟有七人死亡，一人形同植物人，一人留有后遗症。陈晓兰愤怒地说："他们根本就没有把这个孩子当成一个病人，而把他当成像小白鼠似的活体试验材料，并且充分利用了这个材料……"

2007 感动中国人物，女医生陈晓兰，颁奖词写道：……她十年不辍，既然身穿白衣，就要对生命负责，在这个神圣的岗位上，良心远比技巧重要得多。……感动中国人物推选委员彭长城，对陈晓兰这样评价：她只是一个弱女子，却挑起了维护医疗环境纯洁的大任，屡遭报复，陷入困窘，依然坚持，无怨无悔，最终推动主管部门出台多个法规性文件。她所作所为对得起作为一位医生的良知。

（五）德行论

德行，是一定社会的道德原则和规范下个人思想和行为中体现的一种品格状态，一种秉性、品质、情操或习惯，一种倾向于表现自由与深思熟虑后作出选择的行为。德，强调一个人内在的东西，行，则强调一个人的行为。德是生命的品质，德为中华民族生生不息之精魂，一切社会秩序、家庭伦理、个人功业尽在其中。知识可以积累，德行必须修养。古人云：厚德载物。一切名利、物质、财富、知识、能力均可视为物，德为物之根本，没有厚德支撑，所有的物将无以发展，甚至走向反面。德如基石，基石宽厚方能支持高楼大厦；德如大地，大地滋润方能滋育万物。

美德的内容：仁慈（仁爱、博爱、关怀、友爱和慈善等），诚实（忠诚、讲真话、办实事或实事求是），审慎（行为之前周密思考，行为过程中小心谨慎以及审时度势），公正（不分贫富、种族、政治派别、信仰、职务，一视同仁），进取（刻苦钻研，精益求精），廉洁（作风正派、不谋私利，守法、履行义务）。美德的核心问题是应该做一个什么样的人？一个人责任和义务是什么？作为社会的一个成员应为社会的公共利益做什么？概括地说，一是与美德有关，强调人的品行和应具备的价值观和目标；二是承认一个人的行为会对他人产生影响；三是作为社会的一员，应该为社会、为人民利益而工作。

我国倡导"以德治国"，"八荣八耻"，就是要将修德、养德、行德渗透到工作、学习和生活的各个具体层面，让中华民族的优秀传统血脉传承并发扬光大。"风之积也不厚，则其付大翼也无力"。"德之积也不厚，则其负大业也无成"。修德、养德、行德是我们实现生活与未来职业生涯必须努力去做的事情。

德行会内化成为人的一种秉性、品质、情操或习惯。人们的秉性、品质、情操或习惯，都是外在的道德规范、原则、准则对人长期熏陶、教育、灌输的结果。开始人们也许未能认识到这些规则、原则或准则的作用，或不理解，甚至拒斥，随着后来的不断认识、接纳，认同以及在职业过程中的反复实践落实行动这一个过程，这些规范、原则或准则构成了人们内在的品质、秉性、情操或习惯。

【案例2-8】 一个德性高尚的人——雷锋

雷锋精神是中华民族传统美德的一种表现，是一种随着时代进步而不断发展的与时俱进的精神。他作为一名平凡而伟大的解放军战士，从身边的小事做起，从不为名利、不计个人得失，一切行为都以国家和人民的利益为出发点。在建筑工地做义务劳动、风雨中护送老大娘、为灾区捐款（而自己破旧的袜子却补了又补）、给战友家里寄钱……雷锋那种全心全意为人民服务，把有限的生命投入到无限的为人民服务中的精神，那种干一行爱一行，立足岗位艰苦奋斗的敬业精神，那种对同志、对群众像春天般温暖，舍己为人、助人为乐的精神，都是在构建和谐社会中必须大力发扬和倡导的美德。

（六）公益论

公益论是从社会和人类利益出发，公正合理地解决职业活动中出现的各种利益矛盾，要求不仅有利于社会、有利于国家、有利于人民，还应有利于人类及子孙后代，有利于生态环境，有利于科学与技术的发展。

公益论具有两个特征：一是广泛性。这是指作为社会性事业，能对同一时期的多数人产生影响，如控制传染病，研发新药新技术等；二是长远性。这是指现时期的活动能对未来几代人产生影响，如计划生育、遗传病的预防等。长远责任要求将对职业的责任同对社会、对他人和后代责任统一起来。如：维护世界和平的责任，保护生态环境的责任等等。

【案例2-9】 马寅初和他的“新人口论”

1953年，新中国首次人口普查发现全国已有6亿人，人口的快速增长使经济学家、人口学家马寅初忧心忡忡，他认为这种现状会“影响我国的工业化”，应当实行计划生育。他在广泛调研的基础上就人口控制问题写成提案并提交全国第一届人大四次会议，该提案又在《人民日报》上发表，这就是著名的《新人口论》。《新人口论》的中心论点是在中国不仅要控制人口的数量，而且要提高人口的质量。然而，马寅初先生控制人口的主张没有被接受和采纳。1958年到1959年全国各大报刊掀起了批判马寅初的高潮。此后，他的名字就很少出现在公开场合。1964年，我国进行普查，统计发现人口达7.16亿之多，党和政府意识到实行计划生育政策是必要的。在进入20世纪70年代末期采取极其严厉的节育措施。20世纪80年代初期我国已将计划生育政策作为“基本国策”。这个事例足以证明马寅初当年的计划生育的提议具有远见卓识且具有重大指导意义，他对保证中国社会的长远发展做出了重大贡献。

四、职业伦理道德基本范畴

广义上讲，凡是反映和概括道德现象的特征、方面和关系的概念，都是道德范畴。而狭义上讲，道德范畴则指反映个人与社会、工作、他人之间的最本质、最重要、最普遍的伦理道德关系。职业伦理道德的基本范畴可以概括为公正、情感、义务、良心、审慎、荣誉、功利、幸福十六个字。

1. 公正——自我道德准则

符合一定阶段或社会的职业道德原则和道德规范的行为，即办事正直和合乎道理。公正是道德规范，又是评价的范畴。

2. 情感——自我道德体验

这是人们内心世界的自然流露，是对客观事物和自身态度的切身体验，是生理性和社会性的统一，如责任心、同情心、耐心、爱心。

3. 义务——自我道德命令

这是每一个人或对他人所负的道德责任。具有两个特点：①它不同于政治、法律以及党政机关、团体、学会等规章制度中规定的义务，不是以获得某种权利或相应的报偿为前提，而是以牺牲个人利益来实现他人和社会的利益为前提；②道德义务的实行是靠个人的内心信念和自觉的、自由的行动、是无条件的；在“这是我应该做的”、“这是我必须做的”内心信念和自觉自愿的、习惯性地行为中，其精神境界得以净化、道德境界得以升华。

4. 良心——自我道德法庭

马克思说：“良心是由人的知识和全部生活方式来决定。”“良心，有思想的人的良心不同于没有思想的人的良心。”“良心”，即是个人合理行为的道德基础之一，又是关注他人与社会公义的自觉动力之一。良心的作用至少表现以下三个方面：①选择作用，自觉衡量和判断自己该干什么，不该干什么；②监督作用，自觉约束自己的语言与行为；③评价作用，自觉地评价自己行为的后果。

5. 审慎——自我道德作风

它是一种职业伦理道德作风；是行为前的周密思考和行为过程中的小心、谨慎、认真；是内心信念良好的外在表现。严格要求自己，不断提高精神境界，逐步达到“慎独”的境界。慎独是在无人监督的情况下，自觉干好事、干益事，表现了自我职业伦理道德修养达到了一种最高境界。

6. 荣誉——自我道德评价

它是对道德行为的社会价值的客观评价和主观意向的肯定。其一，人们或社会给予的赞扬性的客观评价；其二，个人的自我意识、自我评价、自我良心满足和自我意识的欣慰。

7. 功利——自我道德价值

这是一个不可回避的问题，人们往往会从以下三方面去思考：一是功利与义务密切相关，功利与义务是辩证统一的，功利是义务的目标和结果，义务是功利的前提和基础；二是功利与良心密切相关，良心是功利的处理尺度和自我依据，良心是对待功利的“内心立法”；三是不同的价值观决定了不同的功利观。

8. 幸福——自我道德取向

它是在物质生活和精神生活中由于实现了自己的职业目标和人生的理想而引起的精神上的满足。

第三章　职业礼仪

职业礼仪是人们在社会职业中所表现出的品德内涵和言谈举止。

随着社会的进步，社交范围的扩大，职业礼仪教育也越来越为广大青年大学生所关注。社会呼唤礼仪，处于职业准备状态的大学生，学习职业礼仪、掌握职业礼仪、运用职业礼仪正是必不可少的课程。健康的心身、端庄的仪表、高雅的言谈、得体的举止能增加职业交往魅力，给人留下良好的第一印象。

职业礼仪学习和教育的目的不仅仅是为了让人追求言谈举止的外在美，还为了辅助人们未来事业的发展，展示知识内涵的力量和成功的潜力，为了唤醒一种职业意识和职业精神，探讨领悟职业哲学，寻求建立职业理念，培养历练职业意志，追求完善职业品位，逐步形成良好的职业形象。

第一节　职业礼仪应遵守的原则及其作用

一、职业礼仪应遵守的原则

（一）维护原则

维护原则表现为维护国家利益，维护民族尊严，维护工作单位利益，树立良好的国家形象和公民形象。例如，言行不得触犯法律，不得损害国格和人格。

（二）遵守原则

遵守原则主要是遵纪守法，遵守社会公德、职业道德、家庭美德，遵守外交外事纪律，保守国家秘密，遵守各种相关的规章制度，遵守信守时间的原则，遵守不妨碍他人的原则，例如，维护公共秩序、在公共场所不大声地接拨手机。外事活动遵守国际惯例。

（三）尊重原则

尊重对方的人格是礼仪的情感基础，人与人之间彼此尊重、平等交往、真心真意，这样才能保持和谐愉快的人际关系。例如，遵守尊老爱幼、女士优先的原则。

（四）适度原则

适度原则指把握时间、地点、人物，把握分寸，平等交往，平等互惠，有礼有节，自立自强，热情大方,谈吐适度,情感适度,举止适度。在不违背原则的情况下,不干涉,不纠正,但也应遇到强者不自惭,遇到磨难不气馁,遇到侮辱敢于挺身反击,遇到弱者伸出援助之手。

(五)自律原则

自律原则是指在外界没有任何监督的情况下,自尊自爱,自我克制,自我约束,自觉执行,在心中树立一种道德观念和行为修养准则。在交往中,不骄狂,不我行我素,不自以为是,不厚此薄彼,不傲视一切,不目中无人,不以貌取人,不以职业、地位、权势压人,而是应该处处时时平等谦虚待人,唯有此,才能结交更多的朋友。因为职业礼仪的培养和形成不是一朝一夕,而应持之以恒,使之真正成为我们学习、工作、生活的一部分。

(六)诚信原则

每个人都应诚恳待人,办事诚实守信,言行一致,表里如一。对人对事持一种实事求是的态度,不说谎、不虚伪、不骗人、不侮辱人,常言道:"骗人一次,终身无友"。诚信,表现为对他人的信任和尊重,心底无私天地宽,只有诚信才能换取对方的尊重。在社交场合,尤其要讲究一要守时,二是要守约。守时,即与人约定时间的约会,会见、会谈、会议等,决不单方面随意拖延或迟到。守约,即与人签订的协议、约定和口头允诺的事,要说到做到,即所谓:"言必信,行必果"。

(七)随俗原则

随俗原则是指在维护祖国尊严、公民人格的情况下,入乡随俗,学习、运用国外和国内各民族的民情礼俗。

(八)保护原则

保护原则是指保护国家财产,保护人民群众,保护生存环境,保护动、植物,保护自然景观是现代大学生的义务和责任。

二、职业礼仪的作用

职业礼仪从广义上理解,有如下几个作用:

(一)有利于整体素质的展示

职业礼仪能表现出一个人、一个团体、一个民族、一个国家的整体素质。职业礼仪有助于维护、树立个人、团体、民族、乃至国家的形象。

(二)有利于社会主义精神文明建设

职业礼仪对社会能起到净化和美化的作用,能形成、造就良好的社会秩序和社会风气,能陶冶人的情操、规范人的行为,能使人改正有碍于社会文明和有损于职业形象的陋习。古人说:"不以规矩,无以成方圆。"

(三)有利于建立和发展良好和谐的社会交往关系

职业礼仪有助于协调各方的利益与矛盾,有助于协调内部的各种关系,有助于塑造良好的公众形象。同时,这也是一种公众情感互通的过程,是人际交往中增进友谊、联络情感、发展事业的行为。

（四）有利于每一个人自身文化修养和品质的提升

职业礼仪是一个人立德修身的内在素质和公共道德修养的外在表现，它能提高我们的文化修养，培养我们的道德品质，是我们实现自身价值的重要手段和途径。一举一动、一眸一笑、一言一行，此时无声胜有声。个人形象代表整体形象，个人的所作所为，就是工作单位的活体广告。

（五）有利于对外开放，加强国际交往

职业礼仪是社会发展的需要和社会交往的需要，尤其是在改革开放的今天，它更是我们加强国际交往的重要基础。

（六）有利于弘扬中华民族几千年文化

中华大地素来被称为"文明古国"和"礼仪之邦"，周公握发吐哺，孔子克己复礼。中国古代有三部最著名的礼典：《周礼》、《仪礼》和《礼记》，总称"三礼"，也就是各种礼制的总和。中华礼仪在中国文化中甚至起着"准法律"的作用。

"有朋自远方来，不亦乐乎"；"君子敬而无失，与人恭而有礼；四海之内，皆兄弟也"！北京 2008 奥运会成功的举办就是我国炎黄子孙弘扬中华民族几千年文明、文化的一个成功典范。

学习和掌握好职业礼仪，才能使我们在平时的学习、工作、生活中得心应手地运用好职业礼仪。职业礼仪的学习和培训实际就是一种"养成"教育，通过学习、培训养成一种良好言谈举止风度和风范。

第二节 职业礼仪的内容

本节主要探讨和实践几种常用的职业礼仪。

一、介绍礼仪

（一）建立人际交往关系从介绍开始

（1）开始建立关系时，一要记住每个人都有出色的一面，让对方认为你对他感兴趣，记住了他；二要了解每个朋友的特点和故事，尤其是与众不同、精彩或辉煌的部分。

（2）发展关系时，既要学会从谈话中捕捉到共同点、共同感兴趣的信息，又要多看多想多说别人优点、长处，这样可以促进相互间的关系向积极健康的方向发展；同时珍惜美好的时刻，珍惜大家在一起度过的美好时光。

（二）介绍的顺序

存在性别差异时，应先称呼女方，把男方介绍给女方；存在年龄差异时，应先称呼长者，把年少者介绍给年长者；存在职务差异时，应先称呼职务高者，把职务低者介绍给职务高者。

此外，把声望低者介绍给声望高者，把客人介绍给主人，把晚到者介绍给早到者，把未婚者介绍给已婚者。集体介绍时，可按座次顺序，也可首先从贵宾开始介绍。如果以上三种情况有冲突，那么按职务 > 年龄 > 性别的顺序介绍。

例如：美国人比较随和、直率，首次见面可称“先生”、“夫人”、“女士”、“小姐”等，认识之后就可直呼其名或昵称，否则他会认为你不愿意同他建立交往关系。

（三）介绍的内容

正式介绍一般用：“请允许我向大家介绍……”开头，介绍个人可公开的资料（回避年龄、工资、婚姻等），如工作性质、业绩、专长以及与周围熟人的关系等。原则是：私人场合，亲切、自然；公务场合，庄重、规范；社交场合，敬语 + 姓名 + 头衔。

（四）被介绍方回应

正式场合被介绍方可以起立，鞠躬，也可以点头、微笑示意，还可以热情地握手等。

（五）交换名片

名片已成为公众交往的一种重要、实用的交际工具，名片是一种自我的“介绍信”和“联络卡”。

名片的制作、交换、索要、递送、接收、保管等都应注意礼仪。

在递送名片时，应面带微笑，注视对方，将名片上的字正对对方，用双手的拇指与食指分别捏住名片上端的两角送呈对方。站立递送时，上身呈 15° 的鞠躬状；递送时，可致礼貌语，如“我叫 × ×，请多关照，这是我的名片”。如果互递名片，姿势同上，只是用右手送自己的名片，左手接对方的名片。你想得到对方名片时，可以用请求的口吻说：“如果您方便的话，能否留张名片给我？”

接收他人名片时，同样用双手接回，并道声“谢谢”。接过名片后，应认真地、轻轻地念一遍，以示尊重。牢记对方姓名，注意名片上最恰当的称呼，如职务、职称。名片夹一般在左胸内侧西装口袋内。

（六）介绍时的禁忌

值得提醒的是，介绍时忌东张西望，心不在焉，张冠李戴，差错百出，造成尴尬。

二、握手礼仪

握手是现代社交场合不可缺少的礼节。

可以说，通过握手与对方发生除手以外的心灵、情感上的碰撞，用这种方式和短暂的时间去吸引对方，去观察对方，给对方留下良好印象。

（一）伸出手的顺序

性别存在差异时，女性先伸手；年龄存在差异时，长者先伸手；职务存在差异时，职务高者先伸手。以上三种情况如冲突，则应按职务 > 女性 > 年龄的顺序伸手。

（二）握手姿势

握手时上身向前略倾 15°，头微低，面带笑，注视对方。

(三)握手力度

握手时掌握“扩大”和“缩小”自我形象的技巧,通过握手还可以了解对方热情、冷淡、轻视等可能存在的心态。

(四)握手时间

握手时间一般为几秒或十几秒。

(五)握手时的禁忌

握手时忌戴着手套、东张西望、握张三呼李四、长时间握住不放以及用力过大或只碰手不握手。

在西方社会,尤其是在欧洲各国和美国,拥抱同握手一样,是一种重要的见面礼节。

【实践3-1　握手的训练方法】　正确的拥抱姿势应为:两人在相距20厘米处相对站立,然后双方都右臂偏上、左臂偏下,右手扶在对方的左后肩,左手扶在对方的右后腰,并按各自的方位,两人头部及上身都向左相互拥抱,即礼节性的拥抱到此完毕;如果为了表达亲密的关系,还可以保持原手位不变,双方头部与上身都向右拥抱,再次拥抱礼毕。需要注意的是,礼节性的拥抱,双方身体不要贴得很紧,拥抱时间也很短,更不要吻对方面颊。

在涉外交往中,应努力尊重交往者的民族习惯,事实上有些国家和民族(如中国人、印度人、日本人、东南亚人、英国人等)是不喜欢在社交场合拥抱的。此外,对来自佛教国家的外宾要行合十礼,对来自日本、朝鲜外宾行鞠躬礼,对军人要等其行举手注目礼后再行握手礼。

三、语言艺术

语言是艺术,语言无时无处不体现着它的美。言谈和所有的艺术一样,需要在实践中学习、运用,在实践中总结、提高。美国哈佛大学前校长伊立特曾经说过:“在造就一个有修养人的教育中,有一种训练必不可少,那就是优美、高雅的谈吐。”

许多用人单位已经越来越多的把语言表达和语言沟通能力作为了求职者的“软实力”。

(一)创造良好的交谈氛围

一是积极创造谈话的环境,营造谈话的氛围,平等互敬;二是态度要诚恳,要热情大方、文明文雅、实事求是;三是内容适合双方,避免以自我为中心的话题或沉默寡言,尽量争取谈论对方感兴趣的内容;四是距离应适中,态势得体;五是认真耐心、专注有礼、及时呼应。

(二)交谈的语言艺术

1. 语言的精练美

语言精练是运用语言成熟的标志,精练的语言具有简明、深刻、形象的特征。所谓简明,是指语言简短明快,结构齐整,决不拖泥带水,东扯西拉。

精练的语言,从语言形式说,是简明的;从语言意义说,是深刻的,有较大的思想容量和感情容量。精练的语言还同时要求形象性。一些简短匀称、富有哲理、形象鲜明的语言,可收一语惊人、满堂生辉的效果。同时,注意语言的准确性,即主题要鲜明、目的要明确、表达准确流畅、表现机智幽默。交谈、讲话、致词忌信口开河、滔滔不绝、频用"你们"、"我没准备"。

【案例3-1】 1861年2月11日,美国前总统林肯(52岁)离别家乡就任总统前夕,对乡亲们的告别演说:"朋友们,任何一个人,不处在我的地位,就不能理解我在这次告别会上的忧伤心情。我的一切都归功于这个地方,归功于这里的人民的好意,我在这里已经生活了半个世纪,从青年进入了老年,我的孩子们出生在这里,有一个孩子埋葬在这里,我现在要走了,不知道哪一天能回来,或者是不是还能回来,我面临着的任务比华盛顿当年担负的还要艰巨。没有始终伴护着华盛顿上帝的帮助,我就不能获得成功。有了上帝的帮助,我决不会失败。相信上帝会和我同行,也会和你们同在,而且永远会到处都在,让我们满怀信心地希望一切都会圆满。愿上帝保佑你们,就像我希望你们在祈祷中会求上帝保佑我一样,我向你们亲切地告别。"

2. **语言的气势美**

语以气为主,"气"是指思想力量和感情力量。例如,米德有一句名言:"给我一个支点,我就能撬动地球。"名言警句一般都含有较深的思想,较大的气魄,有耐人寻味的意境。自然、浩荡、激切是一种语势,委婉、蕴藉也是一种语势。不管哪一种语势,应以思想感情为其内核,因为有"气",才有"势"。总之,语言的气势美来自个人的思想美和感情美。

青年大学生花样年华,朝气蓬勃,言谈中思维活跃,反应敏捷,富有青春气息。

注意语言的生动性,掌握运用好五个要素:语气,用词,内容,情感,技巧。

【案例3-2】 20世纪50年代初,在北京一场别开生面的中外记者招待会上,一位西方记者站起来说:"请问周恩来总理,中国有无妓女?"顿时场上鸦雀无声,所有的眼睛都盯着周总理。我们的总理很坦然,正色答道:"有!"场上骚动、惊异、不解,总理紧接着讲:"在中国的台湾省。"

这位记者有些尴尬,又问:"中国人民银行有多少资金?""众所周知,年轻的共和国并不富有,"总理轻松、诙谐地答道:"中国人民银行的货币资金……有十八元八角八分。"全场愕然!

"中国人民银行发行面额值分别为十元、五元、两元、一元、五角、二角、一角、五分、两分、一分等10种主辅人民币,合计为18元8角8分,中国人民银行是由中国人民当家做主的金融机构,信用卓著,币值稳定,在国际上享有盛誉。"

总理以他超群的智慧,移花接木,巧妙、简洁地回击了对方尖刻、侮辱我国国格,嘲讽我国贫穷的提问,既维护了国家尊严,保守了国家秘密,又丝毫没有影响招待会的气氛。

3. **语言的情感美**

语言的色彩就是感情的色彩,生活的色彩。富有色彩的语言,能表现自然美、人情美、哲理美,并产生强烈的美感。这是色彩语言的神奇和美丽。

语言的情感性,表达不同的感情色彩,即亲切、真诚、友好、谅解、温柔、愤怒、悲伤、快乐等。

【案例3-3】 一个阴雨天，胖大嫂提着一网兜土豆挤上公共汽车，弄脏了小伙子的裤子，胖大嫂马上讲“没关系，回家用水擦一下就行了。”小伙子笑着讲：“本来我还准备讲没关系，既然你已说了，那我只好讲‘谢谢你了’。”周围乘客都笑了，大嫂的脸红了。

【案例3-4】 一位大夫早上查房，他对被病魔缠上、情绪低落极了的患者，亲切地问一句：How are “we” today？巧妙的问候语顿使病室生春，如果用 How are you today？就平淡多了。

4. 语言的韵律美

汉语有整句，有散句；有长句，有短句；有的长于陈述，平缓而行；有的表示疑句，突兀而至；有的祈使，直白呼告；有的感叹，感情沉重。如果能整散结合、长短相间、交错运用，即能给听者鲜明的层次感和节奏感。

【案例3-5】 毛泽东主席的诗词

七律　长征　1935.10

红军不怕远征难，万水千山只等闲。
五岭逶迤腾细浪，乌蒙磅礴走泥丸。
金沙水拍云崖暖，大渡桥横铁索寒。
更喜岷山千里雪，三军过后尽开颜。

注意语言的节奏性，适当的语音、语调、语速、音质、音量，表达着个性、修养、心理状况，表达着各种情绪。例如，一句“早上好”，可因语音、语调、语速不同，产生不同的效应。

亲切地——显示友好、亲密　　轻飘地——漫不经心、无足轻重

刻板地——纯粹出于礼貌　　傲慢地——上级对下级“例行公事”

5. 语言的幽默美

幽默是生活的调味品。说话风趣，俏皮，既引人注意，又让人回味，在愉悦的氛围中收到表情达意的效果。语言幽默，一要有意味，二要有趣味，三要有回味。幽默的语言是机敏的思维和形象的语言结合。

【案例3-6】 1972年在欢迎尼克松总统访华酒宴上，周恩来总理说：“这是中国驰名世界的茅台酒，酒精含量50度以上，曾有位先生喝多了，想吸烟，烟没点着，却把自己点着了。”宾主在欢笑声中频频举杯。

【案例3-7】 第二次大战将要结束期间，一天，美国总统罗斯福急着找英国首相丘吉尔洽商要事，当罗斯福匆匆赶到时，随从来不及挡驾，正好撞见躺在浴缸中的英国首相。

两个大国的元首在如此尴尬的情况下见了面，罗斯福马上开口道：“我有事急着找你，这下子可好

了,我们这次真的能够坦诚相见!”丘吉尔也立即作出反应,在浴缸中泰然自若地道:“总统先生,在这样的情形下会面,你应该可以相信,我对你真的是毫无隐瞒的。”

两位领袖人物的幽默、含蓄、睿智的对话,轻松地化解了一次外交史上最难堪的场面,并让后世传为美谈。

6. 语言的含蓄美

含蓄是一种美的情态。语言的含蓄在于话少意多,文简情盛,留给听者思考余地大,吸引听者积极参与,在感情交流中产生共鸣。含蓄能给人回味,含蓄往往是此时无声胜有声。学会使用敬语、谦语等礼貌用语,它能左右人际关系,左右事业成败。

【案例3-8】 新中国成立后,王光英先生去香港创办光大实业公司时,下飞机就遇到香港一位记者(女性)发问:您带了多少钱来香港办实业?王笑答:对女士不能问岁数,对男士不能问钱数,小姐,您说对吗?一句话含蓄、幽默、得体,有问有答,有礼有节。

(三)交谈时的注意事项

(1)主人或宾客在发言时请立即安静下来以示尊重,待发言完毕后再继续未完的话题。

(2)我国是一个地方方言大国,但各种场合都应讲普通话。有不同国家人士在场应尽量使用英语,因为在场的所有人都有听与说的权利,不可将谁排除在外。

(3)避谈政治、宗教等敏感话题,不谈涉及国家和行业秘密的话题;避谈生病、死亡、离异等不愉快的事情,谈话内容一般以天气、各地的风俗民情、体育运动以及有趣的事情为佳。例如,在饮酒时,可以谈谈我国的食文化、酒文化、茶文化与西方有何异同,或是各国的节日、舞蹈、音乐等,让众人皆有表达的机会,同时也可增长彼此的见闻。

(4)注意不要以“我”为中心,尽量少用“我”字,让其他人也有发言与参与的机会,风趣幽默的谈吐一向为众人所欢迎。

(5)私人问题六不问:不问收入、不问年龄、不问疾病、不问家庭、不问疾病问题、不问经历。避免询问他人服装、饰物的价格等,可以对他人的打扮加以赞美,但应适可而止,不可太夸张;与女士谈话不说“长得胖或瘦”、“身体壮”、“保养得好”等语。

(6)窃窃私语是一种不礼貌的举动。窃窃私语会让人有一种别人当着你的面说自己坏话的感觉,若有私事要交谈时,可以找人较少之处私下交谈。社交的目的就是让大家彼此认识、彼此熟悉,切勿形成小圈圈。若是你只和自己熟识的人交谈,不但无法达到交友的目的,也会使人生厌,但当有这种情形发生,不妨借倒酒、上洗手间的方式脱离小团体,再找机会和其他人士交谈。

(7)千万别做“消息灵通人士”,传小道消息;也别揭人短、谈人隐私、背后议论别人。这些看似不起眼的小事,却反映了一个人的道德品质。

(8)交谈时忌轻易表态,随意打断,手舞足蹈,滔滔不绝,唾沫飞溅,漫不经心(不停地看表、不耐烦、伸懒腰),旁若无人,心不在焉,左顾右盼,沉默不语,装腔作势。

【语言表达能力的自我训练方法】 见本章附录。

四、肢体语言艺术

人际交往中，上课、演讲中，除语言艺术外，身体各部分动作所表达的肢体语言也不容忽视，因人们的身体在自觉和不自觉中传递着许多情感和信息。肢体语言和个人的生活、工作、心理状态息息相关，它能一览无遗地暴露个体的内在思想和情绪。

优雅、适度、自信的肢体语言，不论是静态还是动态，都能使人赏心悦目，使人际关系和谐，使自己成为一个愉快而有魅力的人。利用站姿、坐姿、行姿和每一手势、表情，使自己的仪态显得从容、大方、优雅、谦逊、可亲，让自己在肢体动作的帮助下，与周围人进行良好的沟通，也让自己的涵养、才智，借助于肢体动作来流露，来做无声的展示。

肢体语言的表现方式是多种多样的。人的头部、脸、躯干、腕、手指、腿及脚十几个主要部位，几乎都可以传情达意。例如，致意是职业礼仪中最简单、最常用的礼节，它包括了微笑致意、起立致意、鼓掌致意、举手致意、点头致意、鞠躬致意等等。

优美的站、坐、走的姿势，是发展人的不同质感动态美的起点与基础，古语所说的"站如松，坐如钟，行如风"，就表明了对体姿的严格要求。

（一）站姿美

站姿应注意保持挺直向上、典雅、均衡。站立时，人应直立，挺胸收腹，略微收臀，目平视，肩端正，双臂自然下垂，双腿并拢立直，脚跟靠紧且脚尖分开成"V"形。在站立时，身体不要抖动或摇晃，眼睛不要东张西望，手不要插入衣袋也不要叉腰，更不应东歪西靠。

【实践 3-2 简易站姿的训练方法】 靠墙站着，使你的头部、肩部、背部、臀部、腿部、脚跟贴着墙，然后用力收缩腹部肌肉，维持这种姿势大约 10 ~ 20 分钟，然后放松休息。

（二）坐姿美

坐姿应给人以端庄、文雅、稳重之感。良好的坐姿应当是，从椅子左边入座，背向椅子，右脚稍向后撤，使腿肚贴在椅子边，上身正直轻轻坐下。如果是女士入座，应整理裙边，将裙子后片向前拢一下，以显得高雅娴静。坐立时，上身要正直，挺腰并膝，女士应并脚，双手自然置于双膝上或椅子扶手上，不可随意晃动身体或双脚，双腿不要伸得过远或分得过开。此外，还应避免过于放松，瘫坐在椅内。

（三）行姿美

行姿属动态美，要求稳健、轻盈。行走中整个身体上提，上身要正直略向前倾，目光平视，挺胸收腹直腰提臀，双肩平稳，双臂放松，自然摆动，前后摆动幅度约 45°，要注意脚尖略开，脚跟先接触地面，两脚内侧在行走中保持在一条直线上。行走时，膝盖和脚踝要富有弹性，起脚要有节奏感，干净利落，鞋跟不要拖地，脚尖也不要迈内八字或外八字，不可弯腰驼背，更不可摇晃，扭腰扭臀。

【实践 3-3 简易行姿的训练方法】 头部从后颈部着力往上提，肩部放松，自然甩手 45°，整个胸部自然地升起，腹部往里收缩，臀部往里收缩，上身先向前移动，重心落在移动着的前脚。

（四）蹲姿美

1. 高低式

下蹲时，左脚在前，右脚稍后不重叠，两腿靠紧下蹲。左脚着地，小腿垂直于地面，右脚脚跟提起，前脚掌着地。右膝低于左膝，内侧靠于左小腿内侧，形成左膝高右膝低的姿势，臀部向下，基本上以右腿支撑身体。

2. 交叉式

下蹲时，右脚在前、右小腿垂直于地面，全脚着地；左脚在后，左腿与右腿交叉重叠，左膝由后面伸向右侧，左脚跟抬起，脚掌着地，两腿前后靠紧，全力支撑身体，臀部向下，上身稍向前倾。

（五）持文件、书刊姿势

办公室礼仪要求在携带文件时，以左手持着，放在胸部左侧，再以右手握文件上角，不要双臂交叉将文件合抱在胸前，更不要将文件挟在腋下。

（六）恰到好处的肢体动作

恰到好处的肢体动作是用肢体语言充实、完善个人的表达内容，有时是更多的语言也无法替代的，常常可以补充有声语言的未尽之意。

1. 手势

手势包括情绪手势、象形手势、指示手势、象征手势。

【案例 3-9】 第二次世界大战期间，英国首相丘吉尔在结束讲演时，举起右手，伸出食指和中指构成"V"字形，象征英文"胜利（Victory）"的头个字母，全场欢呼，至今人们仍用它表示坚信胜利。

【案例 3-10】 里根总统 1984 年参观兵马俑，临别时，突然转身面对兵马俑军阵，目光注视着队伍，抬起右手。就这一简单的肢体动作，美方翻译说："稍息"。中方翻译说："解散"。两位翻译都很幽默、很贴切。

【案例 3-11】 各种姿态往往表现出个性和心态。长期忙碌的人，为争取时间，不知不觉养成了走路时上半身前倾，跨步快速，来去匆匆的习惯。性格内向的人，眼光畏缩，谈话嗫嚅。性格外向的人，嗓门大，步伐快，手势快，"快人快语"。心情颓丧的人，头低垂，眼神暗晦，走路时弯着腰，步伐沉重，拖着脚跟。情绪好的人，满面春风，眼放光芒，动作干脆而感染他人。情绪紧张、内心不平静、心不在焉的人，常有小动作，如搔头、眨眼、扭手、转笔、不停地抖动脚。

2. 目光接触的交流

人们习惯把眼睛称作"心灵的窗口"，自古以来，以眉目变化表达的情感语言举不胜举，如眉目传情、眉开眼笑、眉飞色舞、愁眉不展、“眉语两自笑,忽然随风飘”(李白的《上官夫人》),等等。从一个人的目光中,可以看到他的整个内心世界、生活经历、个人修养、性格特点和心理状态,甚至连思维的细节等也都可以从这里展现出来,目光是最富表达力、感染力的一种语言,切不可小看这简简单单的“一眼”。

传神的目光给人魅力,宁静的目光给人稳重,快乐的目光给人青春,诚挚的目光给人信任。一个良好的交际形象,目光应是坦然、和善、热情、乐观的。与人交往的时候,冷漠、狡黠、傲慢、贪婪的目光,都是不健康的,也是不会被他人所接受的,只能使别人在内心深处产生抵触情绪;而左顾右盼、挤眉弄眼、用白眼或斜眼看人,也都是不礼貌的。

在进行目光接触时,注视对方的时间应该不少于全部谈话时间的30%,也不要超过全部谈话时间的60%。

3. **身体的亲和力**

与他人谈话时,身体的方向要正面对着对方,上身微微向对方倾斜,让对方感觉他自己对我们的吸引力。

交际距离就等于是交际的“副语言”。从生物学的角度来看,每一个生命都有自己的领土领空,人们叫它“安全圈”。有心理学家经过观察与实验认为,人人都具有一个把自己圈住的心理上的个体空间,它像生物的“安全圈”一样,是属于个人的空间。心理学家们认为,45厘米以内为亲密的距离,45~120厘米之间是私人交往的距离,120~350厘米之间为社会交往、工作交流时的人际距离,适合面对不太密切的对象;公共距离一般在350厘米以上,主要应用于大型讲座等群体交往情景。这种划分只是大致范围,并非固定不变的。在人际交往中,每个人都应根据双方的关系及环境、事因等因素,考虑自己保持什么样的人际距离是恰当的,千万不要因跨越了对方的心理空间而引起对方不快。

如果双方不是很熟悉,就不要跨越对方的“亲密距离”,更不可动手动脚,否则,就被视为“越礼”。

五、倾听的艺术

在交谈中,不仅要善于表达自己的意思,而且应善于聆听对方的谈话,这样才能使双方进行有效的交流。在倾听的过程中了解、理解对方,在倾听过程中去争取对方的信任。当对方认为你值得信任,才会把心里话告诉你;当对方能把心里话释放出来时,会感到心的放松,心的歇息,你也就学会了倾听。

倾听是积极努力去听,去关怀、了解和接受对方;要使思考的速度与谈话相适应,要让对方把话说完,不要随意打断对方;要全神贯注地聆听,抓住主要意思,不要做无关的动作,不要总想占主导地位;不必介意对方谈话时的语言和动作特点,要注意语言以外的表达手段。倾听并不是对方讲什么你都必须得听,错误的帮助修正,误会要帮助解除;消极的倾诉,要积极去引导;过激的倾诉,要冷静开导;绝不能放弃原则,放弃真理,一味地宽容、听之任之,甚至随波逐流。

六、笑容的魅力

笑是一种无声的语言，不同的笑容适合于不同的场合、不同的对象，笑容传递的信息也是十分丰富的。

外交家、企业家、从事社会服务职业的工作人员更是把微笑视为第一交际语言，并在国际交往及经济交往中得心应手地运用。周恩来闻名中外的“微笑外交”便是一个很好的例证。日本人办公室生存5S原则：Smile（微笑）、Speedy（效率）、Sincerity（诚信）、Security（安全）、Sensibility（敏感），也是把微笑放在第一位。

憨笑使人拘谨，讥笑使人气恼，佯笑给人虚伪，冷笑显得奸诈，捂着嘴笑不够大方，捧腹大笑又有失身份，唯有微笑恰到好处。微笑，是指不露牙齿、嘴角两端略提起的笑。它应是发自内心的笑，轻松而友善，表示对他人的尊重、理解与友好。微笑不仅可以使人风度翩翩、富有魅力，给他人留下一个良好的形象，而且容易得到他人的尊重与友谊。

笑是一种最美的艺术，蒙娜丽莎“永恒的微笑”就说明了微笑的美丽和魅力，同时笑也是可以修饰的。

（一）三分笑——气氛的笑容

微笑是社交场合中富有吸引力、最有价值的面部表情。嘴角微微上扬，目光柔和，“眼神笑”是轻轻地微笑，因微笑能缩短你与对方的距离。这种笑容可清除初次见面的紧张、尴尬的气氛，也可以调整、改善工作环境中沉闷的气氛。

（二）五分笑——仪式的笑容

脸部肌肉放松，下巴略绷起，嘴角上扬，目光中含笑脉脉，真正做到“眼形笑”和“眼神笑”并存。这是一种正式的、向对方表示敬意的笑容，也是一种高雅的笑容。这种笑容适合于招待会、酒会、新闻发布会等仪式上，若能神采奕奕、举止文雅、仪态端庄，则更能增加自身的魅力和自信心。

（三）七分笑——友好的笑容

脸部肌肉放松，眼在笑，嘴在笑，神采飞扬，阳光向上。这是一种表示“我想接近您”、“我们是朋友”的积极的笑容，这种笑容会使对方感到心情愉快、精神振奋，有一定的感染力和号召力。

（四）九分笑——亲切的笑容

在七分笑的基础上，加上肢体语言，把自己的诚意传给对方。在迎送礼仪中，所谓的“迎三送七”就是以此来让对方深刻了解自己的诚心实意。迎客时，迎上前三步，未开言先开口笑；送客时，送出七步，始终脸带七分笑，加上握手等手势和“再见”、“欢迎下次光临”等语言，一定能给对方留下深刻的印象。

（五）十分笑——开怀大笑

在正式场合以外的其他时间、地点，巧妙地运用开怀大笑，让自己和他人都全身心的放松，哈哈大笑，常能发挥和收到意想不到的效果。

【实践3－4 眼形笑和眼神笑的训练方法】 眼睛笑容,一是“眼形笑”,二是“眼神笑”,都是可以训练的。方法是取一张厚纸遮住眼睛下边部位,对着镜子,心里想着最使您高兴的情景,鼓动起双颊,嘴角两端做出微笑的口型。这时眼睛便会露出自然的微笑,然后再放松面肌,眼睛也恢复原样,可目光仍旧含笑脉脉,这就是眼神在笑。

七、电话礼仪

电话的基本礼仪,让声音传递微笑,给对方一个好心情;让声音传达热情,给对方感染力、吸引力;让声音传达严谨,给对方信任感、满意度。

(一)接听电话的礼仪

现代社会电话太普遍了,接听电话是很简单、很普通的一个过程,但这个过程包含着一些礼仪,必须加以重视。

(1)不要让铃声响得太久,避免让对方久等。

(2)拿起电话筒时,请中断任何交谈,确认对方姓名一定要注意礼貌。

(3)闻其声如见其人。“您好”之后,请报单位名称,电话第一声足以显现你的职业形象。

(4)接听电话应随时保持笑容,姿态正确,用左手握话筒,右手执笔,声音应明朗、热情,通话时应保持中等声调。

(5)学会耐心接听电话,切忌在电话应对中表现出不耐烦的口吻,在接电话中,应避免打断对方的讲话。为了表示自己在专心聆听,应视情况用“嗯”、“好的”、“是的”、“对”、“知道了”等作答。

(6)正确记录所要传达的事。电话记录中,应特别注意数字号码,传达重要数字应一边复述一边记录;对方要找的人不在时,接话人不要主动打听对方姓名、与受话人的关系、通话目的等,否则刺探他人隐私,也是极不文明的行为。

(7)要熟知到达自己工作单位的各条交通线路、车辆、周围宾馆、餐厅,以便及时为对方提供到达时最需掌握的信息和帮助。

(8)接听电话时不要喝水、嚼口香糖,不可一心两用。

(9)通话完毕应让对方先挂断电话。

(二)拨打电话的礼仪

(1)接通电话后,首先问好,介绍自己,说明通话事由。

(2)如需留言转告时,主动告知自己的姓名、单位、职务、电话号码、最佳回电时间、大致的内容等。

(3)在办公室内避免打私人电话,尤其是长时间占线。

(4)工作以外时间,因公务打往私人住宅的电话,首先要考虑对方是否方便,尽量避免在早晨上班前和晚上九点以后(除非对方同意)往私人住宅打电话。

其次,早餐、晚餐时间避免打电话。

最后，因公务需要打往私人住宅的电话，要长话短说，力求简洁，尽量不占用他人休息时间。

八、家庭聚会礼仪

现代生活中的家庭聚会比在餐馆吃饭多一份真情，多一份亲切，多一份温馨。在家里接待客人体现了对朋友的更为亲密而友好，有道是："财富不是永久的朋友，朋友才是永久的财富"。

（一）主人的礼仪

（1）确定聚会的目的、时间、人物、地点并提前邀请，邀请可以是口头的，也可以通过电话或邮件，请柬在家庭聚会显得太正式了。

（2）精心准备家庭环境，明亮、温暖，或凉爽、舒适；精心营造家庭聚会的快乐、轻松气氛，给人留下余兴未尽的回味。

（3）安排好每一位客人，特别照顾老人和孩子，不冷落任何一位客人。

（4）安排好菜式、餐具、酒水、水果。

（5）迎词，"您的光临我真高兴！"送词，"欢迎再来！"

（二）客人的礼仪

（1）接到邀请后，即时回复主人。

（2）了解主人的主题、主客，再决定自身的服饰、妆型，不要喧宾夺主。

（3）准备一份恰当的礼物，如巧克力、蛋糕、鲜花、葡萄酒、小孩的玩具等。鲜花一定给女主人，男客人最好不要送花，此外，还可根据各地不同的文化背景或风俗来确定。

（4）未征得主人的同意，不要带其他的人去，以免尴尬，也让主人措手不及。

（5）一般提前15分钟到达，如不能按时到达，应打电话说明。

（6）征得主人同意，可以提前到达，下厨房做帮手。

（7）不随意进出主人的卧室，不随意翻阅主人的资料、文件等，不可接听主人家的电话。不随意使用主人家的电脑。

（8）始终随和大方，与其他宾客结识、谈笑，既不要冷落了新结识的宾客也不要夸夸其谈、唯我最大，把领袖的角色留给主要客人。

（9）席间各类菜肴、点心、酒水即便口味不习惯，也应礼貌地尝一下。

（10）不要提前退场，更不能不打招呼就走。

（11）告别时，别忘了"谢谢"，别忘了赞扬一下女主人的烹调手艺。

九、中、西餐礼仪

（一）安排宴请的筹划

金正昆教授在《身边的礼仪（二）》中讲到了比较重要的五个"M"：第一个M，meeting—见面的人；第二个M，money—费用；第三个M，menu—菜单；第四个M，media—环境；第五个M，manner—举止。

（1）明确宴请的目的、事由。

(2)确定出席的主宾、陪同人数,接、送车辆。

(3)确定时间、地点、规格。

(4)确定菜式、经费预算。

(5)安排桌位、座位。

(6)发送正式请柬、邀请并收集回复。

(二)中餐礼仪

(1)选择适合自己的座位。

(2)入座后坐姿要端正,不要用手托腮或将双臂肘放在桌上,也不要半躺半坐。

(3)不可玩弄桌上的酒杯、盘碗、筷子等餐具。

(4)进餐时举止要文明礼貌,不牛饮,不虎咽,嚼食物不出声,嘴唇边不留痕。

(5)公筷不要在菜碟中乱搅乱拨,公用汤匙伸入汤中时不要乱搅动,最好实行分餐制。

(6)不要边吃边抽烟,不要含着食物讲话。

(7)进餐时,应敬酒但不劝酒,不灌酒,更不要醉酒,饮酒量控制在本人酒量的三分之一内。

(8)餐后不要在众人面前打饱嗝、剔牙或呕吐,不要随便离席告退。

(9)中餐座位安排:

在宴会厅,可按各国的风俗习惯、宾客的用餐习惯来安排座位,一般是按主人的国籍来定,我国习惯男女分别安排,国外的习惯是男女穿插安排。

(1)大型宴会安排(如图 3-1 所示)

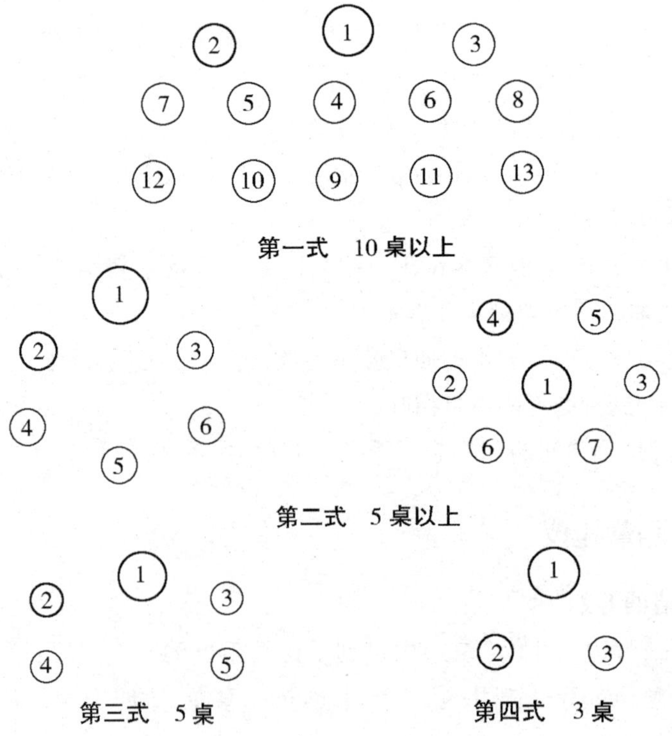

图 3-1　大型宴会安排图例

(2)一般圆桌用餐安排(如图 3－2 所示)

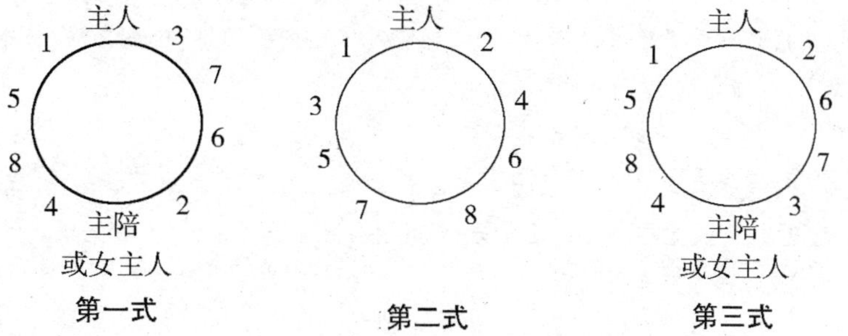

图 3－2　圆桌用餐安排图例

(三)西餐礼仪

世界各国的饮食生活习俗各不相同,各有其长久以来累积而成的用餐礼仪。西餐礼仪也是西方文化的一个重要组成部分。

1. 迎客

视主宾的身份,安排主人或主陪在门口迎接客人,进入宴会厅,全体来宾落座。

2. 入座

入座前先了解自己的桌次和座位,注意桌上是否有自己的名字卡片,不要随意乱坐。入座时,右手扶椅背,从椅子的左边入座;如邻座是年长者,应主动协助他们先坐;男士应为女士扶椅,待女士坐下后,再入座;不要紧靠椅背,不要架腿。西餐座位安排如图 3－3 所示。

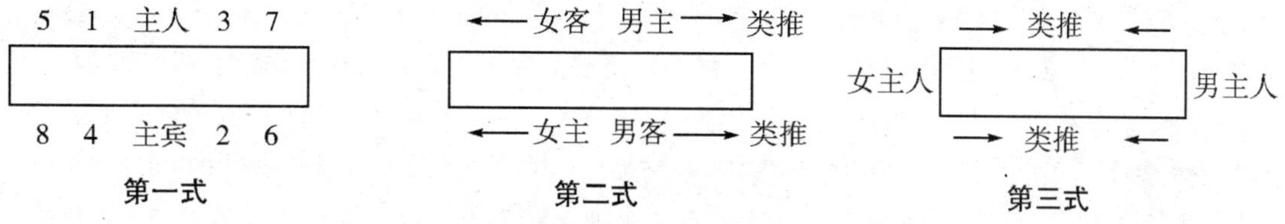

图 3－3　西餐座位安排

3. 致词

致词短而精,能给人们留下深刻的印象,也容易被接受,许多想讲的话可以留到席间去谈。致词时所有人进餐应暂停,停止交谈,注意倾听。祝酒时,主人和主宾先碰,其他人可同时举杯示意,不一定碰杯,也不要交叉碰杯。碰杯时,自己的杯比对方的杯口低一点,以示敬意。

4. 用餐

【实践 3－5　西餐用餐练习】

(1)西餐具。有杯子(餐前酒杯、用餐酒杯、餐后酒杯、水杯、果汁杯等)、刀(鱼刀、肉排刀、牛油刀、水果刀等)、叉(与刀配套)、匙(汤匙、咖啡匙、甜点匙、糖匙、取菜匙等)、点心铲、派铲、糖块夹、果汁勺、碗、龙虾钳等。西餐具非常讲究,也非常漂亮,餐具的使用很有规矩,上什么菜式都有配套使用的刀、叉、匙,上什么酒也有规定使用的酒具。入座后,不要随意移动餐具,随意移动餐具很不礼貌,更不能将盘子、碗叠起来。

(2)餐巾的用法。一般不把餐巾垂挂在胸前，对折后放在腿上，而且对折处朝向自己；餐巾是用来擦嘴或擦手指的，只需要用餐巾内侧轻轻擦，不能用自己的手帕擦；中途离席，应把餐巾放在椅背上，切勿放在桌上，这样会认为是退席了。用餐完毕后，将餐巾叠好放在桌上。

(3)刀、叉、匙的用法。成套刀叉是根据菜式安排的，应由外向内依序使用。右手持刀、左手持叉，切勿直接用刀将食物送到口中；刀叉分别靠在盘子两侧，表示要继续用餐；刀叉靠在盘子的右侧，表示可以撤下此道菜；刀叉叠在盘子的右上方，汤匙再叠在叉子上，表示用餐完毕。取食物只能用叉，可用叉子分割的食物，不一定非得用刀。

银制餐具是按大小排列顺序，切鱼和切肉用的刀不一样，如果没有切鱼的刀，可用较小的刀切鱼。注意，刀、叉不能碰撞发出声响。

美式吃法，可将食物切开后，把刀斜放在盘子上，改用右手持叉，送食物入口。欧式吃法，持叉始终是左手。

(4)饮酒的方法。高脚杯用来饮白葡萄酒，饮用时，右手端杯脚，左手不能托杯底。宽口杯用来饮红葡萄酒，右手端杯体，左手应托杯底。

上肉类时，饮红葡萄酒；上鱼类时，饮白葡萄酒；餐前，可饮香槟、雪利酒、马丁尼酒、金酒加汽水(或冰块)、苏格兰威士忌加冰水(或苏打水)。

由服务生倒酒时，首先只会在杯子倒入少量的酒，是让客人鉴别酒是否适合自己，这只是一个礼貌的形式，你只需品一小口，并回答“Good”或“OK”即可，服务生即会给你加酒。品酒时：

先欣赏其色彩，举杯与眼睛平行；轻轻闻酒香，动作优雅，注意风度；小啜一口；慢慢品味，口中回旋；“啊”！“真香！”此话作为非正式谈话的开头是很自然的。

(5)肉类的吃法。牛排的熟度通常分为带血的、半生的、七分熟的、熟透的四种，当服务生问“要几分熟?”时，回答要准确。一般吃一块切一块，切时不要呈拉锯状，一般先从靠内侧的肉切起。

(6)鱼类的吃法。吃鱼片，持叉；吃全鱼，持刀叉先去头尾至盘边，全鱼不能翻身，先吃表面的，然后取骨至盘边，再吃下面的，但不能用手取鱼骨。附有柠檬片时，可用刀叉挤汁，滴在鱼肉上以除去腥味。

(7)面包的吃法。无论哪种面包，都应先撕成小块后再吃，可用刀涂沫牛油，也可用面包蘸菜汤吃。面包一般在喝完汤后吃。

(8)喝汤。喝汤时，盘子向外斜，匙子由内向外舀，不能发出声响，不能随意搅动，不能吹。

(9)喝咖啡。喝咖啡时，方糖用糖夹取后放在咖啡碟内侧，再用咖啡匙把方糖放进咖啡杯；加奶时顺着咖啡杯缓慢加入，避免咖啡溅出、溢出；咖啡杯和碟不能分离，喝咖啡时，右手端咖啡杯的杯耳，左手托咖啡碟，慢慢地轻轻啜，不能出声，不能“干杯”。小匙是用来搅拌的，不能用小匙来喝，不能吹，不能用咖啡匙捣方糖。

(10)吃水果时，水果应切开再吃，梨、苹果不要整个拿着咬，应先用水果刀切成四瓣或六瓣，再用刀去核和皮，然后用手拿着吃。削皮时刀口朝内，从外往里削。香蕉先剥皮，用刀切成小块吃。橙应用刀切成块吃，橘子、荔枝、龙眼等则可剥了皮吃。其余如西瓜、菠萝等，通常都去皮切成块，吃时可用水果刀切成小块用叉取食。

(11)西餐的菜是用完一道，再上下一道，因此用餐速度需要和大家相对一致。

(12)可以用手直接取吃的食物，如饼干、面包、三明治、玉米棒等等。

(13)水盂。上鸡、上龙虾、上水果时，有时送上一个小水盂(铜盆、瓷碗、水晶玻璃缸)，水上漂有玫瑰花瓣或柠檬片，供洗手用，洗时两手轮流蘸湿指头，轻轻对搓，然后用餐巾擦干。

（四）自助餐礼仪

应把餐巾放在盘子下面，叉子放在盘子上，然后自取菜肴，食物应先用叉子切成一口的分量后再吃。最先用来干杯的酒杯要放在盘子上，左手端盘子，在盘子左上约 1/4 的地方放餐巾，然后将酒杯放在餐巾上，可用左手的拇指和食指握住酒杯，另三只手指和手掌托住盘子。

（五）冷餐会礼仪

通常在招待人数较多时举行。它不备正餐菜肴，以冷食为主，一般只备食品、酒水饮料并连同餐具陈设在餐台、酒台上，一般不设坐席，站立而食，有的设坐席也是自由入座就餐。酒水一般为自取，有的也可由服务员端送。

冷餐会的菜台用长方桌，通常靠四周陈设，也可以根据宴会厅情况，摆在房间的中间，如坐下用餐，可摆四五人一桌的方桌或圆桌。座位要略多于全体宾客人数，以便客人自由就座。有时有身份较高的人员出席，可视情况设主桌。主桌可以是圆桌，也可以是长方桌，其座次由中间往两边排列。

（六）酒会礼仪

酒会又称鸡尾酒会，以各种饮料为主招待客人，并备有少量小吃，由服务员端送，也有的将食品放在小桌或茶几上，一般用牙签进食。酒会形式活泼，便于客人自由自在地活动和交谈，一般在中午和傍晚举行，时间较短，客人到场、退场的时间亦无严格要求。酒会一般摆小圆桌或茶几，以便放花瓶、烟灰缸、干果、小吃等，也可在四周放些椅子，供妇女和年老体弱者就座。

（七）茶会礼仪

茶会是一种简便的招待形式，顾名思义，是请客人品茶。因此，对茶叶、茶具的选择要有所讲究，或具有地方特色。茶具一般用陶瓷器皿，不用玻璃杯，也不用热水瓶代替茶壶，如有既用茶又用咖啡的茶会，其组织安排与茶会相同。中国是产茶大国，有着历史悠久的茶文化，有关茶会礼仪和茶艺详见本书第十一章“茶艺欣赏与实践”。

（八）中、西餐礼仪注意的问题

1. *用餐时的禁忌*

忌大嚼大咽，忌含着饭菜讲话、打嗝、咳嗽、掏鼻、脱鞋、当众宽衣、剔牙。女士用餐前应抹去会脱色的口红，以免染在餐具和餐巾上，餐后最好不要当众补妆。用餐时不能吸烟，不要大声喧哗。

2. *注意事项*

敬酒不劝酒；席间如去卫生间，不如说“我得去打一个预约电话”，当然，只需向邻座说明，而绝不要惊动全桌的人；外事接待宴请回避 13 号，尤其是与星期五同日的 13 号；忌上动物和动物内脏等菜肴。

十、汽车礼仪

随着社交活动的增加，乘车已是太普遍、太普通了，但汽车礼仪不可忽视。

（一）注意进入小车的姿态

上车时，先侧身坐进，再将双腿移进，或先进一条腿，侧身坐进，再收另一条腿；下车时，先将双腿移出，再侧身出来；如果车门不能全开时，先下一条腿，再侧身出来。

（二）正确选择适合于您的座位

（1）如果开车人是主人，他旁边的座位是第 1 座，方向盘后面的座位是第 3 座，中间是第 2 座，旁边是第 3 座（如图 3－4A 所示）。

（2）如果开车人是主人和夫人同行，应让夫人坐在主人旁边的第一座位上。

（3）如果开车是司机，方向盘后面的斜对角座位是第 1 座；中间是第 3 座，旁边是第 2 座，前排是第 4 座；有时第 3 座和第 4 座可以互换（如图 3－4B 所示）。VIP 座为司机的后面，一般为隐蔽需要。

图 3－4　正确选择座位图例

（三）乘小车礼仪

（1）坐自己该坐的座位。

（2）男士为女士开门，下级为上级开门，少者为长者、行动不便者开门。

（3）车内不要吸烟，更不要随意向车窗外丢东西。

（4）若有男士伸手扶持，女士也不妨大方接受他的友好，伸手回应；有的女士不懂回应的礼节，往往让男士伸手后悬空，倍感尴尬，这同样是不礼貌的。

【案例 3－12】　2003 年 6 月 24 日，某国首脑首次访问英国就“犯规”了。某国首脑在伊丽莎白二世步下马车时，立刻颇为绅士的上前轻扶女王手臂。根据英国王室礼仪，来访的宾客不允许随便触碰女王，但英国女王没有计较，因不知者不为错，女王依然笑意盈盈，在场的英国人也都清楚，这位某国首脑只是想对年长的女王表达尊敬之情。再说，英国王室规矩繁杂，不是几天就能全部掌握的，大家也就一笑而过了。

（四）乘公共汽车礼仪

（1）候车要遵守秩序，按章购票，主动出示月票。

（2）上下车时礼让并帮助老人、孩子、残疾人、孕妇、女士。

（3）给老、幼、孕、残让座。

十一、会议礼仪

会议的种类繁多,不同性质的会议因其性质任务的不同,要求也不相同。安排一个会议,往往既是对我们文字、行政、宣传、保卫诸方面合作能力的大检阅,也是我们组织、指挥、应急等综合才能的最充分发挥。

(一)会议工作程序

(1)确定参加人员。会见,一般要求上级领导出面,领导人即为主谈人。参加人员不宜过多,只要求有关人员参加。会谈,应依会谈内容安排参加人员,参加人数虽不受限制,但要慎重选择。既要考虑出席者的个人素质,又要合理组织群体智能。而且,要注意选用善于言词、善于交际、善于应变的人才,并确定主谈人。同时,应安排好记录员,如需要还应安排好译员。

(2)制定会见、会谈计划,即目的、目标、内容、议程。

(3)作为接见一方的安排者,应主动将会见(会谈)时间、地点、主方出席人、具体安排及有关注意事项通知对方。一般被接见一方也要向对方了解上述情况,并通知有关的出席人员。

(4)会见、会谈场所应安排足够的座位,如双方人数较多,厅室面积大,主谈人说话声音低,宜安装扩音器。会谈如用长桌,事先要排好座位图,现场放置中外文座位卡,卡片上的字体应工整清晰。

(5)客人到达时,主人应在门口迎候,可以在大楼正门迎候,也可以在接见厅或接见室门口,如主人不到大门口,则应由工作人员在大楼门口迎候,引入会客厅。如果有合影,宜安排在宾主握手之后、合影后再入座。会见时间不宜过长,以半小时为宜,结束后,主人应将客人送至车前或门口,握手,目送客人离去后再退回室内。

(6)领导人之间会见或会谈,除陪见人和必要译员、记录员外,其他工作人员安排就绪后,均应退出。

(7)会见时,招待用的饮料,没有统一的要求,我国一般只备茶水,夏天加冷饮。如会谈时间过长,可适当上咖啡或红茶。

(8)整理会议纪要。比较重要的会议结束后,应及时地将会谈的主要议程、讨论的主要问题和结果整理出来,形成会谈纪要。纪要文字要简练,内容要真实,需要执行的应具有可操作性。

(二)会议座位安排

国内政府会议及公务场合,座位讲究左高。在国际交往中,凡涉及位次排列时,约定俗成,都讲究以右为大、为长、为尊,以左为小、为次、为偏。安排时,大至悬挂国旗、会见、会谈的座位安排、国宴的席位安排,小至坐车、行走均是以右为尊、以右为贵。因此,在涉外交往中,也应遵循“以右为尊”、“右高左低”的原则,把右侧让给贵宾、尊者和长者,以示礼遇。以下为会见、会谈、会议、签字仪式,合影等场合的座位安排举例。

1. 会见（如图 3－5 所示）

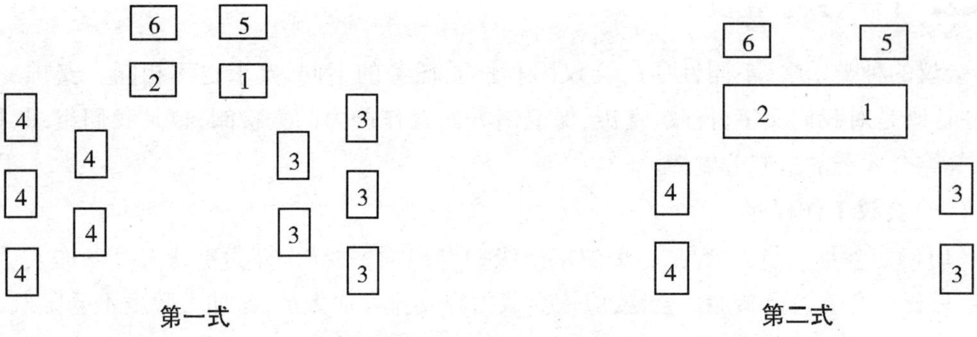

图 3－5　会见的座位安排

1－主人　2－主宾　3－主方人员　4－客方人员　5－译员　6－记录员

2. 会谈（如图 3－6 所示）

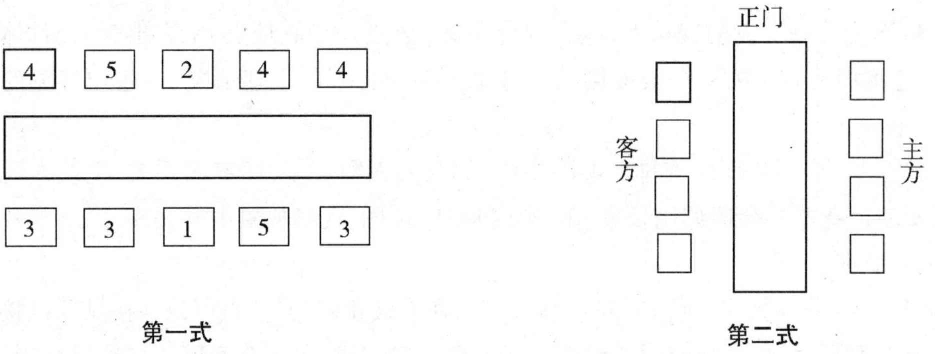

图 3－6　会谈的座位安排

1－主人　2－主宾　3－主方人员　4－客方人员　5－译员

3. 签字仪式。座位的安排（如图 3－7 所示）

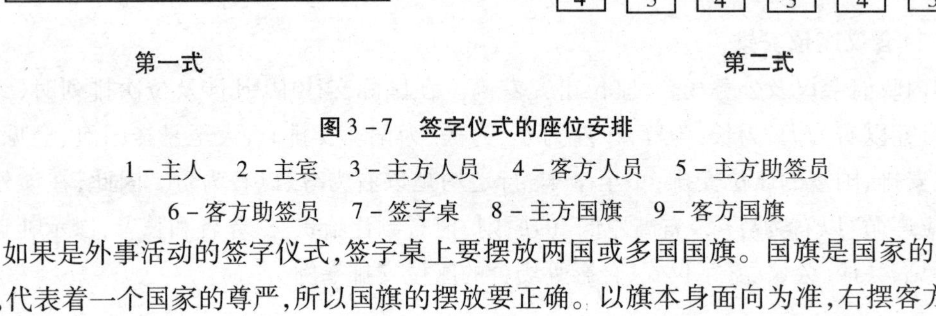

图 3－7　签字仪式的座位安排

1－主人　2－主宾　3－主方人员　4－客方人员　5－主方助签员

6－客方助签员　7－签字桌　8－主方国旗　9－客方国旗

如果是外事活动的签字仪式，签字桌上要摆放两国或多国国旗。国旗是国家的标志和象征，代表着一个国家的尊严，所以国旗的摆放要正确。以旗本身面向为准，右摆客方国旗，左挂主方国旗。国旗的图案、式样、颜色、比例均按各国的规定，可以根据摆放处、悬挂处要求，按同一规格放大或缩小。签字文本应由主方准备。签字人交换正式签署后的文本时，应握手、互致祝贺，并按国际惯例共饮香槟酒庆祝。

4. 会议

（1）大型会议是保证一个绝对的中心，因此多选用大梯形、半圆型的形式，以突出主持人和发言人（如图 3－8 所示）。

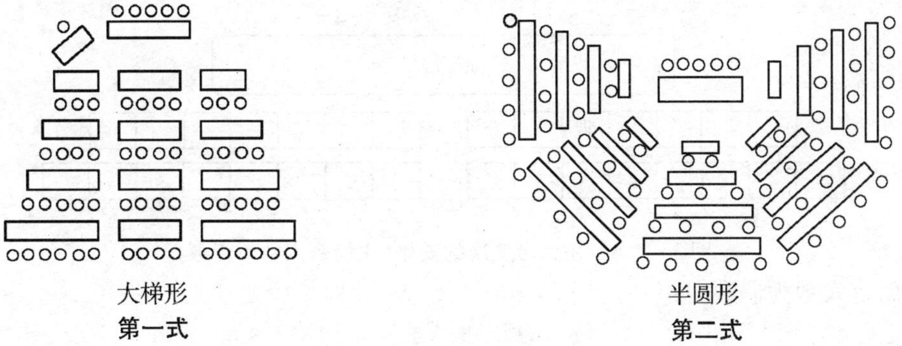

图 3－8　大型会议的座位安排

（2）中型会场可采用方形、回字形（如图 3－9 所示）。

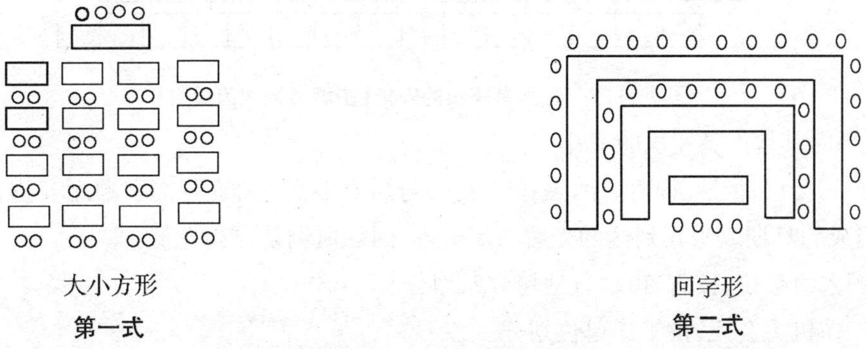

图 3－9　中型会场的座位安排

（3）小型会场可采用椭圆形、T 字形和圆形等形式（如图 3－10 所示），这些形式可使人员坐得比较紧凑，便于讨论和发言。

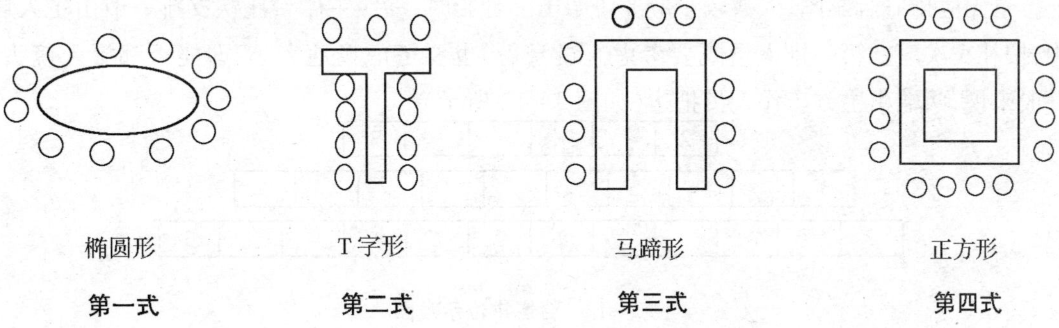

图 3－10　小型会场的座位安排

(4)主席台座次的安排。

① 依职务的高低和选举的结果安排座次。职务最高者居中,然后按先左后右(面对主席台先右后左)、由前至后的顺序依次排列(如图3－11A和图3－11B所示)。

② 为工作便利起见,会议主持人有时需在前排的边座就座,有时可按职务顺序就座。

③ 主席台的桌上在每个座位的左侧放置姓名台签。

主席台人数为奇数时:

图3－11A 主席台座次的安排(主席台人数为奇数)

主席台人数为偶数时:

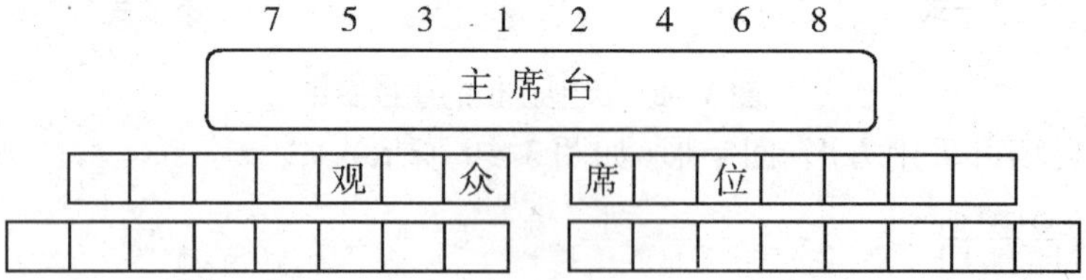

图3－11B 主席台座次的安排(主席台人数为偶数)

(5)场内其他人员座次的安排。

① 国际会议,依照礼宾次序,或按来宾的身份和职务,或按英文字顺序安排,或按通知代表团组成的日期或来宾到达的先后顺序安排,国际惯例是右高左低。

② 国家级会议,按省、市地理地域分布划分。

③ 工作机关会议,按工作单位划分。

④ 学校会议,按院、系、年级、班安排。

⑤ 还有许多其他形式,如持票、集合进入等。

(三)合影

事先应排好合影图,人数较多应准备架子。合影时,参照主席台座次安排一般由主人居中,按礼宾次序。第一排人员既要考虑人员身份,也要考虑场地大小,即能否都摄入镜头。一般来说,两端由主方工作人员把边(如图3－12所示)。

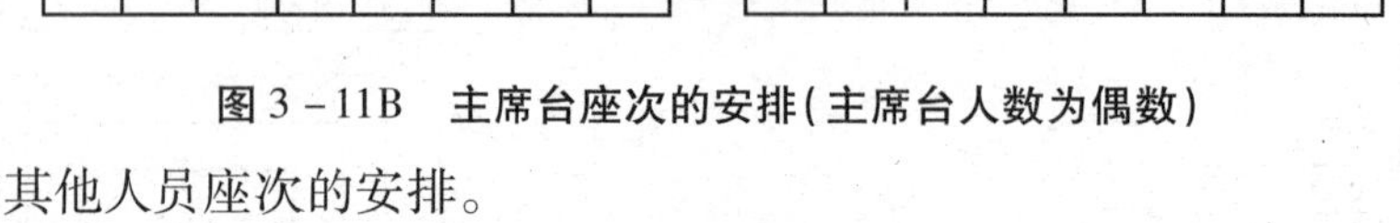

图3－12 合影排位示意图

1－主人 2－主宾 3－主方工作人员

十二、舞会礼仪

舞会是一种高雅的社交娱乐活动，而高雅的活动要靠一套规范的礼仪来维护。

(1)发邀请时，被邀请的男女客人人数要大致相等。

(2)请柬上应注明舞会起止时间，客人可在其间任何时候到场和退席。

(3)舞池地板上要上蜡保持光滑，最好安排乐队伴奏。

(4)举办舞会，通常在餐厅备有咖啡、茶水、点心等饮料和食品，以便客人可以随时到餐厅取用。

(5)参加舞会，要注意仪表整洁卫生，鞋底都不能带钉，参加舞会者应有良好的精神状态，不可大量饮酒，忌食蒜、葱等强刺激味食物。

(6)正式舞会的第一场舞，应由主人夫妇、主宾夫妇共舞，第二场舞应由男主人与主宾夫人、女主人与男主宾共舞。

【实践 3-6 舞会礼仪练习】

(1)跳舞时应注意礼仪规范，要注意高雅优美，在舞池中，要潇洒、舒展、自然，尽量以自己优美的舞姿和良好的素养，给人以美好的形象。男士邀请女士跳舞要有礼貌，应自然大方、彬彬有礼、面带微笑，同时说“请！”或“请您跳舞可以吗？”如果不愿接受邀请，应致歉并说明理由婉言谢绝，如“对不起，我想休息一下。”

(2)跳舞时，男女姿势、动作要相互配合，领会彼此意图。通常男士挽在女士腰上的右手与女士搭在男士右肩上的左手，都具有提示作用。男士右手手心向下，以大拇指的背面轻靠女士腰部左侧正中，不宜超过中部。左手掌心向上轻轻托握女士右手，两手不可贴得过近或过远；双方头部不可以贴在一起，不应把头放在对方肩上，身体不应靠得太紧，跳舞中双方之间应保持 1～2 拳的间距。

共舞中双方身体应保持平、正、直、稳，即：双肩要平；身体要正，尤其是上身不要摇晃，动作幅度不要过大；身体挺直，目光平视，神情应谦和愉悦；动作要协调舒展稳定，给人以和谐感。

十三、接待礼仪

（一）接待礼仪

(1)根据来访对象，制定接待计划，确定接待规格，做好接待经费预算，接待工作既要让客方有“宾至如归”的舒适之感，又不能铺张浪费。

(2)接待工作既要以礼相待、热情大方，又要维护国家利益、严格保守国家和本单位的秘密。

(3)制定好接待计划，详见表 3-1。

表 3-1 **接待安排表**

日期	时间	活动内容	活动地点	主方出席人	客方出席人	主持人	翻译	陪同	车辆	司机	备注

(4)主方出席人员应根据对等的原则,有利于工作,有利于建立交往关系。

(5)深入了解客方基本信息,即职务、职称、年龄、民族、兴趣爱好、饮食习惯、住宿要求,以便使接待工作做得更好。

(6)同一层次的接待规格应一视同仁,如果因接待分出彼此,将会在今后交往中失去更多的朋友、更多的信任。

(7)认真安排好会见、会谈、会议、演讲会、报告会、参观等每一个细节。

(8)安排好住宿、用餐、宴请、观光,准备好礼品。

(9)外事接待工作中,如有多个国家出席,要体现各国主权平等,在顺序、位次的安排上要遵照礼宾次序。

(10)临时更改计划,一定要事先与客方协商,并要给出一个合理的解释。

(二)迎送礼仪

(1)事先确认到达时间、预定住房、安排用餐和用车。

(2)迎接和送行规格对等。

(3)迎送礼仪有外事迎送礼仪和内事迎送礼仪,但并无太大区别。安排好接机、接站的人以及车辆和示意牌,提前到达站点,必要时准备鲜花或花环。小型汽车参加外事礼宾活动,需要挂国旗时,以汽车行进方向为准,司机右手为客方,左手为主方。

(4)接、送站时,时间安排"宁松勿紧",绝不能因时间太紧,在迎送路上"飞车"。

(5)根据邀请函的回执,帮助预定返程机票、车票、船票;客方到达后,再一次与客方、票方确认返程的日期、时间、交通工具的班次;国际航班要与票方确认机票。

(6)与客方告别时,请客方先行,待客方进入等候厅再离开;离开前,别忘了与站方联系,确认出发时间,以避免因飞机、车、船误点而把客方丢在站点。

十四、馈赠礼仪

在改革开放的今天,国际交往活动的增加,中国人出境、外国人入境,已经不是新鲜事了,但我们还需要了解馈赠礼仪。

馈赠礼仪也颇有讲究,什么人送什么规格的礼品?什么东西可以作为礼品?在什么场合,以什么方式赠送礼品?一般馈赠礼品要根据对方的身份、地位以及文化修养来确定;送礼讲究"礼轻情义重"。挑选送给外国友人的礼品时,一般注意五个要素。其一,明确礼品的针对性;其二,体现礼品的民族性;其三,突出礼品的纪念性;其四,重视礼品的特异性;其五,尊重各国特有的习俗。

(一)美国人

美国人可以在圣诞节或到达、离开之际赠送礼品,如中国手工艺品、小工艺品、真丝围巾等,对方习惯当众打开欣赏。

(二)英国人

英国人拟送名酒、小工艺品、巧克力、鲜花,对方习惯当众打开,无论礼品如何,均热情赞美。男士不能给女士送鲜花,更不能选百合花。

(三)日本人

日本人可以送中国字画、瓷器、工艺品,包装要十分讲究,而且避免送偶数礼品,避免送梳子、画有荷花或狐狸等图案的礼品。个人不宜当众赠礼。

(四)法国人

法国人拟送香槟酒、白兰地、糖果、中国画。对方习惯当众打开。注意男士不给女士送香水。

(五)俄罗斯人

俄罗斯人拟送中国的高度酒,中国的工艺品,不能送剪刀、手帕等。

(六)阿拉伯人

阿拉伯人可以送中国的工艺品、瓷器,不能赠送饰品给女士,不能送酒(多数阿拉伯国家明令禁酒)。

我国景德镇的瓷器世界著名,是最好的礼品,如薄胎瓷、工艺瓷等;手工艺品如中国结、十字绣、风筝、剪纸等深受国内外宾客的喜爱;还有筷子、图章、书画、茶叶,往往会备受青睐。

十五、礼仪文书

(一)礼仪文书的特点和要求

1. 礼节性

礼仪文书的使用,在大多数情况下并不是基于个人感情的需要,而是出于社交礼貌,这是社会习俗和伦理道德对人的一种要求,是个人对他人应尽的责任和义务,同时也是一种礼节。因此,礼仪文书最重要的特征就是把平等、谦和、真诚和尊敬的态度贯穿于全文的始终。

2. 诚挚性

礼仪文书往往涉及人生的悲欢离合,因此字里行间必须表现出强烈的感情色彩,体现作者的诚挚友好。例如,祝贺信应热情洋溢,慰问信应体贴温暖,邀请信、感谢信要热情真诚,而悼词就必须沉痛庄重。总之,以恰如其分的语言完成感情的传递,让对方准确无误地领会其含义,达到加深信任和了解,加强友谊的社交目的。

3. 规范性

不同类型的礼仪文书往往都有其约定俗成的格式和语言表达要求,不可随意标新立异。

4. 规格性

在社会交往中,尤其是在涉外活动中,对礼遇规格和礼宾次序都有严格的规定和要求。撰稿人在行文前一定要弄清其文所用的场合、对象,要力避品第不分的现象。

(二)礼仪文书的种类

礼仪文书种类繁多,常用的有以下几种:

1. 贺颂文书

包括祝词、贺词、欢迎词、欢送词,节日、生日贺信或贺卡等。

2. 应酬文书

包括感谢信、邀请信以及聘请信等。

3. 吊慰文书

包括讣告、唁函(电)、悼词以及慰问信、慰问电等。

(三)礼仪文书范例

1. 邀请信(函)的内容构成

(1)标题。事由 + 文种(邀请信)。

(2)称谓。被邀请单位、个人职务、职称等相应的尊称。

(3)正文。开头语 +正文主体 + 信末祝福语。

(4)落款。邀请单位或个人(姓名、职务、职称)。

(5)日期。成文日期。

邀请信因面向的不只是一个团体,一个人,所以除称谓外,其他内容应能共用。

在进行邀请的时候,必须留有足够的时间,让被邀请方安排工作日程。

撰写外事邀请信、请柬应注意,在请柬的左下角或右下角写上“Please reply”(请答复),或“A reply is requested”(请赐复)。在服装上如有所要求,可注明“Formal”(要求穿礼服)或“Informal”(可穿便装)。

【案例 3-13】 邀请函

尊敬的×××教授:

在××学院度过80华诞之后,我们72级迎来了毕业30周年纪念,为使我们的纪念活动更有意义,更热烈隆重,经72级同学会研究决定,将在今年10月9日—12日举办“72级毕业30周年相逢母校学术交流会”。

过去的30年,弹指一挥间,我们××学院首批工农兵学员在祖国需要的岗位上辛勤工作,默默奉献,无怨无悔。我们中有穿行于各国的世界卫生组织官员,有国家级科研机构的学科带头人,有高等医学院校的教师,有各级医院的医师,不论是国内、国外,不论是天南地北,不论是城市农村,我们始终没有忘记:人类安康的荣光写在我们的旗帜上,救死扶伤的使命铸成我们心中不朽的辉煌。

过去的30年,我们始终在体味“师恩如山”。30年前,在课堂、在月亮湖畔、在图书馆、在运动场上,我们师生身影重重叠叠,链接出一幅幅美丽动人的图片,是老师的职业人格、职业精神、职业意志、职业道德一直在鼓励我们、推动我们,我们今天的收获与我们的老师分不开,所以我们商定举办学术交流会,向亲爱的母校,向尊敬的老师,汇报我们的工作业绩,倾述我们人生旅途的甜酸苦辣。

“72级毕业30周年相逢母校学术交流会”得到了学院校友会的支持和帮助,我们将邀请学院历任领导,72级年级书记、主任、任课教师以及其他年级校友代表莅临大会。在此,我们热情地邀请您在百忙之中抽空出席我们的活动,让我们有机会聆听您的精彩演讲,让我们有机会重温30年前的师生之情。

学术交流会期间安排了学术报告会、分班交流会、分专业学科参观学习、联谊会、冷餐会。

有关报名、回复与接待等事宜接待组将与您联系。

联系人:××× Tel:0791—×××××××

Fax:0791—×××××××

E—mail:××××

专此奉达,顺祝安康!

××学院72级同学会

二○○五年五月十日

2. 请柬

请柬使用广泛,比起一般信函更具庄重、尊重,更有时效性,同时也具有通行证、介绍信的功能。一般由以下几部分内容构成:

(1)标题。事由 + 文种(请柬),或是就写"请柬"两字。

(2)称谓。被邀请单位、个人职务、职称等相应的尊称。

(3)正文。时间、地点、内容。

(4)敬语。敬请光临、敬请莅临、敬请出席、敬请光临指导。

(5)落款。邀请单位或个人(姓名、职务、职称)。

(6)日期。成文日期。

【案例3-14】 请 柬

尊敬的×××教授:

谨定于2005年10月9日上午9时在××学院南院学术报告厅举行72级同学会毕业30周年相逢母校学术交流会。

敬请光临!

××学院72级同学会

二〇〇五年九月二十日

3. 贺信(电)

贺信(电)用于重大喜庆事件、重要会议、节日、婚礼、寿辰。贺信应突出"贺"字,文字要热烈,情感要真挚,贺语要重点突出,把握分寸,篇幅宜短。由以下几部分内容构成:

(1)标题。贺信或给××贺信。

(2)称谓。被祝贺的单位、个人(职务、职称)等相应的尊称。

(3)正文。祝贺语 + 正文主体 + 祝福、希望、鼓励等内容。

(4)落款。祝贺单位或个人。

(5)日期。成文日期。

【案例3-15】 贺 电

××学院72级同学会:

欣获我们年级举办毕业"30周年相逢母校学术交流会"的通知,我们身在海外的学子高兴万分。由于时间的问题、旅途的问题,我们在美国的几位同学不能如约返校,深感遗憾。在此,我代表72级留美学子对此次学术交流会表示热烈祝贺,祝贺会议圆满成功!谨通过E—mail发去我们参会的论文,向母校和恩师汇报工作及学习情况,请予以指教。

随贺电寄回的还有我们这些海外学子的心,我们祝福国家更繁荣昌盛!祝福母校更蓬勃向上!祝福我们的恩师更健康长寿!祝福我们72级的兄弟姐妹们身体更健康!心情更快乐!事业更成功!

思念你们的

×× ××× ××× ×× ××

二〇〇五年十月六日

4. 感谢信

感谢信是用于表达谢意的信件。可以是公开的也可以是不公开的，内容具有真实性、可信性、情感性。由以下几部分构成：

（1）标题。感谢信或致××的感谢信。如：公文式感谢信：发文机关 + 事由 + 文种（感谢信）。

（2）称谓。被感谢的单位或个人。

（3）正文。回顾事迹、阐明对方付出帮助的意义和作用，表示感谢对方的心情，结尾可以写致敬语。

（4）落款。发信单位或个人。

（5）日期。成文日期。

【案例 3－16】 感谢信

尊敬的×××教授：

我们 72 级举办“毕业 30 周年相逢母校学术交流会”期间，很荣幸地邀请到您，更有幸的是您为我们做了一场题为“医学院校、医学专业、医学生、医生与人文科学”的专题报告，开拓了我们对医学教育和医疗工作的视野，拓宽了对于医学人才综合素质教育和培养的思路，并通过对今后医学人才竞争的思考，给我们医学教育工作者和医疗工作者提出了人才培养的挑战。我们受益匪浅，并会在今后的医学教育改革和医疗改革中积极地去探索、去实践。如果您允许，您的讲稿将编入我们的论文集导师论坛专栏。

在此，我们 72 级全体同学给老师鞠躬！送上我们深深的谢意、敬意！

顺祝

身体健康！

××学院 72 级同学会

二〇〇五年十月十五日

5. 慰问信

当机关、单位、社会团体或个人对工作作出巨大贡献、取得优异成绩时，或遭受天灾人祸、蒙受重大损失时，表示的安慰、问候、鼓励、关切等的专用信体。由几下几部分内容构成：

（1）标题。标题一般有三种：

① 单独由文种名称组成，如《慰问信》。

② 由慰问对象和文种名共同组成，如《给全体教师的慰问信》。

③ 由慰问双方和文种名共同组成，如《××学院给战斗在抗击“非典”一线的全体大学生的慰问信》。

（2）称谓。被慰问者的名称或尊称。

（3）正文。发文目的、慰问的缘由和慰问事项。

（4）结尾。表达共同的愿望或祝愿。

（5）落款。慰问单位或个人。

(6)日期。成文日期。

【案例3－17】 慰问信

亲爱的××学院大学生：

你们辛苦了！在这"非典"肆虐、医疗卫生战线血雨腥风的日子，你们正用自己的实际行动，向党中央、向全省人民、向亲爱的母校表达着白衣天使战胜"非典"的信心和决心，你们不愧是人民生命安康的健康卫士。在此，我们××学院全体老师向你们致以亲切、真挚的慰问和敬意。在这"中华民族到了最危险的时候"，救死扶伤的职业使命，使你们义无反顾地冲向前线，用生命和热血谱写了我们新时期大学生对人生价值、对事业永恒追求和向往的动人篇章。我们××学院因你们而骄傲！而自豪！在这场没有硝烟的战争中，你们用人民健康卫士的职业道德和勇往直前的大无畏精神向广大人民群众诠释：万众一心，非典可防！可治！可控制！

××学院为支持同学们打赢这场战争，也为了更好地帮助你们利用业余时间完成学习任务，从今天起，将在学院的网页新开辟两个专栏。

一、"万众一心，抗击非典"专栏，其相关内容包括：① 国家相关抗击"非典"的政策、法规；② 抗击"非典"的最新防治知识；③ 抗击"非典"战争中可歌可泣的事迹。

二、"学习天地"专栏，其相关内容包括：① 临床病例讨论（每周二期：周一、三）；② 英语测试题（每周二期：周一、三）；③ 各专业各课程的自学辅导提纲。

亲爱的同学们，在全力以赴救护人民群众生命的同时，我们希望你们一定要做好个人的防护。我们祝福你们平平安安！健健康康！工作顺利！战胜"非典"！

××学院

二〇〇三年四月二十九日

6. 唁电（函）

唁电（函）是向死者亲属表示慰问的函件，有正式和普通两种。正式唁函常用于官方、外交活动中，普通唁函常用于亲友之间、民间单位团体之间等。正式唁函多出于礼节，风格庄重，语言规范，用词严谨；普通唁函则往往是真实情感的流露，伤感色彩较浓。由以下几部分内容构成：

(1)标题。唁电。

(2)称谓。接收唁电的单位或亲属。

(3)正文。首先提及事由并表示自己沉痛的心情，然后赞扬死者的品德并表示深深的怀念之情，最后向亲属表示慰问。唁函在行文时要简单明了，感情要真诚，要真切地表达悲痛之情。措辞要有度，不要过分渲染伤感情绪。在表达自己悲伤心情的同时，也要以得体的语言安慰对方，劝其节哀。

(4)落款。发唁电的单位或个人。

(5)日期。成文日期。

【案例3－18】 聂荣臻沉痛哀悼华罗庚逝世的唁函

华罗庚同志治丧办公室：

惊闻我国著名数学家华罗庚同志不幸逝世的消息，使我十分悲痛！回想去年国庆前夕，罗庚同志偕同科协诸同志来看我时，他的精神振烁，言谈稳重，学者风度犹历历在目。而今骤然谢世，怎不令人惆怅惋惜！罗庚同志是国际上杰出的数学家，一生精勤不倦，奋斗不息，即使在受到严重挫折、屈辱时，他为学术，为祖国的赤诚之心丝毫未减。他在数学上造诣之深世所公认。他治学严谨，强调学以致用，堪为学术界的楷模。他使数学密切结合国民经济的发展，为我国四化建设做出重大贡献。他的不幸逝世是国家和学术界的一大损失！请转达我的哀悼之意和向罗庚同志家属表示慰问之心，并望节哀。顺致

敬礼

聂荣臻

一九××年×月×日

7. **礼仪电报**

这是利用电报传递信息、沟通感情的远距离社交活动。通常有庆贺电报、吊唁电报和礼品电报等形式。庆贺电报是对对方的喜事如开业、发明、获奖、结婚、生日等进行祝贺的电报。吊唁电报是对逝者表示缅怀的电报，附有素雅庄重的吊唁卡。礼品电报是附有礼品（含礼金、礼券、鲜花、蛋糕等）的电报，一般用于表示感谢或者邀请、祝贺。

附　录　语言表达能力与自我训练方法

一、语言表达能力

国学大师翟鸿燊教授的国际TAT理论，表达力就是其中之一。

1. **整体形象表达能力的训练**

通过这种训练，首先给人以亲和力十足、感染力十足、气势十足的感觉，会充分表达着个人的“精、气、神”。

2. **声音表达能力的训练**

这种训练方式能训练良好正确的丹田发声法，充分发挥声音的表达力。通过练声训练，使表达富于情感、音量饱满、抑扬顿挫、语速适当、字正腔圆。

3. **主题表达能力的训练**

掌握主题、要点、内容、数据的表达方式和方法。将主题、要点、内容的一句话训练逐步扩充到专题表达训练、讲稿法训练、无稿法训练。一定要遵守时间。

4. 肢体表达能力的训练

消除紧张,全身轻松,姿态自然;表情生动,从眼神、脸部表情、嘴形、微笑到每一个肢体动作得体、大气、恰到好处。

5. 符号表达能力的训练

熟练掌握常用字、词、句和断句方法,通过字表达、词表达、句表达、章节表达训练,使表达力有吸引力、说服力、感染力、震撼力。

6. 技巧表达能力的训练

见下文语言表达能力的自我训练方法。

7. 应用辅助设备的训练

掌握不同场地的使用方法,掌握同一场地不同的使用方法等。

二、语言表达能力的简易训练步骤

第一步:站立不语练习——练心。

从心理上完全放松地在众人前站立,直到自己不觉得紧张为止。

第二步:随便说话练习——练口。

随心所欲地讲自己最熟悉的话,从能开口讲话,到能在众人前自如流利地讲话为止。

第三步:命题表达练习——练智。

根据不同场合、不同听众表达命题的内容,自己和听众之间要情感交流,从表情、力度、语音、语调、语速的控制到有声语言、肢体语言能挥洒自如的运用,再到能真实、自如地表达。

第四步:即兴表达练习——练神。

在自己心、口、智的阶梯练习都达到要求后,开始练习面对任何场合、任何听众都可以控制场面、从容不迫、情感互动的表达,真正做到心定、口熟、睿智、神采飞扬、声情并茂的即兴表达。

第五步:呼气吸气练习——练气。

气为声之本。吸饱,气沉丹田,慢慢均匀呼出,控制时间越长越好。练气:① 深吸气,轻轻吸,放松胸肋,横膈膜逐渐扩张,整个胸部要撑开,腹部向前及左右两侧膨胀,小腹收缩;不提肩;② 呼气:两齿基本合上,齿缝中慢慢呼出。

第六步:开喉共鸣练习——练声。

气息是声音的支持点。练声:① 进行张、闭嘴的练习,使嚼肌运动起来轻松自如;② 开喉,唸“好、哇、了、罗”四字;③ 提软腭,学鸭子“ga、ga”叫;④ 口腔、鼻腔、胸腔共鸣,学牛叫。掌握好音量、语调、语速、节奏的运用,同样一句话会因声音之高低、轻重、大小、长短、快慢之不同而表现出不同的含意。练声时,声音由小到大,从近到远。从弱到强,从低到高。避免一开始就大喊大叫,损伤声带。

第七步:唇、齿、舌练习——练字。

吐字要求发音准确无误,清晰、圆润。较适当的速度是每分钟 160 ~ 180 字。正确的发声要与正确的咬字、吐字相结合。通过字、声结合的练习来提高唇、齿、舌的灵活运动能力，使之更完美而生动地表现情感和内容。

字正腔圆，每个字都是由一个拼音的音节组成的，一个音节可它分字头、字腹、字尾三部分，字头是声母，字腹是韵母，字尾是韵尾。吐字发声时一定要咬住字头。把发音的力量放在字头上，利用字头带响字腹与字尾。字腹的发音一定要饱满、圆润、充实、完整，口形要正确。字尾要能收能放。

【练习 1】

语言训练的过程应量力而行，循序渐进，持之以恒，逐步使嗓音质量、声音的表达力，丰富和提高，达到与情、神、心统一的境界。

1. 练气：练吸呼气。"吸提推送"，"吸提"的气息向里向上吸，"推送"的气息向外向下送。

(1)"数数"的时候要注意，每个数字都要以标准的发音数出来，要能听得清清楚楚；音量、语速都要均匀、稳定；中间不能出现语流中断。123 321 1234567 765 567 7654321……(数数，主要看一口气气尽为止，能数多少)；

(2)"数枣"练习："吸提"同前。在"推送"同时轻声："出东门过大桥，大桥底下一树枣，拿竹竿去打枣，青的多红的少(吸足气)一个枣两个枣三个枣 四个枣五个……"

(3)"数葫芦"练习："吸提" 同前。在"推送"同时轻声念："金葫芦，银葫芦，一口气数不了 24 个葫芦(吸足气)一个葫芦二个葫芦三个葫芦……"

(4) 跑 20 米左右，然后朗读一段课文，尽量避免喘气声。

2. 练字：按字正腔圆的要求读下列成语：

英雄好汉　兵强马壮　争先恐后　光明磊落　深谋远虑　果实累累

五彩缤纷　心明眼亮　海市蜃楼　优柔寡断　渊远流长　山清水秀

3. 练绕口令：

(1) 舌齿音练习：街南来了个瘸子，右手拿着个碟子，左手拿个茄子；街上有个撅子，橛子绊倒了瘸子，右手摔了碟子，左手扔了茄子。

(2) 齿音练习：四是四，十是十，十四是十四，四十是四十，不要把十四说四十，也不要把四十说十四。

(3) 唇音练习：扁担长，板凳宽，板凳没有扁担长，扁担没有板凳宽，扁担想要绑在板凳上，板凳不让扁担绑在板凳上。

(4) 唇音练习：八面标兵奔北坡，炮兵并排北坡炮；炮兵怕把标兵碰，标兵怕碰炮兵炮。

(5) 喉音练习：哥挎瓜筐过宽沟，赶快过沟看怪狗；光看怪狗瓜筐扣，瓜滚筐空怪看狗。

(6) 喉音练习：洪小波和白小果，拿着箩筐收萝卜。洪小波收了一筐白萝卜，白小果收了一筐红萝卜。不知是洪小波收的白萝卜多，还是白小果收的红萝卜多。

三、语言表达能力的自我训练方法

基本功一　速读法

目的：练习口齿伶俐，语音准确，吐字清晰，自然流畅。

方法：找来一篇演讲词或一篇文辞优美的散文。先拿来字典、词典把文章中不认识或弄不懂的字、词查出来，搞清楚，弄明白，然后开始朗读。一般开始朗读的时候速度较慢，逐次加快，一次比一次读得快，最后达到你所能达到的最快速度。

如，300 字的文章，可按以下三种速度进行对比训练：300 字/90 秒——300 字/60 秒——300 字/45 秒。进行语速训练时，要注意，无论语速如何，都应吐字清晰圆润，都应尽可能符合所读文章的情感要求和逻辑要求。

【练习 2】

……

历史将永远记住 2003 年北京的春天。记住这个春天，是因为突如其来的非典疫情，曾为这座城市带来危难、恐慌和悲壮；更因为抗击非典的斗争，在这座城市凝聚了党心、民心、军心，锤炼了万众一心、众志成城，团结互助、和衷共济，迎难而上、敢于胜利的伟大民族精神。

2003 年春天。首都北京。

非典型肺炎这一人类从未遭遇过的疫病，以意想不到的速度和意想不到的程度向北京袭来！

3 月初，北京发现首例输入性非典病例；4 月 27 日，北京非典病例累计突破 1000 例；5 月 7 日，北京非典病例累计突破 2000 例……

医生告急！病床告急！医疗物资告急！口罩脱销，消毒液紧缺，学校开始停课，游人纷纷离京，市场出现波动，市民情绪恐慌……

人民身体健康与生命安全受到极大威胁！北京，面临着前所未有的严峻考验！紧要关头，在党中央、国务院的直接领导下，北京市委、市政府带领 1300 多万市民直面危机，迎难而上，对非典展开了一场坚韧、顽强、壮烈的阻击战……

"揪心！"这是 2003 年春天，一个让共产党员深感责任沉重，让人民群众深感温暖关怀的词。北京的非典疫情，时时牵动着党中央、国务院领导同志的心。党中央、国务院高度重视、十分关心首都抗击非典的斗争。胡锦涛总书记和其他中央领导同志亲临一线，深入调查研究，看望医护人员，对北京抗击非典斗争作出一系列重要指示。

……

——摘自 <人民网>

基本功二　朗诵法

目的：练习加强记忆能力；练习口头表达能力。

方法：一是要"背"，二还要"诵"。

（1）选一篇自己喜欢的演讲词、散文、诗歌；

（2）分析、理解，体会作者的思想感情，并激发自己的感情；

（3）艺术处理，比如找出重音、划分停顿等；

（4）背诵，分步进行。第一步，"背"的训练，不要求声情并茂。第二步，大声地、准确地、带有一定的感情地大声背诵。第三步，在准确把握文章内容的基础上用饱满的情感，准确的语言、语调声情并茂的表达。

【练习3】

……

C:此时此刻,千言万语难以表达我们的情怀;(中等音量)

D:今夜星光灿烂;(低等音量)

A:今夜星光灿烂;(中等音量)

B:今夜星光灿烂!(高等音量)

C:今夜我们相聚在(正常语速)同－一－片－星－光－下(较慢语速)!

B:倾诉我们的心语(降调),奏响我们的旋律(平调),一展我们的舞姿(升调);

C:让我们用最热烈的情怀、最美好的心愿;(高等音量)

B:欢－迎我们的校友!(中等音量)C:感－谢我们的恩师!(中等音量)

ABCD(众合):祝福－我－们－的－母－校!(较慢语速、高等音量)

【练习4】

中华抒怀

作者　黄河浪

心飞翔,情浩荡,把酒临风江山回望,
不尽风光日月长,中华神州泱泱。

开鸿荒,拜炎黄,勤劳聪慧忠孝心肠,
更有先贤书华章,文明渊源长长。

志成刚,剑如霜,守土开疆威震八方,
血写忠魂诗千行,万里长城茫茫。

驾东风,披朝阳,跃马昆仑飞舟长江,
遥望乾坤豪气爽,世代英雄堂堂。

基本功三　语智训练法

目的:练习“急中练智”、“智中生智”,能很好地培养适应性和敏捷择语反应能力。

方法:是对语音、词汇、语法、修辞和逻辑的综合训练,是一种针对性、适应性、敏捷性较为严格的言语的听辨、理解、构思和表达的训练。

要求:字数相等、词性相同、结构相应、句式相似、内容相关、平仄相对。

【练习5】

1. 接词

词语速接方式有很多,最常见的是成语速接。

(1)首字接,由一人先说一句成语,这个成语的第一个字必须是下一个人说出的成语的首起字。如,当第一个人说:“一马当先”时,接下来便是“一步登天”、“一败涂地”、“一本正经”、“一唱一和”、“一刀两断”、“一分为二”等。

(2)尾字接,后一个人必须从前一人话语的末尾字连下去,可以用同音字。如“胸怀天下”、“下不为例”、“力不从心”、“心想事成”、“成竹在胸”等。

2. 接句

甲先说一句话,然后每人接上与之意思相承的话,要求简洁、生动、准确。

比如,甲说:“明天天气晴朗”;乙接“是郊游的好时光”;丙接“我们今晚准备好行装”;丁接“明天八点准时出发”;……

3. 接属对,这是我国传统语言教育中的基础训练方法。

(1)属对,即对对联,由甲出句,乙对句,合作完成。甲、乙可以是个人,也可以是集体。例,一字对:如“虎”对“龙”、“山”对“海”;二字对:如“如烟”对“似火”;

(2)易字对:由甲出示一副现成的对联,有意改去上联中一字或数字,要求乙改动下联中相对应的一字或数字。

(3)增字对:由甲出上联,由一字增为二字、三字、四字、多字,乙对下联时也一一增字。如:

甲:长城　　　　　　乙:黄河

甲:朝登长城　　　　乙:夜游黄河

甲:三朋四友朝登长城　　乙:千军万马夜游黄河

基本功四　复述法

目的:练习记忆力、反应力和表达的连贯性。

方法:选一段长短合适、有一定情节、大约有10句话的的文章,最好是小说或演讲词中叙述性强的一段,然后请人朗读,用录音机把它录下来,然后听一遍复述一遍,反复多次地进行。直到能完全把这个作品复述出来。第一次复述时就要把基本情节复述出来,并能把几个关键的句子复述出来;第二次就应该能复述出5~7个句子;第三次就应能复述8~10个句子。当然,进展速度越快,说明你的表达连贯性和记忆力越强;还可以锻炼你的胆量,克服紧张心理。

【练习6】　二〇〇五年感动中国人物颁奖辞——照亮苗乡的月亮:李春燕

她是大山里最后的赤脚医生,提着篮子在田垄里行医。一间四壁透风的竹楼,成了天下最温暖的医院;一副瘦弱的肩膀,担负起十里八乡的健康。她不是迁徙的候鸟,她是照亮苗乡的月亮。

基本功五　口诀法

目的:练习加速、加深记忆。

方法:把本身联系很少的材料,根据其内容要点,编成整齐对称、偶句押韵、朗朗上口、便于记忆的语句,使之富于趣味性。

【练习7】

春(立春) 雨(雨水) 惊(惊蛰) 春(春分) 清(清明) 谷(谷雨)天,
夏(立夏) 满(小满) 芒(芒种) 夏(夏至) 暑(小暑、大暑) 相连,
秋(立秋) 处(处暑) 露(白露) 秋(秋分) 寒(寒露) 霜降(霜降),
冬(立冬) 雪(小雪) 雪(大雪) 冬(冬至) 小(小寒) 大(大寒)寒。

基本功六　模仿法

目的：练习可以集众家所长，纳百家精华，增加阅历，解除自己平时在有声语言的运用中的疑难问题，模仿能练自己的声音风度和声音形象，还可以学到很多有声语言技巧。

方法：学习有声语言技巧；学会强调，学会创造节奏，把握高潮；学会校正音准，均匀语速。

(1)模仿专人——模仿广播电视播音员，可以使自己的语气循规蹈矩。

(2)专题模仿——模仿小品、相声、电影、电视剧，可以使自己的语气有声有色。

(3)随时模仿——模仿生活中的各种声音，可以使自己的语气丰富多彩。

【练习8】

过雪山草地

作者　肖华

雪皑皑，野茫茫，高原寒，炊断粮。
红军都是钢铁汉，千锤百炼不怕难。
雪山低头迎远客，草毯泥毡扎营盘。
风雨侵衣骨更硬，野菜充饥志越坚。
官兵一致同甘苦，革命理想高于天。

基本功七　描述法

目的：练习可以系统、连贯、情绪化的运用有声语言来表达所见所闻的技巧。

方法：把练习者看到的景、事、物、人用描述性的语言表达出来。第一步，对要描述的对象进行观察。第二步，描述，一定要抓住人物、事物、景物的特点，要有顺序地进行描述。

基本功八　角色扮演法

目的：练习语言的适应性、个性，以及适当的表情、动作。

方法：①选一篇有情节、有人物的小说、戏剧为材料；②对选定的材料进行分析，特别要分析人物的语言特点；③根据作品中人物的多少，找同学，分别扮演不同的人物角色，比比看，谁最能准确地扮演自己的角色；④也可一个人扮演多种角色，以此培养自己的语言适应力。

基本功九　讲故事法

目的：练习语言的个性，绘声绘色；适当的动作、表情。

方法：①分析故事中的人物；②掌握故事的语言特点；③掌握扣人心弦的技巧；④反复练讲。

要求：①发音要准确、清楚。平舌音、翘舌音、四声都要清楚；②不要照本宣读。讲故事要用自己的语言去讲，要生动形象。

【练习9】　哥哥的心愿

圣诞节时，保罗的哥哥送他一辆新车。圣诞节当天，保罗离开办公室时，一个男孩绕着那辆闪闪发亮的新车，十分赞叹地问："先生，这是你的车？"

保罗点点头:“这是我哥哥送给我的圣诞节礼物。”

男孩满脸惊讶,支支吾吾地说:“你是说这是你哥哥送的礼物,没花你半毛钱? 我也好希望能……”

当然保罗以为他是希望能有个送他车子的哥哥,但那男孩所谈的却让保罗十分震撼。“我希望自己能成为送车给弟弟的哥哥。”男孩继续说。

保罗惊愕地看着那男孩,冲口而出地邀请他:“你要不要坐我的车去兜风?”男孩兴高采烈地坐上车,绕了一小段路之后,那孩子眼中充满兴奋地说:“先生,你能不能把车子开到我家门前?”

保罗微笑,他心想那男孩必定是要向邻居炫耀,让大家知道他坐了一部大车子回家。没想到保罗这次又猜错了。“你能不能把车子停在那两个阶梯前?”男孩要求。

男孩跑上了阶梯,过了一会儿保罗听到他回来的声音,但动作似乎有些缓慢。原来他带着跛脚的弟弟出来,将他安置在台阶上,紧紧地抱着他,指着那辆新车,只听那男孩告诉弟弟:“你看,这就是我刚才在楼上告诉你的那辆新车。这是保罗他哥哥送给他的哦! 将来我也会送给你一辆像这样的车,到那时候你便能去看看那些挂在窗口的圣诞节漂亮饰品了。”

保罗走下车子,将跛脚男孩抱到车子的前座。满眼闪亮的大男孩也爬上车子,坐在弟弟的后边。就这样他们三人开始一次令人难忘的假日兜风。

那一次的圣诞夜中,保罗才真正体会耶稣所说的“施比受更有福”的道理。

第四章 职业仪表

职业仪表是爱美、审美、创美意识的集中体现，是与人类情感息息相关的一种精神活动。职业仪表由职业服饰、职业发型、职业妆型这三个部分构成。

职业仪表的艺术培训和教育是大学生职业准备状态过程中人文素质教育的重要内容，也是提升大学生人文素质和开发职业技能的重要途径。职业仪表的艺术培训和教育通过对美的认知，对美的追求，对美的创作，启发大学生的情感，并将之理性升华，以美启真，以美导善，使大学生的仪表、道德、情操、精神都得到升华；通过职业仪表生动、感性的形式表达，体现人的灵性、尊严和品格，其终极意义是关注人的本质和价值；通过对职业仪表实践使大学生的"人、艺、技"和"精、气、神"紧密结合，培养出高品质、高品位、高能力的现代大学生，这也是高等院校开展人文素质教育的最终目的。

第一节 职业服饰

服饰包括服装和饰品，它是人类文明进步、人类追求和探索美的重要内容和表现手法。民众的整体服装反映一个国家的社会进步、文化修养、文明程度、经济状况。服饰的色彩、款式、面料和饰品的质料、色泽、风采，往往主宰着人们的视觉映象，使人的心境随之而变化。如果我们能充分掌握各种款式、色彩的特性，根据不同的时间、不同的场合、不同的对象，以及个人的体型、肤色、年龄、职业等合理选择，巧妙搭配，在任何场合，都可能魅力十足，光彩照人，塑造出成功、完美的职业形象。

下面介绍一些有关着装纪实。

【案例4-1】 1948年5月20日，国民党政府正、副总统举行就职典礼，总统府内张灯结彩，金碧辉煌，参加典礼的文武官员，各国使节均穿着华丽的礼服，眷属们更是浓抹粉黛，盛装裙衩，四周钗光鬓影，燕尾高冠，而李宗仁先生却穿军常服，给人以"先势一落千丈强"之感，太暗淡，太拘谨，太平俗。此前，李宗仁照例遣随员去侍从室向蒋介石请示关于就职典礼时的服装，蒋的手谕说"军常服"，未料到礼炮二十一响后，蒋介石竟着长袍短褂这一传统礼服就位。长袍马褂在前，军常服在后，相形之下，实欠庄严，这种着装状态让人感觉是总司令官和勤务兵，又像老前辈和小后生。李宗仁遵命而着的军常服不仅与庆贺人群的华美艳丽不相容，与富丽堂皇的官殿布局不相配，与其并之的总统装束也不协调，而且与副总统的身份也根本不相称。

【案例4－2】　1966年文革时期，军绿色、军装成为当时一代年轻人梦想的色彩和款式，黑色、蓝色、灰色的中山装则成了中国人民群众集体服装。随着改革开放，人民生活水平的不断提高，人民群众追求美的意识也不断提升，服饰已经把生活装扮得万紫千红、五彩缤纷，就看部队的军装变化，更换几轮后，也已经与国际接轨。

【案例4－3】　2001年10月，亚太经合组织国家首脑会议在上海召开，江泽民同志和参加会议的各国领导人每人穿着一件融于了许多中国元素的唐装，这种不同色彩（由各国领导人自由选择的）、同一式样（中国传统服装款式）、同一种面料（绿色环保型织锦缎）、同一花形（团花纹样选择的是牡丹花、团花中写着APEC）的服装，寓意着亚太经合组织国家间团结发展、共谋利益。

时过境迁，历史上这一幕幕服饰留影不只是服饰艺术的道白，而可以让当事人、时人及后人在多角度全方位的联想与想像中去理解它、评析它，这可能就是一种服饰阐释学吧。

一、服　装

（一）服装的基本要素

服装的基本要素有色彩、款式、面料。

1. 服装的色彩美

色彩无时不在，赤、橙、黄、绿、青、蓝、紫七色都光彩宜人。运用色彩规律，能创造七彩人生。所以，色彩被称为“服装的第一可视要素”。

（1）服饰色彩的格调

① 洁净的白。雪山之巅，令人有洁净之感的白色，与任何颜色都很容易搭配，巧妙运用白色的特性，可以适宜地衬托个人风采。即使是白色的比例不多，也能比其他颜色更强烈地刺激对方的视觉。白色重点放在衬衫及其他服装的袖口、领口等最明显的部分。

② 强烈的黑。夜幕之魂，显示深沉、冷峻，很好搭配其他的颜色。黑色搭配白色显得入目、生动，搭配粉红色，显得柔美、活泼，搭配大红色显得艳丽、热情。

③ 热情的红。火焰之情，表现出高度的热情和自信，可以突出强调个性。它是服装大师和演员乐于选择的颜色，若想红色穿得高雅而清爽，可选择式样简单的款式。红色搭配白色，会显得美丽、清新，但需要清静的场合，最好不选择红色。

④ 高贵的紫。神秘之梦，紫色表现出高贵感，显出与众不同的高雅脱俗气势。紫色与黑色组合，显出华丽、神秘；紫色与白色组合，显示高尚、明亮；紫色与粉红色组合，显示柔美、可爱。

⑤ 轻柔的绿。生命之绿,绿色能使人的心情和精神完全放松,是给人深刻印象的流行色,也是活泼的象征。绿色与白色组合,显示清心、健美;绿色与灰色组合,显示出清高、淡雅。

⑥ 亲切的橙。太阳之光,橙色强调明朗、亲切的感慨,最能表现大胆、健康、活泼。橙色与白色搭配,显示时髦、新潮;橙色与黑色搭配,显示自然。

⑦ 庄重的灰。月亮之光,给人以清高、深不可测的印象。正式场合能显示高贵、庄重,如配以其他鲜亮的色彩,美在其中,显示冷峻、神秘。

(2)服饰色彩搭配的原则

① 色彩统一。主体色彩基本一致。如白衣裙、白遮阳帽、白皮鞋、白皮包、白珍珠项链,在夏季给人素雅、清心的印象,别具一格。

② 色彩分解。反差大的两种色彩搭配,明朗醒目,个性突出,如红+黑、红+白、白+黑。

③ 色彩点缀。画龙点睛,即在统一的基调中,突出异色点,点缀部分可选衣领、袖口、腰带、口袋或饰物(眼镜、项链、耳环、胸饰、围巾、领带、帽子、手套等)。

④ 色彩呼应。一般人视觉的心理是"上轻下重"。服装上下色彩的比例为1∶3,上浅下深。不妨你穿一件淡黄色衬衣,淡咖啡色的裙子,深咖啡色皮鞋,配上仿金首饰,一定会鲜亮、明朗。

(3)服装色彩与个人条件

① 服装色彩与肤色。色彩对人的视觉刺激是极为敏感且强烈的,如一件色彩和谐、款式合体的着装,会使人产生良好的心理效应。

服装色彩的选择应与肤色协调。一般来说,面色红润的人适宜穿茶绿或墨绿色衣服;肤色黄白的适宜穿粉红、橘红等柔和的暖色调的衣服;面色偏黄者适应穿蓝色或浅蓝色上装,可使偏黄的肤色衬托得洁白娇美;肤色偏黑的人适宜穿浅色调、明亮些的衣服,如浅黄、浅蓝、月白等色彩的衣服,这样可衬托出肤色的明亮感。

② 服装色彩与体型。服装色彩的选择还要和体型协调,可以利用色彩的对比效果、错觉效果和人的视觉习惯效果来修饰体型。一般而言,身体较胖的人适宜穿深色调的衣服,使人看上去显得苗条。身体较瘦的人适宜穿浅色调的衣服,这样会给人以丰满的感觉。

③ 服装色彩与性格。一是开朗热情的人大都喜欢高明度面料的服装,如较单纯、亮度较强的颜色(黑、白、红色等),而不太喜欢中性色或含蓄的颜色;二是比较自然潇洒的人较喜欢高明度及比较果断的颜色,如大红、翠绿、明黄色等;三是活泼好动的人更喜欢明快的颜色,如橘黄、砖红色等;四是朴素、严谨的人喜欢低明度的装束,如深灰、驼色或蓝色等;五是安详好静的人偏爱浅色,如浅粉、淡绿、藕色等;六是理性较强的人喜欢对比色、条纹或规格的点状图案,如黑与白、红与白等。

2. 服装的款式美

服装的款式受一定历史时间的制约，在不同的时间、不同的地点、不同的季节、不同的年代、面对不同的公众，对服装款式的要求是不一样的。例如，无论是在国内还是国外，从20世纪的30年代发展到现在，服装款式的表现形式是截然不同的，服装款式随着时代的变迁而不断变化，往往十分准确地反映着时代的风貌。

(1)服装设计的原则

① 衬托效应。让原本美的更美。体现健康，充满青春活力的身段，突出男性阳刚之美，彰显女性柔美线条。

② 掩饰效应。合理选用服饰的放大、缩小等视觉差来掩饰体型方面的不足；利用服装面料的色彩来掩饰肤色方面的不足。

服饰设计切不可一味追求时尚，盲目赶"时髦"、"新潮"、"名牌"，要根据自身条件和外部环境，选择最能体现个人气质和风采的色彩、款式，一旦找对了适合于自己的风格，您便能从容自如的运用"流行"、"时髦"、"新潮"、"名牌"，而不被其所束缚！

(2)个人着装的"OTPOO"原则

Oneself 自己，适合自己、突出个性；

Time 时间，春、夏、秋、冬、白天、晚上或某一特定时间；

Place 地点，某一特定国家、地区、场所、单位；

Occasion 场合，宴会、舞会、庆典仪式、下乡扶贫、外事活动等；

Object 目的，根据不同目的选择不同服装。

个人着装就是要扬长避短，着装的高境界、高品位与高档次并没有必然的联系！选择什么服饰、什么发型、什么妆型都取决于你的最终目标。

个人着装怎样能扬长避短呢？很客观地看待你自己，你的肤色、五官、发型、体型等等。如果你的腿很漂亮，就把它显露出来，你身上不漂亮的地方，穿衣服把它遮住；如果你的脖子很短，你的衣服上又有很多花边，这样你脖子看上去就更短了；如果你的臀部很大，你又穿了衣摆到脐部或臀部的上衣，就会使你的臀部更加暴露；如果你的腿很粗，再穿短裙子，把你身上不美的部分显出来了；如果你个子很矮，你的裙子又太大，这样使你显得更矮。以上能列举的都是一些不聪明的穿衣法。

个人着装的关键有两点要把握：一是着装应符合身材与身份，这要求对自己有充分的了解，用扬长避短的方法装扮自己，使自己更漂亮，更有魅力，更有信心；二是着装应符合场合，你的穿着是否符合你需要面对的场合？周围有人赞扬你吗？

(3)各种场合与服装款式

服装的款式，指的是服装种类、式样与造型。它不仅与着装者的性别、年龄、体型、职业、爱好有关，而且受制于文化、习俗、道德、宗教与流行趋势。

① 公务场合服装款式的基本要求是庄重、保守、传统。适宜的服装款式为西服、套装、套裙、工作服等。不适宜的服装款式有牛仔装、运动装、沙滩装、家居装等。

【职业服装】 职业服装款式的选择应该根据年龄和体形决定。它的特点是简洁、大方，能反映品位、文化和修养，表现身份。最典型的职业装是西装、套装与连衣裙，款式不必很复杂，还有丝袜、平底或低跟的皮鞋。在国外有很多女孩穿运动鞋上班，但一到办公室，她们会从抽屉里拿出一双正规的皮鞋换上。

职业服装既不能像礼服那样正规、华贵，也不能像便装那么随意。它一般要求整洁、大方、雅致。职业服装的选择与穿着，从色彩到款式不必过分引人注目、过多暴露；色彩不必艳丽、样式不必繁杂等。职业服装应庄重大方、清洁整齐、外形中性、自然简单，以表明员工的责任感和可信度。因此，上班时要尽量穿正规服装，如办公室人员，男士可着西装，女士可着套装、套裙等。因为职业装是你常常穿的衣服，面料应该比较结实、比较典雅，质地良好，应该富有品位，如羊毛、涤纶、毛混等。职业服装的色彩应该比较显文静、沉着，不能太显夸张。日常工作中，要穿基本固定的外形、色彩和比例正确的服饰，保持着一贯性的穿着才能建立别人对你的信任。

现代职业女性选择服装时应注意四忌：一忌跟“秀”，工作环境中有人穿什么好看，就跟着穿什么，这样就失去了自己的特色；二忌过分赶时髦，款式标新立异，容易给人以浮华、不踏实的印象；三忌过分艳丽，色彩鲜艳夺目、色调对比强烈会扰人的视线，容易使人眼花缭乱，无法集中精力进行工作，影响他人和自己的工作效率；四忌过分女性化，有些女性重打扮，喜欢穿袒胸露背的服装，喜欢穿戴豪华饰物，这样做会给工作带来许多不便，给人轻浮、不稳重的感觉。所谓“迈向成功的服饰”，是指穿着突出职业个性和美化职业形象的服饰。

【职业便装】 “职业便装”是职业服装中的一种，常用于会议、研讨会、单位组织的野餐或在办公室“非正式着装日”等场合。虽然把它称作“便装”，但它不同于纯粹的便装和休闲服。尽管这种着装比标准的职业服装要显得随便些，但此时你仍在工作，服装仍然反映了职业形象和职业素质。因此，“职业便装”还必须符合一切传统职业服装的标准，即造型优美、大方得体、熨烫平整。

对女士而言，职业便装包括：衬衫、T恤衫、连衣裙、裙子、套裙、长裤、衬衫配夹克衫等。一般情况下应穿平底鞋，不要穿运动鞋或凉鞋，除非去参加体育活动。

对男士而言，职业便装包括：长裤配衬衫、有领的棉T恤衫或毛衣配牛仔裤。

穿牛仔裤时要注意不要穿破破烂烂的牛仔裤，而且要保证它在特定的环境中能被人接受。

② 社交场合服装款式的基本要求是典雅、时尚、个性。适宜的服装款式为时装、礼服、民族服装，以及能突出个人个性化的服装。不适宜的服装款式有制服、工作服、牛仔装、运动装、沙滩装、家居装等。

礼服是最为讲究的服装。出入正式场合，男士应穿西装、中山装或民族服装，皮鞋一般为黑皮鞋。女士最好穿晚礼服、套装、套裙、长裙或旗袍，鞋子根据衣服色彩搭配。服装必须整洁、干净。

③ 休闲场合服装款式的基本要求。适用于休闲场合的服装要求款式为T恤衫、牛仔服、运动装、沙滩装等，不适宜的服装款式有制服、套裙、套装、工作服、礼服、时装等。

休闲服通常在专卖店中可以买到，不需要很高档，因为只在运动或下班之后、周末时才穿，它们应该是用很容易洗涤的针织物做的，比如棉类。T 恤衫的款式、色彩也越来越多，配上七分裤、九分裤、直筒裤都会很合适、很潇洒。

牛仔服象征着一种精神，即冒险征服、敢作敢为、一往无前。无论年龄大小、长相如何，穿上牛仔服，全身立即洋溢着一种亮丽的青春活力，以及对生活如火的热情。牛仔向来以其粗犷自信、豪放不羁的风格为人所爱。正因如此，牛仔装风行天下、魅力存四海，成为一种全世界覆盖面最广的服装。

④ 特殊场合服装款式的基本要求：在特殊场合，如婚礼和葬礼，要注意穿着得体。

对婚礼服的要求并不严格，各取所好，既可穿白色、红色、粉红色、黄色婚纱，也可以穿传统的红色、彩色旗袍、唐装，或两者交替使用。

参加葬礼的人应该表示出悲痛哀悼之意，所以参加丧礼的服装色彩应以深色或素色，款式以相对庄重、正规的服装为宜。西方人穿的丧服，则以黑色为标志。首饰虽可以佩戴，但宜简单，如珍珠项链就可以了。

3. 服装的面料美

服装的面料五花八门，日新月异。目前常见面料有以下几种：

(1) 棉布。各类棉纺织品的总称，多用来制作时装、休闲装、内衣和衬衫。

(2) 麻布。以大麻、亚麻、苎麻、黄麻、剑麻等各种麻类植物纤维制成的布料，一般被用来制作休闲装、工作装、夏装。

(3) 丝绸。以蚕丝为原料纺织而成的各种丝织物的统称，适合用来制作女士服装。

(4) 毛料。各类羊毛、羊绒织物的泛称，它通常适用于制作礼服、西服、大衣等正规、高档的服装。

(5) 皮革。经过鞣制而成的动物毛皮面料，多用于制作时装、冬装。

(6) 化纤。利用高分子化合物为原料制作而成的纤维纺织品，涤纶、氨纶、腈纶、黏纤、聚酯等，多用于时装，也可以用作各类服装。

(7) 混纺。将天然纤维与化学纤维按照一定的比例，混合纺织而成的织物，可用来制作各种服装。

(二) 服饰语言

服装是职业形象中的一项重要内容。现代服装除了御寒、遮羞以外，还开发出一系列功能，如体形展现、性别识别、职业区别、情感表达、经济状况、受教育程度、审美观的反映等。它是人际交流中的一种无声的语言。如：这些年许多医院护士服换成了粉红色，给病人以“柔美、博爱”的温馨感。

【案例 4-4】 撒切尔夫人担任英国首相时，一次到教堂为因飞机爆炸遇难的人哀悼，特意穿上黑色丧服。这黑色服装深沉、严肃、庄重，与环境气氛相得益彰。从教堂回来，到医院慰问受伤人员时，她穿的是普通老年妇女的便装，像慈母一般，让人感到亲切、温暖。虽然从其身份而论是出于政治目的而为，但从服饰选择上看，确实恰到好处，入时、近情且合理。

服装的款式、面料、色彩，在社会交往中常以静态无声的形式，表现出着装人的思想观念、文化修养、经济状况、社会背景以及个性特征。

服装的款式、色彩的不同搭配，常常反映出着装人的不同情绪和不同情感。换言之，人们可以借助服装表达自己的不同情绪和情感。一般说来，工作、生活态度积极向上，情绪兴奋和情感美好时，服装的款式往往新颖，服装的色彩往往鲜亮；反之，款式正规甚至古板，色彩也暗淡。

附录一 自我衣柜设计

1. 男性衣柜

男性衣柜内服饰的种类较女性简单一点，但款式、色彩、面料较女性多一点讲究。男士服饰一定要分清正式和非正式场合的要求，一定要注意全身的色彩不超过三种色彩是首要原则。

(1)两件套西装。西服是一种国际性服装。一套合体的西服，可以使着装者显得潇洒、精神、风度翩翩。穿西服应注意以下问题。

① 讲究规格：西服有二件套、三件套之分，正式场合应穿合体型同质、同色的深色毛料套装。二件套西服在正式场合不能脱下外衣。按习俗，西服里面不能加毛背心或毛衣。在我国，至多也只能加一件“V”字领羊毛衣，否则显得十分臃肿，以致破坏西服的线条美。西裤一定要烫出裤线，袖口、裤脚不可卷起。

② 配好衬衫：衬衫通常为单色，领子要挺括，不能有污垢、油渍。衬衫下摆要放在裤腰里，系好领扣和袖扣。西装袖子的长度以达到手腕为宜。衬衫衣袖要稍长于西装衣袖 1.0～1.5 厘米，领子要高出西装领子 0.5～1.0 厘米，以显示衣着的层次。

③ 系好领带：领带是男性服饰的灵魂，因西装驳领间的“V”字区最为显眼，领带应处在这个部位的中心，领带的领结要饱满，与衬衫的领口吻合要紧凑，领带的长度以系好后下端正好触及腰上皮带扣上端处为最标准。一般穿西装不带领带夹，如果用，要有讲究，黄金分割点 1∶0.618，约上部占领带的 2/3，下部占 1/3，在衬衫 4～5 粒扣子之间，西装系好纽扣后，不能使领带夹外露。

④ 用好衣袋：西服上衣两侧的口袋只作装饰用，不可装物品，否则会使西服上衣变形，左胸部的衣袋只可放装饰手帕。有些物品，如票夹、名片盒可放在上衣内侧衣袋里，裤袋亦不可装物品，以求臀位合适，裤形美观。

⑤ 系好纽扣：双排扣的西服要把纽扣全部系上，以示庄重。单排两粒扣，只扣上面一粒纽扣；三粒扣则扣中间一粒，坐下时可解开；单排扣的西服也可以全部不扣。

⑥ 穿好皮鞋：穿西服一定要穿皮鞋，而且裤子要盖住皮鞋鞋面，不能穿旅游鞋、轻便鞋

或布鞋、露脚趾的凉鞋,也不能穿白色袜子和色彩鲜艳的花袜子。男士宜着深色线织中筒袜,切忌穿半透明的尼龙袜或涤纶丝袜。

(2)夹克。夹克和长裤的颜色应形成一定的对比,以保持它们较随意的风格。

① 颜色的选择:夹克的颜色应选择象征职业的颜色,如藏青色、灰色和铁灰色等,它们可以与多种颜色形成对比。驼色的运动夹克,配上棕色裤子、合适的衬衫和领带,要比相同颜色的西服套装更易于被人接受。普蓝色可以搭配的颜色较多,如藏青色或灰色。深色的夹克可以搭配颜色较浅的长裤,包括黄褐色或米色。

② 面料的选择:夹克的面料质地应为纯毛、混纺、棉或混合丝的,长裤应为纯毛华达呢、混纺或免熨烫混纺。

(3)衬衫。男士配西服的衬衫必须是长袖的,即使在夏天也不例外,这样,衬衫袖口才会从上衣袖处露出1.5厘米左右。

① 颜色的选择:衬衫最好选择单色的,白色是最佳也是最安全的选择,其次,浅蓝色也可以接受。有些地方,淡蓝色、灰褐色、红色细条纹的衬衫也可见,但不要穿淡紫色、桃色、格子、圆点和宽条纹的衬衫。

② 面料的选择:最好是纯棉,也可以是高织棉免熨烫的。

(4)休闲服。长袖、短袖T恤衫既可单穿,又可衬在休闲西装或夹克内。运动装可以选择专卖店的运动套装,既可以运动时穿,又可以休闲时穿。牛仔服大众化,最具有时代感,使用率最高,是年轻大学生的常备服装。

(5)大衣。与西装配套穿的大衣不宜太长,以在膝盖下延30厘米为宜,看起来显得精神、干练、轻便。风衣属大衣一类,不适合正式场合,但户外活动的其他场合,风衣又添男士潇洒、大气的风采。

2. 女性衣柜

作为女性服装的款式与色彩比男性要丰富得多,而且其服装更是千姿百态,现将女性服装搭配大致归纳为四种类型(如图4-1、图4-2、图4-3、图4-4所示)。

二、饰品

(一)佩戴饰物

佩戴饰物最关键的就是要与整体服装统一起来,不同的场合、不同的时间应该选择不同的饰物。一般来说,饰物可分为正规类和休闲类。正规类饰物就要用亮亮的,如金的、银的、钻石和仿真的等富有光泽的东西,这样可以把女性衬托得更漂亮。休闲类的饰物可以用木质的、骨质的、塑料的、贝壳的、陶瓷的以及凡能起装饰作用的东西,小小饰物的佩戴蕴含着大学问。但是,职业女性因为工作的关系最好戴一些“安静的首饰”,拒绝在工作场合发出叮叮当当的声音。

图4－1　瘦高女士的服装搭配

1－双排扣西装	5－西裤	9－连衣裙
2－宽松的罩衫	6－矮领衫	10－T恤
3－单排扣上装	7－短上衣	11－宽腿九分裤
4－膝下直筒裙	8－七分裙裤	12－衬衫

【注】搭配着装：

7 + 4	10 + 4	12 + 1 + 5	10 + 1 + 5
6 + 5	10 + 11	10 + 2 + 4	12 + 3 + 5
7 + 5	6 + 1 + 5	10 + 7 + 5	10 + 3 + 11
2 + 8	10 + 7 + 4	10 + 7 + 8	10 + 2 + 11
2 + 11	10 + 2 + 5	12 + 3 + 11	9 + 各色小丝巾

图4－2 曲线型女士的服装搭配

1－柔软面料上装	6－西裤	10－丝质T恤
2－小罩衫	7－紧身上装	11－吊带裙
3－上衣	8－倒V形(喇叭状)长裙	12－衬衫
4－质料柔垂的短裙	9－面料柔软的连衣裙	13－吊带背心
5－飘逸的长裤		

【注】搭配着装：

13 + 4	10 + 5	10 + 2 + 5	13 + 2 + 4
13 + 8	10 + 2 + 8	10 + 7 + 6	12 + 1 + 5
13 + 5	13 + 2 + 8	13 + 2 + 5	12 + 3 + 6
11 + 7	10 + 1 + 4	10 + 3 + 4	10 + 2 + 4
11 + 2			11 + 大丝巾

图 4－3　矮小型女士的服装搭配

1－无领收腰上装	5－小罩衫	9－短上装
2－牛仔衣	6－飘逸的长裤	10－吊带裙
3－百褶裙	7－高领毛衣	11－旗袍
4－西裤	8－牛仔裤	12－衬衫

【注】搭配着装：

7 + 4	10 + 5	12 + 2 + 8	12 + 9 + 3
7 + 8	12 + 8	12 + 9 + 4	7 + 1 + 3
9 + 3	7 + 2 + 8	12 + 5 + 6	7 + 9 + 4
2 + 8	7 + 1 + 4	12 + 1 + 4	11 + 大披肩或丝巾

图 4－4　丰满型女士的服装搭配

1－宽松软面料的上装	5－长裤	9－连衣裙
2－衬衣	6－贴身紧内衣	10－紧身内衣
3－短上装	7－双排扣公主线上装	11－一步裙
4－丝质 T 恤	8－软面料长裙	12－飘逸的长裤

【注】搭配着装：

2 + 5	4 + 12	2 + 7 + 5	10 + 7 + 5
2 + 8	2 + 12	4 + 3 + 5	10 + 3 + 11
4 + 8	3 + 11	6 + 3 + 5	10 + 3 + 5
4 + 11	4 + 7 + 5	6 + 3 + 11	4 + 1 + 11
			4 + 1 + 12

【案例4-5】 奥尔布赖特——“胸针哲学”

美国前国务卿奥尔布赖特女士，可算是当今世界上最有权威的女性之一，她的一言一行备受瞩目，她除了实际的权力以外，还有一套服饰语言，她让佩戴的胸针精确地表述她的真正意图。

她担任美驻联合国大使时，因波斯湾战争和伊拉克政府开始接触，她的强硬作风，被伊拉克人形容为像一条蛇一样。当她和伊拉克外长阿齐兹会面时，就戴着一个蛇形胸针；当她与俄罗斯前总统叶利钦会面时，戴着一个象征美国权势的老鹰胸针；当她每次出使中东地区，戴着象征和平的金色鸽子或不达目的绝不终止的山羊胸针。在欢乐场合，她戴着热气球的胸针；为表达诚意，她戴个小天使的胸针。

一般与服装搭配的装饰物。有眼镜、帽子、围巾、假发、发花、发夹、发带、耳环、项链、胸针、领带、领带夹、手表、手链、戒指、腰带、手套、包、袜子、鞋子等。小小装饰物，真是琳琅满目，举不胜举，充满了大千世界，这些装饰物都可以用来衬托你的衣服。常言道，服装可以少，饰品不怕多；服装不必天天更换，饰品可要天天变化，只要选择得对，搭配得巧，将会收到意想不到的惊喜和效果。

1. 发饰

发饰包括发花、发夹、发带、发箍、发套、假发等，一般多用于女性。

2. 眼镜

根据年龄、脸型、肤色、职业来选择镜框的款式、色彩，宽而大、色彩深的镜框显老沉，夸大年龄。小巧精美的镜框能显出清爽、干练。

凡戴眼镜的人，都应考虑眼镜与脸型的配合，以达到扬长避短、增添美感的目的。

(1)长脸型。可以利用“横向线条”造成视错觉，以达到弥补偏长的脸型不足，即适宜佩戴宽边、深色大镜框的眼镜。

(2)短脸型。适宜佩戴镜框的颜色尽量与肤色接近，无底边眼镜框。

(3)圆脸型。适宜佩戴方中带圆，细边框眼镜或无底边眼镜框。

(4)方脸型。适宜佩戴扁圆型的眼镜框，且镜架上翘。

选择眼镜架时要注意尺寸应与脸型的大小成正比，大脸型配大框，小脸型配小框。

3. 帽子

帽子是很招摇的装饰品，选择得好会使你高雅有风度。

买帽子时，一定要在一个全身镜前面检查一下，帽子的大小、形状与你的身材要恰当。如果你个子不高，不要戴宽檐帽。另外，也要看帽子的形状是否可以衬托出你的脸型。

4. 围巾

如今，围巾的首要功能是装饰，它会使你形象不断变换。如果穿同一件衣服，用五种不同的围巾来配，会给人五种不同的感觉，也可以配合十多种不同的场合。如果穿一件简单的纯色的衣服，但披上一块颜色鲜亮的大围巾，形象立刻就改变了。

选择各种宝石颜色的围巾，如明黄色、大红色、玫瑰色、青绿色、海蓝色的围巾，配上黑色、白色、灰色、乳黄色、深蓝的服装，使我们看起来更亮丽、更年轻。下面练习几种系围巾的方法。

【实践4－1 系围巾的练习】

(1)颈部围巾系法(如图4－5所示)

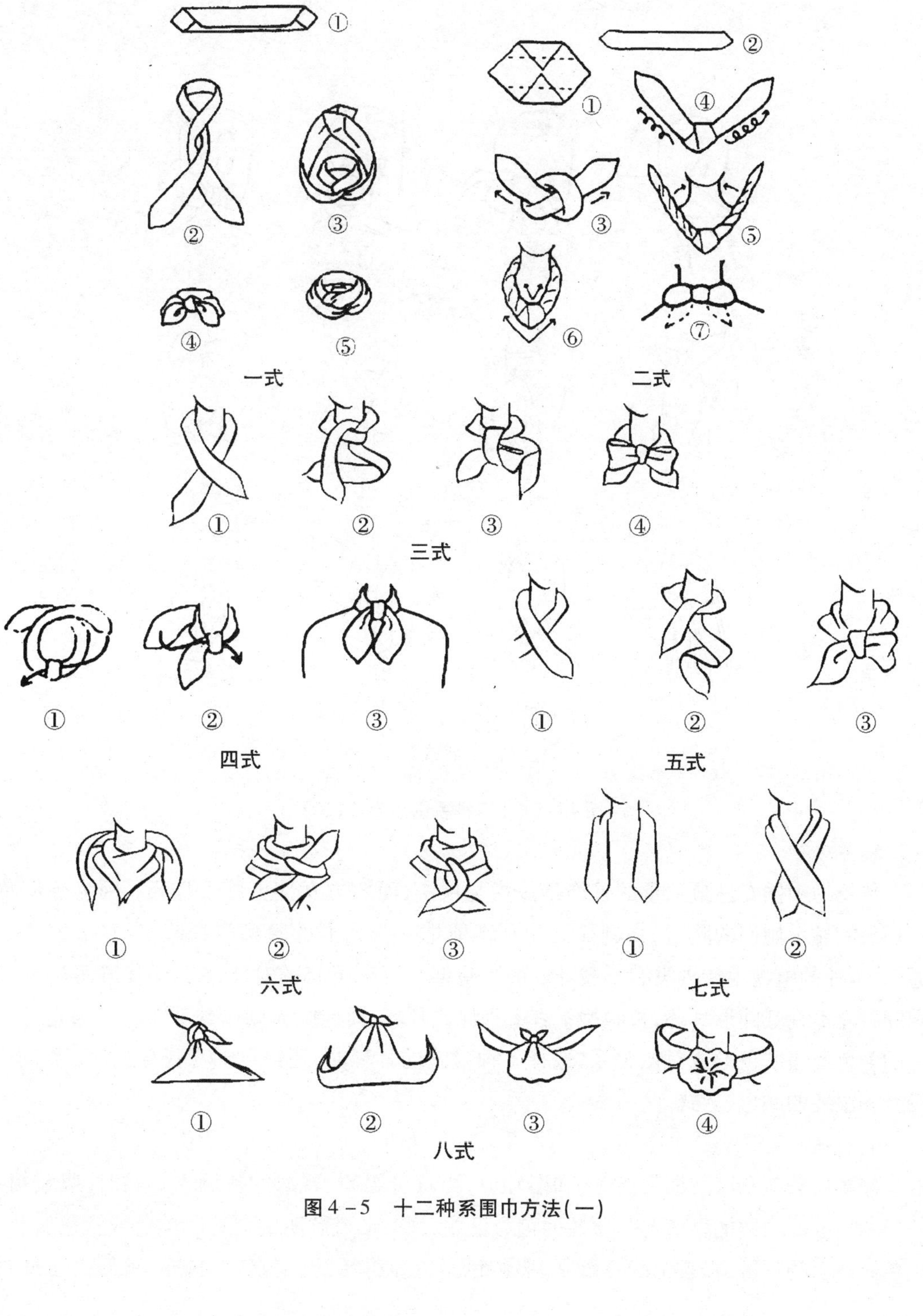

图4－5 十二种系围巾方法(一)

(2)围巾装饰发型的系法(如图 4－6 所示)

① ② ③

一式

① ② ③ ④

二式

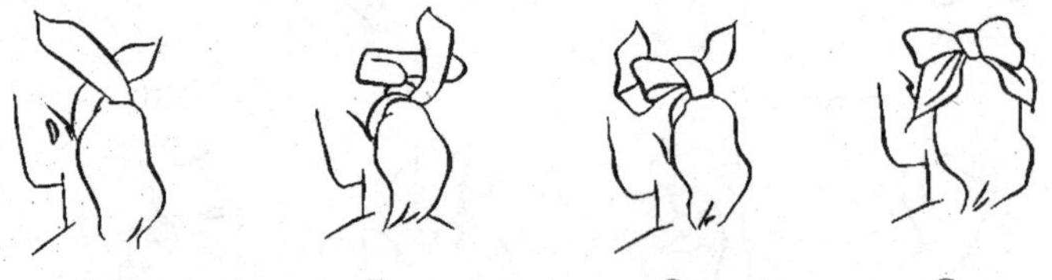

① ② ③ ④

三式

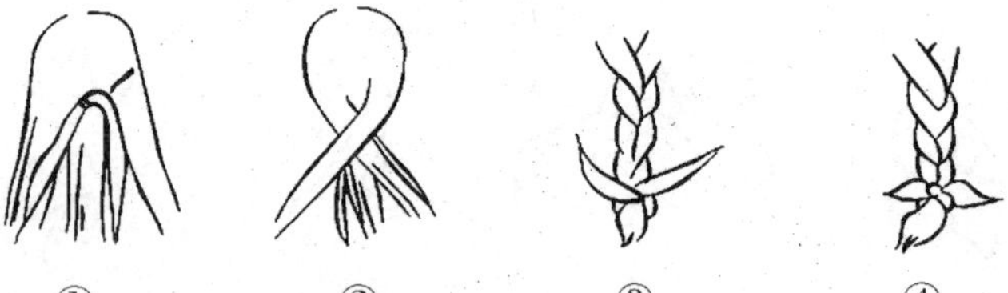

① ② ③ ④

四式

图 4－6　十二种系围巾方法(二)

5. 耳环

传统的中国女性最注重的首饰是戒指与项链,而西方女性更看重耳环。因为她们感觉耳环最能显示她们的脸型,一副简洁的耳环能把一张普通的脸型衬托起来,看上去并不普通,如国外的电视主持人没有不戴耳环的。脸型与耳环形状的对比,要“反其道而行之”,如圆胖脸庞不宜戴圆形耳环,长脸型不宜戴垂珠式耳环,而瘦脸庞则以戴珠式耳环为宜等。耳环的颜色要与肤色形成对比关系,选择各种款式的耳环时,还需同时考虑年龄、发型、季节、场合和服装的颜色、款式。

6. 项链

佩戴项链应和服装面料、款式和谐呼应,当身着柔软、飘逸的丝绸衣衫裙时,佩戴精致、细巧的项链。项链的颜色要与服装的色彩反差大些,形成鲜明的对比。单色或素色服装,佩戴色泽鲜明的项链,在首饰的点缀下,服装色彩也显得活跃、丰富。项链的佩戴应通过对颈部的装饰展现出它的艺术魅力,以造成视觉错误来弥补颈项的不足。如果脖子细长,可以戴那种紧贴脖子的项链,脖子粗的人就需要戴长长的项链,使你的脖子看上去显得长一些。现在又时兴一种戴法,就是同一材料好几根长长短短的项链同时佩戴,很特别,富有装饰性。珍珠能适合多种不同场合,并且永远不会过时。

7. 胸针

你如果喜欢追求时尚,那么不妨买一些仿真的、较便宜的、能反映出你个人风格的胸针,因为潮流一波一波很快就会过去的。如果想要自己看上去华贵,金色通常看上去比银色更好。如果需要的是高雅,那么铂金的胸针更为合适。如果要买第二副,就买珍珠的。

8. 领带

领带的下端应长及皮带上下缘之间,或不短于皮带的上缘。应用色彩不同的领带,记住每天交替更换。

(1)领带的选择

领带与西装和衬衫搭配时,应选择一种单色两种图案或两种单色一种图案的领带;三种图案的搭配需要一定的技巧和经验,一旦成功,就会特别引人注目。此外,领带与手帕要相配,但图案不要相同。同时注意,颜色和面料选择,一是颜色的选择:领带与西服的颜色要互相衬托,而不要完全相同。暗红色、红色和藏青色可以用作底色,主要的颜色和图案要精致,不抢眼。二是面料的选择:最好选择真丝,其优雅且四季皆宜,也可选择小巧的几何印花和条纹,带有柔和图案的涡旋纹面料也是不错的。

(2)打领带、领结的方法

【实践4-2　打领带、领结的练习】

常见的几种打领带、领结的方法见图4-7所示。

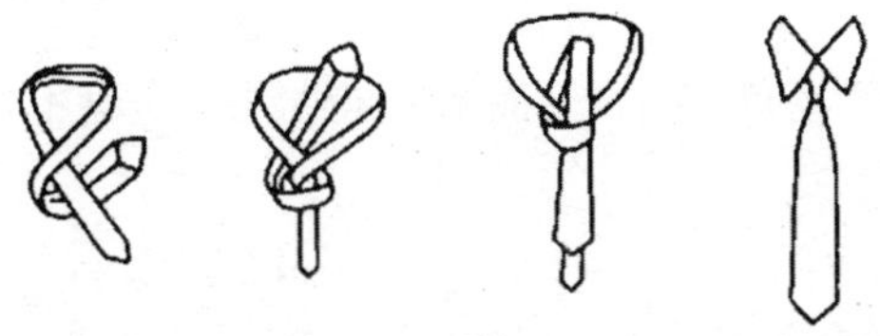

一式

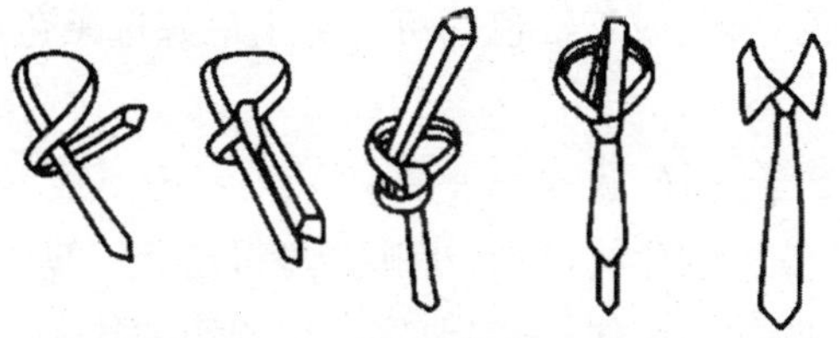

二式

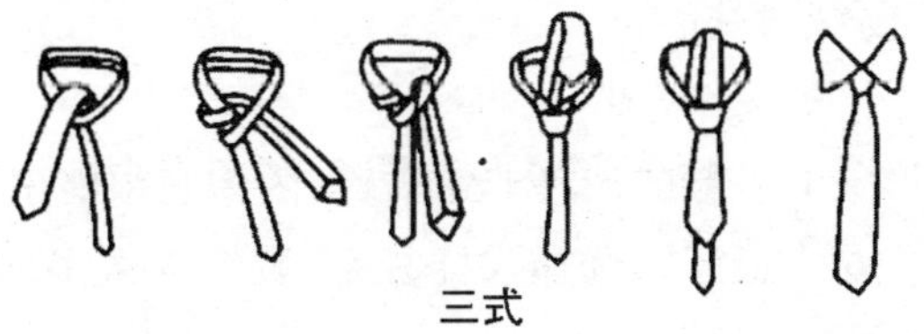

三式

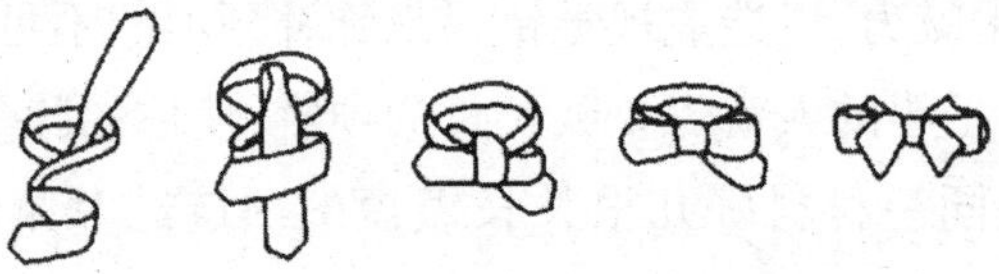

四式

图 4－7　打领带、领结的几种方法

9. 手表

所有的饰品和配件中，手表的作用无疑是最重要的，应买一款充分体现自我形象的手表。手表是一个人事业成功与否的标志，因此人们在一起的时候，总会留心对方手腕上的表，一旦有能力，就应该去买一块货真价实的好表。样式不必时髦，简单而传统的高品质手表是最佳选择，它会告诉人们你是一位成功的职业女性或男士。也有时尚戴法，如男表女戴——纤纤玉手，粗犷男表，秀美中流露出浓厚风情。

10. 手镯

尽量少戴，关键是要和项链协调。手镯可以戴一连串的、五颜六色的，也可以戴一只细细的，这全凭个人喜欢，但要考虑工作性质、身份。拒绝戴会发出响声的手镯。

11. 戒指

“正式”的戒指有结婚戒指和订婚戒指，其他可以选造型美观和色彩艳丽的戒指来装扮你的双手。

12. 腰带

腰带也是女士的装饰品，但如果个子不高，腰围不细，还是不用为好。腰带的色彩和装饰物要和衣、裙、裤搭配好。男性腰带应是真皮制成，颜色应为黑色、棕色或暗红色。皮带的颜色应与鞋相配，皮带扣要简洁。

13. 手套

只要有白色和黑色的手套就够用了，而且用得最多，你也不用担心过时，因为手套的样式基本改变不大。

14. 手提包

为了搭配服饰，选择款式、颜色或大小都不一样，两至三个就够了。手提包可以是皮质的、布质的、合成革的，白色、黑色或暗红色均可。男士最好选黑色或棕色。

15. 袜子

袜子的颜色和衣服、裙子一样，也是从整体效果来考虑。最容易配衣服的是两种颜色，即黑色和肉色。穿黑色或较深颜色的丝袜，小腿会显得苗条。夏天穿凉鞋的话，可以不穿袜子，如果穿可以是薄的，透明的。记住，一定要穿高出裙边的袜子，出席晚宴或晚会穿裙装时不论夏天还是冬天，一定要穿薄袜。

16. 鞋子

鞋是用来点缀整体形象的。鞋的选择非常关键，因为它很能引起别人的注意，应尽量选择系带或无带扣的皮鞋。女士最好不选择式样复杂、装饰物太多的鞋，否则会“喧宾夺主”，让衣服失去光彩。

鞋的颜色不应浅于裤子,黑色最好搭配,其次是咖啡色。黑色鞋可以配灰色、藏青色或黑西服,深棕色的鞋配黄褐色或米色西服效果也是不错的。

17. 鲜花饰品

随着人们生活水平的不断提高,追求时尚,回归自然,鲜花也成为大众爱美、追美、饰美的一种饰品,它可以做成头花(如图4-8所示)、胸花、耳坠、手链、花环等,在各种场合只要利用得恰到好处,都会营造出让人耳目一新的感觉。

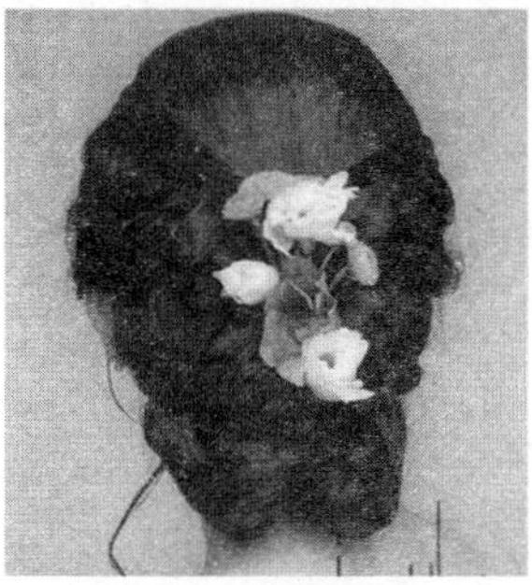

图4-8 鲜花头饰

(二)气味饰品——香水

香水似人,有品格,也有个性。

有的人喜欢甜美、甜蜜、娇俏的香味,像把自己包成一块水果糖;有的人喜欢冷凝,冷凝的香味似漫天白雪飘飘洒洒的柔;有的喜欢热情奔放,奔放的香味似阳光下碧海白沙的炽烈明亮;有的人喜欢优雅含蓄,含蓄的香味似早晨薄雾缭绕的森林,虚无缥缈,朦朦胧胧;有的人喜欢端庄秀美,端庄的香味似寒冷的天气中一枝腊梅迎春傲雪。

香水香味,前调(Top note)又称头香,香水最先透露出的信息,浓香味可持续几分钟;中调(Middle note)又称体香,是一款香水的精华所在,香味可持续数小时;基调(Base note)又称底香,由香油精组成,可持续全日或数天。因为香水中含有不同的成分,其挥发的时间即不一样,所以在不同的时候,同一款香水发出的味道会完全不同。

第二节 职业发型

发型是构成职业仪表的重要部分,恰当、得体的发型会使我们容光焕发、充满活力,显现出与众不同的特质。发型的美学价值在于它能生动地再现人的性格特征和精神风貌,是可见可感的外在具体形象。

大学生应适应社会大环境的变化,保持健康的心理状态,依据自己的脸型、体型、年龄、未来职业等特点,选择适合自己的发型,表现出自己的长处和个性,给人以美丽、精干、利落、得体、舒适的感觉。下面主要介绍女性发型。

一、发型美的构成

发型美不是固定和一成不变的,它要和我们个人条件相协调,才能达到发型设计的完美。

(一)发质自然美

人的头发本身就是美的,它是仪表美的重要组成部分,即使加工后塑造成优美的发型,仍不失其自然美。

(二)结构形式美

任何一款发型都有其结构形式。结构形式美就是利用头发的自然形态,通过各种工艺和技巧以及巧妙运用发饰进行艺术加工,达到美好的结构造型。

(三)人体和谐美

人的脸型、头型、体型、气质与发型相互衬托,相互配合,相互补充,和谐统一,形成和谐的人体美。

(四)服饰配合美

一定的发式必须有相应的服饰配合,才能突出发式造型的形式美。发饰是一些美的发型必不可少的,而首饰也与发型密切相关。

(五)行为举止美

任何人的发型都应用于社会活动和职业的需要,只有行为举止与发型相统一,人们对其美的发型才可能产生美感。

二、女性几种常见发型

女性发型往往能最直接地表现出女性的品位,女性发型变化更是社会潮流变化的一种缩影。发型的改变可以瞬间改变一个人的外观、气质、心境、性格,千般发质,百般塑造,配合上亿万种的头型脸型,就不止是千变万化了。梳理出各种适合自己的优美发型,也是一门学问,光彩照人的发型会使人整天都会变得美好起来。相反,要是头发打理得不尽如人意,那么穿什么衣服都不会有好的感觉。尤其作为一位职业女性,还要善于自己梳理成型,因没有时间、没有精力一个星期跑五次美发厅。

发型一般有自然飘逸型、华贵艳丽型、娟秀柔美型、高雅大方型、奔放粗犷型、淳朴清新型、趣味新奇型及端庄典型等。

(一)长发美

长发有长齐发、披肩发、大波长发等多种形式(如图 4-9 所示)。长齐发可以将发梢部烫卷,整个发型并不显乱,而直发的质感和烫发的强烈反差更增加了"不对称"的和谐。

1. 披肩发

这类发型较适合身材高的女性,黑发飘拂,犹如瀑布流泻,显示出青春与浪漫。这种发型的特点是活泼轻松,并可以根据时间、地点的要求,根据脸型和发质的不同,梳理成各种不同形状,从而突出女性的魅力。

图4-9 长发发型

2. 烫发、大波长发

这类发型与直线条的长发相比，给人带来一种温馨的感受，而且极易与各种脸型取得一致的效果。烫发、大波长发看起来蓬松不齐，却有一种独特的“凌乱美”。需要注意的是，在烫发与做发时，一定要考虑到自己的发质、发量，并且根据自己的年龄、职业、气质和脸型，选取适合自己的发型，否则就会适得其反，显得凌乱而不美了。

(二)短发美

短发常常因其随意、明快、蓬勃的特征而受到人们的青睐。一般而言，短发分短直发、短烫发和多层次短发三种类型(如图4-10所示)。短直发较适合椭圆形和长方脸型的人，因为短而时髦的发型可以突出下巴的轮廓。短烫发则在活泼的基础上更增添了几分妩媚。发量较少、苗条的女性适宜从根部烫起，以增加蓬松感；发量较多、偏胖的女性宜选短直发，以增加流线型效果。多层次短发是最常见的短发发型，因为它综合体现了短发发型的特点，从实质上看是一个理想的形状，但又有层次上的不同，根据个人的喜好，可以在侧部削剪，也可以只在顶部削剪，而且其效果大有异趣。

图4-10 短发发型

短发，可以充分发挥刘海的修饰作用，不断改变刘海的形式，尤其是一个脱俗的刘海会给人带来新鲜感，也可以改变人的形象，以达到头发虽短而魅力不减的效果。现代短发造型既丰富多彩，又简洁流畅，富有动感，显示出时代的气息。

(三)马尾束美

马尾束发型由长发变化而成，最适合豆蔻年华的青春女性(如图4-11所示)。一束“马尾”垂在脑后，伴着少女欢快行走的节奏，犹如松鼠蹦跳，给人以活泼伶俐的感觉。马尾束可以扎得高至头顶，也可以扎得较低。一般说来，年龄稍大的女性比较适合扎低些，可以显示出沉稳的性格；年龄小的则适合扎得高些，以突出少女的活泼。马尾束发型还需要发饰点缀，发饰的变化可以带来不同的效果。颜色鲜亮的发带和发卡，能使高耸的发束引人注目；精巧而独特的发结，可以表现一个人的气质和性格。

图 4-11　马尾束发型

（四）发辫、发髻美

发辫、发髻是中长发型中最能花样翻新的类型（如图 4-12 所示），每一种发型都带给人以全新的印象。发辫、发髻的特点是充分发挥个人的想象力，随心所欲地创造新式样，表现女性的妩媚，或表现高贵的气质，或表现几分活泼，或将古典风格与现代风格有机结合，可以使人不断地找到新鲜感。

图 4-12　发辫、发髻发型

发辫是东方女性的传统发式，直发和卷发都可以分股编辫，梳理扎结，利用装饰性卡针、发带或丝巾等作装饰（参见图 4-6）。值得注意的是，发辫不宜编梳过紧，以免头发受损。

发髻的形式更是多种多样，长发盘梳而成的顶发髻和脑后发髻，具有中国民族特色的古典美，几个发髻堆叠于不同位置，能显示出不同的风姿。时兴的现代发髻更是新颖独特，它可以配合各种发饰，富有强烈的艺术效果和时代气息。发辫、发髻可以根据个人脸型、发型及喜好盘曲而固定，即可达到不同的视觉效果。

【案例 4-6】　中国宋氏三姐妹梳着家族式，永不改变的发髻，不仅显出了她们自身高雅的气质，而且突出了她们美丽的脸型和聪慧的额头。

(五)新潮发型

当今时代,大学生追求时尚,表现个性的欲望,随着社会的发展越来越强烈,他们古今结合、中外结合、各民族发型结合,演绎出了各种新潮发型,如古典风发型、卡通神发型、梦幻发型等等。

图 4 - 13 是中长发型及短发型正面和后面的对照。

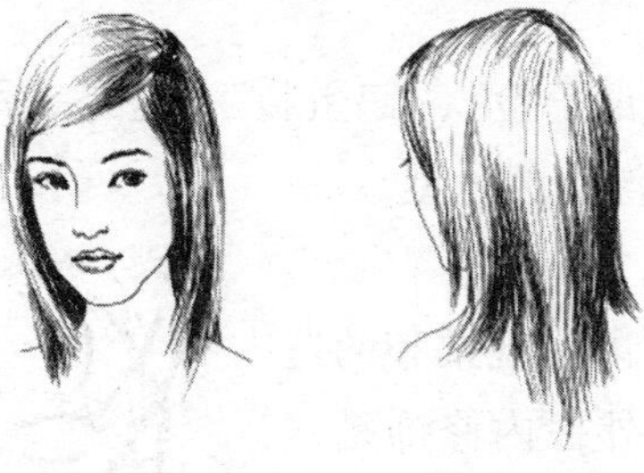

A 组

B 组

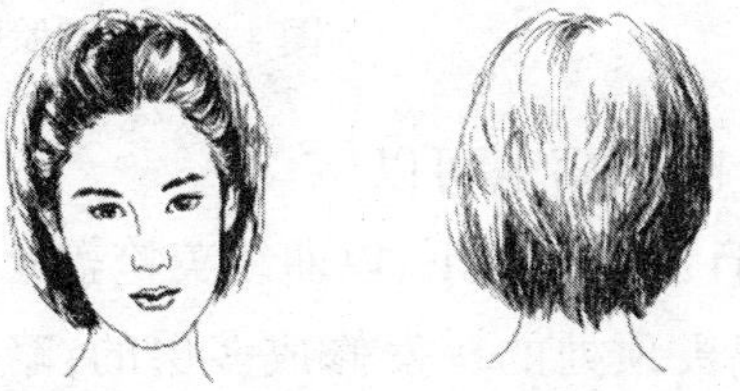

C 组

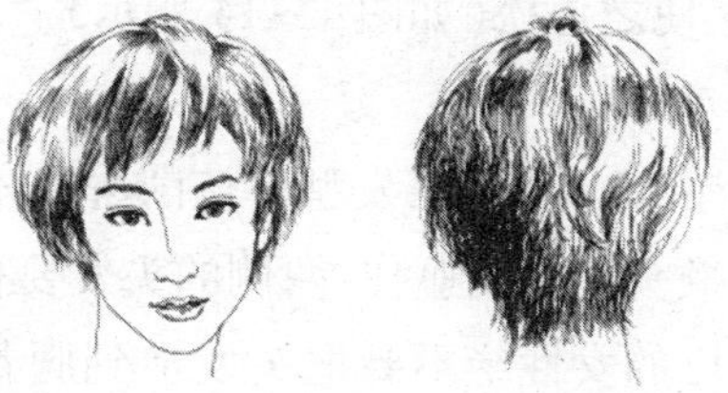

D 组

图 4 - 13　正面、后面对照图

三、与发型相关的各要素

(一)发型与发质

不同的发质适合不同的发型。其一,柔软的头发,柔软的头发比较服帖,俏丽的短发,飘逸动人的中长发都比较适合该发质。其二,自然的卷发,头发稀疏的,可以剪短发;如发厚且多的,最好梳辫、盘髻,也最好不留短发,以免过于蓬松,无法控制。其三,细又少的头发,梳理出一个具有蓬松感的发型或故意营造的凌乱感也非常合适,该发质可聚散自由。其四,直硬的头发,直硬的头发很难定型,可梳辫,头发稀疏的可留长发。

(二)发型与发色

如今不仅变幻多姿的发式能改变人的形象,不同的发色也能使形象产生多样变化。发色与个性同样相关,先进的染发技术让你的头发也能"随心换色",让黑头发变成棕色、黄色、甚至灰白色,每个人可以根据自己的个性喜好选择不同发色。

染发,作为一种新兴的美发项目,它可以展现生命的激情和活力,以多变的色彩,演绎不一样的心情,展现丰富多彩的自我。不同的色彩反映出不同的特点,冷色调代表着庄重与沉静,暖色调代表着兴奋与轻盈,染发的关键在于要选择一种颜色。

目前,较为流行的主要是自然黑色、蓝黑色、深褐色、栗色、浅棕色等。在选择时应根据肤色、气质选择适合自己的色彩。

(三)发型与脸型

人的脸型千差万别,依据几何图形来分,可以分为椭圆形、圆形、方形、长方形、三角形、倒三角形、菱形等。由于人们的脸型不同,发型需要与不同的脸型相配,以达到最佳效果。

1. 椭圆形脸

椭圆形的脸型是东方女性的最佳脸型,俗称"瓜子脸"、"鹅蛋脸"。这是一种标准脸型,可以配任何发型,但发式不宜过分复杂,以免影响漂亮的脸型。

2. 圆形脸

圆形脸,在设计时利用弧线掩饰稍圆的脸颊,以呈现柔和的造型效果。向内弯的弧度可修饰略圆的脸形,即由外往内修饰是塑脸最快的手法,但不能整片的遮掩,必须利用渐层式放射的方法将发丝至脸颊,量不要太多。发质柔软,发量少的人,可用手特意将发浪弄乱,使之蓬松(如图 4 – 14 所示)。

图 4 – 14 圆脸型修饰图

3. 方形脸

又称"四方形脸"。发型应该削去棱角,使脸型趋于圆润,可以将方阔的额头用头发遮住,两侧的头发要稍长一些且可以烫一下,以曲线美掩盖脸方形的欠缺。方下巴的女性绝不要把头发剪到腮帮处,应把头顶处的头发修成多层的,略成一定斜度,使之显得较多较高。同时,也不宜把头发堆在两腮附近,应在后面留长一点,这样脸部的轮廓就柔和了。方形脸可采用圆形脸的发型进行修饰。

4. 长方形脸

长方形脸的发型,比较好的办法是剪一个两侧蓬松、丰满的发型,也可以采取以圆套方的方法处理,长发留在长脸上只能是雪上加霜。顶部头发压低,刘海、童花遮住过高额部,两侧头发蓬松自然略带波浪弧形,轮廓呈椭圆形,加上柔和的线条,使脸型看上去显得丰满圆润一些。

长方形脸,必须设计左右蓬发和前额刘海,使视觉平衡,横向作为设计重点。此造型强调鲜明线条并利用发丝弧度向外微弯效果,使脸上的线条柔和,形成自然美(如图 4 – 15 所示)。

图 4 – 15 长脸型修饰图

5. 三角形脸

三角型脸具有额窄腮阔、上小下大的特点,因此三角形脸的发型应是顶发蓬松、两侧收紧、额部头发横向梳理,使额部宽阔,两侧头发以弧形线条遮住过宽的腮部。这种发型是以圆套三角的方法,形成柔和的线条,椭圆形的轮廓,在视觉上改变了上小下大的三角形形象。

6. 倒三角形脸

倒三角形脸的发型一般应是顶部略高而收紧,额前头发略遮两侧,减少额宽的感觉,脸两侧头发应保持一定发量且略为蓬松，采用以圆套倒三角形的方法。此发型轮廓呈椭圆形，可改变上大下小的倒三角形脸型（如图 4 – 16 所示）。

图 4 – 16　倒三角脸型修饰图

倒三角形脸，在设计时利用正三角形或梯形的概念，用两个正三角形平衡一个倒三角形，平衡视觉才能使脸型更漂亮，进而达到修饰的效果。

7. 菱形脸

菱形脸的特征是额部和下颌小，两颧大，形成两头小中间大的菱形。菱形脸的发型应放宽两头收缩中间，顶部圆润，脸两侧头发以弧形线条遮住过宽颧骨，发稍要蓬松自然，也是以圆套菱形的方法，使轮廓呈圆形，可以减少两头小中间大的菱形感觉。五角形的菱角形脸，在设计时略刮顶部头发，将头发造成丰富感，以便使整个发型向外扩开范围，便可使脸型比例在视觉上缩小（如图 4 – 17 所示）。

图 4 – 17　菱形脸型修饰图

另外，刘海也可以千变万化，发尾自然地活动可营造轻快感。自然成形的卷发增加了女性魅力，发尾上翘的造型既活泼又俏皮，变化发尾既时髦又利落，轻柔的层次让造型更流畅。

要想使发型与脸型配合好，不仅要掌握梳理技术，还需要有正确的审美观和艺术造型知识，根据美的规律造型，这样才能使发型与脸型的结合达到协调、美观，形成整体美的效果。

（四）发型与颈型

除脸型以外，选择发型还应考虑到不同的颈型，如颈部瘦长型的人，除服装采用立领、高领、二翻领或三翻领之外，发型的后颈底部轮廓可选择平直或平弧形，必要时适当增加发尾的量感；又如，颈部短粗型的人，除服装采用小领、秃领、一字领、圆领外，发型的后颈底轮廓可根据情况选择鸡心型或体现层次的倒坡形，必要时增加头顶部发量感，减轻后颈发尾的量感。

（五）发型与体型

人的头部是人体的组成部分，与人体保持一定的比例关系，因此发型还应与体型相结合，形成人体形象的整体美。人的头部与人体保持一定的比例，即头部长度占身体高度的 1/7、头部的宽度为身体宽度的 1/2，能够符合这一科学分割比例，才能有美的效果。因此，发型也必须与人体形象、比例相适应，为此，可根据人的不同型体考虑发型。

1. 瘦高体型的人

瘦高体型者发型不宜过短，顶部不宜过高，两侧头发要适当蓬松，略带弧形线条。

2. 胖高体型的人

此类型的人以短直发为好，也可以是大波浪的卷发或盘发，这样显得大方自然。

3. 瘦矮体型的人

瘦矮的人其发型不宜过长，顶部可以略高，两侧头发不宜过分蓬松，轮廓适中为宜。发型可剪成超短式,或将头发高盘于头顶,给人一种挺拔向上的感觉。

4. 胖矮体型的人

凡体型较矮胖的人不宜留披肩发,头发也不宜烫得过于蓬松。应留轻便的运动式发型或将发盘起,将脖子露出,可以从视觉上增加一定的身高。

人的体型有多种,除了高、矮、胖、瘦外,还有方形、梯形、倒梯形等体型,发型也要用圆形、椭圆形等型配合。总之,发型除了与脸型相配合外,还要与体型相配合。

(六)发型与年龄

发型也是年龄的象征之一。不同年龄有着不同的发型特征,发型在一定程度上反映了人们的年龄特征。如青春型:发型要求线条简洁、流畅、活泼、造型优美、发式新颖以及易变化。以表现当代年轻人活泼开朗、富有朝气,各方面都在健康成长,对新鲜事物的敏感,以及富有时代气息的流行发型。成熟型:发型上要求格调清新,美观又不超群,新颖别致,又不怪异独特,整洁而且便于梳理,体现大学生稳重、沉静、独立、向上,精力充沛的特点。对在校学生而言,活泼好动,发型应简洁自然,梳洗方便,一般不宜烫发或留长发,以免显得老气。职业女性要表现出各方面比较成熟,事业心强,生活安定,个性突出,比较重视仪表的修饰。总之,发型设计要求结合自己的个性,展现舒适大方,优美自然,具有强烈的时代性和高雅的艺术性的特点。

(七)发型与个性

发型能表现性格,主要是通过线条的语言、色彩的情调、块面的组合、纹样的结构、轮廓的形状和层次的变化等来表现性格、情调、气质和风范。发式的造型要和本人的条件相吻合、融洽。

现代发型趋向多样化、个性化,具有时代感和艺术性,不同个性的人有着不同的发型要求。比较活泼的人,要求发型线条流畅、新颖多样,富有时代感和动感,一般以短发和中长发为宜。

发型可以表现我们的个性、文化素养、心理状态、审美能力及对时尚的理解和追求。

(八)发型与服装

在当今社会,时装、发型已经成为人们生活中不可缺少的重要组成部分,发型如何与服装配合也成为人们关心的内容。时装表演模特儿的发型,给大家很多启发。一般来讲,流行发型配时装,长发配长装,短发配短装,夏季发型配夏装,冬季发型配冬装,同时还要注重发式轮廓与服饰的相配。时装轮廓有直线形的 H 型、上松下紧的 V 型、紧腰的 X 型、上窄下宽的 A 型,均与现代发型趋向柔和自然、多样化的特点有相同之处。

(九)发型与季节

一年四季,春天的融化与舒展,夏天的轻盈与流畅,秋天的成熟与飞舞,冬天的清洁与厚重,都能让我们从中找到美的灵感。由于季节的变化,头发的长短、厚薄、曲直、造型要与衣服的厚薄,衣领的高低,领部围巾的厚薄相适应。

发型不仅要求有优美的造型以美化人们仪容,同时还应适应季节变化的需要,以方便生活和工作。发型与季节变化的结合,一般以冬暖夏凉为原则。春秋季节,气候宜人,发型以中长发和短发为主,线条活泼、发式新颖多变,且富有生气。夏季,天气炎热,发型以短发为主,线条简洁自然、舒适凉爽、梳洗方便。如果留长发也以梳辫、盘髻为宜,但不宜过长、过厚、过于蓬松,否则会很不协调。冬季,天气寒冷,发型以中长发或长发为主,线条柔和、轮廓饱满,给人以温暖如春的感觉。

(十)发型与职业

设计什么样的发型,与我们从事的职业也是密不可分的,这是发型功能性的主要表现。野外作业的女性留长发不方便清洁、梳理,在无菌室内工作的女性留长发不利于保证无菌作业环境,如留长发,在工作日最好是梳理成发髻,工作繁忙的女性烫大波浪的发型,不可能每周跑美发厅去打理等等。虽然我们有很多种喜爱,很多种选择,但是发型设计服从职业需求是一个基本原则。

第三节 职业妆型

职业妆型的设计不仅仅是一种技能,也体现了一种"生活方式"的艺术,更是一种美化自我、美化心情、美化生活,陶冶情操的追求。在推崇"自然就是美"的今天,由于日益加快的生活节奏,日渐增加的工作压力和日趋复杂的社会环境,要想做到"自然"其实并不容易。作为一名现代大学生,应该掌握借助化妆挖掘自身最质朴而美丽的特质,更应该通过化妆再造良好的心态,让美丽在工作、学习与生活中由内而外地"自然"散发出来。

生活不是神话,化妆也无法点石成金。这是一门贵在持之以恒的技巧与艺术。化妆面对的是人的自然规律,所以它塑造的美丽也离不开这个范畴。它的规律来源于生活,需要以科学的态度,让它融于自己的生活规律中,才可能收获最自然和最持久的美丽。

一、职业妆型化妆原则

职业妆型应该做到美丽无痕——美丽不妖艳,自然高雅——自然不俗气,个性展示——真实不张扬。

(一)化妆的基本原则

1.适度原则

职业妆型必须注意与职场、周围环境相适应,必须注意与时间、空间相适应,必须注意与个人性格、服饰相协调。职业妆型受到职场、办公环境的制约,它必须给人一种稳重性、有知识性、责任心的感觉,因此,选用各种化妆品时要注意它们各自的特点,恰到好处地加以使用。职业妆型有别于其他妆型,也绝不是各种化妆品的叠加。

适度,就是要把握好职场、工作环境中的各种场合,在工作中适合化淡妆,着意从形和色上给予适度的艺术夸张，以表现秀丽、典雅、干练、稳重的形象。妆色应清新淡雅、质朴自然。浓妆艳抹、厚厚的粉底、重重的唇膏不仅与周围的工作气氛不相宜，而且给人留下工作不认真、举止轻浮的印象。晚上参加舞会、宴会等社交活动，可选择艳丽、典雅的服装，妆色可化得浓一些；外出旅游或运动时，不要化浓妆，可使用一些保护皮肤的护肤品，因为在天然秀丽的风光中，最宜表现一个人的自然美；在哀伤、沉痛的场合下只允许化淡妆，且不宜抹红色的唇膏。

2. 自然原则

社交活动中的化妆，以活动内容为前提，以统一和谐为准则，追求自然，突出自然；职业妆，应以淡妆为宜，突出大方典雅、清丽俊秀的特色。切忌把职业妆当作再造一副面孔，完全改变自我的方式。它应该是出于自然而高于自然，始于原型而美于原型，给人一种健康自然、淡雅清秀的美好印象。

3. 个性原则

化妆没有固定的千篇一律、千人一面的模式，而应根据年龄、气质、肤色、职业及面部的具体条件因人而异。人的脸型千差万别，各有特点，因而不能简单地划分出哪些脸型美，哪些脸型不美。评价脸型的美与否，不能脱离个人的整体特征去评价。每种脸型因个体的不同，就可能会显示出不同的韵味和个性特征，而且有不同的可爱之处。这就要求在化妆时通过各种技巧和色彩的运用，在不同脸型的基础上，扬长避短，突出和强调每个人面部自然美的部分，减弱或掩饰其容貌上的缺陷，使之具有个性美，使之成为“独一无二”的个人。

4. 礼节原则

(1)整洁是最基本的礼貌。整洁不仅是个人自尊自爱的显示，同时也是对他人的尊重。因此，参加社交活动前，每个人都应检查自己的面容、发型、妆型是否适度，男士是否应剃须修面。如果不修边幅、蓬头垢面地去参加社交活动，那是十分失礼的。

(2)不能当众化妆。化妆虽是工作的需要，但不应随时随地拿出化妆品来涂抹，当众化妆是非常失礼的，容易被当作不务正业的人，这是不自重的举动。如果有必要化妆或修饰的话，要到洗手间或卧室等较隐僻的地方进行。

(3)不要借用他人的化妆品。对于化妆品的使用，每个人都有自己的习惯，最好是随身携带一套简易的化妆品，以备随时使用。

(4)不要非议他人的化妆。每个人都有自己的审美观和化妆手法，不可对他人的化妆品头论足。特别是社交人员经常出入公共场所，同各种层次的人打交道，如果对别人的妆型说三道四是失礼之举。

二、职业妆型的基础准备

(一)准确把握、了解、护理脸部皮肤

化妆的最基本原则就是因人而异。要画出理想的妆面，首先要懂得同一种化妆品并不会适合所有肤质的道理，因此，在化妆前必须正确、全面了解自己的脸部皮肤。

1. 皮肤的类别及保养

如表 4－1 所示。

表 4－1　　皮肤的类别及保养

类别	肌肤状态	常见病	保养	化妆问题
干性	细腻白皙，毛孔细小，但柔润感稍差；无光泽、紧绷、缺弹性；干燥、有皮屑	紧绷感、缺乏滋润易干燥、有皱纹	不用刺激性护肤品，不揉洗过度，含油量高的滋润品可用	不易上妆，但妆后效果持久，时间较长也无需补妆
中性	光滑细腻、柔软白皙、有弹性；油脂分泌适中，不易出现皱纹和早期老化	夏季 T 区油腻，冬季偏干	随不同季节用不同护肤品；偏干时，按干性皮肤护理	较易上妆
油性	皮脂分泌较多、纹理粗，易黏灰；皮肤油亮，T 区油脂多，毛孔粗大，不易起皱纹	易生黑头，粉刺，暗疮	时时保持皮肤清洁，用含油量少的护肤品，每周必作深部清洁	极易上妆，但妆面不持久
混合性	T 区皮肤粗糙、超油性，毛孔大，易长黑头、暗疮、粉刺；其他部位中、干性，眼周和两颊较干燥，有小细纹	T 区易生粉刺、暗疮	采用分区护油方法，不同部位使用不同化妆品	T 区易脱妆，应分区化妆、补妆
敏感性	皮肤较薄，可见毛细血管	受外界刺激易出现刺痒、发炎、风疹、斑疹	不用含酒精和香料的护肤品，不食刺激性食品	化妆难度大，化妆易过敏

【注】“T 区”即额头到鼻尖的部位。

2. 影响皮肤健康的因素

影响皮肤健康的因素分外因和内因，外因包括日照、风沙、温度和湿度、化学物质、外伤等因素，内因包括身体状况、心理状况、家庭遗传、饮食习惯、内分泌水平、药物、皮肤护理不当等因素。

3. 皮肤的护理方法

（1）基础保养。洁肤→爽肤→嫩肤→润肤（每天）。

（2）特殊保养。洁肤→磨砂→按摩→敷面→爽肤→嫩肤→润肤（每周）。

4. 皮肤的护理用品

（1）洁肤品。洗面奶、洁肤露、去死皮膏、磨砂膏、香皂、卸妆油。

（2）保湿水。爽肤水、柔肤水、收缩水。

（3）嫩肤品。精华素、嫩肤露。

（4）润肤品。营养霜、抗皱露。

（5）护肤品。按摩膏（乳）、润肤霜（乳）、防裂膏。

(6)特殊护肤品。增白霜、抗皱露、面膜、收缩、紧肤、减肥、脱毛、去斑、防晒、除臭霜、促胸膏。

【常用的面部按摩手法及穴位】 见本章附录二。

(二)全面分析脸部特征

1. 熟悉自己的脸型

(1)椭圆脸。俗称“鹅蛋脸”。标准的椭圆脸可以放进一个长方形中,这个长方形的宽与长之比一般是1:0.618,也就是美学上的黄金分割比例。

(2)圆脸型。脸部长宽尺寸相近,轮廓线偏圆形,一般会给人五官长得较集中,两耳分得较开的感觉。

(3)长脸型。把该脸型放进一个长方形,宽与长之比是1:2左右。给人感觉成熟、稳重,但自信感稍差。

(4)方脸型。脸部轮廓棱角明显,下颏部位突出明显,颧骨高,结构刚硬,立体感强,洋气,但缺少女人味。

(5)三角脸型。脸部轮廓线接近于正三角形,额头偏窄,下巴厚实,两颊大,一般给人感觉较肥胖,中老年女性此脸型多。

(6)倒三角脸型。脸部轮廓与正三角形相反,显得聪明伶俐,但有时显得欠稳重。

(7)菱形脸型。额头两边窄,下颏消瘦,颧骨大而外突,西方人称作“钻石脸”。一般中老年中偏瘦的女性太阳穴和两颊容易下陷,形成菱形脸。

2. 不同脸型的化妆技巧

每个人的脸型是先天决定的。不同的脸型,如何才能通过化妆使自己容颜更俏丽?如何才能通过化妆技巧弥补脸型的不足呢?

(1)椭圆脸型。椭圆脸型是传统美人的脸形,是最理想的脸型,所以要尽量保持其完美。这一脸型的化妆要着重自然不要有所掩饰。眉毛可由内向外顺着眼睛修成正弧形,位置适中。嘴唇可依自己的唇样涂成最自然的样子。采用中分头路,左右均衡的发型最为理想。

(2)圆脸型。这种脸型属于可爱型,要修改成理想的椭圆形并不困难。施粉底时,双颊外侧可用深色的修容饼做成阴影加以修饰。眉毛不可平直,可起角,但并不可太弯。胭脂从颧骨一直延伸涂到下颚部,必要时可利用暗色粉底。上唇化成阔而浅的弓形,可用较显眼的唇膏以突出双唇。发式以六比四的比例来分头路最好,这样可使脸不显得那么圆,两侧头发要平一点。

(3)长脸型。应利用化妆来增加面部宽阔感。下巴底部和额头顶部可用深色的修容饼加以修饰,稍微把脸型修短一些。对于比较消瘦的长脸型,腮帮子可敷淡色粉底成光影,使其看上去更加丰满。眉毛的位置不可太高而有角,尤其不应高翘。胭脂可抹在颧骨的最高处与太阳穴下方所构成的曲线部位,然后向上向外抹出。胭脂距离鼻子要远些,嘴唇可稍微涂得宽厚些。可采用七比三或更偏分的头路,这样可使脸看起来宽些。发型以往下覆盖前额或烫卷头发使两侧蓬起为宜。

(4)方脸型。化妆时要注意增加柔和感,脸部妆型以线条柔和淡雅为主,以掩饰脸上的方角。这种脸型的人,丰额、颧满、下巴丰圆,因此要设法加以掩饰。眉毛要稍阔而微弯,不可有角。可用暗色粉底来改变面部轮廓,胭脂不妨涂得丰满一些,并选用深色的唇膏。发式以六比四分或中分都可,偏分时,侧发型可造成不平衡的感觉。

(5)三角脸型。即额部较窄而两腮大,显得上小下阔,可尽量突出眉眼而忽略脸的下半部。两腮可用较深的粉底来掩饰,而额头用浅色修容饼以使额头开阔。眉毛宜保持自然弯曲状态。胭脂向眼尾外方向抹涂。唇角稍向上翘。头发以七比三来偏分,使额部看来更阔,发型以波浪或卷发增加上方的力量,并可将顶部头发吹高吹宽些。

(6)倒三角脸型。与三角型脸型刚好相反,它的特点是上阔下尖。可尽量突出脸的下部,用浅色的粉底,而过宽的前额宜用较深的粉底。眉形应顺着眼睛的位置,不可向上倾斜。可用明亮的胭脂涂在颧骨下方的"凹陷处",然后向上向后晕开。嘴唇要显得柔和。头发以四六偏分法来使额部显得小一点,可用头发遮掩部分前额,并增加两颊旁的发量。

(7)菱形脸型。最突出的特点是颧骨高突,因此更需注意腮红的使用,可将胭脂从颧骨下方的"凹陷处"开始向下涂到耳根,加重腮红,有助于掩饰过于突出的颧骨。施粉底时,两颧骨外侧可用深色的修容饼加以修饰。眉型要柔和,以减低强悍之感。唇膏选择深色系为宜。

(三)选择适合自己的化妆色系

人类的肤色因种族不同而不同,中国女性属黄种人肤色,所以基本色彩是中等偏深,但每个人皮肤颜色深浅不同,即使是同一个人,颜色也会随年龄、食物、环境、季节、健康状况的影响而变化。因此,要根据肤色挑选适合自己的化妆色系。

皮肤色彩简单,一般分为冷色、暖色、中性色彩三种。

1. 冷色皮肤

此色调皮肤白皙,略有发青,皮肤薄,血管、青筋较明显。应选择温暖中性的彩妆颜色,如灰色、褐色的眉笔,紫红、粉红、蓝灰、紫灰色的眼影,粉红、桃红的腮红,粉红、紫红、深红、玫瑰色唇膏,黑色、深灰色、蓝色、紫色睫毛膏。粉底尽量选用与肤色相近的颜色,一般为白偏粉红的底色。

2. 暖色皮肤

此色调皮肤发黄,色彩分布较均匀,透着健康的红晕,是东方女性占最多数的肤色。生活化妆应用偏黄色调略带透明的粉底,彩妆色调基本应偏暖,如浅棕、深棕的眉笔,米白色、古铜色、棕色、灰绿色的眼影,肉红色、咖啡色、琥珀色,甚至是无色透明的唇彩,黑色、棕色、墨绿色、湖蓝色的睫毛膏。

3. 中性色彩皮肤

此色调介于前两者之间,既不偏冷也不偏暖,对色彩的适应性强,塑造空间大,是较为理想的化妆肤色,此类皮肤在化妆时可根据自己的喜好自由发挥,注意整体色调的协调统一即可。喜欢的不一定合适,只有适合自己的才是最好的。

(四)发现自己妆饰的亮点

谁都不可能拥有十全十美的脸,与其盲目想着如何改变或掩饰自己的缺点,不如尽力突出优点。很多失败的妆型并不是长相不好，往往是因为化妆重点错误。所以应该充分认识自己外貌的潜质，“十全十美”固然是不现实，但我们试着可以拥有“一全一美”，在镜子前，闭上眼睛休息片刻，睁开眼睛，第一眼吸引自己目光的就是自己最美的部位。

职业妆多以淡妆为主，因此不必面面俱到，找到自己脸部最佳部位，再掌握相应的化妆技巧，简简单单地打扮，就可以美丽出众了！

附录二　常用面部按摩手法及穴位

一、常用的面部按摩手法

1. 抹法

用拇指螺纹面紧贴皮肤，作上下左右或弧形曲线往返推动。

2. 钩法

将食、中两指并拢微屈成钩状，以食指第二节和第三节桡侧缘着力，紧贴皮肤作连续的推抹。

3. 指按法

用拇指或食、中、无名指三指指面着力按压体表的某一部位或穴位的一种手法，多以拇指按法为常用。

4. 揉法

用手掌大鱼际，掌根部分，或手指螺纹面部分着力于一定部位或某一穴位上，作轻柔缓慢的环旋转动，带动该处的皮下组织，即称为揉法。

5. 叩法

叩法较击法力量为轻，轻击为叩，可用半屈拳轻轻捶击，两手交替上下如击鼓状；也可以两手相合，五指略分开，用小指侧叩击一定部位。叩法应用时，可发出有节奏的啪啪声，有舒松筋脉、消除疲劳的作用。

二、常用的面部按摩穴位

1. **印堂**：两眉头连线的中点。

2. **攒竹**：眉头处。

3. **鱼腰**：眉毛的中点。

4. **丝竹空**：眉梢外侧凹陷处。

5. **睛明**：内眦内侧上 0.1 寸处。

6. **承泣**：眼正视，瞳孔直下，下眼眶边缘。

7. **球后**:眼平视,眶下缘外侧 1/4 处。
8. **瞳子髎**:目外眦旁 0.5 寸(眶骨外缘凹陷中)。
9. **太阳穴**:眉梢与目外眦之间向后 1 寸处。
10. **阳白**:眼平视,直对瞳孔,眉上 1 寸。
11. **素髎**:鼻尖处。
12. **迎香**:鼻翼旁开 0.5 寸。
13. **人中**:人中沟上 1/3 处。
14. **地仓**:嘴角外侧旁开 0.4 寸。
15. **承浆**:在下颌唇沟正中凹陷处。
16. **耳门**:耳屏上切迹前,张口呈现凹陷处。
17. **听宫**:耳屏中前凹陷处。
18. **听会**:耳垂前凹陷处。
19. **翳风**:耳垂后凹陷处。
20. **四白**:眼平视,眼眶下缘瞳孔直下 1 寸处。
21. **巨髎**:眼平视,瞳孔直下,平鼻翼下缘处。
22. **颧髎**:外眼角与鼻翼下平行线交叉处,靠近颧骨下缘。
23. **颊车**:咬紧牙,咬肌下隆起最高处。
24. **下关**:耳屏前约 1.5 寸。
25. **百会**:两耳尖在头顶中央的交界处。
26. **神庭**:面部正中线,入发际 0.5 寸处。
27. **头维**:额角入发际直上 0.5 寸。
28. **大迎**:下颌骨中部凹陷处。
29. **上星**:印堂直上,入发际上 1 寸。
30. **哑门**:后发际正中上 0.5 寸。
31. **风池**:颈后枕骨下凹陷处。

附录三 化妆的基本步骤及技巧

一、一般化妆基本步骤

一般化妆程序为:化妆准备→底妆→眉妆→眼妆→鼻妆→唇妆→腮红→定妆。

二、一般化妆技巧

(一)化妆准备

1. 洁面

先用温水湿润面部皮肤,将洗面乳涂在前额、鼻部、下巴及两颊处,然后抹开,用指腹自下而上、由内向外顺着肌肉生长的方向均匀打圈,揉出丰富而有弹性的泡沫,再用温水洗净脸上的泡沫,然后用冷水冲洗面部,以收紧皮肤。

2. 整理头发

将头发往后梳理挽于脑后,用毛巾、发带或发夹将其固定,不要让刘海或碎发搭在脸上。

(二)底妆

1. 涂拍化妆水

用化妆棉蘸满化妆水顺着脸部由里向外涂擦、拍打,反复几次,让水分充分渗透肌肤。

2. 涂抹乳液

涂上化妆水后立即涂乳液,用手指轻轻按摩将乳液涂开,再用手掌轻抚肌肤让其全部吸收。

3. 纸巾吸油

用面巾纸轻贴脸上吸掉残留在肌肤表面多余的油分。

4. 施粉底

用海绵或手指蘸取适量粉底,抹在额头、鼻子、脸颊和下巴处,从脸颊、前额、发根、鼻子、下颏到眼睛周围、睫毛根和眉毛下部,均匀地晕开。

选择与颈部肤色一致的粉底较适宜,发际也要打上粉底,不要施太厚的粉底,否则,看上去都像戴了假面具一样。如果脸上有色斑、雀斑、黑眼圈或粉刺,可再涂上遮瑕霜。眼角、鼻根、嘴角及脸颈结合处,均要打满、打匀,眼角和嘴角施粉宜薄。为塑造出富有立体感的妆容,在视觉上产生绝妙的瘦脸效果,可在T形区、C形区、下颏区、眉骨处以及下眼睑下方的倒三角形区域施以高光粉(如图4-19所示)。

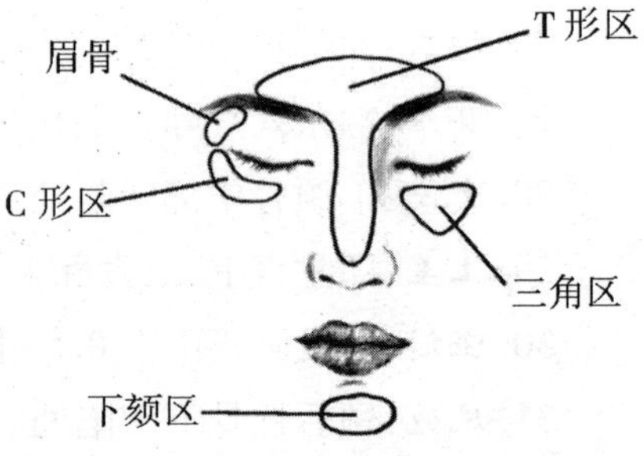

图4-19 提亮区域

5. 扑粉

打完粉底后要扑粉,以便固定粉底定妆。定妆可以吸掉粉底多余的油分,以防止脱妆,也便于上色。

(三)眉妆

一条完整的眉毛是由眉头、眉峰和眉梢三个部分组成,一般眉型应具备以下特点:眉头和眉梢应处于同一条水平线上或眉梢稍高,其位置根据脸型来定;眉头在同侧鼻梁的延长线上,眉头下方就是眼窝处;眉峰在黑眼球的外侧与眼角之间,平行于鼻梁的直线上,眉峰与眉头的高度差应视具体的脸型来定;眉梢在同侧鼻翼与外眼角连线的延长线上,或者说处于下眼睑边缘弧线的延长线上(如图 4－20 所示)。

1. 确定眉型

根据个人的脸型、职业、年龄等因素的不同,可选择不同的眉型。眉型与脸型应搭配协调(如图 4－21 所示)。

(1)长脸型。配上一副水平眉为佳,因为一条直线的浓眉,具有切断脸长的效果。

(2)圆脸型。这种脸型和长脸的正好相反,宜采用上扬眉,它会使脸看起来瘦长些。

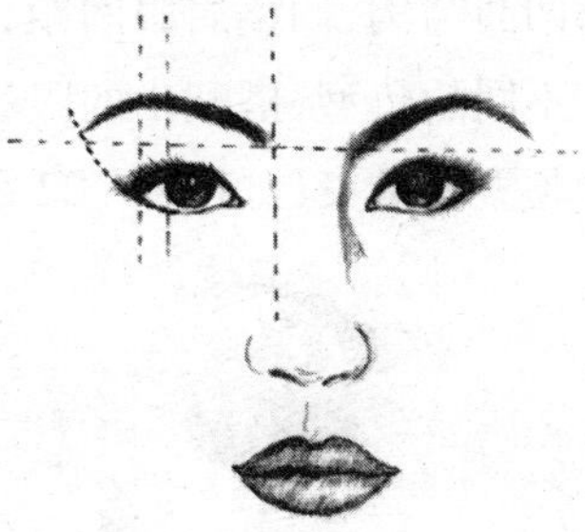

图 4－20　一般眉型的搭配

(3)方脸型。面颊宽阔呈四角形,采用眉峰柔和的挑眉,更具有女人的魅力。

(4)三角脸型。如果眉毛描成短短的圆弧形,会使宽大的下巴更显突出,因此眉毛应修得纤细,眉峰硬化且稍往后移,这样具有缩小脸部、遮住宽额的效果。

(5)倒三角脸型。尖削的下巴看起来显得薄弱了些,这种脸型比较适合标准的圆眉形,加浓眉头、收短眉尾、眉峰柔和圆润,这样可使脸看起来饱满些。

(6)菱形脸型。菱形脸的颧骨大都很高,再加上瘦削的下巴,使颊部更为突出,因此眉毛不宜朝下,最好平顺地往两边延伸,以眉头为重点的水平眉最理想。

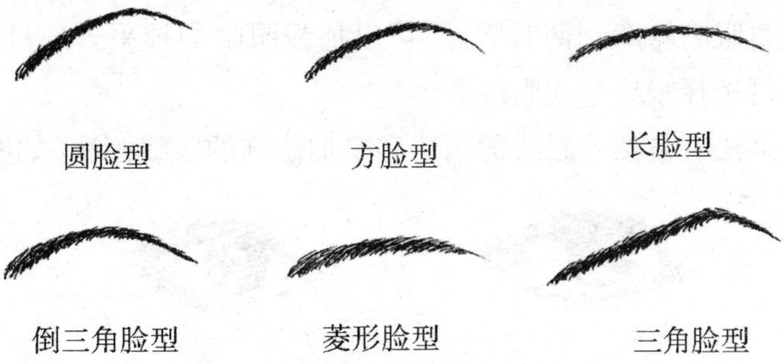

图 4－21　眉型与脸型的搭配

2. 修剪眉毛

在画眉之前,应根据脸部特征对眉毛进行修整,修整眉型应该以自己眉毛为基础。

3. 画眉

眉毛修整之后就可以开始画眉,具体方法:从眉头开始,按眉毛生长方向,由下向斜上方描画,下笔要轻;然后从底边斜着往上,顺着眉腰往眉峰画,在眉峰处画一个圆润的弧度,从眉峰开始往斜下方画,一直画到眉梢处逐渐减淡直至消失。

4. 梳理眉毛

眉毛画好之后,用眉刷从眉头顺着眉毛生长的方向梳理,使眉毛整齐、圆滑、服帖、自然。必要时,还可再用彩色或无色眉毛膏加以梳理。

(四)眼妆

1. 涂眼影

眼影是化妆的主要标志,也是区别妆型的主要部分。通过眼影的晕染可以调整和强调眼部凹凸结构，调整眉眼间距，调整眼形，同时是表现妆型的特点，使眼睛显得妩媚动人。

不同的妆型，搭配出的眼影色效果也不同。通常涂眼影有两种方法：一种是水平晕染，一种是立体晕染（如图4－22所示）。

图4－22　水平晕染与立体晕染法

（1）水平晕染。首先将基础色涂于上眼皮，如浅咖啡色、浅粉红色等，再将深色眼影沿睫毛根部涂抹，并向上晕染，使用的颜色越向上越淡，由睫毛根部开始，色彩是由深到浅的渐变，眉骨下用亮色，色彩过渡要柔和自然。

（2）立体晕染。就是按素描绘画的方法晕染，使用冷色或含混的使物体有后退感的颜色，涂于上眼睑的外眼角、内眼角、眉骨与眼球凹陷处，以及下眼睑的外眼角等部位，将亮色涂于眉骨下方和眼球中部皮肤上，影色与亮色的晕染要衔接自然，明暗过渡合理。

2. 画眼线

这是为了美化和突出眼睛，同时还可以通过画眼线的技巧，修整改变眼睛的形状与大小。画眼线可以调整眼睛轮廓和两眼间距，可以加强眼睛的神采。通过画眼线还可以表达人的气质。画眼线可选择眼线笔或眼线液。

最常见的眼线画法有自然式眼线的画法和略加修饰的眼线画法（如图4－23所示）。

图4－23　眼线画法

自然式眼线的画法。用食指和中指轻轻提起上眼睑，眼视斜前下方，然后用眼线笔从内眼角开始，沿上睫毛根部一直描画到眼尾；下眼线从外眼角开始由眼尾向内画到1/3～1/2处，突出自然的眼部形态。略加修饰的眼线画法。可在自然式眼线画法的基础上，用手指轻轻把眼睑尾部的皮肤拉高，把上眼睑末梢画得略粗、略长，并且微微上扬，下眼线用棉棒略微晕开，看上去非常自然、清晰明亮。

3. 夹刷睫毛

化睫毛妆的一般方法是：将眼睛视向斜下45°的地方，用睫毛夹轻轻地放在上睫毛根部用力夹紧，固定一会儿，再逐步移动睫毛夹从睫毛根部夹至中央及睫毛尖，做出上卷翘的效果。将睫毛液涂在睫毛的根部，再边呈锯齿状移动睫毛刷边将睫毛液涂向睫毛尖。最后，在睫毛液干透之前，用睫毛梳清理结块的部分，使睫毛根根分明，清秀可人。

（五）鼻妆

鼻子处于脸部正中间，却最容易被人忽视，有时不理想的鼻型会破坏整张脸的感觉。

鼻妆的关键是选择鼻侧影。鼻侧影可使鼻部增高，鼻梁直挺，还可与眼睑颜色相衬，使眼妆更有神。鼻妆常用的颜色为棕色、褐色、紫褐色等。不过,鼻影的颜色不论怎样都不能深过眼影的颜色。化妆中应注意两条侧影均匀对称,沿鼻梁平直轻扫,避免出现歪斜,移位或错位,鼻梁两边侧影的间距一般为1.0～1.5厘米,太宽太窄都不自然;侧影的起始应呈弧形,避免直角状,侧影的内侧平直,外侧应晕染,不要呈线条状。

鼻妆应根据不同的鼻形,以不同的化妆技巧来修饰(如图4－24所示)。

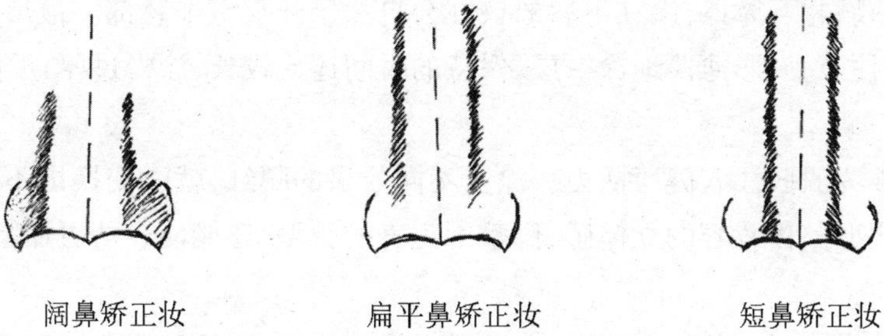

图4－24　鼻形矫正妆

(六)唇妆

嘴唇有了光泽和色彩,则给人以生机勃勃的印象,而黯淡无光的嘴唇,则让人觉得疲惫和衰老。因此,唇妆是展示女性修饰美的重要内容。

1. 选定唇型

应根据自己的脸型和五官特征选定唇型(如图4－25所示),尽可能按原唇型化妆。若要改变自己的唇型,则只在一些细微处作点调整,调整的幅度最好不要超过1毫米,而且唇部要预先打点粉底。

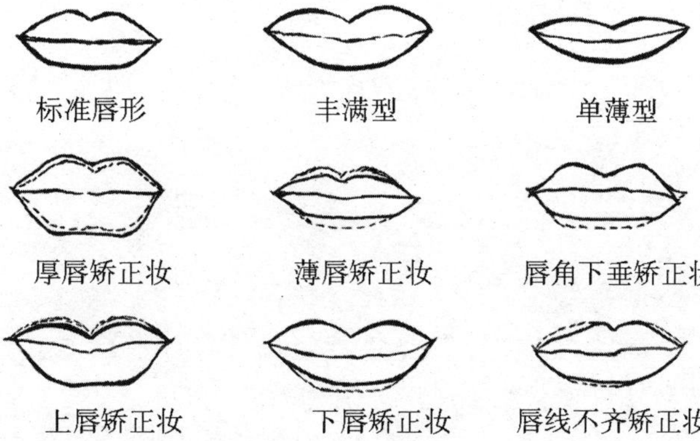

图4－25　唇型矫正妆

2. 描画唇部轮廓线

根据个性特征选定唇型,确定唇部化妆的轮廓,然后用唇线笔把它描出来。嘴唇的轮廓线要力求自然,用笔要平稳而均匀。唇线过于明显的话,会显得很不自然,所以唇线笔的颜色最好选择与自己唇色接近的色调,这样既可以修饰不完美的轮廓,又能消除嘴部的黯斑。

3. 确定唇膏

唇膏色可分为两大类。带黄色的暖色系列,包括红、黄色、橙色等。带蓝色的冷色系列,包括紫色、玫红、桃红等。我们可根据所要营造的形象，选择恰当的唇膏，但要注意与化妆者的肤色、腮红、眼影色、服装、个性和气质等协调统一。

4. 涂抹唇膏

涂口红前最好先涂一层凡士林油或润唇膏，这样既能保护嘴唇，避免涂口红造成的嘴唇干裂，又易于卸妆。然后，用棉纸巾轻按唇部，将过多的油质吸去，再用口红直接涂在下唇的中部，抿住嘴，双唇相互摩擦，涂在下唇的口红会自然晕开至整个唇部。最后，用唇刷修整轮廓、调整唇峰。注意，唇彩薄薄地涂一层，保持的时间还比较长，涂得过厚，反而容易脱落。

（七）腮红

涂腮红可以为肌肤注入健康活力。涂上不同效果的腮红，就能变换出不同的新鲜形象。涂腮红不仅能提升整体妆容的立体感，修整不完美的脸型，还能使表情更加富有感染力。

（八）定妆

以上各步骤完成后，可远一点儿对着镜子看看整体妆容，注意眼影、腮红、口红等的色彩搭配及浓淡是否协调自然，脸部妆容是否与颈部、手指甲、服饰等配合自然并融为一体，最后用定妆粉加以定妆。

（九）卸妆

彻底地卸妆，彻底清洁皮肤，是皮肤保护、保养的关键。

卸妆应按顺序进行，否则会造成二次污染。首先卸掉眼部和唇部的彩妆，尤其是使用了防水型睫毛膏或持久型口红。同时还要注意，卸妆前如果面部出过汗，一定要先将面部汗水吸干净，不能将卸妆用品与汗水混合乱擦，而且卸妆后要进行适当护肤。

行动吧，动手为自己设计职业形象，设计仪表，美化自我、美化心境、美化生活。

第五章 职业文书与写作

在当今社会,从事任何工作都或多或少要与写作打交道。写作是一切工作人员,尤其是科技工作者应具备的基本素质,也是时代的要求。通过写作,我们懂得如何阅读、如何观察、如何感受、如何创造、如何表达。因此,我们必须了解和学习必要的写作知识。

写作,即作者对某种思想、事物或现象通过大脑的想象与扩展、分析与综合、加工与提炼、系统与深化之后,采用文字的形式加以记录的一个实践过程;简言之,写作就是写文章。写作的目的在于借助书面语言完成观念、思想、情感、信息(包括学术或经验)等的传递和交流。

写作知识的学习与实践,旨在把握写作的基本要领,以达到在写作中观点正确、内容充实、结构严谨、层次清晰、语言流畅准确,做到写作内容与写作形式的高度统一。按表达形式,文章写作可分为记叙文、议论文、说明文和应用文四大类。本章将对写作基础知识和某些常用文体写作作一简要介绍。

第一节 写作基础概述

一、主题

众所周知,写文章必须先立意。立意就是确定主题。什么是主题呢?主题是作者在文章中通过各种材料所表达的中心意思,它贯穿着文章的“全部内容”,体现着作者写作的主要意图,包含作者对文章所反映的客观事物的基本认识、理解和评价。主题来自于生活,来自于社会实践,高尔基说:“主题是从作者的经验中产生,由生活暗示给他的一种思想,当它要形象体现时,它会在作者心中唤起一种欲望——赋予它一个形式”。

(一)确定主题的要求

概括地讲,对主题要求最少有以下四个方面;一是正确。正确是对主题的思想性、科学性或审美价值的要求。主题要符合客观世界的真实情况,符合科学规律,能帮助人们正确认识客观世界,引导人们积极向上,从而鼓舞人们的斗志,提高人们的文化水平和思想情操。

二是集中。集中主要指主题的简明和单一，一般一篇文章只能有一个主题，全文要围绕这个中心，把它说深说透，每个论点都必须为中心论点服务。三是鲜明。主题鲜明主要是指主题的倾向性，在政治、思想或审美倾向上赞成什么，反对什么，观点明确，态度明朗，旗帜先明。四是深刻。即主题的深度，它不能停留在事物表面现象的罗列和叙述上，应该揭示事物的某种本质，反映事物的内部规律。深刻的主题不可能是抽象推论或凭空拔高的产物，而需寄寓在个性鲜明的具体材料之中，两者的巧妙结合，文章才能既生动又深刻。

（二）主题的提炼

怎样提炼主题？可从以下四个方面加以考虑：一是体现时代特征。主题的提炼，要立足于作者占有的全部材料，把其放在时代的"天平"上称一称，能否提炼出反应时代特征的主题，是决定一篇文章成败的关键。因为只有材料真实丰富、符合时代特征，才能提炼出正确的观点和理论。二是开掘事物本质。提炼主题，要摒弃表象，着力开掘事物内在的本质含义。要正确反映事物本质及其规律性，必须经过大脑的分析综合，将丰富的感性材料进行去粗取精、去伪存真、由此及彼、由表及里的加工，从感性认识进入到理性认识。在提炼主题时应从具体到抽象，从个别到一般，从现象到本质，反映出事物的精髓。三是立足新的角度。主题的提炼要考虑选取新颖、独特的角度，努力探求事物的新意，尽可能地表达出作者自己独到的见解。毫无疑问，有新的观察角度和认识角度，文章才容易出现新的面孔、新的意境。四是反复提炼。主题的提炼往往不是一次完成的，需要作者不断深化认识，多次反复。

主题的提炼贯穿于文章写作的全过程，要从定题、收集材料时就开始酝酿主题，在编写提纲、选用材料时确定主题，在执笔起草、修改、润色阶段还要不断地提炼和深化主题，甚至在写作过程中或在修改阶段完全变更原有主题的事也是常有的。

二、材料

凡是用来提炼和表现主题的事物和现象都可称之为材料，即支持观点的论据，描述、说明及借以抒情的对象等；同时，也指作者在写作前积累和搜集的素材，如丰富的生活现象，确凿的事实和各种书面资料、文献等。

（一）材料的积累与搜集

写文章首先必须占有材料，如何积累和搜集材料呢？主要方法或途径有以下几种。一是观察。观察是指借助人的感官，全面、深入、细致地认识客观事物的知觉过程，观察中应做到全面而精细。著名作家老舍说得好："观察事物，必须从头至尾，寻根问底，把他看全，找到他的'底'，不知全貌，不会概括。"精细，就是要求观察得深入、细致。全面和精细，两者是相辅相成的。二是体验。体验指通过亲身实践、直接感受并进而认识客观事物及其环境的过程。它比观察更带有感情色彩。体验是从事写作、特别是反映现实的文艺创作时积累素材和筛选题材的重要途径，体验之后更重要的是感悟。三是调查。即通过从事情发生的现场及知情者（包括被表现的对象本人在内）那里获取写作素材的一种途径。在调查采访的基础上，还需进行分析和研究，以辨别材料的真伪虚实，抓住要点，弄清本质，所以又称作"调查研究”。四是查阅资料。这是利用图书馆、数据库或网络、个人藏书或其他条件获取材料或信息。写作常常涉及古今中外各种知识,其中有些东西是无法通过观察、体验和一般的调查能得到的,因此,查阅资料就成为一条重要的途径。

(二)材料的选择和使用

1. 材料选择的要求

一要符合表现主题。选材要少而精,为表现主题服务。对那些虽能表现主题、却软弱无力或彼此简单重复的材料,应该舍弃。二要真实。真实而确凿的材料是使文章具有说服力和感染力的保证。所谓真实,有两层含义:一是指材料具有严格意义上的真实性,二是指材料在本质上能反映事物的客观性。确凿,一般指文章中使用的材料既要准确无误,经得住核实,又要用得恰当贴切。三要典型。所谓典型材料,就是某一类事物中最有代表性的事例或材料;它是具体的、个别的,并富有鲜明独特性;同时,又最能体现同一类事物的本质特征和普遍意义,它是个性与共性的统一,特殊性与普遍性的统一。四要新颖、生动。新颖,是指材料要有新鲜感。生动,是指材料以及对于材料的具体表述要有感染力,不枯燥乏味,使读者有兴趣阅读。

2. 材料的使用过程中应注意的几点

一是如何取舍。取舍一般应遵循两条原则:①根据主题的需要,保留能有力地表现主题的材料,弃舍那些与主题无关或不甚贴切的材料;②各个材料组合在一起的作用要大于单个材料简单相加之和,即所举的每个例子都有其特殊性和代表性,合在一起对于主题的表达和深化能够起到相辅相成、相得益彰的作用。二是详略有度,即表述材料、说明观点时用笔的轻重、繁简胸中有数。《文心雕龙·熔裁》篇中说:“善删者字去而意留,善敷者辞殊而意显。字删而意阙,则短乏而非核;辞敷而言重,则芜秽而非赡。”“删”和“敷”也可以理解为“详写”、“略写”的具体做法。三是科学组合。材料的组合,是指根据材料的性质及其相互关系,将材料科学而合理归类之后的使用。在组合材料时,用来说明同一问题的材料应互相支持,而不可互相矛盾、相互排斥,另外还要根据材料的性质和分量决定其在文章结构中的位置和排列顺序。

三、结构

文章结构是全文的“骨架”,是主要的表现形式之一。我们把安排文章结构称为谋篇或布局,是根据一定的原则和要求,将材料、观点等内容要素,有步骤、有主次地加以组织和安排,使文章成为一个紧密、有机、统一的整体。安排文章的结构,不仅是个写作技巧问题,而且是思想认识问题。一篇文章的结构总是与作者对事物的认识、理解及其思路紧密相关。所谓思路,就是指思想的线索或脉络,是作者对客观事物观察、理解、认识的反映。因此,思路又是结构的基础。

(一)结构的要求

一是完整性。即要求构成文章的各个局部应有机地结合成一个完美、统一的整体。二是连贯性。即要求组成文章的各部分在内容脉络上互相贯通，在语言形式上有紧密的衔接与合理的过渡。文章结构的完整性要由连贯性来保证。三是严密性。是在上述基础上提出的更高要求，是指文章各部分之间有严密的逻辑联系，不得出现互相矛盾或互不相干的现象。四是灵活性。即切忌文章结构的呆滞、死板，讲究必要的变化，作到生动活泼。

（二）结构的基本内涵

1. 层次和段落

这是作者在写作过程中必须高度重视的两个问题：一是层次，它表现文章的思想内容一定次序和步骤的。先写什么，次写什么，最后写什么，都要有一个总的设想。层次也是表示意义的结构单位，需由作者根据文章的思想内容来划分。安排层次要着眼于文章思想内容的逻辑关系，换句话说，必须先有一个合理的、清晰的思路。二是段落，这里所说的段落，指的是“自然段”。自然段是作者在文章中设置的，以段首空格形式自成起讫、相对独立的结构单位。设置自然段既是为了表示相对完整、单一的意义，也是为了使文章的层次结构在读者视觉上形成更加明晰、醒目的印象。

2. 过渡和照应

过渡，是指段落与段落或层次与层次之间的衔接形式或手段。常见的过渡形式或手段有三种：一是关联词语，如段首或句首用“因此”、“由此可见”、“然而”、“但是”、“总之”、“综上所述”等等。二是过渡句，即起承前启后、过渡搭桥作用的句子。三是过渡段，其作用与过渡句相同，只是它自身还包含一些较为具体的内容（如概括上文的意思、提示下文的内容等），并放在两个段落或两个层次之间。照应，通俗地说就是前有所呼，后有所应的结构手段。照应不像过渡那样，可有单独的词语、句子或段落构成，常常是交代在前，照应在后；暗示在前，挑明在后；伏笔在前，应笔在后，如此等等。

（三）结构类型

文章结构最忌模式化，然而体裁相同或相近的文章结构形态又确实存在共同性。共同性，一般可归纳出几种涵盖面较宽的结构类型，供初学写作者借鉴。

1. 记叙型

记叙型的特点是以事物存在和发展的时空序列安排设置总体结构。事物间的内在因果联系，是在以时空为线索的具体叙述中体现出来的。记叙型又可分为时空正常式与时空异常式两种。

2. 论证型

论证型和记叙型相比，可称之为抽象（或逻辑）因果型，其特点是以概念的内在因果联系作为文章结构的主要依据。论证型常见的有三种：总分式。该式的优点是布局严谨，层次井然，既利于读者领会文章的论点，又便于初学写作者掌握论说文的写法。平列式。这种结构方式较为少见，文章的前后均没有总论，全篇只是平行地谈几个相关的问题，各分论点就包含在每部分中，平列式结构省去不必要的说明，行文很自然；要注意的是各个分论点之间必须有内在的联系。递进式。这种结构方式常常是有总有分，要点在于各分论部分的关系不是平行的，而是层层加深，文意不断递进；递进式结构最适用于对事物作综合的、深入的分析，所以是一种最常使用的论证型结构方式。运用递进式的前提是对事物或问题有总体的把握和极其透彻的研究、理解。

3. 说明型

简言之，说明型即以事物本身固有的条理进行布局的结构类型。事物尽管是复杂的但只要细心观察，就一定能认清并寻找出它们的条理。不同事物有不同的条理，这是造成说明型结构多样化的客观基础。常见的有：①按照事物所包含的种类布局说明；②按照事物的特征布局说明；③按照事物的功能布局说明；④按照事物的构造布局说明；⑤按照事物发展的先后次序布局说明。

4. 综合型

同时兼用以上几种结构类型称为综合型，即以一种结构型为主，而兼具其他类型的特点，适应于文学散文和杂文写作等。其中主要有：①以感情、情绪变化线索设计总体结构，又包括以时空为序的叙事或绘景，及反映概念逻辑关系的议论等分体结构。朱自清的《荷塘月色》外露的线索是游荷塘月色，内藏的脉络却是感情的起伏。即：不宁静——淡淡的喜悦溶着淡淡的哀愁——对热闹的希冀——平静，同时伴有议论；②以议论为线索设计总体结构，又包含局部的抒情和叙事；③以记叙为中心线索设计总体结构，兼有抒情和议论。这是写人、记事散文通常采用的结构方式。像鲁迅的《为了忘却的纪念》、《朝花夕拾》中的一些篇章，还有朱自清的《背影》等都可作为例证。

四、表达方式

人类在长期的写作实践中，经过不断地总结和创造，逐步形成了叙述、描写、抒情、议论、说明等多种文体写作的表达方式。表达方式是文体特征的重要标志，不同的表达方式，决定了文章的不同体裁。一篇文章以何种表达手段为主，取决于文章的写作目的及其客观表现对象的特征。

(一)叙述

叙述是写作中最基本、最常见的一种表达方式，它是作者对人物的经历和事件的发展变化过程，以及场景、空间的转换所作的叙说和交代。在写人记事的各类记叙文里，都以叙述为主要表达手段，一般的抒情文、议论文和说明文，也把它当作不可缺少的辅助表达手段。叙述手法运用得好，就能使文章的内容表达得清楚、具体。

1. 叙述的方式

叙述的方式是多种多样的，常见的有以下几种：

(1)顺叙。按人物的经历或事物发生、发展的先后顺序进行的叙述，这是一种最常见、最基本的叙述方式。顺叙，容易做到线索清楚、层次分明，合乎读者认识事物的习惯，便于掌握事情发展变化的来龙去脉。

(2)倒叙。把事件的结局或事件中最突出的片断提在前面，然后再按时间顺序叙述事件的发展过程。倒叙手法运用得好,能突出结果,造成悬念,使文章产生引人入胜的艺术魅力。

(3)插叙。在叙述主要事件的过程中插进另一有关事件的叙述,然后再接上原来的主线写作。插叙可以帮助展开主要事件,丰富文章的内容。

(4)补叙。在叙述到一定的阶段上,对前面事件做某些补充叙述,也叫追叙。补叙一般不发展原来的情节,只起丰富、补充的作用。

(5)平叙。对同时发生的两件(或多件)事进行分别、平列的叙述。

2. 叙述的要求

(1)交代明白。客观事物的发展变化过程总是离不开人物、事件、时间、地点、原因和结果,这六个方面称为叙述的要素。要想把一件事情叙述明白,如文学作品,在一般情况下,必须把什么人、什么事、什么时间、什么地点、什么原因和什么结果等问题交代清楚,这样才能使读者对所叙述事件的全貌有个清楚、全面的了解。

(2)线索清楚。线索是贯穿于文章中作者组织材料的思路反映,叙述的线索则是作者在叙述人物经历或事件发展过程中贯穿的思想和脉络。由于题材的差别和作者思路的各异,叙述的线索也是多种多样的。有的以时间发展为线索,有的以空间转换为线索,有的以问题的划分排列为线索,有的以某一具体的“物”为线索,有的以作者思想感情的变化为线索。

(3)详略得当。叙述切忌泛泛地平推,记“流水账”,一定要主次分明,详略得当。这就要做好对材料的剪裁。凡与表达主题密切相关的材料要泼墨如雨,详写细写;凡与表达主题关系不太密切的次要材料,要惜墨如金,粗写略写。

(4)波澜起伏。现实生活中的许多人物的经历和事件的经过都不是单一平淡、直线发展的,而是错综复杂、充满矛盾和斗争的。运用叙述手法再现生活时,就应根据实际情况,写得迂回曲折、富于变化,才能更好地反映客观事物的特点或规律,使文章内容更丰富,产生引人入胜的艺术魅力。

(二)描写

描写,是把描写对象的状貌、情态描绘出来,再现给读者的一种表达方式,也是文学创作中的主要表达方式之一。在一般的抒情、议论、说明文中,有时也把它作为一种辅助手段。

1. 描写的对象

根据对象不同,一般可分为人物描写、景物描写、场面描写和细节描写等方面。

(1)人物描写。这是文学作品具有感人的艺术魅力的关键一环。人物描写主要有人物的肖像描写、语言描写、行动描写、心理描写等。

(2)环境描写。是指与作者或人物发生直接联系的外界条件的描写,它包括自然景物和社会环境的描写。

(3)场面描写。是指对特定时间与环境内以人物活动为中心的总体生活画面的描写。场面描写是在人物与环境相交织中构成的。

(4)细节描写。是对生活中具有典型意义的细枝末节的描写,它是记叙性文章的最小描写单位。精湛的细节描写,是塑造真切、生动艺术形象的必不可少的艺术手法。

2. 描写的方法

客观事物是错综复杂的，作为再现客观事物状貌情态的描写方法也是多种多样的，从不同角度，可以划分为不同的描写方法。比如，从描写的疏密程度和风格上划分，可分为白描与细描两种；从描写的角度上分，有直接描写与间接描写；从描写者与描写对象的关系来分，可分为主观描写与客观描写等等。

3. 描写的要求

不论采取何种描写手法，都必须做到：

(1)目的明确。有明确的目的，就是从表达主题、刻化人物、渲染环境气氛出发，而不能随心所欲，为描写而描写。

(2)特点突出。必须抓住最能反映描写对象本质特征的地方，倾注全力加以刻画，去掉一切多余的东西而保留"特征"。突出"特征"，这样才能使被描写的人物或景物个性鲜明，栩栩如生。

(3)形神兼备。所谓形似，就是把描写对象的外部状貌和情态形象逼真地表现出来；所谓神似，就是把这种描写延伸到描写对象的内部深层，揭示其内在的底蕴和神采。

(三)抒情

抒情是抒发和表达作者的感情。它是抒情文体中的主要表达方式，在文学作品中常常作为重要的辅助表达手段。抒情的方法大体有两种，一种是直接抒情，一种是间接抒情。

1. 直接抒情

直接抒情就是人们所说的"直抒胸臆"，即作者直接抒发思想感情。这种抒情，往往借助判断、呼唤等手段直接表达作者的感情体验。其特点是直接袒露、气势奔放、感情炽热，具有强烈的艺术感染力。

2. 间接抒情

间接抒情就是通过叙述、议论或描写的方式进行的抒情。这种抒情比较委婉含蓄，往往从依附于事、依附于理、依附于景三个方面来抒发作者浓烈的感情。

(四)议论

议论是作者对某个议论对象发表见解，以表明自己的观点和态度。它的作用在于使文章鲜明、深刻，具有较强的哲理性和理论深度。也是议论文的最主要形式。

1. 议论的要素

议论的要素有以下三个方面：

(1)论点。又叫观点，是作者对所论述的问题提出的见解和表示的态度。它在整个论证过程中占主导地位，对论据和论证起着限定和制约的作用。论点又分中心论点和分论点两种。

(2)论据。是指用来证实论点的根据。论据有许多类型，其中以事实性论据和理论性论据为主。

(3)论证。是指运用论据证实论点的过程。它的作用主要在于揭示论点和论据之间内在的逻辑联系，使论据很好地为证明论点服务。

在一段完整的议论文中,论点是统帅,回答"证明什么";论据是基础,回答"用什么证明";论证则是沟通此两者之间内在联系的桥梁,回答"怎样证明"。

2. 议论文的种类及要求

议论主要有两类:一类是就问题和事件从正面阐明作者的主张和见解,以立为主,称为立论;一类是驳斥对方的论点,以破为主,称为驳论。立论和驳论常常交织在一起,结合起来使用,只不过在具体议论文中各有所侧重而已。

立论是一种应用比较广泛的议论,在写作中应注意以下几点:

(1)选择有意义的论题。

(2)确立正确、深刻的论点。

(3)使用确凿、充足、具有说服力的论据。

(4)进行富有逻辑性的论证。

(五)说明

说明,即是用简明扼要的文字,把事物的形状、性质、特征、成因、关系、功用等解说清楚的表达方式。它是科学报告、教科书、工农业产品介绍、日常生活用品说明等说明文的主要表达手段。说明的要求应注意以下几方面:

1. 内容必须科学

因为说明一般是用来表达知识性较强的事物或事理。所谓科学性,就是要把客观事物的特征、本质和规律性非常准确地揭示出来,做到概念准确、判断正确、顺序清楚、解说确切。

2. 表述必须明晰

表述明晰主要表现在明晰的顺序上,就是在解说事物或事理时,必须把握住所要说明的问题要点,按照被说明对象本身所固有的规律和特征,有次序地进行说明。

3. 态度必须客观

说明应该符合客观的本来面目,不夸大、不缩小,是就是、非就非。

五、语言

文章是客观事物在人们头脑中能动反映的产物,语言则是思维的直接现实,也即是表达思想、构成文章的物质手段。运用语言的技能技巧和文章的优劣是成正比的。所以说,学好语言又是学习写作的最重要的基本功。

(一)运用语言的基本要求

1. 准确

一篇文章就是一连串词的组合体,用词是否准确,直接关系到全句、全段,甚至全篇的表达。为此,要注意以下几方面:

(1)根据特定的语境,选用最恰当的词语。

(2)善于辨析词义,选用最确切的词。

(3)仔细区别词的感情色彩。

当然,词语只是语言或文章的"建筑材料",要表达一个完整的意思,还必须按照一定的语法规律和意义选用词和词组造句,并做到句子成分完整、词语搭配恰当、遣词造句合乎逻辑等等。

2. 简练

这就是用语精当概括,蕴藉含蓄,做到言简意赅。它要求:

(1)用词精当,做到以少胜多,以一当十。

(2)造句不宜过长,概括力强,上口易记。

(3)意蕴含蓄,耐人寻味。

3. 生动

即要求写文章讲究文采,避免语言干瘪、枯燥、呆板、缺乏美感。

4. 朴实

语言朴实是对文章语言的一个基本要求。朴素无华、明白通畅的语言,具有天然美和纯真美。为此,在写作中要求做到语言规范,质朴而不故意雕琢,自然而不装腔作势,有新意而不说空话、套话。

(二)下苦功夫学习语言

要成为一个写作能手,在语言学习上下一番苦功是必要的。可从以下几个方面努力:一是向人民群众学习语言;二是多读古今中外名篇,以丰富和积累词汇;三是多写多改,加强语言训练。

第二节 应用写作的概念与特点

一、应用写作的概念

应用写作,就是指各种应用文的写作。什么是应用文呢?应用文是机关、团体、企事业单位和人民群众,在日常工作、生产、学习和生活中办理公务和处理私务时所使用的具有实用价值和惯用格式的文体。应用文是应用写作实践活动的产物,是人们相互交往、传递信息、表达思想、解决问题、指导实践的工具。工具性和实用性是应用文的基本属性。应用文用途广、种类多、渊源长。

二、应用写作的特点

应用文具有使用对象确定、目的明确、体例格式较为固定、语言准确规范,能够直接发生效力等特点,一般以议论、说明为主要表达方式并适当兼用叙述。该类文体在写作上应注意以下几点:

(一)内容的真实性

真实性是应用写作的生命。应用写作大多数是“遵命而作”,而不像文艺创作那样“有感而发”,它所要求的真实必须是客观的真实,不允许夸张和虚构。内容失实会给人以误导,传递错误的信息会贻误工作或危害社会。

(二)价值的实用性

应用写作总是根据社会生活的实际需要,为解决某一实际问题,为达到某一具体目的而作,应具有实用价值。

(三)使用的广泛性

应用写作涉及社会生活的各个领域,使用范围非常广泛。无论是办理公务还是处理个人私务,时时处处都离不开应用文。

(四)格式的规范性

为了表达特定的内容,在长期的写作实践中,应用文逐渐形成了约定俗成的规范格式,特别是一些法规类文书,必须按规范的格式写作,而不能另搞一套、各行其是。

(五)强烈的时效性

应用写作必须与现实紧密结合,贴近时代,在一定的时限内完成某一写作任务,才能收到实际效果。否则时过境迁,就不能发挥它的直接作用。

(六)语言的简朴性

应用写作讲究朴实,不求华美,这就要求语言必须简练朴实、明快自然,用简明准确的语言表达特定的内容,不能含糊其辞、模棱两可,以免造成误解。

三、应用写作的思维

客观世界的各种信息进入人的大脑后,经过吸收、消化与加工,形成意识,再用语言文字系统地、有规律地加以表述,就成为文章。作为写作活动重要组成部分的应用写作,其在写作思维上具有自身的要求,这主要表现在以下几个方面:

(一)思维主体上强调群体性

思维主体即作者。文学写作主要取决于作者个体对生活的认识与领悟,可以自由灵活地表达自我思想意识。应用写作则不然,它的思维主体是个体与群体的结合,而以群体思维为主。不仅以组织名义制作的公务文书是这样,就是一些以个人名义撰写的文章,如调查报告、评论等,也必须在与他人的联系和合作中完成,要受思维群体的限制并得到思维群体的认同。

(二)思维方式上突出逻辑性

逻辑思维又称理性思维、抽象思维,在应用写作过程中,它大体分为三个阶段:首先是叙事思维,即对具体事物作客观的符合实际的反映;其次是说理思维,即运用逻辑方法进行分析研究,揭示并把握事物的本质和一般规律;第三是结论思维,即提出解决问题的办法、措施。三个阶段有机结合,使文章从内容到层次安排、遣词造句都具有严密的逻辑性。

(三)思维走势上讲究定向性

应用写作必须依据方针、政策、法律、规章,运用科学的方法来思考问题,所表达的主要是群体意识,思维方向必须与群体的思路相吻合。同时,还必须服从于既定的目标。按实现目标的阶段进行思考并按社会认可的规范形式进行写作,这就决定了其思维走势具有定向性。当然,应用写作也需要运用发散(多向性)思维、逆反思维等思维方法,但起主导作用的仍是定向思维。

(四)思维过程中的敏捷性

客观世界总是不断运动和变化着的。现代社会的高速发展要求写作主体迅速搜集、分析、加工处理信息,及时反映情况,高效率地研究和处理问题,思维的敏捷性就成为写作活动中的必然要求,这也是良好思维方式的体现。

第三节 常见应用文写作

由于应用文种类很多,本节不可能一一介绍,以下选择了几种常见的应用文作简要介绍。

一、法定公文

法定公文简称公文,狭义的公文就是指法定公文而言的。根据中华人民共和国国务院办公厅2000年8月24日发布,自2001年1月1日施行的《国家行政机关公文处理办法》(以下简称《办法》)的要求,现就公文标题制作和正文写作的要点介绍如下。

(一)决定

《办法》规定:"决定"适用于对重要事项或者重大行动作出安排,奖惩有关单位及人员,变更或者撤销下级机关不适当的决定事项。它是一种指挥性的下行文,特点是有权威性和行政约束力,所属范围内的单位和个人都必须认真贯彻执行。

(二)通告

"通告"适用于公布社会各有关方面应当遵守或者周知的事项。通告的使用面较广泛,一般机关、企事业单位乃至临时机构均可使用,但带强制性的通告必须依法发布,其限定范围不能超过发文机关的权限。通告是知照性的下行文。主要特点是:鲜明的告知性、一定的制约性和内容上的专业性(多涉及具体的业务活动或工作)。

按用途通告可分为两大类:一类是事务性(周知性)通告,公布需要周知或需要办理的事项,如《关于加强大桥南路高架桥施工期间交通管理的通告》;另一类是规定性(制约性)通告,用于公布应当遵守的事项,如《北京市人民政府关于禁止燃放烟花爆竹的通告》。

(三)通知

"通知"适用于批转下级机关的公文,转发上级机关和不相隶属机关的公文,传达要求下级机关办理和需要有关单位周知或者执行的事项、任免人员。

通知是一种知照性下行文,它在党政机关、社会团体、企事业单位的公务活动中起着承接上下、联系内外等多方面作用。其主要特点表现在:一是灵活性。在可以直接作为文件制发的各种法定公文中,通知的流向最具灵活性。它既可在上下级之间流通,又可在平行机关或不相隶属的单位之间往来。二是指挥性。通知一般是上级机关因工作需要主动向下级机关发布的公文,有一定的指挥性。三是权威性。通知总是有所要求,有所晓谕,可以发布规章,有一定的权威性。四是时效性。受文单位必须在规定的时间内办理本通知所提事项,不得贻误、拖拉。超过了规定的时间,通知往往自动失效,如会议通知,一旦会议开过,它也就随之失去效力。

(四)通报

"通报"适用于表彰先进,批评错误,传达重要精神或者情况。它是一种知照性下行文。主要特点是具有典型性、倾向性和教育性。典型性是指通报的内容是典型的事件和典型人物,或是具有普遍意义的重要情况,以此来总结经验教训,教育干部群众,指导各方面的工作;倾向性是指通报不仅要把事实清楚地写出来,而且要表明发文机关的态度,如表扬先进、号召学习先进,或是批评错误、告诫人们吸取教训、引以为戒等都要有明确的态度;教育性多指通报起着沟通信息、交流经验、教育干部和群众的激励与警戒作用。

(五)报告

"报告"是一种陈述性的上行文,凡是反映情况、汇报工作,不要求上级机关批复的均用报告。《办法》规定:报告"适用于向上级机关汇报工作,反映情况,答复上级机关的询问"。其具有陈述性、汇报性的特点。

(六)请示

"请示"适用于向上级机关请求指示、批准。凡是本机关无权、无力决定和解决的事项可以向上级请示,而上级则应及时回复。请示是呈请性的上行文,具有呈批性和期复性的特点。

(七)函

"函"适用于不相隶属机关之间商洽工作,询问和答复问题,请求批准和答复审批事项。函属于商洽性平行文,它使用广泛,格式与写作较为简便灵活。函的主要特点有:一是多向性。一般公文只有一个行文方向,而函主要为平行文,送给平行机关和不相隶属的机关。也可以为下行文,发给下级机关,往往带有批复、通知性质。二是多属性与多种语气。函由于发文方向不一,功能各异,因而没有统一的语气。商洽工作用商量的语气;请求对方回答问题用询问的语气;答复对方问题用肯定或否定的语气;请求批准和答复审批事项用请求的语气。

(八)会议纪要

"会议纪要"是一种记录性公文,特点主要表现在三个方面:一是内容的纪实性。要求忠实于会议精神,真实、准确地反映会议内容和成果。二是叙述的概括性。要求围绕会议主旨,在会议记录的基础上进行归纳整理,突出要点与主要精神。三是称谓的规定性。通常在段首采用特定的称呼,如"会议指出"、"会议认为"、"会议要求"、"会议号召"、"与会代表一致同意"等。

二、事务文书

事务文书又称常用文书,是指各类机关团体为处理工作而普遍使用的法定公文之外的文书。事务文书的种类很多,比较常用的有以下几种类型。

(一)计划

"计划"是一种常见的事务文书,是机关、团体、企事业单位或个人预先对一定时期内要做的工作或要完成的任务作出具体的构想和安排的文书。计划是一个泛称概念,常见的如"规划"、"纲要"、"安排"、"打算"、"意见"、"方案"、"要点"、"设想"等。一般说来,时间较长、范围较广、内容较概括的计划称为"纲要"或"规划",内容较单一的计划叫"安排"或"打算",对某项工作从目的、要求、方式方法和进度等方面作出全面而详细的安排宜用"方案"(实施方案),对一个时期工作提出指导原则和总的要求可用"要点",比较粗略的打算或安排宜用"设想"。

计划的特点可以用"三定三性"来概括。"三定"是指计划的计划者、时限和事项均已经确定。"三性"是指计划的预见性、目的性和可行性。

(二)总结

"总结"是本人、本单位或本地区对前一阶段的工作实践进行回顾检查、分析评价,从理论高度概括出经验和教训,用以进一步推动工作的一种结论性文书。

(三)调查报告

"调查报告"是对客观事物进行有目的的调查研究之后,将所得的材料进行分析,并将得出的结论写成书面报告。顾名思义,调查报告具有"调查"和"报告"的双重性,是"调查"与"报告"的有机结合。"调查"是"报告"的基础和依据,"报告"是调查情况的综合体现。因此,撰写调查报告时,应周密的调查、深入的研究、精确的表达是必须把握好的三个环节。

调查报告从内容上划分有:介绍基本情况、推广典型经验、揭露社会问题、反映新生事物、考察历史事实五种。

(四)大事记

"大事记"是按时间顺序记述一个地区、一个机关、一个专题、一个人物或一个历史阶段内发生的重大事件的书面资料。它用文字系统简明扼要地记录和反映一定人物、事件、机构等方面的重要活动和发展变化的历史情况,便于人们从纵向了解国家或某一地区、某一机关、某一人物在一定历史时期内的、一些重大事件的史实及发展过程的脉络。

从目前我国档案馆(室)所编的大事记,概括起来有以下几种:

(1)机关大事记。记载一个机关在一定时期内的重大活动。

(2)国家或地区大事记。记载全国或一个地区在一定时期内的重大活动。

(3)专题大事记。按照专题记载国家、地区或机关一定时期内某方面的重大事件。

(4)人物大事记(年谱)。记载某些重要历史人物的生平重大活动。

从编写方式上讲,大事记主要从大事记述和时间两部分撰写。大事记述是大事记的主要组成部分,通过对许多重大历史事件的记述,反映历史发展的概貌和规律。编写时,要求一方面材料必须真实,且立足于本地区、本系统、本机关所突出的本身活动;另一方面根据本机关的职能活动选择大事、要事,做到要事突出、大事不漏。大事时间也是大事记的主要组成部分。时间记述要求确切,即写明年、月、日,有的甚至写明确切的时、分、秒,并按事件发生的时间先后顺序排列。对历史事件除写明朝代纪元以外,还要注明公元纪年。

三、专用文书

专用文书是指不同的社会行业或部门所各自形成和使用的专门性文书,如财经文书、司法文书等等。每一类专用文书都包含着若干专业文种,如财经文书包括商业广告、经济合同等等。

(一)劳动合同

用人单位与劳动者之间签订的有关劳动权利和义务关系的协议叫劳动合同。劳动合同的写法必须符合国家法律的要求。根据劳动法的规定,用人单位不能招收童工,劳动者必须是达到法定年龄的有劳动能力的人。

劳动合同主要条款应包括:合同期限和试用期限,劳动者的工种、职务和职称,工作时间,劳动报酬、保险和福利待遇,生产和工作条件,教育与培训,政治待遇和劳动纪律,劳动合同的变更和解除,违约责任,双方商定的其他事项。

双方商定的权利和义务必须符合国家的规定。如作为用人单位的甲方必须保证雇工的劳动安全,提供必要的劳动安全条件,不能无故克扣乙方(雇工)的工资等。

(二)借款合同

借款人与贷款人之间达成的借款协议叫借款合同。在书写方法上,合同约定的利息不得高于国家规定的标准,否则构成高利贷,协议无效,法律不予保护。如果要求借款人担保的,要在协议中写明担保的方式、担保的内容和责任,借款数额必须大写。

(三)广告

广告,即"广而告之",是广告主为了某种特定的需要,通过一定形式的媒介物,公开而广泛地向社会传递信息的一种宣传手段。

广告有广义、狭义之分。广义的广告指不以营利为目的的广告,如公益广告。狭义的广告指以营利为目的的广告,即经济广告(商品广告)。它是广告业主以支付价款的形式,委托专业部门,获得或占用某种媒体,有计划地传播商品或劳务信息,以引发大众的购买动机,采取购买行动,促进商品销售,获取经济效益的宣传形式。广告内容必须真实可靠,不可弄虚作假、哗众取宠。

四、日常应用文

(一)介绍信

介绍信是用于介绍本单位有关人员的身份及工作使命,并凭此与其他单位联系工作时使用的一种专用书信。它具有介绍情况、联系双方和证明身份的作用。介绍信的撰写应包括以下几个方面:

1. 标题

直接以文种"介绍信"为标题,居中写在正文上方。

2. 称谓

另起一行顶格写接受介绍信的单位名称。后加冒号。

3. 正文

另起一行空两格写介绍信的内容:被介绍者的姓名、身份、人数,联系的事项、要求与希望,致敬语。

4. 落款

在正文右下方写明出具介绍信的单位名称、日期并加盖公章。

5. 有效期

在致敬语的右下面、日期的左边标明有效期限。

【案例5-1】 介绍信

××师范大学培训部:

兹介绍我校人事处××同志壹人前往你处联系新教师岗前培训事宜,请予接洽并大力协助为盼。

此致

敬礼!

××师范专科学校(章)

(有效期××天) ××××年×月×日

(二)证明(信)

证明(信)是用于证明有关人员的身份、经历、学历,或其他有关事宜的真实性所使用的一种专用书信。证明(信)有三种类型:一是以组织名义所写的证明,用于证明有关人员的身份、经历及有关事实的真相;二是以个人名义所写的证明他人、他事真相的证明信,但需由个人所在单位签署意见,加盖公章,才能起到证明的作用。三是随身携带的证明信,它具有证件的凭证作用,由单位出具、个人随身携带用于执行公务时证明身份,以求得对方或有关单位的协助。证明信的写法应包括以下内容:

1. 标题

直接以文种"证明(信)"为标题,居中写在正文上方。

2. 称谓

另起一行顶格写接受证明信的单位名称,后加冒号(随身携带的证明信,有时无确定的接受单位,可省略)。

3. 正文

另起一行空两格写被证明事项。应针对对方要求写,需要证明什么就写什么。正文结束后提行空两格写惯用语“特此证明”。

4. 落款

文末右下方写出具证明的单位名称或个人姓名、日期并加盖公章。

【案例5-2】 证明(信)

××教育局:

×××,男,籍贯四川省成都市人,1973年6月生。1992年9月入学,在我校外语系英语专业学习,1996年7月毕业,获文学学士学位。毕业证书号××××××,学士学位证书号×××××。

特此证明

××××大学(盖章)

××××年×月×日

(三)申请书

申请书是个人或集体向组织表达愿望,或向有关部门及领导提出某种要求时使用的一种应用文。申请书的使用范围非常广泛,是沟通个人与组织、下级与上级关系的一种重要手段。在书写上应包括以下内容:

1. 标题

有的只写“申请书”三个字,有的则根据申请的内容标明具体名称,如“入党申请书”、“入会申请书”等。

2. 称谓

标题下空一行顶格写接受申请书的组织、部门的名称或有关负责人姓名。

3. 正文

这是申请的主要部分,要写清申请的事项和理由。内容和层次要清楚,要把申请事项、提交申请的原因、目的、意义及自己对该事项的认识、要求写清楚。

4. 结尾

表明希望自己的申请得到批复或答复,如“请领导批准”、“请接受我的申请”等。

5. 落款

申请者、姓名及日期。

(四)求职书

求职书也称自荐书(信),是求职者向用人单位和评审人介绍本人有关情况、表明求职意图、希望对方予以任用的一种书信体文书。在现代社会中,求职已成为一种普遍的社会现象。为更好地展示个人才华、表达个人意愿、谋求实现理想和抱负的机会，充分运用求职书这种必要的中介和工具来实现自己的目的已愈发显得重要和必要。该文书书写包括：

1. 标题

首页上方居中写“求职书”、“自荐书”或“致×××的自我推荐信”，字体略大。

2. 称谓

标题下空一行顶格写收信单位名称或领导人姓名，可加上“尊敬的”一类敬语，以示郑重与尊重。

3. 正文

一般写明以下内容：

(1)开头短语：向对方表示意愿、恳请或致谢、表明求职意图。

(2)基本情况：包括姓名、性别、年龄、政治面貌、学历、职称等。

(3)自荐理由：包括自己的有关经历、业务专长、所获成果、适合从事何种工作等。这部分可根据专长和对方要求做相应的个性发挥，扬长避短，展示自己的实力。

(4)表明态度：可对今后工作作简要构想，表明干好工作的决心与信心，诚恳地表达盼望被录用的心情。

(5)附件：写证明、介绍的材料，如个人简历、专业课程成绩、发表作品、获奖证书、单位、学校、专家的推荐信等。这部分如果已在正文写到，此处可不写。

4. 落款

署求职者姓名、日期。

求职书在介绍情况时既不夸大其词，也不妄自菲薄，介绍自己的真实情况做到既谦虚又自信，对用人单位不可有过多溢美之词，以免引起对方不适。不宜提过高的条件或报酬，要体现出勤奋、踏实、稳重以及有吃苦耐劳的精神或品质，给对方留下良好的印象。

【案例5-3】　求职书

×××总编先生：

您好！

我是×××大学中文系即将毕业的大学生，看到贵刊在《××晚报》上的招聘广告，按捺不住激动的心情，提笔向您总编先生作自我推荐。

我学的是新闻专业，到目前为止，全部学业都已圆满完成，成绩优秀。在上大学期间，我是学校通讯社的主要成员，有过新闻采写的实践经验，并有《×××××》、《××××》两篇报告文学发表在《中国教育报》副刊上。我的毕业论文是《试论新闻采访中的×××》，指导老师已向我校学报推荐发表。大学四年，奠定了我从事新闻工作的理论基础，即将毕业之际，我渴望得到实践锻炼的岗位。

贵刊是一个享有广大读者的读物，编辑部也一定是一个生机勃勃的团体，我非常希望能加盟成为其中一员，我自信我能为贵刊作出贡献，以实现我的人生价值，回报父母和社会。热切地期盼着您的答复，顺附上本人简历、成绩单和发表文章的复印件。

××大学中文系　×××

×年×月×日

（五）聘书

聘书又称聘请书，即聘请他人担任某职务或从事某项工作时使用的一种特殊文书。

聘任制度古已有之。近年来，随着社会发展的需要，聘任制已成为一些单位和部门人事制度的补充手段，聘书的使用频率越来越高，使用范围也日渐扩大。聘书除了表达聘请单位对被聘人员的敬重，加强被聘者的责任感以外，还能起到一种凭据的作用。书写中应包含以下几方面：

1. 标题

第一行正中写“聘书”或“聘请书”字样。

2. 称谓

开头顶格写被聘请者的姓名，有的则在正文中说明。

3. 正文

交代聘请的原因和所聘的工作与职务，有的还要写明具体要求、工作量、待遇、希望和聘期等。正文之末另起一行空两格写“此聘”（特此聘请），以示郑重，也可用祝语结束。

4. 落款

文末右下方写明聘请单位全称及日期并加盖公章。

【案例5－4】 聘　书

为了办好《××××》报，本报决定成立顾问委员会，特聘请×××同志为顾问。敬请经常关心、指导、支持本报的各项工作。

此聘

《×××》编委会

×年×月×日

（六）条据

条据是个人或单位在相互交往中，一方写给另一方的简单的情况说明和凭据，是一种简便的文书。作用有以下四个方面。一是便于查证；二是备忘；三是使对方知情；四是作为凭据，有一定的约束力。按内容性质，条据可分为两类：一是凭证性条据，它具有一定的行政约束或法律效力，如借条、领条、收条、欠条、代收条、代领条等；二是说明性条据，不具有法律效力，如请假条、留言条、便条等。

凭证性条据格式和写法（以借条为例）：

（1）条据第一行正中写“借条”“收条”“领条”一类的字样。

（2）正文开头空两格，直接写内容：对方单位名称或个人姓名，钱、物的数字不可分两行写。

（3）结尾。正文写完，另起一行空两格写“此据”二字。再在条据右下方签署单位名称或立据人的姓名，并加盖公章或按右手食指（拇指）指纹印，然后在署名下写明年月日。

值得提出的有以下四点：一是不得用铅笔或圆珠笔等不易保留原件的笔、墨水写字，字迹要工整，不得涂改，如有涂改，则必须在涂改处加盖印章（或打指模）；二是署名要亲笔写真实姓名,重要凭证条据,还要设证明人,证明人也要亲笔署真实姓名,凭证条据上的改名(包括证明人)之后,也要加盖印章(或打指模);三是无论哪种条据,都必须一纸一条;四是还借(欠)款时,借方同时从收方拿回借(欠)条,核对后销毁。

【案例5-5】 借 条

今借到明光电机厂财务科人民币伍仟元整,作搬家装修房屋用。借期五个月,到时一次还清。

此据

借款人:×××(盖章)

×年×月×日

【案例5-6】 请假条

×老师:

本人因单位进行公共卫生防疫大检查,暂不能脱岗学习,特请假三天,望批准。

附:单位证明

学生:×××

×年×月×日×时

值得注意的是,这种说明性条据的时间最好写明月、日、时。有些人喜欢写"即日",它的不足之处,就是指代不明,不能说明确切的时间。

(七)演讲稿

演讲稿又称演说词,凡是在集会上就某个问题对听众说明事理、发表见解和主张的讲话文稿统称为演讲稿。演讲是讲演者在特定的时间和空间以口语和体态语向听众传播信息的活动。在信息传播方式以口语为主的时期,演讲起到了及时传播新思想、新观念、新知识的重要作用。当今,尽管现代信息传播手段已大为丰富和先进,演讲仍以它独特的语言魅力、立体的综合表达手段以及面对面地交流思想感情的方式而受到人们的欢迎和重视。

演讲是一门艺术,应力求内容条理清楚、中心突出、逻辑严密、富有感染力。演讲稿除了突出口头艺术要求以外,还起到"备忘"功能,帮助演讲者熟悉演讲内容,以便消除演说时的紧张心理。另外,还可以依据演讲稿的篇幅计算演讲时间,使演讲者能有计划地在短时间内充分表达演讲内容。同时,巧妙的构思、恰当的遣词造句也有提高演讲者思维能力和表达能力的作用。

1. 演讲稿的类型

演讲稿的分类名目繁多,常见的有以下几种:按演讲的表达方式可分为叙述型演讲稿、议论型演讲稿、抒情性演讲稿、说明型演讲稿;按演讲内容的详略可分为提纲式演讲稿和文章式演讲稿;按演讲的场所可分为会议演讲稿、宴会演讲稿、战地演讲稿、广播电视演讲稿、法庭演讲稿等;按演讲的内容可分为政治演讲稿、经济演讲稿、文化演讲稿、社会生活演讲稿、科技教育演讲稿等;按演讲的主体可分为组织型演讲稿和个人型演讲稿。

2. 演讲稿的特点

演讲稿是演说类文体的一个品类，具有演说类文体的社会性、现实性、艺术性、通俗性、鼓动性与号召性等共性，但相对于其他演说文体而言又具有以下个性。

(1)演说主体更广泛。演讲稿的演说者可以不受限制，而其他演说文体(如闭幕词)的演说主体相对狭小，多系领导者或主要负责人。

(2)演说的内容更加丰富多样。可涉及古今中外的各种题材内容。

(3)演说的场合、听众、时间有所不同。演讲稿的使用场所不受限制，教室、礼堂、战地、电台、山坡上都能进行，听众也很广泛；演讲的时间可自由选定，可以在事件的开始前，也可以在事件的进行中或结束后。

3. 演讲稿的写法

演讲稿的结构主要包括标题、开头、主体、结尾。

(1)标题。常见的是以演讲的主旨为题，通常以一判断句表达，如《写作是构建现代文明重要素质》；有的点明演讲内容，如《国家、民族与正气》。此外，还可用其他各种形式的标题。即兴演讲可不拟标题。

(2)开头。要求开门见山，引人入胜。精明的演讲者都会在开头的写作上花大力气。有的演说者为了给人一种出其不意的、立体的、身临其境的感受，甚至一开头就亮出实物让听众观赏，辅以语言解说，从而收到“先声夺人”的效果。

(3)主体。主体是正文的核心部分。这一部分必须围绕开头提出的问题或观点展开论述。有理论依据，有典型事例，有逻辑推理；多取夹叙夹议的方法，在陈述事例与严密的逻辑分析中表达观点。例如，周恩来的讲演——《学习毛泽东》，对毛泽东怎样从一个平凡的农村孩子，锻炼成一个伟大的马克思主义者作了科学说明和评价。开始主要从三个方面进行讲说：一是“他”小时候也是信迷信的；二是“他”是读古书的；三是“他”认识事物是由片面性到全面性的。三个方面充分说明毛泽东是“人”而不是“神”。

(4)结尾。为了使听众对演讲的内容有一个完整深刻的印象，结尾时，须把主要内容加以概括总结，以升华主题。并通过发号召，提希望，或以幽默风趣的语言强调所讲问题的重要性来促进主题的深化。此外，还应注意首尾照应，使全文结构浑然一体。

4. 演讲稿的写作要求

(1)要有针对性，选题要贴近听众。演讲稿写作的目的是为了让听众更好地接受演说者的思想观点。为达到这一目的，演讲稿的写作首先就应该把听众放在中心位置，针对听众的心理、愿望和要求，分析听众的思想水平，了解听众对文化状况和职业特征，选取能引起共鸣的内容和题目。

(2)主旨要鲜明，选材要精当。主旨鲜明是指一篇演讲稿要有一个明确的中心，即明确的主张和观点，并围绕这个中心展开说理论证，给听众一个深刻的印象。鲜明的主旨离不开生动、典型的材料来表达，如果仅是空洞无物的说教，缺乏生动有力的例证，演讲绝对达不到预期的效果。由于演讲的字句在听众的耳际稍纵即逝，如选用典型连贯的让听众易记易懂的事例组合,就可以强化演讲的效果。

(3)重视结构安排,巧用表达手段。演讲稿的结构应首尾相合,前后贯通,思路清晰,表达明快,且有起伏、有悬念、有张有弛,才能达到深化演说主题、吸引听众注意力的目的。清晰的结构是连接演讲内容的必要手段,也是撰写演讲稿时应该加以注意的。要充分运用有声语言的特点,树立明显的有声语言标志作用于听众的听觉,如使用设问句、反问句、强调、排比、反复、过渡句、过渡词等表达手段增强演讲效果。

(4)语言要通俗、生动、形象。演讲稿必须借助有声语言来表达。这种语言近于口语,又比口语规范、严谨,但必须具备口语的基本特征即通俗、生动、形象。通俗,语言要上口入耳,平实朴素;生动、形象,指用新鲜、动人的具体事例和幽默风趣的语言把主题表现出来。板着面孔说话、咬文嚼字或着意堆砌华丽的辞藻、不恰当地过多使用形容词都会令听众生厌。

第四节 科技论文写作

论文写作是一个不断学习、思考、探索的过程。现代各门学科涉及面较广,边缘学科相互交叉,不同的学科以及同一个学科的不同课题,在表现形式上又有各自的特殊要求。要写好一篇学术论文,不是轻而易举的事情,不仅需要作者熟练掌握专业知识和写作技巧,而且要掌握有价值的值得发表的研究成果,并对这种成果经过科学论证,去伪存真、去粗取精,按照论文规范格式撰写成文,达到结构严谨、言简意赅、语言流畅、层次分明,具有较高的学术价值。现就论文写作的基本程序和结构等作一简要介绍。

一、写作的基本程序

论文属于议论文范畴,即运用概念、判断、推理的方法,剖析事物、论述事理、发表意见、表明观点、提出主张的一种文体。其写作的基本程序可以分为三步。

(一)准备阶段

在写作前应有充分的准备,不打无准备之仗。作者在长期的学习与实践中应注意收集信息、积累资料,获得第一手材料并进行综合分析。在此基础上拟定一个写作提纲,此为第一步。

写作提纲就像建房设计的蓝图,从蓝图可以看到“房子”的样子,即内容是否对题,观点是否正确,论述是否深刻,材料是否可靠,结构是否完整,布局是否合理等均可以在提纲中反映出来。编写提纲的过程,实际上是提炼、分析、综合材料的过程,是构思的过程。提纲拟订好了,写作时就会胸有全局,有所依据、顺理成章。因此,有人说“提纲拟好了就等于文章完成了一半”,可见拟写提纲的重要性。

拟订一个好的提纲一般应注意以下几点:

1. 避免贪大求全、面面俱到

提纲的范围也不宜太小,太小了会走进“死胡同”,难以发展。提纲的大小必须量力而行,应根据自己的水平、占有的材料、分析问题与解决问题的能力以及实际需要而定。

2. 立意要新

文章切忌炒“剩饭”,要力求出“新”。所谓“新”是指“观点新”、“角度新”、“材料新”或“表现手法新”。“出新”是提高质量的重要所在。

3. 开掘要深

一是抓住一点生发开去,抓重点以深入其本质,从多方面把它说透,这是挖深的切实可行的办法;二是结合工作做专题研究,深入研究问题,即能促进工作又有利于写好文章,做到一举两得。

4. 结构要严谨

结构严谨需要做到以下三点:一是合乎逻辑。正确反映客观事物的发展规律与内在联系,按照主题的需要把选好的材料分类,进行科学组织安排,把文章的中心论点和分论点罗列清楚,以做到论点鲜明、论据充分、论证富有逻辑性。同时还须写出主要论据和论证的步骤。二是层次清晰。即做到条理清楚,段落分明,前后呼应,这也是拟订提纲起码的要求。三是合乎文体的特点。不同的文体有不同的结构特点,必须遵循。

论文的基本结构包括绪论、本论、结论三部分。绪论:提出问题,或提出中心论点,或提示敌论,提示全文论述或批驳的范围;本论:即展开论题、论述的核心部分,为论文的主体。这部分提纲要拟细且扎实,应将论点、论据、论证方法简明地写出来;结论:这是收尾部分,说明论证的结果,应与绪论提出的问题或观点相呼应。

5. 文字要简练

既然是写提纲,就应用准确、精炼、畅达的语言提纲挈领地把内容表达出来,使人一目了然。对提纲的文字,要强调“少而精”。重要部分要有次序语,做到举纲张目。总之,编写提纲至关重要,必须根据上述要求反复修改,才能起到“磨刀不误砍柴工”的作用。

(二)撰写阶段

在拟订好写作提纲的基础上,就应进入第二步,即文稿撰写阶段,这是文稿(论文)形成的关键阶段。作者应精神饱满、集中精力,最好一气呵成。

在这个过程中重要的是抓住论点、论据、论证三要素并加以展开。论点是作者在文中表现的主张或观点,即要想解决什么问题;论据是作者用来证明论点的事实和理由,即用什么样的材料或事实证明或解决问题;论证是作者怎样来揭示论据与论点之间的逻辑关系,运用论据证明论点的正确性过程和方法,即怎样说明问题。这三者应紧密相连,构成一个完整的论证过程,这是撰写中的主体。

1. 论点的要求

一篇论文中提出的论点必须做到“六要六不要”。一要正确性,不要错误片面;二要态度明确,不要模棱两可;三要抓住实质,不要泛泛而谈;四要有的放矢,不要四面出击;五要从自己熟悉的角度入手确立论点，不要写自己生疏和不懂的问题；六要有新意，不要人云亦云。

2. 论据的选择

论点是要靠论据来说明的，论据是论点的立足点。确立论点之后，紧接着就应严格选择论据，以使写作上达到言之有据，令人信服之目的。

论据一般分为两种：一是理论论据，如反映客观事物的本质和规律的定义、科学原理、法则、已被证明的公理、定理以及有关方针、政策等等；二是事实论据，它包括有代表性的人证、物证、典型事例、历史资料（经验）、现行事实和统计数字、图像等。

选择论据的要求：其一，注意论据与论点的一致性。论点与论据的关系是证明与被证明的关系，只有紧扣论点选择论据，做到材料与观点高度统一，才可根据论据必然推出论点，从而使论据有力地证明论点。其二，注意论据的可靠性。论点要靠论据去证明，只有真实可靠的论据，才能使论点站得住脚，经得起推敲。因此，对论据必须反复核实，一再鉴别，做到毫厘不爽。其三，注意论据的典型性。论据多不等于理由充足；论据少，也不等于理由不充足，关键在于论据是否典型。所谓典型，是指能深刻揭示事物本质且有代表性的材料。它不是偶然的个别的现象，而是能反映事物发展的本质和规律性材料（如一篇反映结核病诊断方面的论文，典型的论据是在诊断上必须有结核菌感染的事实）。其四，注意论据的充分性。所谓"充分"是指论据材料能充分证明论点。写驳论文如果论据材料不充分，就会使文章干瘪空泛，言之无物，没有力量，无法收到令人信服的效果。因此，我们在写作中，应从复杂的事物或现象中，从与论点有关的大量材料中选取全面、能充分证明论点的材料，而不能以个别例子为满足，个别的例子是无法证明论点的。只有运用了全面的、充分反映事物本质的材料，才能言之成理，持之有故，鲜明地论点才能树立起来。

3. 论证的组织

在确定论点和选好论据之后，紧接着应考虑如何严密地组织论证，以便写出来的文章有理、有据、有说服力。从写作而言，论证的方法有多种多样，但主要的方法有以下几种：

（1）归纳法。该法是通过一些个别的事例，归纳它们的共同属性，综合它们的共同本质，得出一个带有普遍性的论点。例如毛泽东同志在《学习和时局》中论述某一些东西，"如果没有自觉性，那它们就会成为负担或包袱"时，曾这样写照：

> 犯过错误，可以使人觉得自己反正是犯了错误的，从此萎靡不振；未犯过错误，也可以使人觉得自己是未犯过错误的，从此骄傲起来。工作无成绩，可以使人悲观丧气；工作有成绩，又可以使人趾高气扬。……各种业务专长，都可以成为高傲自大轻视旁人的资本。甚至年龄也可以成为骄傲的工具，青年人可以因为自己的聪明能干而看不起老年人，老年人又可以因为自己富有经验而看不起青年人。

通过这些事实的共同特点，就可自然地归纳出对一些东西"如果没有自觉性，那它们就会成为负担或包袱"这一论点。

（2）例证法。选择个别典型的代表性的事例，来论证某一论点的方法叫做例证法。例如，生物学家们在研究染色质中核酸成分问题时，就以例证法来证明 DNA 的四个硷基的含量是不相等的，且认为它是遗传的物质基础。

1919年美国生物学家列文提出：任何核酸都是由等当量的四种核苷酸连接而成，不同的核酸之间有微小的差别，它显然不可能携带丰富的遗传信息。而蛋白质中有20种氨基酸，有多种多样的排列方式。因此，人们曾一度认为染色体中携带遗传信息的成分是蛋白质而不是核酸。1952年美籍奥地利生物化学家查伽夫用先进的分析法测量了DNA的四种碱基含量，得出四种碱基含量是不等的，G+A=C+T，G=C，A=T，以事实否定了列文的模型。并在此基础上，后来赫尔希等人又采用同位素示踪原子法，进行噬菌体感染细胞的研究，证明了DNA是遗传的物质基础。

上述两个事例十分典型，它雄辩地证明了DNA的四种碱基的含量不等和其在遗传学上的意义。

(3)演绎法。引用一些经典著作的原话，或者是用公认的众所周知的科学原理与定律推断出一个新论点的论证方法就叫演绎法。它是从一般到个别的论证方法。例如，科学家在阐述宇宙演化的大爆炸模型时写道：

科学的宇宙学是从牛顿开始的，而开创现代宇宙学的先驱者是爱因斯坦。现代宇宙学研究是以直接或间接观测到的整个天区上的大尺度特征为基础的，它的最重要的成果是由星系光谱红移，微波背景辐射和轻元素丰度三大观测实验支持的大爆炸宇宙模型。大爆炸宇宙模型的理论基础是广义相对论和粒子物理学，前者用来解释宇宙的膨胀，后者用来说明大爆炸之后由热到冷，由密到稀的演化过程中元素和天体的生成。

爱因斯坦的相对论和粒子物理学无疑是物理学中的经典学说，用它们去推论和解释大爆炸宇宙模型不仅是新论点，而且也是十分有说服力的。

(4)类比法。把两种相同或相似的事物放在一起进行比较，从而得出与之有关的结论，这种方法叫类比法，它是从特殊到特殊的论证方法。例如著名流行病学家苏德隆教授在《病因推论》一文中阐述疾病与病因的相互关系时，曾这样写道：

……病因必须与疾病在地理分布上呈高度一致性，病因消除疾病发生应该是停止的……

(5)反证法。为了证明一个论点，先从反面假设入手，论证它的荒谬，从而间接证明所立的论点正确，叫反证法。例如毛泽东同志在《关心群众、注意工作方法》一文中，为了说明“真正的铜墙铁壁是群众”这一论点，先摆出反面论点：“国民党现在实行他们的堡垒政策，大筑其乌龟壳，以为这是他们的铜墙铁壁”。然后用几千年的历史事实证明国民党反动派堡垒政策的错误，从而从反面有力地论证了“真正的铜墙铁壁”是群众，是千百万真心实意地拥护革命的群众这一论点的正确性。

上述分别介绍了五种常用的论证方法，其实在写作实践中，它往往交错使用，这样即可使论证充分又能使论证富于变化。因此，我们在写作时应根据具体情况自由选择或灵活应用。

（三）修改定稿

论文初稿撰写出来后，并不能说已大功告成，需要反复修改和润色，即使是一位很有写作经验的人，也不可能一笔构成锦绣文章，一般至少应修改三次甚至更多，方可定稿。在这个过程中应注意以下几个方面：

1. 将全文的形式与内容同写作提纲进行对照比较

因为人的思维活动是不断变化的，在撰写过程中有可能超出或者改变原提纲的一些内容或要求。比较就能做到胸中有数，明白利弊或得失。

2. 大力删减、消除重复、填补漏洞

初稿出来有可能显得冗长或松散，误笔和漏笔等。一般来说，对后者作者较容易发现，也容易纠正，但对前者就不那么容易，这是因为作者往往存在一种偏袒情感，因为撰写出来的东西是自己辛勤劳动的结果，难以“割舍”，以致自己看不出什么毛病，自我感觉良好，特别是写作新手，比较重视修改中的填补，而忽视删减，从而使文章越改越长。克服这个毛病的最好办法是征求他人的意见，请他人审改；当然，也可采用另一个办法，即将完成的初稿放一段时间，使自己写作激情冷却之后，再来修改，这时就比较容易看出问题。

3. 最后敲定

即对修改完毕的文章作最后梳理，如内容是否准确无误、结构是否合理、措辞是否严谨规范，数据、图表、单位、标点是否符合标准化或国际规定、朗读是否流畅等等。总之，应做到精雕细刻，一丝不苟，尽量避免差错，力求完善。

二、写作结构

论文虽有惯用的格式，并没有法定的统一。当然，采用富有创造性的论文格式也是可以的，不过要强调的是格式应新颖，应有利于科学内容的充分表达，且形式完美。“结构”是指论文内容的组合及编排形式，即层次、章节的排列，开头、结尾的处理，内容详略繁简的配置，行文起承转合、伏应断续的处理等。结构也是表现内容的外在形式，论文常用的结构由以下几部分组成。

1. 题目

题目即文章的文题，它是认识全文的“窗口”，并为提供文献检索的标志。命题原则上应做到：精炼、准确、新颖、醒目；题义不可过大，名实相符；字数不要过多，一般不超出 20 个汉字，如包括副标题在内也不得超过两行。副标题是指除正标题外，用以突出某一方面内容的一种形式。例如：《完善社会保障制度、建立符合中国国情的老年保障体系——加强对老年人合法权益的维护》，正、副标题可用大小不同型号的字体或破折号区别开来。

此外，命题即不能为吸引读者而哗众取宠，又不能平庸无味。一般命题应概括文章最主要的事实、突出作者所强调的思想、内容、方法等。若为科技论文，应概括研究对象、方法和效果三个主要内涵。有时一篇论文可以同时拟订几个不同的题目，再经反复提炼，比较和修改，最后确定一个最佳题目也是常见的做法。

2. 作者

作者是指参与论文内容创始构思、方案设计、资料收集、分析整理、撰写文稿或校对等工作的均称为论文作者。作者不仅对论文内容负有责任，而且在法律上享有版权。凡符合条件作者并无限制。值得一提的是，目前有些出版部门规定署名前三位作者，在排序上根据作者对论文贡献大小而排列位次。此外，对论文进行过指导，或对收集资料、协助写作、绘制图表、提供照片等有过帮助的其他人，在文后载明致谢即可。

3. 内容提要或摘要(可分为中、外文多种语言写作)

内容提要或摘要即将论文研究的主题、对象与方法、主要成果、结论及其意义作出准确、简明扼要地介绍，它即是论文内容的高度浓缩，又是文章的关键部分。另外，在摘要的下方列出论文中的 3 ~5 个关键词，即论文的主题词，以便检索需要。

4. 引言

引言，或称为导言，这是写在正文前头的一段短文，故也称为前言，有时可以不列出标目。引言说明全文的宗旨，有关研究的历史背景和现状，目前存在主要问题，以及选题的依据和价值，作者所要研究或解决的问题，期望达到的目的。引言贵在“开门见山”，引人入胜，文字尽量简短。

5. 研究材料(对象)与方法

研究材料(对象)的方法主要说明提供论文的科学依据及基本过程，如研究或调查对象(材料)的特点、数量及有关要求、研究基线、方案设计、分组方法，试验措施、衡量指标，评价结果的标准、资料的统计分析方法，可能发生的偏倚(误差)及其防控办法。如果是实验研究，则应阐明实验项目与原理、仪器、试剂、条件、技术标化方法、容许误差的范围等。

6. 结果分析

结果分析是论文的主要组成部分(论据)，研究观察结果应客观如实的反映，不要夹杂自己的主观认识，取得的数据，通过统计图表或照片结合文字进行表述。具体的要求是：指标明确、数据完整、图表规范、内容详实、文字扼要。引用数据应属说明内容所需的。统计图表与文字叙述要配合恰当，用少量文字可以说明的数据或文字叙述较图表更能说明问题时，不必多列图表。并注意不可将原始表格或整理表格当作分析表格列入论文中。

在统计推论中所得结果有统计学意义，只是对研究事物存在或发生的概率大小作出推断，而究竟有无实际(践)意义，统计学本身不能回答。因此，在判断结果时，必须在排除各种偏倚的情况下结合专业知识加以评价。

7. 讨论

讨论是针对研究结果中一些关键性的和原则性的问题加以论述。内容要点应包括以下几方面：

(1)论文作者对研究结果的理论探讨。

(2)在研究中所采用的新方法，新标准的可靠性及其依据如何。

(3)本研究结果与国内外有关资料比较，有独到之处。

(4)该结论对实际工作或丰富科学知识有什么指导意义和创新意义。

(5)指出本研究过程中存在的缺点或弊端,并提出今后改进的方法与设想。

讨论部分最能反映出作者的分析水平和精辟见解,以及论文的科学性与思想性;作者应该做到实事求是,在阐述自我见解时尤其要谨慎,可持适当的保留态度,不可过早、过高地肯定或否定一切。有关别人的结论,文中只可作概括性引证或比较,不宜过多。

8. 结论

结论即论文总结、概括全篇的收束部分。其内容不是本论的简单复述,而是更进一步更深一层的认识。它包括对结论适用范围的说明;研究成果的意义交代等。结论的写作须用肯定语气和准确可靠的数字,要把科学事实与假设严格区分开来。结论是写作摘要的重要依据(不等于摘要),对从事文献资料研究者具有重要意义。结论的写作结构可以采用条文式表达。

9. 文献引用和参考目录的注入格式

凡作者在撰写的论文中引用的文献必须是亲自阅读过的,不可转抄目录,以免"人云亦云",以讹传讹的错误。选录参考文献时,应选主要的,有针对性、代表性和时代性的文献,数量不宜过多;但硕士或博士研究生学位论文的参考目录不可太少,一般认为硕士在 100～150 种,博士的一般在 150～200 种,并要求另辟文献综述专栏,文献的引用一般放在引言、研究方法、讨论之中。参考文献的编号,按照文中先后引用再现的次序,用阿拉伯数字加以"〔 〕"于右上角码注明。另,按文献引用顺序和目录缮写而载明于全文末尾,其注入格式未完全统一,但医学期刊参考文献缮写格式提出了统一要求——温哥华格式,当前,国内外主要医学期刊都已采用,该格式如下。

期刊目录:

序号　作者(多位作者时录用前三位姓名,名字之间加逗号,其余加个"等"字以示明). 文题. 刊名,年份;卷(期):起——止页

书籍目录:

序号　作者. 书名. 卷(册). 版次. 出版地. 出版者. 年份;起——止页

10. 致谢

这是论文作者用来对其研究工作和在其论文形成过程中给予过帮助的有关单位或人员的一种书面致谢文字。该段文字一般附在论文的最后。语言撰写要做到热情、简朴、情感真挚,不可言过其实,读后给人亲切、真实、自然的感受。

三、论文写作中注意的几个问题

如前所述写作是一门综合性强,牵涉面广的工作,我们除掌握上述一些基本知识外,在写作中,尤其是论文写作还应注意以下几个问题。

(一)写作中用词、术语、缩写、简化字做到规范化

词是可以独立运用的最小的语言单位,词汇则是一种语言里所有的词和固定词组的总汇。任何文章都是由语言组成,写文章时用词规范和准确是最基本的要求。但在实践中往

往容易疏忽,以致不通顺或出现病句屡见不鲜。例如,某医学杂志发表的一篇论文,其中有一段话是这样写的:

"……由于 AMS 采用 26 种生化反应指标进行微机处理,能对结果进行自动读数和解释,减少了人为误差……"。

结合专业和语言学知识分析,其存的毛病有三个方面:一是重复累赘,因为 AMS 为"自动微生物诊断鉴别系统",本身就能够自动读数和解释;二是表述不清,该分节的句子未分;三是用词不妥,不是"减少",而是"避免"。现将该句子进行重新整理,从而使语句即规范、通顺又简练。

"AMS 采用了 26 种生化指标,所得结果通过微机处理,从而避免了人为错误"。

在论文写作中由于各专业不同,各自均有许多专门的术语和缩写,也需要特别注意,如在阐述某病病因学研究时,应注意"病因"、"危险因素"、"暴露因素"这三个术语的不同含义和区别,切不可掉以轻心、混为一谈。"病因"是指疾病发生的必要的特异性的原因;"危险因素",则指使人群发病概率增加的因素;"暴露因素"是指曾经接触过的某种研究因素或具备某特征。

另外,在不少论文中常常要用到一些缩写,尤其是英文缩写,一般在文章中第一次出现时,应注明全称,例如,"AFC",应注明:"Automatic Frequency Control , AFC",或中文注明:"自动频率控制";又如,"IAMAP"应注明:"International Association of Meteorology and Atmospheric Physics, IAMAP",或中文注明:"国际气象和大气物理协会"。在此基础上,第二次出现同一个内容时才可用缩写。

在汉字的简化使用方面,任何一位作者都不可随心所欲。应该以 1964 年 5 月汇编出版的《简化字总表》为标准。如"道路"不可写成"辺路","意思"不可写成"心思"。同时,还应避免别字,如疖子的"疖"不可错写成"痚","延聘"的"延"字不可错写成"延";"贰"元的"贰"不可错写成"弍"。在语句中还要力求避免出现错别字,如"受益匪浅"不可写成"受益非浅";"蛋白质"不可写成"旦白质";"黏膜"不可写成"粘膜"等等。值得一提的是,有时使用别字还可以造成整个词句意思的完全改变,又如"元旦"若用别字则可写成"圆蛋",两者有天壤之别。凡此种种作者在写作时应予高度重视。

(二)标点符号使用力求正确无误

标点符号能帮助作者正确地运用文字,精密地记录语言(标示句子的语气、停顿、结构等),以提高语言的表达能力。它是现代书面语言的有机组成部分,是书面语言的辅助工具,绝不可轻视。1951 年,中央人民政府出版总署公布的《标点符号用法》,1990 年经过修订,现行使用的标点符号共有 16 种。在此,作一简单介绍。

1. **句号**(。):表示陈述句末尾的停顿(在某些祈使句中也可使用)。句号的另一种形式为小圆点(.),多在科技文献中使用。

2. 问号(?):表示疑问句末尾的停顿。

3. 叹号(!):表示感叹句末尾的停顿。

4. 逗号(,):表示句子内部的一般停顿。

5. 顿号(、):表示句子内部并列词语之间的停顿。

6. 分号(;):表示复句内部并列句之间的停顿。

7. 冒号(:):表示提示性话语之后停顿,用来提起下文。

8. 引号(“”):表明行文中直接引用的话,还可用来标明需要着重论述的对象或具有特殊含义的词语。引号还包括单引号(‘ ’)。

9. 括号(( )):标明文中注释性的话。此外,还有方括号([ ])、角括号(〔 〕)等几种。

10. 破折号(——):标明行文中解释说明的语句。它与括号不同,破折号引出的是解释说明正文的一部分。括号里的解释说明不是正文。破折号还可以表示话题的突然转变。如,“今天好热啊!——您什么时候离开南昌?”或表示声音的延长,如,“呜——火车开动了”。还可以表示事项的列举与分承。如,根据研究对象的不同,医学分为以下三类:——基础医学;——临床医学;——预防医学。

11. 省略号(……):标明文中省略的话或表示说话的断断续续。在中文写作中,省略号用六个小圆点表示,在英文中用三个小圆点表示即可。

12. 着重号(.):表示要求读者特别注重的字、词、句。

13. 连接号(—):表示把意义密切相关的词语连成一个整体,连接号还有一种波浪式(~),一般用来连接相关数字。

14. 间隔号(·):表示外国人或某些少数民族人名内部各部分的分界。如,列奥纳多·达·芬奇,爱新觉罗·努尔哈赤。间隔号还可以用来表示书名与篇(章、卷)各之间的分界,如,三国志·蜀志·诸葛亮传。

15. 书名号(《 》):表明书名、篇名、报刊名等。

16. 专名号(_):表示人名、地名、朝代名。如,<u>司马相如</u>者,<u>汉蜀郡成都</u>人也,字号<u>长卿</u>。

(三)序号、数据、图表应讲究规则,整洁美观

在文稿中各级标题的顺序与写法,要注意层次、讲究规则,图表力求整洁美观,给读者一种条理、层次和美感。

序号的一般表示规则是:一、(一)、1、(1)、①(使用到⑧层序号时,写作时不必分段和分行);或1、1.1、1.1.1……;2、2.1、2.1.2、2.1.2.1,序号一般不要超出四级,以免文章层次复杂且显松散。

文中数据、图表或照片的表示可参考相关书籍(在此从略)。

(四)校对符号做到正确运用

校对符号是用来标明排版上某种错误的记号,是约定俗成的。文稿排版上的错误是多种多样的,根据不同情况(错误)规定了不同的符号,我们在校对出某种错误时,应正确地画上某种符号作标注,目前常用的校正符号可参考编辑手册等。

第六章　文学鉴赏

文学作为一种语言艺术，反映了人们的社会生活。它往往随着时代的变化而变化，随着人类历史的发展而发展。许多优秀的文学作总会历久弥新，展示出强大的艺术生命力，为什么如此？因为，文学乃人学，它以多种形式和表现手法、不容割断的情理联系着人的生命本源，给我们以真、善、美的追求和人生启示。的确，文学具有展示讴歌美好、抨击邪恶、陶冶情操、净化心灵的重要功能；同时，它对了解历史变迁、风土人情等也有重要意义。文学始终以其撼人心魄的艺术魅力吸引着广泛读者，更是不争的事实。我们该怎样从文学作品中吸取更多更好的精神食粮呢？本章就文学鉴赏的概念、意义，各种文学体裁的鉴赏以及如何提高鉴赏水平等几方面作简要介绍。

第一节　文学基本知识

一、文学的一般概念与特点

文学的概念甚广，凡以语言文字为工具，形象化地反映客观现实的艺术均可称之为文学，它包括了戏剧、诗歌、小说、散文等。

（一）戏剧

戏剧是指通过演员表演故事来反映社会生活中的各种冲突的艺术，是以表演艺术为中心的文学、音乐、舞蹈等艺术的综合。戏剧文学特点主要体现在语言富有高度的表现力、矛盾冲突具有尖锐性。如世界戏剧大师莎士比亚的名作《哈姆雷特》，在这部剧中，为惩除邪恶，维护正义，以哈姆雷特王子为主要人物所展开的那跌宕起伏、扣人心弦的尖锐矛盾冲突贯穿全剧，给观众以强烈的艺术感染力，淋漓尽致地表现了话剧艺术的特点，令人折服。

（二）诗歌

诗歌，泛指各种体裁的诗，是一种通过有节奏、韵律的语言反映生活、抒发情感的一种文学形式。它的主要特点在于形象的高度概括性、描写的跳跃性、语言具有节奏性与韵律感。有人把文喻之为“饭”，而把诗喻之为“酒”。酒和饭虽然都是米所造，但米的精华在酒、饭之中的凝聚程度是不同的。诗和文的形象同样反映生活，但诗歌形象具有更高的概括性。诗歌因为用极少的字句来抒情写景，所以它只能选择最有象征性的景象，加以勾勒，以此表现一种意境，反映广阔的人生，如元稹的五绝《行宫》：

寥落古行宫，宫花寂寞红。
白头宫女在，闲坐说玄宗。

短短四句话，二十个字，写的虽是古行宫一角之景象，却概括出了人世沧桑的变化，表达了宫女的无限伤感之情。

（三）小说

小说，一种叙事性的文学体裁。通过人物的塑造和情节、环境的描写来概括地表现社会生活的矛盾。小说可分为长篇、中篇和短篇三种。小说的主要特点是塑造人物形象方法的多样性和描写现实视角的多变性。恩格斯在与友人论及小说艺术时曾说，人物的性格不仅表现在他做什么，而且表现在他怎样做。正是这个“怎样做”，才鲜明地区分出不同人物千差万别的不同个性。比如《水浒》中“鲁智深拳打镇关西”，“武松醉打蒋门神”，他们同样都是反映“打”，但打的方式各不一样：鲁智深是以提辖的身份，找上门打，故意寻衅，三拳把镇关西打死；武松则是借酒三分醉，引诱蒋门神出洞，将他制服。两人同是仗义行事，但前者以威慑人，痛快淋漓；后者则思虑甚细，既教训了蒋门神，收回了快活林，又不因此累及施恩，显得智勇过人。这样，鲁智深和武松都有了鲜明的个性色彩，形象自然生动。

（四）散文

散文是指不讲究韵律的文章，是除诗歌、戏剧、小说外的文学作品，包括了杂文、随笔、特写等形式。散文的主要特点是“形散神聚”，取材广泛，抒写随意。散文用的素材范围可以是古今中外、天南海北，结构上灵活多变，不拘一格，从而表现出“形散”；所谓“神聚”，指的是立意深远，主题集中。总之，既撒得开又收得拢。如杨朔的《茶花赋》，从赤子怀念祖国起笔，写了西山的梅花、玉兰花、迎春花、黑龙潭的茶花，翠湖的老花匠，赏花的儿童，……真是笔墨飞扬，越撒越远。然而，笔锋一回转，用“童子面茶花开了”这一双关语“收口”，又重提画画的心思，笔力集中在“一大朵含露乍开的童子面茶花”上，用它来象征欣欣向荣的社会主义祖国。总束全文，将情、景、事、理交融在一起，热情洋溢地赞颂了祖国的春天。

二、文学的形式与内容

一切文学作品都必须做到内容与形式的统一。所谓内容，是作品通过艺术形象所反映的，包括作家主观评价在内的客观现实生活，其中包含题材、主题、人物等。所谓形式，是作品内容所呈现出的具体形态，如体裁、结构、语言、描写手法等。如鲁迅的《祝福》写的是劳动妇女祥林嫂一生的悲惨遭遇和作者对迫害、奴役祥林嫂并置她于死地的剥削阶级、封建宗法制度、鬼神迷信的愤怒控诉，这是它的内容；叙事的小说体裁，在结构上为突出祥林嫂的悲惨遭遇所采用的倒叙手法等，则是它的形式。

特别值得提出的是，任何形式与内容的文学作品都应讲究其真实性、思想性、艺术性。

（一）真实性

真实性，一般指生活中实际存在的人或事。生活是创作的源泉，作家、艺术家通过艺术形象使作品真实地反映社会生活的本质。俗话说“巧妇难为无米之炊”,作家、艺术家脱离了生活,把自己禁锢在狭窄的象牙塔里,便失去了创作的依据。但是,真实地反映生活并非将生活的原样原封不动地照搬入作品。作家、艺术家追求的并非生活真实,而是力图通过艺术形象的塑造,达到艺术的真实。京剧《小放牛》演出时,有的导演把真牛牵上舞台,结果只能引起观众的哄笑,并不会带来美感。但在京剧的传统表演程式中,一根马鞭代表一匹骏马,加上演员的动作,却能让观众感受到骏马飞奔的真实艺术效果。齐白石说得好,真正的艺术妙在似与不似之间,太似则媚俗,不似则欺世。“不似”的作品违背了真实,给人以虚假的感觉;“太似”的作品充其量不过是原件的重现。“白发三千丈”、“燕山雪花大如席”,在生活中从未见过,然而作品抓住了生活的特征,抒发了对生活的真情实感,读来真实可感,能引起读者的共鸣。

(二)思想性

思想性,即文学作品描绘的全部形象所体现出来的思想意义。一个作品的思想性主要看作品是否揭示了生活的本质,是否表现了一个时代的先进思想和广大人民群众的愿望、要求和情绪,是否符合人性(真、善、美),是否有利于社会发展。可见,作品思想性的好坏、高低,取决于作者的世界观和作品反映生活的深度。如《水浒》揭露封建社会的腐朽和罪恶,歌颂敢于起来斗争的人们,从而得到了读者的高度评价;而《荡寇志》大加吹捧封建统治者,竭力诬蔑和诋毁农民起义,遭到了人民的唾弃。这反映了《水浒》作者施耐庵与《荡寇志》作者俞万春两人完全不同的立场,思想性非常鲜明。

(三)艺术性

艺术性,是指通过文学特有的手段,在艺术形象的生动性和典型性、艺术创造的多样性和独创性、民族形式和民族风格等方面所达到的艺术水准。艺术性主要看形象的真实性,典型化的深度、广度,以及情节结构的完美性,语言的准确、鲜明、生动性,同时还有个性化、风格的独创性,表现手法的灵活多变性等。所有这些方面,组成一个完整的艺术形式,恰当而生动地表现出一定的思想内容。如《红楼梦》在内容上塑造了贾宝玉、林黛玉、王熙凤等一群栩栩如生的人物形象,这些人物都有鲜明的个性特征和高度的概括性;在结构上,继承和发扬了章回小说的特色,大小故事环环相扣,连绵起伏,头尾清晰;语言精粹、凝练、个性化,高度体现了民族风格。值得一提的是,作品的艺术性与思想性,既相对独立,又相辅相成。思想性必须通过一定的艺术形式来表达,而艺术形象的真实性,典型化的深度、广度又往往同一定的思想内容密切联系。

第二节 文学鉴赏的作用和意义

一、什么是文学鉴赏

何为文学鉴赏呢？凡接触(阅读)文学艺术作品,对作品的艺术形象理解、感受以及评价的过程,称之为文学鉴赏。还有一种说法是,以审美的态度看待文学作品,就是文学鉴赏。更形象一点地说,当紧张的一周功课下来,你坐在宁静的林荫下,手执一本《李白诗选》而咿咿唔之、摇头晃脑、欣欣然有所意会;冬夜苦寒,倚枕拥被,在明亮的灯光下,在万籁俱寂中,你读着《蒙田随笔》,脸上不时浮现出会心的微笑,而不知夜之已深,这就是文学鉴赏。

当然,鉴赏作品首先重在于对作品的理解。由于读者、观众在文化水平、艺术爱好、艺术修养诸多方面的差异,他们对作品的理解能力、角度和兴趣也就不同。不懂西方古典音乐的人,贝多芬、肖邦的交响曲在他们耳中只不过是一连串没有意义的音响。在难得涉足西方绘画的人眼里,某些现代画派的作品不过是些斑驳陆离的色彩和图案的拼合。文学作品也是如此,对一般读者来说,但丁的《神曲》、歌德的《浮士德》都是令人头痛的东西。同样是鲁迅的小说,《一件小事》的主题明白易懂,而《鸭的喜剧》就比较含蓄。这都与读者的理解能力和兴趣有关。对作品不熟悉、不理解、缺乏兴趣自然就谈不上鉴赏。

只有认识和理解了作品,才能受到作品形象的感染,并做出评价。文艺作品是思想内容和艺术形象的结合,这两者总是同时为读者所接受。读曹操的《龟虽寿》和毛泽东的《沁园春·雪》,那政治家的伟大抱负和宽阔胸襟跃然纸上,使人精神振奋;读了杜甫的"三吏"、"三别",我们会寄无限同情于当时受压迫的人民;读了苏东坡的《水调歌头·明月几时有》,那一番潇洒飘逸的醉月问月,加上一番忧郁而又坦荡的对"人有悲欢离合,月有阴晴圆缺"的缺陷之美的沉思,让读者如痴如醉,感慨万分。

另外,对作品的感受又是因人而异的,不同的读者总是根据自己的情感和生活经验,对作品的形象和内涵进行评判。一部《红楼梦》,有的人从中看到封建社会的缩影及其分崩离析的全过程,有的人悟出了"色"、"空"禅机,也有人自命林黛玉再世,对着春花秋月叹息。《红与黑》中的于连并不是个英雄人物,且司汤达本人也无这种看法。然而,纵览全书,掩卷而思,有人却津津乐道于连的"大胆"追求女性和书中具体细腻的描写。南宋学者陈善在《扪虱新话》中说过这么一段话:"读书须知出入法。始当求所以入,终当求所以出。……盖不能入得书,则不知古人用心处;不能出得书,则又死在言下。唯知出知入,得尽读书之法也。"所谓"入",就是理解作品;所谓"出",就是不为书的内容所囿,站在正确的立场上,用自己的目光,进行冷静的分析和思考,领悟书中主旨,取其精华,弃其糟粕,我们在文学鉴赏时应取这种态度。

二、文学鉴赏的意义

文学鉴赏的意义或作用表现在理性认识、教育感化、审美等方面。

文学艺术作品是作家、艺术家心灵的倾诉,必须通过鉴赏来实现自身的价值。刘勰在《文心·雕龙·知音》中说:"夫缀文者情动而辞发,观文者披文以入情。"前者说的是创作过程,后者说的是鉴赏过程。可以说,整个文艺活动,就是由创作和鉴赏两部分组成,而文学艺术作品则是这两者的联结点。

对待任何文学作品,首先应从理性上加以认识。作者在作品里提供一种启示,发出一种召唤,需要读者(观众)去认识,并从中受到作者思想情绪的感染、产生相应的情感。比如长江中游有三大名楼,黄鹤楼、岳阳楼、滕王阁,每个有一定文化修养的人登临这些名胜,都不能不联想到崔颢的《黄鹤楼》、范仲淹的《岳阳楼记》和王勃的《滕王阁序》,文风拂面,飘飘然与古人一同认识与体验江山佳趣,那一景一物似乎都带有诗的灵魂,在古今对话中传递着人文精神的信息。这些名篇养育着名胜,培育着民俗。通过一种独特的人文地理学和人类文化学的思路,可以使我们品味和思考自己的文化血脉。当然,对优秀的文学作品,我们的认识远不止以上所及。又如"岁寒三友"松、竹、梅,是文学名篇中较多写到的意象,尤以"松"最多,自《论语》中"岁寒然后知松柏之后彫也",到革命家陈毅元帅的五言诗:"大雪压青松,青松挺且直;要知松高洁,待到雪化时",许多作品无不将其视作坚贞的象征。"竹"在元朝沾染着名士气,后来又增加了操守的因素。清代的郑板桥曾写了这样一首画竹题诗:"衙斋卧听萧萧竹,疑是民间疾苦声。些小吾曹州县吏,一枝一叶总关情。""梅"在文学作品中也很常见,宋朝林和清在《山园小梅》中写道:"疏影横斜水清浅,暗香浮动月黄昏",带着"梅妻鹤子"的高士气息;而元朝王冕的《白梅》诗写道:"冰雪林中著此身,不同桃李混芳尘;忽然一夜清香发,散作乾坤万里春"。这里的梅不仅高洁立身,而且要把清香和春天送给人间,其积极入世的襟怀自然又比林和清的诗所表现的境界高出一筹了。在民族危机的严峻时刻,宋朝爱国将领岳飞写下的《满江红》,发出"待从头收拾旧山河"的洪亮誓言更是无不令人所赞叹!对优秀文学作品的领悟不仅锤炼我们的骨气,提升我们的人格,而且还可增加人的才气和灵气。

作品的理性认识还包括文学批评。对待文学作品应坚持一分为二的观点,因为在任何一个历史时期,文学艺术创作都存在着积极与消极的两种,前者总是从正面的角度,用积极向上的态度歌颂人间一切美好的东西,肯定人的力量,提倡积极向上的人生,引导人们热爱生活、热爱生命;后者则是从负面(或阴暗面)的角度,用一种狂热、偏执或消极的态度去反映和描写人生;它们宣扬色情、暴力、感观刺激、极端的个人主义等;现在国内外,特别是西方的某些影视作品、低俗的流行歌曲、武侠小说、垃圾网文化,以及我国"文革"期间某些有悖人性、有悖历史的文艺作品等,这种消极的文化消解了文学的意蕴和艺术价值,缺乏人文关怀和文化底蕴,缺少道德理性、审美价值和思想深度,使部分青年学生在淡忘自我意识和自我判断的状态下,产生一种拒绝道德追求、只求眼前个人的满足或快乐的道德虚无主义的文化心态,单纯接受某种浪漫、奇异、刺激,不问作品的价值和意义,丧失了对艺术的崇高感和对现实的责任感。这实在是不可取的,我们在鉴赏中应该对这种作品持批评或批判的态度。

其次,文学具有教育(或感化)的功能。人们常常把好的文学作品比作精神食粮,从中汲取营养,使之转化为一种精神力量。1940 年 10 月 22 日,莫斯科奥斯特洛夫斯基博物馆收到一封很特别的信,信封上写着:"寄给把我变成人的人",信中写道:

我本来是个小偷。1937 年我偷了一只手提箱,里面有一本《钢铁是怎样炼成的》。我无意中读了第一页,就此不由自主地一口气读完了它。在此之前我算个什么人呢?我是谁也不需要的人,现在我读完了全书,我感觉到自己是多么可耻。当我打听清楚,这个写书的人是如何把他的一生都贡献给社会时,我就完全明白过来了。……我发誓从此以后要活得光明磊落,要诚实地工作和生活。我没有食言,我已成为地下铁道的一个工作人员,我应当感谢奥氏给了我幸福的生活,是这位作家教育我走上诚实生活的道路……

屠格涅夫在《乞丐》中“我”与乞丐相互接触的一个情节描写,淋漓尽致地表现了两个灵魂碰撞而产生的情感变化,带来对生命、对人格再认识与再升华:

我在街上走,遇见一个衰弱不堪的穷苦老人。老人眼睛红肿,嘴唇发青,破衣烂衫,伤口龌龊,拦住了我,伸出一只肿胀而肮脏的手向我乞讨。我摸索着身上所有的衣袋……,没有摸到钱包,没有摸到表,我什么也没有带上。

而乞丐在等待……他伸出的手衰弱无力地摆动着,颤抖着。我不知怎样才好,窘极了。我便紧紧地握住这只肮脏的颤抖的手……,“别见怪,兄弟,我身边一无所有呢,兄弟”。

乞丐那双红肿的眼睛凝视着我,两片青色的嘴唇浅浅一笑,他也紧紧地捏了捏我冰冷的手。

“哪里的话,兄弟”,他口齿不清地慢慢说道:“就这也该谢谢您啦。这也是周济啊,老弟”。

我也懂了,我也从我的“兄弟”那儿得到了周济。

这个作品似浅实深,“我”不一定是作者,但至少看得见作者的浓重身影,这是一个有身份、体面的人物。人们遇到乞丐一般有三种态度:同情、怜悯,给予力所能及的帮助;居高临下地施舍,给几个钱,心里却缺少对苦难者的同情与悲悯;再就是冷漠,厌恶,避之犹恐不及。屠格涅夫笔下的“我”对那位年老体衰的乞丐却不仅同情悲悯,还能尊重其人格。“我”因“身边一无所有”,而无法帮助对方感到十分内疚,以致“紧紧地握住”乞丐那只“肮脏的颤抖的手”,请求乞丐谅解。在“我”眼里,乞丐也是人,也有人的尊严,“我”像对待“兄弟”那样对待他。而乞丐呢?也是一个有教养的人,他懂得“我”与他握手,向他致歉,称他“兄弟”这三个细节的贵重,因为这就是尊重他的人格。作品反映了精神上接济的珍贵更在金钱接济之上。理解、相互间的感化,使人真正懂得人与人之间在人格上应该是平等的。年轻人在未来的社会生活中,特别需要这种态度与精神,这正是这篇文章带给我们的启示。

最后,对文学作品鉴赏更深一层的追求是审美,即以非功利的眼光看待事物(作品)。不是为了满足某种实际需要,而是为了得到精神上的愉悦。文学作品的审美特征,可以概括为以下四个方面:

一是形象美。这是文学作品最主要的审美特征。文学作品中的艺术形象是根据现实生活中各种现象加以艺术概括所创造出来的具体生活画面,如人物和人物生活的环境等等。在叙事性作品中人物形象占有重要地位,往往成为作品中整个艺术形象体系的核心。作者总是通过人与人、人与物之间的关系来用描写人物音容笑貌、内心活动、爱好、习惯等,借以刻画人物性格,表达人的思想情感和道德面貌,显示人物的精神世界以及反映各种复杂关系。

著名作家沈从文在《月下小景》中以纯洁的爱情和美丽的生命的毁灭,来反映和控诉陈腐的婚姻制度。他在这部作品中用这样的笔墨描写了女主人翁：

女孩子一张小小的尖尖的白脸，似乎被月光漂过的大理石，又似乎月光本身。一头黑发，如同用冬天的黑夜作为材料，由盘踞在山洞中的女妖亲手纺成的细纱。眼睛，鼻子，耳朵，同那一张产生幸福的泉源的小口，以及颊边微妙圆形的小涡，如本地人所说的接吻之巢窝，无一处不见得是神所着意成就的工作。一微笑，一眯眼，一转侧，都有一种神性存乎其间。神同魔鬼合作创造了这样一个女人，也得用侍候神同对付魔鬼的两种方法来侍候她，才不委屈这个生物。

沈从文笔下的形象美表现了强烈的艺术感染力。虽然作家在塑造形象时，只能用语言文字间接表达自己头脑中的审美意象，但是读者通过对文字描绘的感受，在脑海中可呈现出生动具体的形象图画，并凭借自己的生活经验、审美能力和联想等心理活动，获得深广的审美感知，得到超出文字字面意义之外的体会。

二是典型美。典型是作家在文学作品中塑造的既有鲜明个性特征，又有高度概括性的人物形象。

塑造典型是作家的重要使命，也是文学作品创作的中心。典型来自生活，但比实际生活中的人物和事件，情感更高、更强烈、更集中、更典型、更理想。因此，也就更带普遍性。典型是共性和个性高度完美的统一体。揭示的事物本质越深刻，个性特征越鲜明生动，共性与个性越统一，典型性就越高。为什么一部《西游记》，数百年来深得人们，尤其是青少年的青睐，除了曲折离奇的情节外，更重要的是它塑造了孙悟空这一充满艺术魅力的人物形象，他既惩恶扬善，敢作敢为，不怕艰险，又天真活泼，充满好奇，无拘无束，可以说达到了人物个性与共性的完美统一，因此，也体现了高度的典型性。

三是语言美。语言是作家用以传达审美意识的唯一材料，是文学的第一要素。文学所品所运用的语言不是日常生活语言，也不是科学语言，而是一种具有审美性质的特殊语言。它来源于人们口头语言，是在人们口头语言的基础上经过提炼加工而成的。它集中、突出了人们口头语言中的精华，而又剔除了人们口头语言中的杂质、糟粕。它是语言艺术塑造形象、表达主题的基本工具。

文学语言最基本的要求是准确、鲜明、生动。准确，是指语言能确切地表达作者的思想感情，表达作者对客观事物的认识和理解；鲜明，是指语言要明确地把事物的性质、情状明朗而突出地呈现在人们眼前；生动，是指语言的运用要新鲜、灵活、动人。如著名女作家冰心的《一只木屐》。这是她年逾花甲时写的回忆散文：

事情过去十多年了，但是我还常常想起那日那时日本横滨码头旁边水上的那只木屐。对于我，它象征着日本劳动人民，也使我回忆起那几年居留日本的一段生活，引起我许多复杂的情感。

从那日那时离开日本后，我又去过两次。这时候，日本人民不但是我的苦难中的朋友，也是我的斗争中的朋友了，我心中的苦乐和十几年前已大不相同。但是，当同去的人们，珍重地带回了些与富士山或樱花有关的纪念品的时候，我却收集一些小小的、引人眷恋的玩具木屐。

语言表达十分准确，感情真挚，但澄澈已转为深沉，感觉纤细依然，而空灵已化作凝练。木屐在文中成为一个意蕴丰富的象征，作者为此牵动了情思，引发出深远的联想，并通过凝重的笔力把感情与思索准确地带给读者。

又如著名散文作家杨朔的《雪浪花》，其语言的形象与生动也可见一斑，文中对“老泰山”这一人物以简练的几笔，勾勒出一个栩栩如生的形象：

老渔民长得高大结实，留着一把花白胡子，瞧他那眉目神气，就像秋天的高空一样，又清朗，又深沉。

当读者面对这一并非直观形象的语言符号时，自然会发挥自己的想象力。“老泰山”的硬朗、刚毅、深沉与在大海的风浪中几十年的捕捞生活锤炼不无关系，用语言将作者自身感受还原成读者能理解和感受到的艺术形象以激发情感是必须的。

四是意境美。意境是文学作品通过形象描绘而表现出来的一种艺术境界和情调。读者可以通过联想和想象，捕捉到这种意境，产生一种身临其境之感，从而受到艺术感染和陶冶。

意境的构成包括“景”与“情”两方面。一是即景抒情。如王之焕《登鹳鹊桥》开头两句诗，从远近两个不同角度写出眼前的景色：“白日依山尽，黄河入海流”，气象宏伟，境界远大，在这样的环境里，自然地产生了这样的情怀：“欲穷千里目，更上一层楼”，天然的形势，阔大的气象，与诗人在这种景象面前所产生的富有哲理性的思想融会在一起，绘制出一幅具有鼓舞力量的画面。这画面告诉读者，不断努力，勇于攀登，就能看到更美好的事物，更新的天地。二是寓情于景。李白《黄鹤楼送孟浩然之广陵》，写了与故人的离别情绪，正面不着一字，而是将其全然寓于眼前水天一色的景象之中：“孤帆远影碧空尽，唯见长江天际流”。故人的身影愈来愈远，最后在视野中完全消失，而对故人的思念，却像不尽的流水，绵延不断。这样的情景，使读者产生别意难遣的感受，在悠悠东去的长江流水中，领略到诗人对挚友的一派深情。总之，好的文学作品，总能达到情景的和谐与交融。只有这样，才能创造出美的意境来。意境源于作家对人生的深刻体验和对生活的深刻认识，也基于他们深厚的人文修养和文学功底。

第三节　不同体裁的文学作品鉴赏

一、小说鉴赏

小说这一体裁在文学艺术园地中占有相当大的比重，可以说古今中外，各个朝代均创作出不少脍炙人口、千古赞誉的名作，如我国古代的《三国演义》、《水浒》、《西游记》、《红楼梦》四大名著，近代的《阿Q正传》、《祝福》、《孔乙己》、《子夜》、《家》、《春》、《秋》、《二月》、《倪焕之》等等,现当代文学(特别是革命文学)中的《青春之歌》、《林海雪原》、《红日》、《野火春风斗古城》、《华威先生》、《红旗谱》、《上海的早晨》、《三家巷》、《白鹿原》、《我的第一个上级》、《山那面人家》、《李顺大造屋》、《人生》、《高山下的花环》、《满票》等,在外国文学中的《悲惨世界》、《巴黎圣母院》、《基督山伯爵》、《红与黑》、《飘》、《母亲》、《牛虻》、《钢铁是怎样炼成的》、《老人与海》、《套中人》、《最后一课》、《项链》等,可以说是举不胜举。仅从题材上讲真可谓海阔天空。作家们站在各个不同时代的高度,通过人物、情节、结构、语言、手法、风格等来反映当时的社会与生活,给人们许多有益的启示。由于篇幅所限,本节仅对小说的人物鉴赏作简要介绍。

众所周知,小说创作是以塑造人为主的。小说中的人,不是割裂的人,而是完整的人;不是抽象的人,而是具体的、有着七情六欲的活生生的人。因为小说要反映真实的社会生活,是依靠人物来反映的,马克思说,人的本质并不是单个人所固有的抽象物,在其现实性上,它是一切社会关系的总和。以鲁迅的《阿Q正传》为例,作者就是通过对阿Q这一人物的思想、情绪、遭遇和命运的描写,反映出我国辛亥革命前后的社会关系。从阿Q没有籍贯、没有姓氏、没有职业、没有固定住处的生活条件,和他有一回宣布自己姓赵,却挨了赵太爷的巴掌的遭遇,我们看到了当时农民的悲惨境遇和地主老爷的蛮横无理;从阿Q那种自高自大而又自轻自贱、自欺欺人的浑浑噩噩的精神状态中,我们看到了当时许多中国人的愚昧和落后;而从阿Q宣布要革命时,赵太爷等人的那种惶恐心情,到假洋鬼子不准他革命,到阿Q被当作犯人而遭枪毙的悲惨命运中,我们看到了辛亥革命的结局实际上是失败的。因为整个阶级关系根本上没有变动——“知县大老爷还是原官,不过改称了什么,而且举人老爷也做了什么——这些名目,未庄人都说不明白——官,带兵的也还是先前的老把总”。总之,除了秋行夏令,将辫子盘到头顶外,一切都依旧。而这一切对社会生活的深刻揭示,就是通过作者对阿Q这个人物的命运和他与周围人物关系的描写表现出来的,从而使读者看到了当时中国人的国民劣根性。

又如张天翼的短篇小说《华威先生》,作者从人物的行为着手,以犀利的讽刺之笔刻画了一个抗日战争时期官僚的形象——华威先生。他每天总是忙得不可开交,要么是开会,要么是喝酒,什么组织都要挂个衔,但加入组织并不是为了做事,而是要一个名分,显示自己的重要;什么会议都想去参加,但哪个会议都只不过是去点个卯后便中途退场,以示自己忙碌勤苦。他试图包办一切而任何实际工作都不去做,一个十足的官僚形象。作者寥寥数笔就刻画出了抗战官僚的可笑嘴脸和“会议迷”的漫画像,这对今天社会上的某些达官显贵无疑也是极好的讽刺。

通过不同人物的言行或外在特点的描写,来反映和表达作者的主张或思想是长篇小说的一大特色。如法国著名作家雨果的长篇历史小说《巴黎圣母院》,写的是发生在十五世纪巴黎圣母院的故事,道貌岸然的副主教克罗德追逐美丽的吉卜赛卖艺女郎爱斯梅哈尔达,并因劫持未遂而加以陷害。外形丑陋的撞钟人加西莫多则对爱斯梅哈尔达百般爱护和照顾,最后他将害死她的克罗德从圣母院顶楼推下摔死,并自尽在爱斯梅哈尔达的尸体旁。这些栩栩如生的人物描写衬托出作者充满人道主义的思想,具有鲜明的反封建、反教会的倾向,感情上爱憎分明。

可见,小说的一个最重要任务之一,是通过具体、生动、丰富、典型且可信的人物形象来反映社会、生活、时代特征及作者的情感的。但是,这些作品中的人物都是来源于生活,是在生活原型的基础上的再创造。鲁迅笔下的阿Q其愚昧、麻木、落后,但他并不是生活中集所有毛病于一身的人,而是对多个原形的组合、提炼、加工而成的艺术典型。因此,我们在鉴赏的过程中要准确地把握人物所处的历史背景、人物的真实性、艺术性以及作者的思想倾向等。否则,对作品的领会或理解就会片面,从而欠准确。孙犁先生在《耕堂读书记(二)》一文中,这样谈论现实生活中的诸葛亮和文学作品中的诸葛亮:

> 诸葛亮在本传里,是一个非常求实的人,是一个实干家。陈寿奉晋朝之命修《三国志》,蜀汉为晋之敌,但他对诸葛亮的评价,我以为还是很客观、实事求是的。他说:“然亮才治戎为长,奇谋为短。理民之干,优于将略。”
>
> 综览陈寿所记,诸葛亮的一生,功劳固然很大,失败和无能为力之处也不少。最后的失败主要是客观条件所致。诸葛亮的隆中对、说孙权、前后出师表,高瞻远瞩,文词质朴,情真意诚,叮咛周至,感动百代成为名文。他死以后,人民哀其处境艰难,大功未成,敬仰他鞠躬尽瘁的精神,追思怀念,千古不衰。人民愿意看到他在文学艺术上的形象。但《三国演义》和一些戏剧,把这一人物歪曲了。
>
> 最失败的是把诸葛亮写成了一个非凡的人。把他写成了一个未卜先知,甚至能呼风唤雨,嘴里不断念念有词的老道,即鲁迅所说近于妖了。

这个例子充分说明,我们在文学鉴赏中需深邃的目光和独立思考的头脑,不可人云亦云。

二、诗歌鉴赏

诗歌在各个民族、各个国家都是源远流长的文体。它和神话一起开辟草昧,创建文学。但并不像神话那样很快衰落了,而是延绵不绝,直到现代仍兴旺发达。抒情是诗歌这种文学形式所擅长的。当然,抒发什么样的情感又往往与作者的生活阅历、思想情操和艺术旨趣有关。另外,诗体变化多端,内容极为丰富,往往是通过某种意境来抒发情感。说诗体变化多端,因为从中国古代的四言诗到五言、七言直到现代的自由体诗等,可以说是色彩纷呈;说内容极为丰富,是因为它反映了人们生活的各个方面。从远古时期的《击壤歌》:“日出而作,日入而息。凿井而饮,耕田而食。帝力何有于我哉!”表现劳作者的自娱自乐,到《诗经》中的对美好生活和爱情的向往,唐宋伟大诗人的爱国主义情怀,再到建立在不同情感、意境、心态基调上的,对真、善、美再探索的现当代诗坛,形成了一条诗歌发展的长河。为诗歌鉴赏开拓了更加广阔的天地。现以对诗歌的情感抒发为主要内容的鉴赏作一叙述。

《关雎》是《诗经》的第一篇,历来受到重视,其首句几乎成了诗的代称。

关关雎鸠，在河之洲；窈窕淑女，君子好逑。
参差荇菜，左右流之；窈窕淑女，寤寐求之。
求之不得，寤寐思服；悠哉悠哉，辗转反侧。
参差荇菜，左右采之；窈窕淑女，琴瑟友之。
参差荇菜，左右芼之；窈窕淑女，钟鼓乐之。

按照传统的观点，该诗是歌颂后妃之德的，即这是一首政治的诗。“五四”以来，这种旧说早被摒弃。它实际上是一首意思很单纯的、发自内心的深情恋歌，表达了一个小伙子对情人一往情深的恋情和渴望结成美满婚姻的愿望。全诗用关雎的鸣叫起兴，引出了小伙子追求的对象。接着就分别描写这个小伙子无法排遣的相思之情和他为获得情人的欢心而弹奏琴瑟，敲击钟鼓的淳朴憨厚的神态与动作。这首诗歌的音乐色彩非常浓郁，通篇以音乐来比喻、来抒情，其诗情画意真是令人陶醉。

唐朝是我国历史上的文化鼎盛时期。其诗歌创作数量之多、题材之广、质量之高，几乎任何一个历史时期都难以比拟。李白、杜甫、王维、白居易、李贺、李商隐、杜牧等一大批优秀的诗人出现，他们或直抒胸臆，或借景生情，写下了不少千古绝唱，让后人感慨不已。如诗仙李白的《将进酒》：

君不见黄河之水天上来，奔流到海不复回！
君不见高堂明镜悲白发，朝如青丝暮成雪！
人生得意须尽欢，莫使金樽空对月。
天生我材必有用，千金散尽还复来。
烹羊宰牛且为乐，会须一饮三百杯。
岑夫子，丹丘生，
将进酒，杯莫停。
与君歌一曲，请君为我倾耳听。
钟鼓馔玉不足贵，但愿长醉不复醒。
古来圣贤皆寂寞，唯有饮者留其名。
陈王昔时宴平乐，斗酒十千恣欢谑。
主人何为言少钱，经须沽取对君酌。
五花马，千金裘，
呼儿将出换美酒，与尔同销万古愁。

《将进酒》为李白的代表作之一。写作时间在天宝三年(公元744年)，当时李白遭谗被迫离开长安，在嵩山友人丹丘生隐居之处做客。诗人写他与朋友一起痛饮狂歌，淋漓尽致地抒发了政治失意、怀才不遇的悲愤，也体现了他淡薄金钱名利，蔑视权贵佞臣，追求自由独立的人格。诗中活现出一位“酒中仙”的浪漫形象。这首诗突出表现了李白七古歌行想象丰富、夸张大胆、纵横恣肆、变化莫测的艺术特色。开头四句形容时光流逝之快与人生之短促，极尽浪漫夸张之能事，意象新奇，形象感强烈。尤其是“黄河之水天上来”一句，夸张形容黄河起势之高，将黄河飞流直下之势写得神奇、峻拔。诗的语言也极富特色，如“岑夫子，丹丘生”几个短句描写频频欢饮，节奏快，动感强，使人如闻其声，“五花马”几句，语如连珠，喷薄而出。长句与短句的参差交错，把诗人胸中郁结不平之气和复杂变化的情绪表现得淋漓尽致。

在现代诗坛上，诗的格律、表现形式发生了很大的变化，写作更为自由。诗歌反映的生活与情感似乎离我们更近，读来尤感亲切。如20世纪20年代末徐志摩的著名抒情诗《再别康桥》：

轻轻的我走了，正如我轻轻的来；
我轻轻的招手，作别西天的云彩。

那河畔的金柳，是夕阳中的新娘；
波光里的艳影，在我的心头荡漾。

软泥上的青荇，油油的在水底招摇；
在康河的柔波里，我甘心做一条水草！

那榆荫下的一潭，不是清泉，是天上虹；
揉碎在浮藻间，沉淀着彩虹似的梦。

寻梦？撑一支长篙，向青草更青处漫溯，
满载一船星辉，在星辉斑斓里放歌。

但我不能放歌，悄悄是别离的笙箫；
夏虫也为我沉默，沉默是今晚的康桥！

悄悄的我走了，正如我悄悄的来；
我挥一挥衣袖，不带走一片云彩。

诗人1920年至1922年在剑桥大学留学时，曾有过一段自由而浪漫的经历。1928年故地重游，唤起了当年那段如醉如痴地追求自由与爱情的回忆。于是在归途中写下了这首感情缱绻、意境优美的诗篇。看似自然流转的音韵，其实颇具匠心，全诗七节，从第二节开始，每节都有一行与前一节的一行谐音，第五节与第四节、第六节与第五节还运用了“顶针”的修辞方法，最后一节与第一节呼应，又有动作与声音、流连与诀别的细微差异，连绵柔和的韵脚，明快舒展的节奏，恰与情感情绪的波动相谐共振，构成连绵往复、一唱三叹的旋律结构。天上的云彩，何畔的金柳，荡漾的水波，软泥上的青荇，想象中满载一船星辉的扁舟，仿佛一幅流动的画卷。诗的前半部分的意象与主人公“轻轻”的动作合拍，后半部分的意象转而适应诗人“悄悄”作别的意绪，人与自然、想象与现实、韵律与画面，浑然一体，清莹流丽，美妙动人。

从以上可知，任何好的作品均是来自于生活和对生活的感受。如果能做到有感而发，作品就能打动人并产生情感上的共鸣。反过来,凡脱离了生活,不是有感而发的东西就无法达到真实感人的艺术效果。如中国古代的应制诗就是说假话的典型,皇帝一时兴起,吟诗一首,命令臣僚附和,臣僚们于是奉命而作,无话找话,诗歌内容无非是歌功颂德,以博得皇帝的欢心,这样的“诗”不可能感人和流传。20 世纪 50 年代的“大跃进民歌”和十年“文革”中“莺歌燕舞”式的、粉饰太平的诗文,特别是 1958 年以后在某些时髦“理论”鼓动下泛滥至今的“先锋诗”,可以说是假、大、空、滥的典型,其中有一首“歌颂”母爱,题为《磨盘》的诗,它是这样写的:

磨盘,是我手上宁静的花朵
娘,你张开天空的手臂
紧紧抱住我的秋天
……

“手上的花朵”想必是指老茧,但老茧竟大如磨盘,这太难以置信了。“娘……张开天空的手臂”,怎样的手臂?如何张开?恐怕连如来、观音也没有这样的手臂吧。再请看一首称之为《桥上……》的诗:

把一片雪花握在手里
把一片雪花握在手里
它们让我明白泪来自哪里
……手指间挤出滴滴的鸟语
弥漫弥漫
庆幸我没有看见夕阳
我也不知道桥下的河对我作何感想
……

“桥下的河”对作者“作何感想”,我们无法领会。雪、泪、鸟语、夕阳、桥、河、“我”,有何内在的甚至哪怕是外在的联系呢?可以说,一点儿都没有,全是胡拼瞎凑,“雪花”怎么会变成“泪”,“泪”又怎样会变成“鸟语”?看不出任何内在关系。这类诗的共同特点是做作,苍白空虚、逻辑混乱且又故弄深沉,实际上没有思想、没有真情、没有审美价值,更谈不上诗的艺术,与《将进酒》、《再别康桥》等作品相比真可谓天壤之别。通过正反两方面比较,不难得出的结论是,诗的精华(或灵魂)在于通过诗歌的艺术语言展示作者对生活或事物的真情实感,给读者一种美的享受和人生的启示,任何装腔作势、故弄玄虚,都是对诗和艺术的糟蹋与亵渎。诗歌的创作中,宁可真些、实些、浅些,如大家很难忘记的前苏联歌曲《莫斯科郊外的晚上》中的佳句“我想开口讲,但又不敢讲,多少话儿留在心上,……”这样的歌词是何等真挚、何等朴实、何等美好。

三、散文鉴赏

散文，在文学的巍巍大殿里，堪称一种最古老而又始终充满青春活力的文体。倘若从宏观角度对古往今来的"散文"加以鸟瞰，它如一条源远流长的浩浩大江，支脉纵横，浪花飞溅，衍生出众多的"子系统"；同时，它又仿佛是一棵蓊郁苍翠的参天大树，枝叶繁茂，花果累累，焕发出七彩斑斓的艺术魅力。在文学史上，散文长期被奉为文学的"正宗"，并被人们形象地称之为"母体艺术"。其缘由大致有二：一是其源头之古老久远，犹如诸多文体之"根"；二是其内涵的包罗庞大，以至不断从中分野，独立出来的诸多文体，都不免带有它的"遗传基因"。散文具有取材的广泛性、抒写的随意性和表现角度的多样性等特点，从文体上概括主要分论说、叙事和抒情三种。作为鉴赏，本书就散文的语言音韵之美和意境之美作简单介绍，以便抛砖引玉。

散文常常被称为"美文"，其语言、音韵、笔调之"美"，无疑是一个重要的因素。事实上，当读者读到一篇散文佳作，常会有一种如饮美酒，如品香茗的怡然快感，令人深铭于心，提起来便禁不住要击节吟哦，一唱三叹。当然，散文有别于诗，但它又与诗有着十分接近乃至相互渗透的"血缘关系"。所以古人曾有"诗文汇通"之见，这种"接近"乃至"汇通"主要体现在两个方面：一是散文（尤其是抒情散文）注重"情"与"意"的提炼，使之在审美效应上具有与诗颇为类似的"意境"之美；另一方面，是散文在语言上亦讲究内在的音韵、节奏，和诗一样，读来如行云流水，"琅琅上口"，令人有音义兼美之感。但散文以"散"为形态特征，因而其"音韵美"主要是"内在"的。也就是说，散文在行文用语时，多寡长短，抑扬高下，虽无一定之律，却有一定之妙，令人在难以"言传"中自然"意会"，即所谓"合而读之，音节见矣，吟而咏之，神气出矣"，使读者在内在的"音韵"氛围中，增进对作品思想的把握以及意境的体味，如贾谊的名篇《过秦论》中的开头部分：

> 秦孝公据肴殳函之固，拥雍州之地，君臣固守，以窥周室。有席卷天下，包举宇内，囊括四海之意，并吞入荒之心。当是时也，商君佐之，内立法度，务耕织，修守战之具，外连衡而斗诸侯；于是秦人拱手而取西河之外。……

其内涵姑且不论，仅其语言的用词行文节奏鲜明、强烈，明显地具有"铿锵"、"劲健"力度，就能给人以气势充畅，如骏马纵横，莫之能挡的艺术感觉，故鲁迅称赞其"疏直激切，尽所欲言"。而这种语言的"音韵"氛围，与作品鲜明的观点，雄辩的论述是具有吻合效应的。

由此可见，散文在语言上的音韵、节奏，有助于创作主体的情感传达，形成作品内在的"情感旋律"。这种"旋律"的形成及其效应，取决于作家的风格、作品的具体内涵等诸多因素。就现当代作家风格而言，朱自清、吴伯箫、刘白羽等均各有千秋。朱自清的散文在语言、音韵、节奏上表现出优美、细腻、舒展等特点；吴伯箫的风格则表现出轻盈、流逸、恬然与愉悦的情绪，如《菜园小记》：

种花好，种菜更好，花种得好，姹紫嫣红，满园芬芳，可以欣赏；菜种得好，嫩绿的叶茎，肥硕的块根，多浆的果实，却可以食用，俗话说："瓜菜半年粮"。

……暮春，中午，踩着畦垄间苗或者锄草中耕，煦暖的阳光照得人浑身舒畅。新鲜的泥土气息，素淡的蔬菜清香，一阵阵沁人心脾。……夏天，晚上，菜地浇完了，三五个同志趁着皎洁的月光，坐在畦头泉边，吸吸烟；或者不吸烟，谈谈话；谈生活，谈社会和自然的改造，一边人声咯咯罗罗，一边在谈话间歇的时候听菜畦里昆虫的鸣声。蒜在抽苔，白菜在卷心，芫荽在散发脉脉的香气，一切都使人感到一种真正的田园乐趣。

刘白羽的作品多具有奔放外露的特征，如《长江三日》，语言"旋律"呈现出"气势宏大"，"跌宕起伏"的态势，宛如油画中的斑斓色块，具有夺目的强烈感染性。

散文鉴赏的另一个方面就是注重"意境"，即注重围绕"情"与"景"、"内"与"外"或"虚"与"实"两方面。简言之，就是把握好"意"与"境"，或"主观"与"客观"之间的辩证关系，懂得两类体系的有机碰撞、和谐渗透，"主观"与"客观"的结合，只有这样才能感受到作品的意境。"意境"的本质内涵并不玄妙深奥，通俗地讲，就是由"触景生情"而"借景抒情"以至"情景交融"，进而达到"一切景语皆情语"的审美艺术效果。朱自清的品画散文《月朦胧，鸟朦胧，帘卷海棠红》，就很能体现这种特点：

这是一张尺多宽的小小横幅，马孟容君画的。上方的左角，斜着一卷绿色的帘子，稀疏而长；帘子中央，着一黄色的、茶壶嘴似的钩儿——就是所谓金钩么？"钩弯"垂着双穗，石青色；丝缕微乱，若小曳于轻风中。纸右方为圆月，淡淡的春光遍满纸上；月的纯净，柔软与平和，如一张睡美人的脸。从帘的上端向右斜伸而下，是一支交缠的海棠花。……叶嫩绿色，仿佛掐得出水似的；在月光中掩映着，微微有浅深之别。花正盛开，红艳欲滴。黄色的雄蕊历历的，闪闪的。衬托在丛绿之间，格外觉得妖娆了。枝斜欹而腾挪，如少女的一只臂膊。枝上歇着一对八哥，背着月光，向着帘里，一只歇得高些，小小的眼儿半睁半闭，似乎在入梦之前，还有所留恋似的……。

试想在圆月朦胧之夜，海棠是这样的妩媚而嫣润；枝头的鸟儿为什么却双栖而各梦呢？在这夜深人静的当儿，那高居的一只八哥儿又为何尽撑着眼皮儿不肯睡去呢？它到底等什么来着？舍不得那淡淡的月儿么？舍不得那疏疏的帘儿么？不，不，您得到帘下去找，您得向帘中去找——您该找着那卷帘人了？他的情韵风怀，原是这样的哟！朦胧的岂独月呢？岂独鸟呢？但是咫尺天涯，教我如何耐得？我拼着千唤万唤；你能够出来么？

很显然，作者的表现"对象"只是一幅"画面"，这幅画无疑颇具"诗意"，即"画中有诗"，故作者（亦鉴赏者）对它的品评，不是"纯客观"的描摹或机械的"复述"，而是以艺术家的目光，通过"客观"观察兼"主观"感受，将画面的布局、图景，色彩透视出幽深绵邈的情韵，诸如"叶色嫩绿，仿佛掐得出水似的"，"花正盛开，红艳欲流"、"枝斜欹而腾挪，如少女的一只臂膊"等都作以诗意的解读，从而使画面在我们面前已不是绝对的"静态"，而是富有灵动的生命。除此之外，作者还运用了更具"主观"色彩的因素——想象，使"有限"的画面得到了"无形"的拓展。作品结尾的一连串问句，使人不由得深入画面的意境之中，"卷帘人"并未出现在画面上,画家用的“无墨之墨,无笔之笔”,而作者(即鉴赏者)则通过“领悟”,沿这无形的笔墨,使读者感到卷帘人已仿佛可见!“画中有诗”的“诗意”,由散文的笔法“点化”出来。因此可以说,读者虽然未直接“看到”作品所描述的马孟容的“原画”,但在某种意义上或许比直接观赏它更能感受它的艺术魅力,因为朱自清的描述使读者真正进入了作品的意境。

对作为“母体艺术”的散文的鉴赏是多方面的,除了上述以外,还有体裁、结构、形神、内容、情、趣、理以及作者才、学、识等方面的鉴赏。这些都值得人们在今后的阅读和创作实践中去认识和品味。

四、戏剧鉴赏

戏剧是一门综合性艺术,最终需靠舞台演出而成立。戏剧的起源很早,大约在远古时代,就有载歌载舞的表演。但剧本的出现却要迟得多,它不但需要文字的形式,而且需要有相当高的写作技巧。不过在欧洲的古希腊时代就已经有成熟的剧本,如埃斯库罗斯的悲剧《俄瑞斯忒斯》、阿里斯托芬的喜剧《蛙》,以及后期英国最伟大的戏剧家莎士比亚的《罗密欧与朱丽叶》、《哈姆雷特》和《雅典的泰门》等。在我国,由于戏剧一直未与歌舞分家,所以戏剧文学的出现要晚得多。据史料记载,比较成熟的剧本到宋朝才有;到了元、明、清三朝戏剧文学才有了辉煌的发展。我国的戏剧在世界戏剧史上有其独特的地位。它不仅品种繁多,而且糅合“唱、念、做、打”为一体,剧本多由唱词和宾白两部分组成,唱词用韵文,宾白用散文,有着独特的魅力。中国的戏剧比较注重唱,所以又叫戏曲,俗话称“唱戏”。“五四”运动以后,话剧作为西方艺术——“文明戏”传入中国,从此,中国的文学家和艺术家们开始了对话剧这一艺术的创作和演出,而且在独幕剧和多幕剧方面都取得了较高的成就。话剧剧本除了一般不用唱词之外,在结构上与戏曲剧本还有很大不同,戏曲表演善用虚拟动作,一挥马鞭便就代表行走万里,转几圈就算换了个地方,所以剧本的结构可以不受时空的限制;而话剧表演较实,基本上是一幕一个场景,而场景也不能太多,所以时空的限制较大,有些往事只能通过对话表现出来,因此,话剧结构就要求紧凑。

对戏剧鉴赏最基本的要求,首先是对其时空的准确把握。现以曹禺的话剧《雷雨》和老舍的《茶馆》为例说明之。《雷雨》写了剧中主人公周朴园家三十年的事,但这三十年间错综复杂的事件,在剧本中却是安排在从上午到半夜后这不到一昼夜的时间之内,场景基本上放在周公馆的客厅里,只有一场是在鲁贵家。《茶馆》这个剧本反映的时间跨度更长,写了从晚清到民国50年间的事,全剧分三幕,虽然三幕的场景都放在王利发开的裕泰茶馆里(只是布景有很大变化),但时间却相距甚远:第一幕是1898年戊戌变法失败后的初秋;第二幕是十余年后北洋军阀割据时期;第三幕是抗战胜利后国民党统治时期。两个剧的故事和情节发展、人物活动的时空和前因后果,都是靠人物对话来交代的。其次,戏剧艺术也是对话(也包括传统戏曲的相当部分内容)的艺术。尤其是话剧,它完全靠对话来传达人物思想和性格。因此语言要有高度的表现力,即赋予角色的个性、动作性,并且通过语言和动作推动剧情的发展,使矛盾冲突和悬念更加集中、更加尖锐。当然,在某些情况下,话剧还需采用独白、旁白而戏曲可采用唱词来表达主题或人物思想、性格等。现举几个例子说明。

老舍的《茶馆》第一幕开场时的几段对话：

松二爷：好像又有事儿？

常四爷：反正打不起来！要真打的话，早到城外头去啦；到茶馆来干吗？

［二德子，一位打手，恰好进来，听见常四爷的话。］

二德子：（凑过去）你这是对谁甩闲话呢？

常四爷：（不肯示弱）你问我哪？花钱喝茶，难道还教谁管着吗？

松二爷：（打量了二德子一番）我说这位爷，你是营里当差的吧？来，坐下喝一碗，我们也都是场外人。

二德子：你管我当不当差呢！

常四爷：要抖威风，跟洋人干去，洋人厉害！英法联军烧了圆明园，尊家吃着官饷，可没见您去冲锋打仗！

二德子：甭说打洋人不打，我先管教你！（要动手）

［别的茶客依旧进行他们自己的事。王利发急忙跑过来。］

王利发：哥儿们，都是街面上的朋友，有话好说。德爷，您后边坐！［二德子不听王利发的话，一下子把一个盖碗搂下桌去，摔碎，翻手要抓常四爷的脖领。］

常四爷：（闪过）你要怎么着？

二德子：怎么着？我碰不了洋人，还碰不了你吗？

马五爷：（并未立起）二德子，你威风啊！

二德子：（四下扫视，看到马五爷）喝！马五爷，您在这儿哪？我可眼拙，没看见您！（过去请安）

马五爷：有什么事好好地说，干吗动不动地就讲打？

二德子：嗻！您说得对！我到后头坐坐去。李三，这儿的茶钱我付啦！（往后面走去）

常四爷：（凑过来，要对马五爷发牢骚）这位爷，您圣明，您给评评理！

马五爷：（立起来）我还有事，再见！（走出去）

常四爷：（对王利发）邪！这倒是个怪人！

王利发：您不知道这是马五爷？怪不得您也得罪了他！

常四爷：我也得罪了他？我今天出门没排好日子！

王利发：（低声地）刚才您说洋人怎样，他就是吃洋饭的，信洋教，说洋话，有事情可以一直地找宛平县的县太爷去，要不怎么连官面上都不惹他呢？

常四爷：（往原处走）哼，我就不佩服吃洋饭的！

这段对话（包括动作），不但把人物之间的关系交代清楚了，而且把人物的性格也都显现出来了。对世事很为不平、抱有爱国心的常四爷，恬不知耻地自己承认怕洋人，却在国人面前抖威风的二德子，并不是主持正义，只不过要显示威风才教训二德子的马五爷，以及圆滑善变的王利发，几句台词就使各人性格一目了然了。

在莎士比亚的话剧《雅典的泰门》中，是这样利用独白来表达人物的思想的：

泰门：……咦，这是什么？金子！黄黄的、发光的、宝贵的金子！不，天神们啊，我不是无聊的拜金客……这种东西，只这一点点儿，就可以使黑的变成白的，丑的变成美的，错的变成对的，卑贱变成尊贵，老人变成少年，懦夫变成勇士。嘿！你们这些天神们啊，为什么要给我这些东西呢？嘿！这些东西会把你们的祭司和仆人从你们的身旁拉走，把壮士头颅底下的枕垫抽去；这黄色的奴隶可以使异教联盟，同宗分裂；它可以使受诅咒的人得福，使害着灰白色的癞病的人为众人所敬爱；它可以使窃贼得到高爵显位，和元老们分庭抗礼；它可以使鸡皮黄脸的寡妇重做新娘，即使她的尊容会使那身染恶疮的人见了呕吐，有了这种东西也会恢复三春的娇艳。来，该死的金属，你这人尽可夫的娼妇，你惯会在乱七八糟的列国之间挑起纷争，我倒要你去施展一下你的神通……（拿了若干金子）

该段独白，其影响之大，评价之高，是该剧中其他对话、独白无法比拟的。独白的背景是：泰门带着充满仇恨与悲愤的心情离开雅典城后，来到一处茂密的原始森林中穴居。他以食野菜为生。在一次采掘野菜时，竟在沙土中发现大量黄金。黄金，曾是他大量拥有，后又丧失殆尽的。随着对它的拥有和丧失，他的境遇是如此不同，他在人们心目中的地位和价值又是这么天差地别。严酷的现实和深刻的反思，使他感情汹涌，感触良多，说出了这段意蕴深厚、饱含人生哲理的精彩独白。

该段独白最可贵之处，是深刻揭露了金钱在资本主义社会里的作用。在拜金主义当道、有钱可使鬼推磨的社会里，只要有了钱，有了黄金，“就可以使黑的变成白的，丑的变成美的，错的变成对的，卑贱变成尊贵，老人变成少年，懦夫变成勇士”，“就可以翻手为云，覆手为雨，为所欲为”。莎士比亚借泰门所说的这些话，所作的这些议论，其思想内涵是异常深刻的。

另外，作为传统文化的中国戏曲，以及自 19 世纪末以来随着科学技术发展而产生的电影、电视剧等，已进入我们的日常文化生活，其表现出来的丰富内涵、综合之美、传神写意之美、程式美、形式美等给我们的鉴赏开辟了前所未有的空间，由于篇幅所限，在此不作叙述。

第四节　怎样提高文学鉴赏水平

人的文学鉴赏水平各有高低，而水平的高低由多种因素决定的，如，先天禀赋和后天修养（包括艺术熏陶、理论修养、人生阅历、鉴赏实践）等，要提高我们的文学鉴赏水平，就应该高度重视这些方面的挖掘和努力。

一、发现先天禀赋

必须承认，人与人之间先天禀赋是不同的。先天禀赋即天赋。天赋是指一个人与生俱来的生理和心理素质，如身体健康程度，心智聪慧程度等。

不同天赋的人，适宜于学习不同的专业，做不同的工作；天赋的高低，对一个人在学业和事业上的成就是有着相当影响的。有人擅长于形象思维,有人擅长于抽象思维;有人善于从政,有人善于治学;有人喜欢文史,有人喜欢数理;有人钟情艺术,有人钟情科学;有人能在百万军中运筹帷幄,指挥若定,有人能在小小书房眼观六路耳听八方。这种情形在生活中比比皆是。

谈论怎样提高文学鉴赏水平,自然也不能不提到天赋。如果一个人看到文学书就头痛,再优秀的小说,再优美的诗歌在他看来都是索然无味的,那么,这个人的文学鉴赏水平是难以提高的。他天生就不适宜于做与“文学”有关的事。别林斯基曾写道:

> 诗歌最初被心灵所领会,然后再由心灵传达给头脑。因此,如果一个人的心灵天生坚硬而且冷酷,不能感受典雅印象,那么,尽管从小让他日坐书城,接触许多艺术作品,一辈子给他讲解诗歌的道理,他也只能获得诗歌形式方面的素养,学会评断这些艺术作品的外部条件罢了;可是,创作的实质,对于他仍旧永远是一个秘密,他对这个秘密是猜想也猜想不到的。

鲁迅也曾言:

> 诗歌不能凭仗了哲学和智力来认识,所以感情已经冰结的思想家,即对于诗人往往有谬误的判断和隔膜的揶揄。……因为他们精细地研钻着一点有限的视野,便绝不能和博大的诗人的感得全人间世,而同时又领会天国之极乐和地狱之苦恼的精神相通。

以上所述表明,对诗歌或其他文艺作品,仅凭哲学思辨和智力,而缺乏与之相应的天赋来鉴赏是很难的。那么,到底具备怎样的天赋的人,比较适宜于搞文学鉴赏?有人归纳了以下几点:①他是个情感型(而不是理智型)为主的人;②他是个审美型(而不是功利型)的人;③他对语言文字是敏感型(而不是迟钝型)的人。可以说,一个能具备以上条件的人,他的文学鉴赏水平就可能比一般人高出一筹。

二、强调艺术熏陶

后天修养较之先天禀赋,在人类生活的任何领域、任何时候都极为重要。爱迪生说过,天才是百分之一的灵感加百分之九十九的汗水。要提高自己的文学鉴赏水平,至少应在两方面努力:一要多接触文学作品,二要多接触文学的姐妹艺术,并始终把自己置于艺术熏陶之中。

为什么要如此?这是因为文学与其姐妹艺术之根在使命上是相同的,它们都以歌颂真善美,批判假恶丑为己任,且在创作规律和表现手法上也有颇多相通之处。它们相互渗透,相得益彰,吸收对方的长处,来丰富自己。作为艺术活动的结果,它们都能提高人的精神境界,使人们更加热爱生活。作为鉴赏者,提高自己鉴赏能力的做法有:一是增进自己的知识,这在影视艺术最为明显。例如,看电视剧《三国演义》,就能增加对我国从汉末到晋初这段历史的了解;看莎士比亚的戏剧,则有助于认识文艺复兴时期的英国社会。二是认识艺术规律和艺术手法借鉴的作用。譬如，和谐是一种美，任何艺术种类都追求和谐。北宋画家崔白画有一幅《双喜图》。画是立式的，画面的中右部是一处山坡，山坡上有一株树，倾斜着伸向左上方；树上有只喜鹊，正喳喳叫着，俯视下方，另一只喜鹊则正从画面的右上方叫着向它的同伴飞来。如果画家到此收笔，这幅画的布局就不和谐了，因为它的景与物都集中在画面的上半部，下半部空虚，头重脚轻了。画家当然不会忘记这一艺术常识，他在画面的左下方，画了一棵小树和一只野兔。野兔用墨颇浓，墨色鲜明，它或许是被喜鹊的叫声吸引了，正稍稍抬起前腿，回头惊奇地望着喜鹊。这样一来，画面的布局就均衡了，这样才能达到和谐。又譬如，一篇三千字的散文，分五段，如果第一段就把主要内容都写了，花了二千字，后面四段只是"余音袅袅"，平均每段两百多点字，这样的文章，情思、形式都头重脚轻，像个头颇硕大而身躯矮小、四肢细短的怪人，就没有和谐之美。

重视作品从内容到形式的均衡，以求得艺术的和谐之美，这只是艺术海洋中的一个方面。下面再举一个例子，说明文学与音乐也是相通的。学者赵鑫珊先生在他那部颇具声誉的《科学·艺术·哲学断想》一书中，曾这样谈及傅聪的钢琴演奏：

> 傅聪最擅长演奏19世纪波兰钢琴作曲家肖邦的作品，尤其是那些乡愁如织、柔情似水、佳期如梦、略带几分淡淡哀愁的乐曲。许多年来，海内外听众无不叹服一个东方人竟能把肖邦的琴思——波兰民族感情与灵魂的化身表现得如此真挚，如此淋漓尽致，真是令人不可思议！
>
> 傅聪之所以能达到这种艺术境界，原因是多方面的。其中奥秘之一，就是他从小就酷爱唐诗宋词的缘故。……在我看来，这东、西方两大艺术的共同主题和所要表达的感受，不外乎是叹时序之代谢、对故土的眷恋、对远方恋人和挚友的思念，以及春风秋雨、夕窗灯下那撩人的情绪和壮志未酬、书生老去的苦闷……这样一些人类最真挚的感情。……在傅聪的血液里，因为从小就流着唐宋诗词的气质，所以他才能完善地、得心应手地把握住肖邦的钢琴曲旋律所造出的诗境。毫无疑问，一千多年前的唐诗宋词为他理解、表达肖邦的内心世界提供了一个丰富想象力和感情共鸣的深厚背景。

傅聪钢琴演奏艺术之高超，大大得力于他的文学修养之深厚。反过来何尝不能说，一个在音乐、绘画、书法、雕塑、舞蹈等诸多方面的造诣越深的人，他的文学鉴赏水平也将是越高的。此外，还要重视气质培养、情操的陶冶。这是比前两者更为重要的艺术营养，因为文学鉴赏者的审美趣味——喜欢什么样的作品，不喜欢什么样的作品，与哪些作品共鸣强烈，与哪些作品格格不入……归根结底是鉴赏者气质、情操等等形成的整体素养的反映。如许多20世纪40、50年代出生者，比较偏爱那些典雅而节奏舒缓、或深沉悲壮、或优美忧伤、或能催人上进、或极为抒情的歌曲，如《让我们荡起双桨》、《五月里的鲜花》、《毕业歌》、《黄水谣》、《草原上升起不落的太阳》、《康定情歌》、《我的祖国》、《九九艳阳天》、《红梅赞》、《情深谊长》、《满江红》（岳飞），以及前苏联歌曲《遥远的地方》、日本歌曲《北国之春》，还有20世纪80～90年代的《我的中国心》、《九妹》、《真的好想你》、《嫂子颂》、《精忠报国》、《天堂》，以及近期歌曲《青藏高原》、《走进新时代》等等。每当唱起《我的祖国》时，让人特别感到舒心、亲切、激动。

一条大河波浪宽
风吹稻花香两岸
我家就在岸上住
听惯了艄公的号子
看惯船上的白帆
这是美丽的祖国
是我生长的地方
在这片辽阔的土地上
到处都有明媚的阳光
……

聆听和回味,似乎有一股清新、蓬勃的朝气扑面而来。那志愿军战士热爱祖国、热爱故土、热爱母亲、热爱美好生活,为捍卫自由、和平与正义而战的伟大而崇高的国际主义、爱国主义情怀和献身精神无不感人至极。又如张千一作词作曲的《青藏高原》——

是谁带来远古的呼唤
是谁留下千年的祈盼
难道说还有无言的歌
还是那久久不能忘怀的眷恋
我看见一座座山,
一座座山川相连
呀啦索
那可是青藏高原……

欣赏这支歌,似乎使人心胸变得豁然开阔,且情感激荡,眼前展示出无垠的蓝天,雄鹰在展翅翱翔,阳光照映着雄浑壮丽的雪域高原,我们的边防战士就像那一座座山,为了祖国的安宁不畏艰难困苦,日夜守望在边防线上,一种崇敬和爱戴之情在我们的心里油然升起……的确,许多歌曲潜移默化地塑造着我们的气质和性格,陶冶着我们的情操。

要提高文学鉴赏水平,无疑需要多读文学作品。但文学作品多得浩如烟海,举不胜举,作为学生时间精力均有限,只能选择性地读,做到花时少而收益大。一般讲,书可以分为三大类:非读不可的书、随便翻翻的书、介于前两者之间的书。作为学生,重点应选择那些非读不可的书,如:《诗经》、《楚辞》、《论语》、《孟子》、《大学》、《中庸》、部分唐诗宋词、《水浒》、《红楼梦》,以及鲁迅、莎士比亚、歌德、雨果、普希金、托尔斯泰、契诃夫、高尔基等名家的名著。作为一个中国人,一个大学生,一个工程师,如果对上述知识相当陌生,那么,敢断言他的精神底子与人文底子是不可能坚实而丰厚的,甚至可以说是一个素质不高的人。

三、提高理论修养

在文学鉴赏活动中不可缺少理性,因此,理论修养也显得十分重要。为什么这样说,因为在许多文学爱好者中普遍存在以下三个问题:一是头脑里缺乏基本理论知识的储存,阅读文学作品时,不能用理论观点来指导、提炼、升华自己的艺术感受;二是仅理解了某些理论词句和观点,却未能有血有肉地、融会贯通地把握它,当然,也就不可能恰到好处地把它用之于文学鉴赏;三是以为只有引经据典才是理论,自己的独特思想就不是理论,因而忽略了自己对文学、对生活的思考,鉴赏起作品来也就谈不出多少自己的看法。

毫无疑问,要提高文学鉴赏水平,有必要读一点社会科学的书,如哲学、历史、政治经济学、心理学、教育学、文学史、思想史、宗教史等等,使自己的社会科学知识尽可能丰富一些。

当然,鉴赏文学不是鉴赏社会科学理论,但社会科学理论能帮助我们更深刻地鉴赏文学作品。例如,我们读袁宏道的《毛太初》,就与是否熟悉明史很有关系。

弟已得吴令,令甚烦苦,殊不知田舍翁饮酒下棋之乐也。两甥想益聪明,读书何处?肉铺河畔,三叉港前,恐非陶铸举人进士之所,移至县中如何?

大凡教子弟,一要择地,二要出学钱,银中不可夹铜,货中不可夹布,此尤第一紧要事。

计此字到时,田中青翠可爱矣。要得富,须真正下老实种田,莫儿戏。人生三十岁,何可使囊无余钱,囤无余米,居无高堂广厦,到口无肥酒大肉也,可羞也。

这是袁宏道做苏州县令时写给他姐夫毛太初的信。此信有两点值得注意:第一,袁宏道觉得做县令很烦很苦,还不如当个农民,种种田,喝喝酒,下下棋来得快活。这种思想与传统的"学而优则仕"观念大异其趣;第二,袁宏道告诫他姐夫,三十岁了,该好好务农,争取过上小康生活了。要是人到三十而囊中羞涩,食无足够的粮食,住无宽敞的房屋,没有好酒大肉以满足口腹之欲,那是不光彩的。这种思想又与传统的立身观念大相径庭。传统观念是要你"立德、立功、立意",成就一番事业,是要你"谋道不谋食……忧道不忧贫",你却在这里大谈其吃得好住得好。然而,这正是袁宏道思想的可贵之处:这是对"存天理,灭人欲"的程朱杀人理学的挑战和反抗。

袁宏道的思想为什么能如此"解放"呢?这是因为:袁宏道(1568～1610年)生活在晚明时期。晚明时期,由于明朝经过初期、中期二百年间的积累、发展,经济已十分发达,商业也空前繁荣。商品经济大发展的结果,是市民阶层不断壮大,社会风尚显著变迁,人们的思想观念发生了重大变化。曾经为宋明理学家们所否定、所压制、所要消灭的种种个人私欲,这时候被认为是正常人所共有的,是人的本能的体现。这个例子说明,只有我们深入了解了晚明的经济、政治、社会、文化知识,才能准确地鉴赏袁宏道这篇小小的书信散文《毛太初》,不然的话,还会以为作者是个只关心吃喝的庸夫俗子呢!可见,掌握社会科学的理论知识对提高文学鉴赏水平是何等重要。

四、重视人生阅历

文学既是人类生活的反映,又是人类心灵的表现。那么,文学鉴赏者的人生阅历自然是越丰富越好。黑格尔曾说:

同样一句格言,在完全正确理解它的青年人口中,总没有在阅世很深的成年人精神中那样的作用和范围,要在这种成年人的阅历中,那句箴言里所包含的内容的全部力量才会表达出来。

例如,"书到用时方恨少"这句格言的丰富内涵,一般青年学生是体会不到的,他们现在一不教书讲学,二不著书立说,暂时还用不到多少学问,或许会觉得自己读书已经够多了呢。又如,"一失足成千古恨"这句格言的深刻含义,一般青年人也不易领悟,因为他们踏进社会还不久，走过的人生道路还短，还没有遇到过大的挫折，对生活的严肃与严峻还没有深切的体验，怎么能与这句由无数人的血泪乃至生命凝成的格言产生强烈的共鸣呢？鲁迅说：

> 看别人的作品，也很有难处，就是经验不同，即不能心心相印。所以常有极要紧、极精彩处，读者不能感到，后来自己经历了类似的事，这才了然起来。比如，描写饥饿吧，富人是无论如何都不会懂的。如果饿他几天，他就明白那好处。

可见要读懂一个比喻，具有相应的人生阅历（经历）做基础那可是大有好处的。

人生阅历不光指一个人见得多、听得多，“知道”得多，还包括这个人感受得多、思索得多，即情感深沉、思想深刻。情思冷漠而肤浅的人，“知识”再“丰富”也鉴赏不了好的文学作品。杜牧的《泊秦淮》写道：

> 烟笼寒水月笼沙，夜泊秦淮近酒家。
> 商女不知亡国恨，隔江犹唱《后庭花》。

有人不但知道秦淮河是流经南京的一条河，知道商女是以卖唱为生的歌妓，知道《后庭花》即陈后主——陈叔宝所作的《玉树后庭花》，知道陈叔宝是个不理国事、整日过着荒淫糜烂生活的亡国之君，而且还亲身游历过秦淮河，体验过那样的夜生活，听过歌妓的歌唱，但就是没有一点对底层人民的同情，没有一点对为富不仁者纸醉金迷生活的厌恶，没有一点爱伦堡式的“一边是庄严的工作，一边是荒淫无耻”的人生感慨和批判精神，那么，这个人是无论如何也鉴赏不好这首诗的。

人生阅历，有直接的或间接的。直接的，指一个人从懂事起直到死亡的人生经历；间接的，指读书、读报刊、看电影电视、听音乐、观画……所获得的生活知识和感受。从现代社会看，后一种经历似乎显得越来越重要。现代生活纷繁复杂，职业分工越来越细，“隔行如隔山”，人们根本不可能亲历人间的万事万物，这样，通过阅读、观赏来间接了解人世和人生，就比古人显得更为重要和迫切了。

增进人生阅历，还有一项重要内容是不可忽视的，那就是多多地亲近大自然。亲近大自然不仅有益于人的身心健康，而且鉴赏优秀的文学作品则需要健全的身心。在《傅雷家书》中，傅雷一再谆谆教导他的儿子——著名钢琴家傅聪：

> 过度的室内生活与书斋生活恰恰是造成现代知识分子神经紧张与病态的主要原因；而萧然意远，旷达恬静，不滞于物，不凝于心的境界只有从自然界中获得……只有不断与森林、小溪、花木、鸟兽、虫鱼和美术馆中的杰作亲炙的人，才会永远保持童心、纯洁与美好的理想。

大自然的变化直接关系到人类的衣食住行，影响人的心绪，陶冶人的性情。文学是人学，大自然就是“人学”的组成部分。对大自然没有热爱之情，缺少感受和领悟，又怎能鉴赏文学呢？

五、勇于鉴赏实践

文学鉴赏活动形式多种多样，但有人把它概括为三类：一是心想式鉴赏，即一边眼看耳听文学作品，一边心里想着它的好处或坏处；二是口说式鉴赏，看过、听过文学作品，把自己感受到的东西说出来，说给别人听；三是笔写式鉴赏，将自己读、听文学作品后的感受写成或长或短的文章发表出去，与他人交流。当然，也可自己创作一些文学作品，以陶冶情操和与人交流。

心想式鉴赏是运用得最多的，因为只要你读书，你就不可能不边读边想。而只要你能多读，又能多想，你的文学鉴赏水平自然而然就会提高。刘勰《文心雕龙》所谓“操千曲而后晓音，观千剑而后识器”，讲的就是这个道理。一年到头难得读几篇文学作品的人，他的文学鉴赏活动就会失去源头活水。

当然，最能提高一个人的文学鉴赏水平的办法，莫过于笔写式鉴赏。现着重谈谈笔写式鉴赏。朱光潜先生在《我是怎样学起美学来的》一文中，这样谈他的治学心得：

> 做学问光读不写不行。写就要读得更认真一点，要把所读的在自己头脑里整理一番，思索一番，就会懂得较透些，使作者的思想经过消化，变成自己的精神营养。根据这点教训，我指导研究生，总是要求他们边读边写。他们也因此取得了较好的成绩。不过要补充一句，光写不读也不行。

显而易见，朱先生把“边读边写”的好处讲得很清楚了。我想对有志于提高自己的文学鉴赏水平的朋友来说，要紧的是做——多写。写什么？什么都可以写，没有禁区。毛泽东同志说得好：“不动笔墨不看书。”只要是你读书所感所思，不论是思想感情方面的，还是艺术形式方面，都可以写。怎样写？怎样写都可以，不拘一格。可以长篇大论，可以三言两语；可以引经据典，可以自说自话；可随笔，可札记；可写在稿纸上，本子上，可写在书的天头地头上（如果是自己的书）。

但值得一提的是，必须遵循先易后难，先小后大，先浅后深，循序渐进的规律。你一开始就写关于曹雪芹的《红楼梦》，托尔斯泰的《战争与和平》、歌德的《浮士德》的长篇鉴赏文章，那十有八九会失败。因此，还是先选择篇幅小而又较好懂的诗文来鉴赏为宜，且自己的鉴赏心得或文章也短，也好写些。许多人都觉得我国古代的诗话词话，每篇都很短，比较容易鉴赏，如《诗经》中的作品。这里举费振刚《〈诗经〉的经典性》中的一段为例：

> “……‘国风’的一首诗叫做《小星》：‘嘒彼小星，三五在东。肃肃宵征，夙夜在公。寔命不同！’下面是‘嘒彼小星，维参与昴。肃肃宵征，抱衾与裯，寔命不犹’！这首诗现代人是这样认为的：诗的作者或者主人公是一个小吏。‘嘒彼小星，三五在东’，指晚上黄昏时或黎明之前，星光闪烁，但不是很多。‘肃肃宵征，夙夜在公’是讲宵征是在夜里，‘夙夜在公’是讲不管早晨、白天、夜里，都要为公务操劳，所以‘寔命不同’，感到自己的待遇，遭遇特别不一样。此诗实际上是一个小吏对自己不幸生活的感叹。而汉代人讲这首诗就是另外一种说法，叫做‘惠及下女’，所谓‘惠及下女’，是指国君的妻子对国君的妾能够容忍，她不去陪伴国君，而让妾去陪伴国君。而妾自己也知道自己的地位与妻不一样，所以是‘寔命不同’。‘寔命不犹’，也就是妾能体会夫人的恩惠。这样一种解释就完全离开了这首诗的本意，而是在强调当时社会的那种道德伦理观念。……”

像费振刚先生这样的大学者,也如此重视短诗鉴赏,他用了很短的一段话,从不同的角度记下了自己鉴赏的一得之见。这个举例不仅使我们对此诗有了较深刻而准确的理解,更重要的是他的这种精神值得我们仿而效之。

值得一提的是,有些文学爱好者,在文学鉴赏这一过程中,自己学着从事某些体裁或形式的创作,也是屡见不鲜。比如,本章作者比较喜爱诗和散文,在旅游青海、西藏时,目睹高原迷人的风光,那里的山水、草原、鲜花、牛羊和云彩,尤其那勤劳而淳朴的人民,难免牵动内心的许多情思与遐想,很自然地会有一种创作的冲动,用诗的情怀来歌颂这块美丽的土地和生活在这块土地上的人们。

阳光·八月的高原

作者　黄河浪

风儿徐徐飘来雪莲清香
阳光融融拥抱草原牛羊
白云轻轻抚摸雪山笑脸
湖水悠悠荡起碧波鱼翔
八月的高原啊
——如同天使梳妆
歌声在那遥远的地方唱响
心情伴随多姿的云朵荡漾
奶茶飘溢牧人的帐篷写满温馨
舞姿牵动琴手的旋律陶醉太阳
八月的高原啊
——令人心怡神旷

姑娘甩鞭摇落一缕情的遐想
少年跃马驮起一个爱的梦乡
哈达搭成鹊桥一展情深
神鹰携手彩虹喜气洋洋
八月的高原啊
——恋人的好时光

眺望,牧草正青繁花芬芳
祈祷,高原人们幸福吉祥

至此,已从五大要素——先天禀赋、艺术熏陶、理论修养、人生阅历、鉴赏实践探讨了提高文学鉴赏水平的根本途径。文学创作、文学鉴赏、文学批评是文学天地里的三大家族,它们的血缘是很相近的。要想成为一个好的文学鉴赏家,除了上述几方面多加努力外,在今后的学习和工作中,多关心和了解一些文学创作和文学批评方面的知识也是十分必要的。

总而言之,包括自然科学在内的诸多学科与文学有着千丝万缕的联系。因为文学的熏陶,会使人变得情感丰富、善良正直、富有同情心,知书达理,同时使人变得记忆力好、感受力强,想象力活跃,有思想,而且这种思想时时处处都浸染着真善美的情感;因为文学熏陶,会使人变得心地纯洁(受假恶丑的污染甚少),真诚处世,真诚待人,不工于心计,淡泊名利,嫉恶如仇;同时使人变得语言灵敏,善于辨别语言文字的种种微小变化和微妙内涵,善于用语言文字这座桥梁,把自己的工作和生活与他人、与现实社会联系起来,融成一片。在全面推进素质教育的时代,每位理工科学生坚持学习一些文学知识,开展文学鉴赏的重要意义也就不言而喻了。

第七章　书法艺术与欣赏

中国书法艺术是最为独特的东方艺术之一，表现出中国文化的博大精深。书法艺术“无色而有图画之灿烂，无声而有音乐之和谐”，堪称中华文化的灿烂之花，最典型地体现了东方艺术之美和东方文化特色；同时，也是中华民族审美经验的集中表现。

第一节　书法发展简史

中国书法是一门古老的艺术，从甲骨文、金文演变而为大篆、小篆、隶书，至定型于东汉、魏、晋的草书、楷书、行书诸体，书法一直散发着艺术的魅力。纵观历代书法，晋人尚韵，唐人尚法，宋人尚意，元、明尚态。追寻三千年书法发展的轨迹，可以清晰地看到它与中国社会的同步发展，真实地反映出每个时代的精神风貌。

目前，发现原始汉字的有关资料主要是原始社会的人在陶器上遗留下来的刻画符号。不少学者认为，它们还不是文字，只是对原始文字的产生起了引发的作用。汉字的形成时代大概不会早于夏代，并在夏商之际(约在公元前17世纪)形成完整的文字体系。为学术界公认的我国最早的古汉字资料，是商代中后期的甲骨文和金文。从书法的角度考察，这些最早的汉字已经具有了书法形式美的众多因素，如线条美、单字造型的对称美、变化美、章法美以及风格美等，可以说先秦时期奠定了书法基础。

秦代开创了书法的先河。秦始皇兼并天下，臣相李斯主持统一全国文字，使之整齐划一。统一后的文字称为秦篆，又叫小篆，是在金文和石鼓文的基础上删繁就简而来。著名书法家李斯的代表作为“秦泰山刻石”，历代对其都有极高的评价。秦代是继承与创新的变革时期，《说文解字》序说：“秦书有八体”，基本概括了此时期字体的面貌。

隶书的出现是汉字书写的一大进步，是书法史上的一次革命，汉字不但趋于方正楷模，而且在笔法上也突破了单一的中锋运笔，为以后各种书体流派奠定了基础。

汉代可以说是隶书大盛的时期，东、西两汉三百余年间，书法由籀篆变隶分，由隶分变为章草、真书、行书。至汉末我国汉字书体已基本齐备。因此，两汉是书法史上继往开来，由不断变革而趋于定型的关键时期。隶书是汉代普遍使用的书体。

从汉字书法的发展上看，魏晋是完成书体演变承上启下的重要历史阶段，也是篆、隶、真、行草诸体咸备且臻于成熟的一代。汉隶定型化了迄今为止的方块汉字的基本形态。隶书产生、发展、成熟的过程就孕育着真书（楷书），而行草书几乎是在隶书产生的同时就已经萌芽了。真书、行书、草书的定型是在魏晋两百年间。它们的定型、美化无疑是汉字书法史上的又一巨大变革。

南北朝书法家灿若群星，他们继承了前代书法的优良传统，创造了无愧于前人的优秀作品，也为唐代书法形成百花竞艳、群星争辉的鼎盛局面创造了必要的条件。南北朝书法以魏碑最胜。

众所周知，唐代文化博大精深、辉煌灿烂，达到了中国封建文化的最高峰，可谓“书至初唐而极盛”。唐代墨迹流传至今者也比前代为多，大量碑版留下了宝贵的书法作品。整个唐代书法，对前代既有继承又有革新。初唐书家有虞世南、欧阳询、褚遂良、薛稷、陆柬之等。此后，具创造性的书法家还有李邕、张旭、颜真卿、柳公权、释怀素、钟绍京、孙过庭等。唐太宗李世民和诗人李白也是值得一提的大书家。楷书、行书、草书发展到唐代都跨入了一个新的境地。

宋代书法，对其内涵有人作了生动的概括——尚意之情，且表现出四个特点：一重哲理性；二重书卷气；三重风格化；四重意境表现。同时倡导书法创作中个性化和独创性。如果说隋唐五代的“尚法”，是求“工”的体现，那么宋代书法开始以一种尚意抒情的新面目出现在世人面前。

纵观元代书法，其成就大者还在真、行、草书方面。这种以真、行、草书为主流的书法，发展到了清代才得到改变，虽有元一代书风，但仍沿宋习盛于帖学，宗唐宗晋，各有其妙，亦不能以一家之法立于书坛，较之文学、绘画等艺术门类，尚显冷落无成得多。

中国明代书法继宋、元帖学而发展，其最大特点在于突出个性。可划分为三个发展阶段。第一阶段，明初书法陷于“台阁体”的泥潭，虽然擅行草书的刘基、工小楷的宋濂、精篆隶的宋遂以及名满天下的章草名家朱克、宋广表现不俗，但沈度、沈粲两兄弟推波助澜，将工稳的小楷推向极致；第二阶段，明中期书法开始朝尚态方向发展，表现出取法弥高；笔调绝代，风流儒雅，这和当时思想观念的开拓解放有关，书法朝着个性化的新境域迈进；第三阶段，晚明书坛追求大尺幅，震荡的视觉效果，侧锋取势，横涂竖抹，满纸烟云，以丑为美，使书法原先的秩序开始瓦解。代表书家有张瑞图、黄道周、王铎、倪元瑞等。他们的创作不仅对当时而且对后代产生了极为深远的影响。

我国清代书法的总体倾向是尚质，同时分为帖学与碑学两大发展时期。明末书坛的放浪笔墨，狂放不羁，愤世嫉俗的风气在清初进一步延伸，如朱耷、傅山等人的作品仍表现出自我内在的生命和一种不可遏止的情绪表现。碑学在晚清成为书坛的发展主流令人不可小视。阮元、包世臣、康有为大力张扬，碑学作为一种与帖学相抗衡的书学系统而存在。用碑意写字作画，达到了尽性尽理、璀璨夺目的境地，可谓是中国书法文化的一大景观。如果说，帖学家们力图寻找质的愿望没有实现的话，那么这种愿望在碑学那里实现了。

在书坛走向多元化的今天,书法艺术升华到观念变革的层次,这无疑是迈了一大步。书法的现代性并不是简单地取决于书法艺术的形式、结构、线条等外在面貌,而是取决于内在精神的现代化。书法现代性的精神是指当代书法艺术所体现、传导的现代社会的价值趋向。其发展也呈现多方面的显著特点:一是大量的考古发现不仅有利于书法史研究的完善与深入,也对书法创作产生了崭新的影响;二是汉字书法逐渐与写字的实用功能脱离,其艺术性更为凸显出来;三是各种书法比赛、出版、展览等,以及各种组织、团体的成立对现代书法的发展有推波助澜的作用;四是中国书法由于其独有的东方特色,已逐渐为世人所认同,是世界艺术之林的一朵奇葩,在对外交流中不断扩大与兴盛 ,使其影响力日益提高;五是书法教育的普及与蓬勃发展,极大丰富和美化了人们的文化与精神生活。

第二节 书体简介

我国书法历史悠久,书体林林总总,但其大体可分为篆书(大篆、小篆)、隶书、楷书、行书、草书(章草、今草)五种书体。

一、篆书

篆书是最早书体,其笔法比其他书体简单,其结构富有装饰性。所谓:"书法始于篆,学者当先学篆。篆书体划整肃,行白严谨,习之以免弱、俗、荒、斜之病。"这不无道理。篆书的种类很多,可以分为甲骨文、大篆、小篆三类。

(一)甲骨文

甲骨文是殷商时的占卜文字。这些文字因为刻在兽骨或龟甲上,故名甲骨文(如图7-1所示)。最早发现甲骨文是在光绪二十五年,文字是以契刀刻画的,故又名"契文"、"契刻"。文字的内容,除极少数属于记事外,大部分是属于当时王公问卜的记载,故又称"卜辞"或"占卜文字"。此外,因甲骨文字出土的地方在河南省安阳县(原是殷代故都),所以又称为"殷墟文字"。严格地讲,只有到了甲骨文,才称得上是书法。因为甲骨文已具备了中国书法的三个基本要素,即笔、结字、章法,而此前的图画符号并不全有这三种要素。

图7-1 出土的甲骨文

甲骨文字大体上有契刻体与笔写体两种书体,文字风格演变可以说是由契刻体向笔写体方面发展的。甲骨文的笔法总的特点是瘦劲挺拔,直线较多。起笔有方笔、圆笔,也有尖笔，收笔“悬针”较多。

（二）大篆

大篆是籀文、古文、金文、石鼓的统称。从汉代以来，一般人都认为是周宣王时太史籀所造，因而大篆又称为“籀文”。大篆字体，在传世的石刻文字，当以石鼓文最具代表性。此种石鼓无疑是中国最古老而又最可信的石刻遗物。《石鼓文》在书法史上有承前启后的重要地位。石鼓文的字体，大致介于周金文与秦小篆之间，确属秦始皇以前文字，应当是属于籀书的系统，相对小篆而言，可称为大篆，是大篆文字的代表作。其字体类小篆而较繁复，似宗周彝器而较端整，堪称为典重严整。石鼓文历为艺林之宝，但北宋以后，帖学大兴，少人临之，直至清代中叶以后，考古尊碑之风复炽，石鼓文字尤为书家推重。

中国先秦时期流传下来的古文，除甲骨文外，大都是铭刻在铜器上面的文字。因铜器为金属物，故称为“金文”、“吉金文字”。铜器中又以钟鼎为最多之器，故又称为“钟鼎文”。金文用笔与甲骨文契刻味道不同，风格浑厚朴质、鲜活，结体绚丽多姿，书法亦极流动。

图 7－2　峄山刻石

（三）小篆

小篆指秦始皇时命李斯等人实行“书同文字”，以秦篆为基础，在统一六国文字时而出现的一种简化而规范的文字，和大篆并称“秦篆”，以“泰山刻石”为代表字样。小篆由籀文整理而成，曲线圆写，笔画统一匀称，结体谨严，遒劲庄重，兼而有之，如图 7－2《峄山刻石》（秦代）。小篆在中国文字及书法艺术上，都有极大的影响，中国第一部字典《说文解字》是以小篆为规范正字进行字形解析的，小篆是一切篆体的初始规范。

小篆的特点是以毛笔为书写工具，具有圆转流畅的书体风格。①笔画均匀一致，笔形圆转规整，笔势舒展流畅；②形体长圆，大小一致；③一个偏旁在字中任何位置都基本保持固定的形体；④异体字大量消失，小篆是汉字发展史上第一次由政府成功倡导的规范化字体。

二、隶书

隶书是相对于篆书而言的，隶书之名源于东汉。隶书的出现是中国文字的又一次大改革，将中国的书法艺术推向了一个新的境界，是汉字演变史上的一个转折点，奠定了楷书的基础。隶书结体扁平、工整、精巧，到东汉时，撇、捺等点画美化为向上挑起，轻、重、顿、挫富有变化，具有书法艺术美。隶书风格也趋多样化，极具艺术欣赏的价值（如图 7－3 所示）。

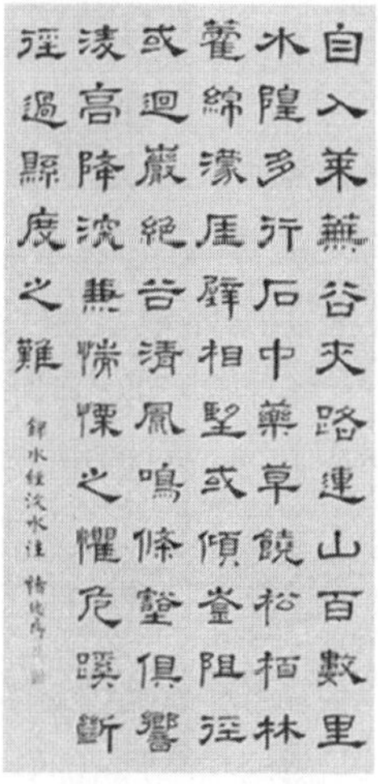

图 7－3　《秋蟹图》

隶书相传为秦末程邈在狱中所整理，去繁就简，字形变圆为方，笔画改曲为直，改“连笔”为“断笔”，与小篆相比，更便于书写，易于辨认。“隶人”不是囚犯，而指“胥吏”，即掌管文书的小官吏，所以在古代隶书被叫做“佐书”。隶书盛行于汉朝，成为其主要书体。作为初创的秦隶，留有许多篆意，后不断发展加工，打破周秦以来的书写传统，逐步奠定了楷书的基础。实际上隶书就是篆书简约一蹴而就。

（一）隶书的类型

秦隶是指从篆向隶逐步演变时的隶书，还未有挑笔，结体浑圆，相近与篆文，多用方笔，又称之为“古隶”，属初级阶段的隶书，如秦的权量、诏版，以及西汉的一些石刻与铜器文字。隶书类型可分为三种：一是汉碑，指两汉碑碣。但西汉碑仅有十多种，且字数不多，波挑不太明显，属秦隶的范畴。所以称汉碑主要指东汉的丰碑巨碣。东汉的隶书点画波磔挑画明显，完全没有篆书的势态，是隶书的典型形象。二是汉简，指汉代竹木简。因汉简大量出土是在近代，所以近代书法家才开始重视借鉴汉简。汉简为汉人真迹，虽然不像汉碑隶书，都是出自名家之手，然而汉简中亦不乏优秀的作品，特别是汉简写的比较随意自然，“不求雕琢”，自有天真的情趣。汉简又带有行草笔意，所以现在书家在写隶书时，往往用汉简的笔法，求其灵动之气；三是清隶，即清人隶书。清代隶书虽流派纷呈，但总是在汉碑的基础上演变而来，并形成各自的风格。例如，清隶九家中，郑簠以草法入隶，金农以吴碑入隶，桂馥掺以缪篆，邓石如行以篆法，伊秉绶行以颜法，陈鸿寿掺以诏版，何绍基广临各家并掺以己意，赵之谦行以北魏，吴昌硕掺以石鼓。所以，他们能在清代书坛上卓然独立。

（二）隶书的特点

隶书的结构特点概括地说有如下三点（如图7－4所示）。一是形体方扁，字取横势。即字形扁方，中间收紧，要压缩上下的高度，尽可能地让撇与波挑向两边伸展，形成竖短横长之势。隶书和楷书一样是随字立形，所以不是所有的字都是扁方，但由于字取横势，所以协调。二是画平直，布白精巧。隶书与楷书不同，楷书虽也强调“横平竖直”，实际上横向右上倾斜，真正地追求横平竖直是隶书。隶书笔画，从左右的布白来说是两边疏、中间密，而点画的结合与分割，是匀称而整齐的。三是波磔撇画，左舒右展。“波”为横画挑笔，波磔的“燕尾”是隶书区别于其他书体笔画的独特之处。为了取得平衡，长舒左足，将撇向左长舒，与右挑的波磔呼应，左右展拓，给人以一种活动、流动、翩翩起舞的艺术感受，可以用“长袖善舞”的谚语形容隶书的横挑、撇、捺之画。

图7－4　隶书

三、楷书

楷书又称正楷、真书、正书。楷书从隶书逐渐演变而来，更趋简化，字形由扁改方，笔画中简省了汉隶的波势，在传世的碑帖中，如颜真卿的《颜氏家庙碑》（如图7－5所示）、王羲之的《黄庭经》、钟繇的《荐季直表》等，都可为代表作。观其特点，诚如翁方纲所说：“变隶书

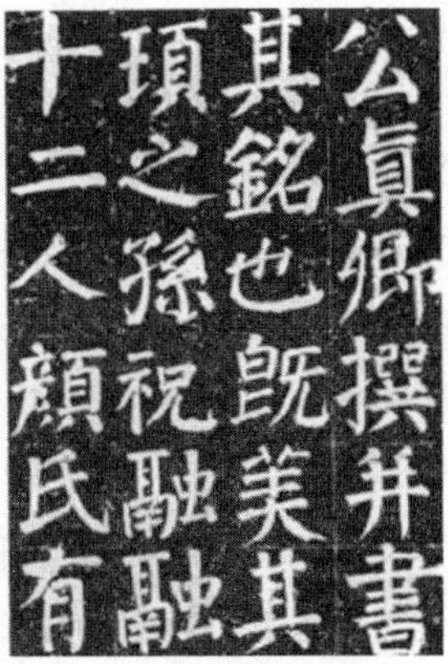

图 7－5　《颜氏家庙碑》

之波画，加以点啄挑，仍存古隶之横直。"《辞海》解释说它形体方正、笔画平直、可作楷模，故名楷书。它始于汉末，通行至今，长盛不衰。

楷书的产生，紧扣汉隶的规矩法度，而追求形体美的进一步发展。汉末、三国时期，汉的书写逐渐变波、磔而为撇、捺，且有了"侧"（点）、"掠"（长撇）、"啄"（短撇）、"提"（直钩）等笔画，结构上更趋严整，如《武威医简》、《居延汉简》等。楷书盛行于六朝，唐代出现了繁荣局面，自秦汉之际产生笔画至三国楷书成型，两晋和南北朝时楷书得到了充足的发展，其质朴雄强的艺术风格与南方的秀丽典雅双峰对峙，各臻其妙，无分上下。楷书鼎盛时期在盛唐承隋楷风格之变，各书家尽显其个性体貌。中唐颜真卿以雄风创新，晚唐柳公权以"柳骨"相媲美于"颜筋"。凡此多变，形成唐楷之大貌。

（一）楷书的类型

楷书大致可分为为魏碑、唐楷、小楷三个类型。其一，*魏碑*。即南北朝碑版的泛称。因为楷书字体从隶书字体中蜕化演变而来，历时较长，许多作品带有篆隶书的笔意，与唐楷风格迥异，其特点有三。一是品种繁多，风格多样。二是古拙朴茂，篆隶遗意。魏碑中许多作品有拙朴之趣，特别是篆隶的体势与笔意十分浓厚，这种天真野逸情调是唐碑所不及的。三是刀味石趣，率直野逸。魏碑与汉碑、唐碑不同之处是，魏碑中有不少作品刻刀粗劣，不像汉碑、唐碑那样讲究。这固然使一些作品显得草率，但也令作品增加了刀刻的味道，加之字口的残损，增加了魏碑的率真野逸、粗犷奇矫的风致。其二，*唐碑*。唐碑中楷书碑版最多，总的说来其风貌与魏碑不同，显得法度谨严，典雅端庄。唐代的楷书，亦如唐代国势的兴盛局面，真所谓空前。书体成熟，书家辈出，在楷书方面，初唐的虞世南、欧阳询、褚遂良，中唐的颜真卿，晚唐的柳公权，其楷书作品均为后世所推崇，奉为习字的模范。以欧阳询、褚遂良、颜真卿、柳公权的影响最为深远，他们各自的特点见表(7－1)。其三，*小楷*。顾名思义，是楷书的小者，创始于三国魏时的钟繇。钟繇原是位隶书最杰出的权威大家，所作楷书的笔意，亦脱胎于汉隶，笔势恍如飞鸿戏海，极生动之致，惟结体宽扁，横画长而直画短，仍存隶书的遗意，然已备尽楷法，实为正书之祖。到了东晋王羲之，将小楷书法更加以悉心钻研，使之达到了尽善尽美的境界，奠定了中国小楷书法的地位。

表 7－1　唐朝几位楷书家的特点

唐楷大家	欧阳询	褚遂良	颜真卿	柳公权
特点	险峻	洒落	浑朴	挺健
用笔	方笔，有隶意，使转分明	多方笔，瘦硬，提按较大	多圆笔，篆意，重按辅毫	方圆并用，控制地铺毫
结体	字形长方，上紧下松，紧密	字形扁方，疏朗	字形方正、宽，布白均匀，腿短	中宫收紧，斜画 紧结

小楷字帖甚多，传世的墨拓中，要以晋唐小楷的声名最为显赫。其中包括了魏时钟繇

的《宣示帖》、《荐季直表》，东晋王羲之的《乐毅论》、《曹娥碑》、《黄庭经》，王献之的《洛神赋十三行》，唐钟绍京的《灵飞经》等。此外，还有元赵孟頫，明王宠、祝允明等小楷作品的墨迹影印本也是非常好的范本。

（二）楷书的笔法特点

楷书的笔法前人总结有永字八法。永字八法其实就是“永”这个字的八个笔画，代表中国书法中笔画的大体，分别是“侧、勒、努、趯、策、掠、啄、磔”，以诸宗元所著《中国书学浅说》一书中解说较为明了（如图7－6所示）。

图7－6　永字八法

笔画一 侧。点为侧，笔锋着纸后向右，慢慢加重力道下压再慢慢上收转向，回笔藏锋视情形改变其角度。

笔画二 勒。横为勒，笔锋触纸向右下压再横画而慢慢收起，作一横向笔画。

笔画三 努。竖为努，为一直向笔画，以直笔之法作开头，竖笔慢慢向下写，向左微偏作一曲度后返回，其笔画不宜直，否则无力。

笔画四 趯。挑为趯，当竖直笔画完后，趁其势顿笔再向左上偏，一出即收笔向上。

笔画五 策。左上为策，笔锋触纸向右压再转右上斜画而慢慢收起，要点是需轻抬而进。

笔画六 掠。左下为掠，又称撇。向左下的笔画，必须快而准，取之中的险劲为要节，出锋需干净利落，利而不坠。

笔画七 啄。右上为啄，又称短撇。为一向左下的笔画，如同鸟啄树般的力道和气势。

笔画八 磔。右下为磔，又称捺。向左下的笔画，徐徐而有劲，收尾时下压再向右横画而慢慢收起。

以上为“永”字八法，是中国书法笔画的根基，练熟此八画后，即可延伸多样笔画，并各得其精神气度。

（三）楷书的结构特点

楷书的结构特点有三：一是因字立形。楷书的结字，必须根据其字原来笔画的繁简长短、大小来组合。楷书的结构因有的字偏长、有的字扁短、有的字略大、有的字略小，故不能像“美术字”那样强求一致，应任其自然。其二，有矩可循。楷书点画一笔不苟，字形一般近方，布白均衡，其结构规矩虽较小篆繁杂一些，但有矩可循。其三，稳中求变。楷书虽强调重心平稳，但也要稳重求险，稳重求奇，稳中求变，因此楷书中已形成了各式各样的流派与风格。

四、行书

行书的起源有两种说法。一说，据张怀瓘《书断》云：“行书者，乃后汉颍川刘德升所造，即正书之小讹，务从简易，故谓之行书。”由此说而知，“行书”是“正书”转变而成的。另一说，据王僧虔《古来能书人名》云：“钟繇书有三体：一曰铭石之书，最妙者也；二曰章程书，传秘书,教小学者也;三曰行押书,相闻者也。”因此,行书亦称行押书,起初当由画行签押发展而来。相闻者,系指笔札函牍之类。

行书既没有正书那样规矩繁难,也没有草书那样狂放难认的弊病,书写自由、字体随和,极赋诗意的同时,又不失个性的体现。因其具有“不拘不放、易认好写”的优点,所以笔札函牍,都使用此体。久之已成为在社会上流行最普遍、在日常生活中最实用的字体,故能自后汉相传至今,历久而弥新(如图7-7所示)。

行书的特点是点画变化很大。可以说是在楷书点画的基础上“添油加酱”,增加了游丝,增加了动势。行书要求笔画有变化,结构更加多姿多态,故《兰亭序》中二十几个“之”字,都各不相同。行书的结构特点大致有三:一是以楷为本,游丝牵引。行书的结构形态,一般与楷书相距不远,虽然在笔画上有增有减,但不像草书那样变得面目全非。另外,行书中点画间的游丝牵引,为结构上不可缺少的组成部分。二是点画跳越,变化多姿。行书的点画虽不及草书纵逸,但跳跃跌宕,较楷书生动。“一”字的点画,忌平行,忌雷同,笔法、笔势均有不同,所以有洒落的情绪。三是以欹为正,行立交替。这是行书结体中的一个原则。行书就是要破楷书结字点画的横平、竖直,并在欹侧中取得平衡。行书中从点画以至结字,也是如行如立,有动有静,有些行书其实是楷书与行草书相间。行书也许重心不稳,然上下左右联系起来看,却得到整体运动中的平衡。

图7-7　米芾行书《蜀素帖》

五、草书

草书是中国文字最为简约的书体。草书的起源,亦如行书或其他书体,无法确指始于何时。《史记》记载:“战国时,楚怀王使屈原造宪令,草稿未上,上官氏见而欲夺之,盖草书之祖起于此。”据此故有草书缘起于草稿之话,可见战国时即已有草书的形成。因为起于草稿的字体,为了发挥速写功能,较为省略草率,自然不能工整,草草写成,顾名思义而为草书。但此种草书,仅能说是古篆(当时使用的字体)的草稿,真正草书的开始发现,则始自汉初。其演变过程,先有“章草”,而后有“今草”,再又有“狂草”等草体了。

(一)草书的类型

可分为章草、今草和狂草三种。一是章草。它是隶书速写而成,故源出于隶。“章草”字体是“隶书”简约,字字独立不相连带;利用符号,一笔万同,是汉隶行书之变体,但仍略带波磔。如果从汉初木简书迹(如图7-8所示)上看,可见初期的“章草”,实际上就是应急的粗率“隶书”变体,故其笔法与结体,无一定规范可循。到了东汉的张芝,章草字体才日臻成熟,至魏晋而登峰造极。其中,著名的书家,如魏朝的韦诞、吴朝的皇象,晋朝的索靖,都称为一代章草的宗匠。二是今草。其为章草演进而成。韦诞说:“今草”与“章草”不同之处,章草字字独之,系速写隶书而成,而“今草”则省去“章草”的波磔,上下牵连,是速写“章草”而成的。“今草”书体由后汉张芝创始,至东晋而达完美的境界,尤以王羲之父子,最擅此体,其姿态之美,变化多端,真是妙不可言,已达到登峰造极之绝妙佳境。“今草”传世的法帖,自后汉的张芝,东晋的王羲之及历代的大书家,兼擅草书,故法帖书迹,流传极多(如图7-9所示)为唐朝宋孙过庭《书谱·卷上》。三是狂草。“狂草”的得名,据传是由于张旭每次作书前,借酒引发情绪,或助自然界的现象来触发灵感,醉后呼叫狂走,再下笔作书。世人以张颠呼之。而怀素在他所书的《自叙帖》(如图7-10所示),曾引李御史丹云:“昔张旭之作也,时人谓之张颠,今怀素之为也,余实谓之狂僧,以狂继颠,谁曰不可。”由上可知,“狂草”一方面是由于所书时的疾速与诡奇,一方面是张旭、怀素所表现出来的癫狂态度而得。

本来草书是足以表现个人的性灵、气度、学养与创新的意境,但狂草的诡奇疾速、恣意纵横、用笔之活、变化之能,于意境更多所启发。草书到此境界,完全脱离了实用意义,是一种纯粹的高度的艺术形式。历代狂草大家还有黄庭坚、祝允明、王铎、傅山以及当代的毛泽东等。

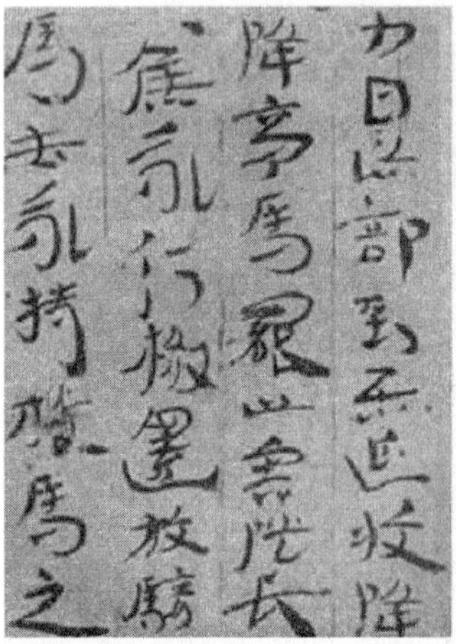

图7-8 章草

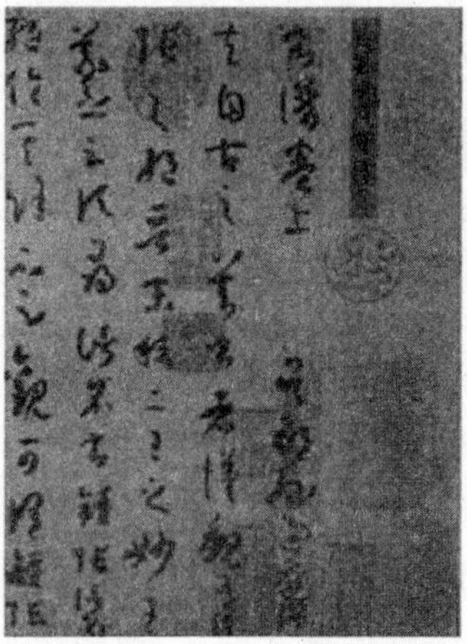

图7-9 今草

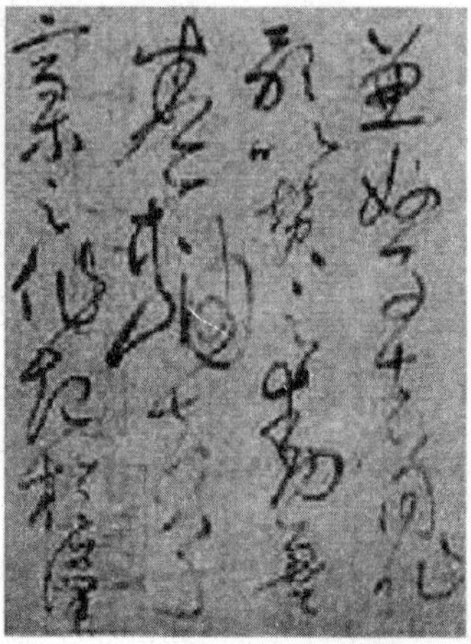

图7-10 狂草

(二)草书的特点

草书的变化比行书又进了一步,狂草点画天马行空,雨花乱险,连绵大草又似枯藤缠树,飞瀑曲涧,纯以神行。草书比起其他字体,书写空间的排列、点线的对应,更能自由地发挥,也就是草书最能表现书法艺术的精神。草书的点画:横无平横,竖少直竖,折笔多圆,勾画多变，撇捺成点，点画见情。

草书结构本着删繁简约，与行笔勾连流畅的原则，其结体尽管各家写法不一，但草法有一定规律。其结构特点有四：一是简约为本，以点代画。若以楷书的结构点画为标准，行数则是有增有减，增是指游丝，减是行书的减略写法，而草书却主要用减法。二是跳跃滚爬，极尽变化。草书应该整篇地看，整行地看，至少也要上下左右的字对照起来看。尽管每个字不一定讲究重心平稳，但要求气足势全。草书字形字态五花八门，极尽变化之能事。三是大圆小圆，连绵跌宕。草书点画多曲，且用使转笔法，忌横平竖直，加以游丝牵引，故其点画线条多呈圆弧形。为求行笔流畅，草书多圆圈，而且常数字为一笔，线条牵连不断，有时二三字似一字，难分彼此。四是草法，约定俗成。草书结字有的从篆隶来，有的符合楷行之法，有的是特有的结字方法，称草法，其中包括异体、别字的草写。草法是约定俗成的，有一定基本规律。

第三节　书法的艺术语言、文化特征及审美

众所周知，汉字为书法的基础，而书法则是通过汉字的点画运动来表现一定情感和意蕴的艺术。可以说，任何一幅书法作品都不同程度上蕴含了艺术语言、文化特征以及审美三个方面的内容，这也是书法欣赏时所需的必备知识。现就上述三个方面作一简要介绍。

一、书法的艺术语言

概括地说，书法的艺术语言主要表现在四个方面，即用笔、用墨、结构和章法。

（一）用笔

自我国古代发明了毛笔到当今使用的各种硬笔均可用来从事书法艺术创作。用笔，系指行笔的方式或方法。历代书家都十分重视用笔，主张用笔要讲究逆入、涩行、紧收，更确切地说落笔要藏、运笔要涩、收笔要回。运笔时要讲究刚柔、急缓、轻重、藏露、提按等。中国书论中所谓"棉裹铁"、"折钗股"，都体现了用笔中刚柔相济的艺术效果。如以中锋为主，侧锋为辅；中锋取劲，侧锋取娇，以使点画达到刚柔相济。书法中点画的刚柔变化直接体现情感的节奏，好似情感的"温度表"。在书写中运用涩笔，仿佛笔下有一种阻力，犹如"逆水行舟"。这样写出来的字就显得含蓄、沉稳。中锋用笔则可以使点画圆劲，气脉通畅，心中的情感好似浸入笔墨、浸透纸背，从而表现出强烈的艺术感染力。

（二）用墨

是指墨的着色程度与变化。墨色对于烘托书法的神采、情趣与意境具有十分重要的功效。所谓"润含春雨、干裂秋风"，"润开娇，燥取险"，"带燥方润、将浓遂枯"等，均是阐述用墨的审美特性的，墨色处理得当，即做到浓淡、枯润等，则可以使书法作品产生血润骨坚的艺

术效果。因此,用笔与用墨相结合,“以笔取气,以墨取韵”,就能使作品表现得更加气韵且生动。

(三)结构

即指字的分间布白、经营位置。结构对于表现作者感情很重要。字的结构犹如建筑,用笔赋予线条的美是在字的结构中表现出来的。因此,在书法创作时,一定要讲究书法的空间特征,如大小、宽窄、敧正等。古人云:“情之喜怒哀乐,各有分数。喜则气和而字舒,怒则气粗而字险,哀则气郁而字敛,乐则气平而字丽。”其所言的“舒、险、敛、丽”都包含了结构之因素。毋庸置疑,在书法创作时,即使写同样的字,由于各自结构上的差别,则可以产生完全不同的艺术效果。

(四)章法

又称为“布白”。它是指书法作品的整体布局。体现作品的整体效果,“布白”是至关重要的。欣赏一幅书法作品,往往会先去感受一下其通篇的黑白大致效果,如虚实关系处理得如何等等。书法中点画的运动是一个连续过程,积画成字,积字成行,积行成篇,全篇构成一个充满生命力的整体,在创作中一气呵成,浑然一体。书法中有“一笔书”之说法,但并不是说全篇每个字都连接在一起,而是指气脉连贯。在点画的运动中形成的各种空间,在布“黑”中同时也在布“白”,这种“白”并不是没有意义的空洞,古人说得好“此时无声胜有声”、“功夫在诗外”。“白”本身也包含了某种意味。因此,书法创作中的“计白当黑”,就是把空白作为一种表现形式,它与点画的实体具有同等美学意义。

二、书法艺术的文化特征

书法作为一种艺术,运用毛笔等这一特殊的书写工具,以汉字语言为书写内容,体现艺术家的个人风格,来表达最深意境和情操,具有独特的精神内涵和艺术特色,其文化特征主要表现在以下几个方面。

(一)以毛笔为书写的主要工具

中华民族用毛笔写字已有两千年的悠久历史,毛笔的特点是柔软、富有弹性,伸缩幅度极大。因此,最能表现线条的粗细、方圆、枯润和曲直等各种姿态。而字形的美,就是从变化着的线条中反映出来的。更确切地说,字的生命、精神与艺术性都有赖于毛笔的表现。用毛笔书写的文字,能反映出强烈的艺术色彩,构成自身独特的艺术语言,使字的形体风格和传统绘画作品一样,呈现出千姿百态、璀璨夺目的特点;如有的柔婉、有的俏丽、有的灵气、有的疏阔、有的雄厚、有的狂放、有的谨严、有的以人气见长,有的以姿取胜等等。

(二)以汉字为书写对象

汉字属于语言符号,除了与其他文字一样用来思想交流、文化传播等功能以外,还有其特有的衍形特点以阐释方式。

“六书”谓汉字的构造,即象形、象事、象意、象声、转注和假借。其中,“四象”为造字法,转注、假借为用字法。“四象”中的后三象又从象形中派生而来,因此象形是整个汉字的本源，也是书法形体美的基础。

作为衍形文字的汉字，它把自然界形形色色的客观实体，浓缩与简化成块架结构的语义符号，因而具有“因形见义”的鲜明的感性特征。有人将汉字形体的丰富性归纳为两个方面：其一，文字派生较多，不仅具“文”和“字”之分，而且“字”因“文”而发展生新；其二，笔画交叉变化，即汉字符号不论独字还是合体字，每个字都具有错杂、交叉的独立空间形式。另外，汉字的方块结构基本由点画组合构成，无论古文字时期的象形组合，还是现代文字的抽象组合，由形象到点画都浸透着鲜明的汉民族文化精神和强烈的生命意识。

（三）以民族语汇为书法内容

书法艺术始终扎根于中华民族文化的沃土，是我国民族文化艺术之精华。它是渊源历史与文化的积淀，使之形成了一种具有独特艺术品格的民族语汇。主要表现在于：其一，书法艺术作为民族文化中的特质现象，不论哪一位书法家，也不论他写的是何种书体、什么样的风格，在书法语义上都流露着一种带有共性的社会精神情感，其情感语汇从来就是在自我精神、自然精神与社会精神的综合体现中得到认可。其二，中国书法艺术历来注重美与善的结合，尤其强调“法”与“意”的统一，“文”与“质”的完满，“功”与“性”的圆成。在书法艺术史上，任何片面追求单纯形式的“唯美”论者，都难免失去其艺术的真正价值；而唯有文质相兼、尽善尽美，方可人书流芳，千古不朽。其三，中国书法作为一种人文精神的载体，具有书象符号与语义符号双重内涵。书象符号是文化人格的物态体现，语义符号则是思想情感的直接流露。二者相互契合，交相为用，在充分表现书法家个性的同时，使中国书法的文化品味也不断雅化和提升。

（四）以个性风格为重要艺术特征

书法“附丽”于文字，文字因其实用性功能而要求书写趋于秩序化、规范化和法则化。书法又超越汉字，因其审美功能而要求书写趋于主体化、个性化和艺术化。也就是说，任何一位书法家，体现其个人风格于作品之中，就是艺术特征的表达。书法史上晋代王羲之、王献之父子虽属家法薪传，但并未妨碍两人各自的个性风格；唐代欧、颜堪称楷法森严，但两人照样各自成家。正是由于书法家所追求的意境和吸收传统的不同，形成了各自的个性和笔墨情趣，才使中国书法艺术魅力无穷。

三、书法艺术的审美

书法艺术的审美品格经过了不断探索和逐渐丰富发展的历程。书法艺术是作用于人心的艺术，所以又有“字如其人”之说。清代刘熙载曾说：“贤哲之书温醇，骏雄之书沉毅，畸士之书历落，才子之书秀颖。”书法艺术特点使艺术主体的个人才情得到充分表露，同时保证了艺术人格的高尚性。所以书法中有人格的显现，有人性的光辉，有生命的气息，有社会的理想，它集中展现了中华民族的审美境界。

（一）形式之美

书法的形式美是以笔画、结构和布局来反映的。笔画为书法中最简单、最基本的要素，它虽然简单但各有特色。例如，点如高峰燧石、横如列阵之兵、竖如巨厦之柱、钩似兵刃之锋等。在结构上，要求做到协调、均衡、有变化，所以书法能一字多变，千字万变，“随形而绰其态，审势而扬其威，每笔皆成其形，两字各异其体”。任何一幅书法作品，应集字成句，集句成篇，对布局更是十分考究。书写过程中，用笔的粗细提顿、用墨的枯润浓淡、布局的疏密虚实、前后的映带呼应等，均极尽变化，尽可能达到绰约多姿，尽善尽美。

（二）抽象之美

由于受文字笔画和字形结构的制约，书法艺术不能像绘画那样能具体地描绘现实中的事物，因此带有抽象性。不难理解，由于书法的结构、线条概括了大千世界的丰富形象，以致书法变得十分丰富和生动，形成了表现具体事物的抽象美。例如，一个“龙”字，虽然没有蛟龙之形，但应具有蛟龙之势；一个“舞”尽管无舞者之迹，但必将体现舞者的优美之姿。欣赏者可以透过字里行间，生发出丰富的想象，体验到无穷的韵味。

（三）动态之美

一幅书法作品，视其点画和文面尽管是静止的，但往往会让人感受到以静示动、寓动于静。例如，有的作品如浩荡的大江、一泻千里；有的又如山涧溪流、涓涓汩汩；有的好比剑拔弩张、威态毕露；有的表现出柔细缠绵、文雅秀美。南朝皇帝萧衍在评价草书时说得好：“疾如惊蛇之失道，迟若绿水之徘徊”。“缓则鸦引，急则鹊厉，抽如雉啄，点如兔掷。乍驻乍引，任意所为。或粗或细，随态运奇，云集水散，风回电驰。”都是形容书法艺术的动态美。

第四节　书法艺术欣赏方法

书法欣赏是欣赏者观看书法作品时的一种审美活动，是对书法家所创作的书法作品的一种感觉和把握的过程。人们对于书法的兴趣和爱好，往往是由于书法欣赏活动引起的，人们的书写能力也往往是随着书法欣赏水平的提高而增强。现代书法家沈尹默说：“世人公认中国书法是最高艺术，就是因为它能显出惊人的奇迹，无色而具画图的灿烂，无声而有音乐的和谐，引人欣赏，心畅神怡。”的确，一件优秀的书法作品令人百看不厌，给人以美的享受。显而易见，只有通过审美才能获得这样的收获。书法审美是一种以书法艺术作品为对象的思维活动，是由于接触作品而产生的。这种活动，也像其他一切认识活动一样，有一个由浅入深、由表及里、由不全面到全面，即从感性认识到理性认识，又由理性认识到感性认识的循环往复、不断深化的过程，需要遵循人类认识活动的一般规律。因此书法在欣赏方法上一般可以从以下几个方面进行。

一、从整体到局部，再由局部到整体

书法欣赏如同欣赏其他艺术作品一样，也要首先抓住第一印象。应首先统观全局，先来

个总体远观，人们对作品进行整体察视，看画面的整体气势，捕捉它的视觉效果，并对整幅作品的表现手法和艺术风格有一个大概的印象。其次，注意用笔、结字、章法、墨韵等局部是否法意兼备，生动活泼。局部欣赏完毕后，再退立远处统观全局，校正首次观赏获得的“大概印象”，重新从理性的高度予以把握，同时注意艺术表现手法与艺术风格是否协调一致，作品何处精彩、何处尚有不足，从宏观和微观充分地进行赏析。

二、展开想象，把静止的形象还原为运动的过程

著名书法家沈尹默先生在论及书法欣赏时指出：“不论石刻或是墨迹，表现于外的总是静的形势，而其所以能成就这样的形势，却是动作的成果。动的势，今只静静地留在静的形中。要使静者复动，就得通过观察者想象体会的活动，方能期望它再现在眼前，于是在既定的形中，就会看到活泼往来不定的势。在这一瞬间，不但可以接触到五光十色的身影，而且还会感受到音乐般轻重疾徐的节奏。”

书法作品作为创作结果是相对静止不动的，欣赏时应随作者的创作过程，采用“移动视线”的方法，依作品的前后（文字、时间）顺序，想象作者创作过程中用笔的节奏、力度以及作者感情的不同变化，将静止的形象还原为运动的过程。只有这样，视觉形象才有可能与动觉结合起来，使视觉控制转化为动觉控制，也就是模拟作者的创作过程，正确把握作者的创作意图、个性特征、情感变化等。总之，书法欣赏是积极的、能动的。

三、从书法形象到具体形象，展开联想，正确领会作品意境

书法被誉为“有情的图画，无声的音乐”。书法欣赏也像美术、音乐欣赏一样，离不开联想或想象。袁昂《古今书评》说：“师宜官书如鹏羽未息，翩翩自逝”；“韦诞书如龙威虎振，剑拔弩张”；“索靖书如飘风忽举，鸷鸟乍飞”……这些形象的描述，显然都是运用联想和想象的结果。如果欣赏者仅仅像认字一样把书法作品看成一些刻板抽象的符号，那就根本谈不上书法的欣赏。所以，在书法欣赏过程中，应充分展开联想，将书法形象与现实生活中相类似的事物进行比较，使书法形象具体化，再由与书法形象相类似事物的审美特征，进一步联想到作品的审美价值，从而领会作品意境。比如，欣赏颜真卿楷书，可将其书法形象与“荆卿按剑，樊哙拥盾，金刚炫目，力士挥拳”等具体形象进行类比联想，从而可以得出体格强健、有阳刚之气、富于英雄本色、端严不可侵犯的特征，由此联想到颜真卿楷书端庄雄伟的艺术风格。

四、了解作品创作背景，正确把握作品的情调

任何一件书法作品都是某种文化、历史的积淀，都是特定历史文化背景下的产物。因而，了解作品的创作背景和创作环境，弄清作品中所蕴含的独特的文化气息和作者的人格修养、审美情趣、创作心境、创作目的等等，对于正确领会作者的创作意图，正确把握作品的情调大有裨益。清朝王澍《虚舟题跋 · 唐颜真卿告豪州伯父稿》云：“祭季文稿心肝抽裂，不自

堪忍，故其书顿挫郁屈，不可控勒。此《告伯文》（如图7－11所示）心气和平，故客夷婉畅，无复《祭侄》奇崛之气。所谓涉乐方笑，言哀已叹。情事不同，书法亦随而异，应感之理也。”可见，不论是作者的人格修养、创作心境，抑或是创作环境，都对作品情调有相当的影响，加之书法作品受特定时代的书风和审美风尚的影响，更使书法作品折射出多元的文化气息。这无疑增加了书法欣赏的难度，同时更使书法欣赏妙趣横生。

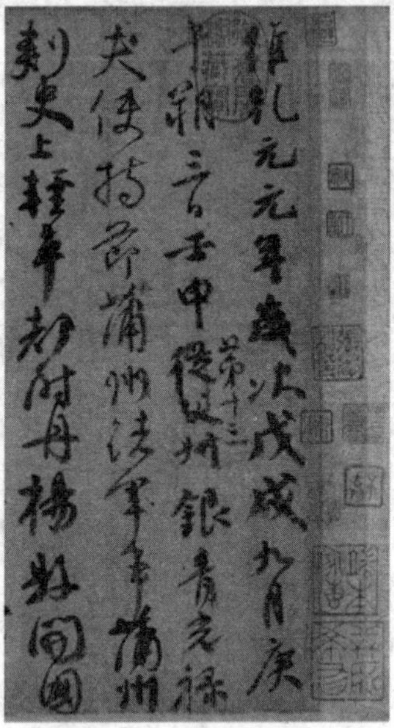
图7－11　告伯文

五、要反复地观赏和品味，发掘作品的内涵美

书法欣赏既然是一种认识活动，也就必然要遵循着人类认识活动的一般规律，有一个由表及里、由浅入深的过程，而这种认识过程不是进行一次就完成的，而是需不断循环往复、以至无穷。书法虽是点画、结体、章法等具体构成的，但作为艺术品欣赏时，必须透过这些现象领略其力感、情感、气韵、风格等所产生的蕴涵美，所以书法艺术又具有相当抽象的特点，这就更需要较长时期的静观和反复的揣摩玩味。有时面对一幅作品，粗看似乎平淡无奇，细看才发现有惊人之妙，以致越看越想看，越看越爱看。相传唐朝书法家欧阳询有一次在外出途中，偶然发现晋代书法家索靖写的碑竟然流连忘返，不能自拔。他先是站着看，然后坐着看，最后索性睡在碑下，细细看了三天才离去。

内涵美比较起形式来，的确是外表不易看清，至少不是一目了然，也不易说清；但它并非不可捉摸，而且可以通过反复欣赏、深入了解和思考，是能够把握的。比较起形式美来，内涵美则更为深刻。一般说，形式美悦人耳目，给人以感官上的快感；内涵美却使人赏心悦目，它感人更深，作用时间也更长久。内涵美、精神美、性情美、意境美、意蕴美等等其含义尽管不容易说清，或不容易说得全面和确切，但至少有以下几个方面：①客观世界万物对它的影响，或说书法艺术是客观世界的曲折反映；②社会存在、社会美学观念的影响；③所书写的特定的文字内容的影响；④书家个人一时思想感情的体现；⑤书家比较稳定的个人气质、素养等的影响都会或多或少、或明显或隐晦的表现为内涵美的某些侧面。

在欣赏书法艺术过程中，还要求对不同的书家作品进行对比分析，研究其异同。这样，才能深入理解前人对著名书法作品所作的艺术特点的概括，才能作出恰如其分的评判，才能把欣赏水平提到更高的阶段。这些都需要在反复玩味之中才能获得。

总之，书法欣赏是一个内涵丰富的心理过程，与书法创作取反向思维的活动。书法创作是集点画以成字，组字而成篇，从而表现出作品的神采境界。而书法品评的第一视觉印象常常是书作的神采、气韵，再审视它的章法，剖析它的结字、用笔，由书作的意向，而联想到生活中种种事物，作者的创作环境和思想活动，从而领会出作品的美之所在。因此，书法欣赏的过程，是一种艺术再创造过程。由于书法欣赏过程中受个性心理的影响，故欣赏者常常带有很强的主观色彩,使欣赏的方法没有一个固定的模式。所谓"仁者乐山,智者乐水",就是人们对这种审美的主观性的生动说法。书法欣赏因人而异,各有所爱,有的喜欢欧体的险劲美,有的喜欢颜体的浑朴美,有的喜欢柳体的挺拔美,有的喜欢赵体的遒丽美……即使同一个人,随着年龄、文化素养、实践经验乃至情绪等变化,对同一件书法作品也会有不同的审美感受。这虽是书法欣赏中的正常现象,但这并不是说书法审美没有标准。任何艺术都是有一定的审美标准的,不能片面强调书法艺术审美的主观性,而否认书法美的普遍客观标准。

另外,欣赏过程中还必须综合运用各种书法技能、技巧和书法理论知识,极大限度地挖掘自己的审美评价能力,尽力按作者的创作意图体味作品的意境。努力做到赏中有评、评中有赏,并将作品放在特定的历史环境中去考察,从而对作品作出正确的欣赏,作出公正、客观的评价。当然,掌握了正确的欣赏方法以后,再放眼历代碑帖名迹,辨其同异,审其出入,察其精微,是提高欣赏能力的重要途径。古云:"能观千剑,而后能剑;能读千赋,而后能赋",说的正是这个意思。

第八章　摄影艺术与欣赏

摄影是一门具有纪实性的造型艺术，自1839年法国的达盖尔发明该技术以来，已有170多年的历史。它作为一门独立存在的艺术则是20世纪30年代之后。

摄影艺术是伴随着现代科学技术的发展而产生和发展起来的。目前，它已成为人们精神文化生活不可缺少的组成部分，其所具有的艺术魅力越来越展示出强大的生命力，不仅能使人增长智慧、并能提高人们的审美能力；同时，对陶冶情操、丰富生活内容，尤其加深人们对生活的认识和理解均大有裨益。

本章将对摄影的基本知识与要素、摄影艺术的主要类别、审美特征以及欣赏方法等作一简要介绍。

第一节　摄影的基本知识与要素

摄影，它是以物理光学、光化学、机械学、电子学的综合应用为手段来摄取实际存在于相机镜头前的物质图像，通过塑造可视的画面形象来反映生活，表达思想感情的造型艺术。其特点是：表现手法独特、艺术感染力强烈，反映的形象具有真实性、快捷性、实用性和普遍性。摄影作为一门技术或艺术，需要了解以下基本知识和要素。

一、基本专业术语

（一）焦距

是指透镜中心到其焦点的距离。焦距的单位通常用毫米（mm）来表示，一个镜头的焦距一般都标在镜头的前面，如f = 50毫米（标准镜头），28 ~ 70毫米（最常用的镜头）、70 ~ 210毫米（长焦镜头）等。

（二）光圈

用于控制镜头通光量大小的装置。

（三）快门

用于控制曝光时间长短的装置。快门一般可分为帘幕式快门和镜间叶片式快门以及钢片快门三种。其中，帘幕式快门又可分为纵走式帘幕快门、横走式帘幕快门。钢片快门可以达到更高的速度(目前最高快门速度可达 1/12000 秒以上)。镜间叶片式快门的最高速度一般不超过 1/500 秒,但镜间叶片式快门的最大优点是拍摄时产生的噪音极低,有利于抓拍,并可以实现全速度范围内同步闪光。

(四)快门速度

是指光线扫过胶片的时间,即曝光时间。譬如,“1/30”是指曝光时间为 1/30 秒,同样,“1/60”是指曝光时间为 1/60 秒,其余以此类推。有些资料也将快门速度称为快门时间。

(五)景深

为影像相对清晰的范围。景深的长短取决于三个因素:镜头焦距、相机与拍摄对象的距离、所用的光圈。景深与以上三者的关系是:一是焦距越长,景深越短;焦距越短,景深越长。如,在同样的光圈和距离的情况下,28 毫米的镜头的景深要远远大于 70 毫米镜头的景深;二是距离越近,景深越短;距离越远,景深越长。如,在同样的焦距、光圈的情况下,拍摄对象在 10 米时的景深要远远大于拍摄对象在 1 米时的景深;三是光圈越大,景深越短;光圈越小,景深越长。如,在相同的焦距、距离的情况下,光圈为 F16 时的景深要远远大于光圈为 F4 时的景深。

(六)感光度

表示感光材料感光的快慢程度。感光度的单位用“度”或“定”来表示,如“ISO100/21”表示感光度为 100 度/21 定的胶卷。感光度越高,胶片越灵敏,即在同样的拍摄环境下正常拍摄同一张照片所需要的光线越少,其表现为能用更高的快门或更小的光圈。200 度的胶卷感光的灵敏度是 100 度胶卷的 2 倍,400 度的胶卷的灵敏度是 200 度胶卷的 2 倍,其余以此类推。

(七)色温

各种不同的光所含的不同色素称为“色温”。色温的单位为“K”。通常所用的日光型彩色负片所能适应的色温为 5400 ~ 5600K,灯光型 A 型、B 型所能适应的色温分别为 3400K 和 3200K。所以,要根据拍摄对象、环境来选择不同类型的胶卷,否则就会出现偏色现象(除非用滤色镜校正色温)。

(八)曝光

是指光到达胶片表面使胶片感光的过程。需注意的是,曝光是指胶片感光,这是要得到照片所必须经过的一个过程。这和非专业人士所说的“曝光”大不相同,他们所说的“曝光”是指因相机漏光导致胶卷作废的意外事故。

(九)相对孔径

是指镜头有效通光口径(光束直径)与焦距的比值。相对孔径越大,镜头就越“快”,如 1.0∶2.8、1.0∶3.5、1.0∶4.5 等。在变焦镜头中,一般把相对孔径固定的镜头称为专业镜头,把相对孔径不固定、但相对孔径在 1.0∶2.8 ~ 1.0∶1.4 之间的镜头称为准专业镜头,其余则称为普及型镜头。

(十)曝光组合

是指在同一拍摄环境中可以使用不同的光圈和快门的组合。比如,用测光表测得快门为 1/30 秒时，光圈应用 5.6，这样，F5.6、1/30 秒就是一个曝光组合。我们也可用 F4 和 1/60 秒的曝光组合代替（二者等效），也可用 F2.8 和 1/125 秒的曝光组合代替。也就是说，这几个组合是等效的。但特别要注意的是，虽然这几个曝光组合是等效的，即曝光是准确的，但不同组合所获得的景深是不同的。

二、构图的基本要素

摄影构图又称取景。摄影构图是运用摄影的造型原则，把具有高度、宽度和深度的立体景物，表现在只有高度和宽度的平面照片上。

摄影构图可从三个方面考虑。一是在摄影取景时先选择拍摄内容，以及与拍摄内容相关的景物，在摄影构图上称为选择主体与陪体；二是在选择主体与陪体的同时，选择拍摄角度，从而完成主体与陪体在画面上的布局，这在摄影构图上称为选择拍摄方向、高度和距离；三是在选择拍摄角度时，运用被摄体的形象特征，完成线型构图和平衡处理，使摄影构图上一个层次，达到更高的水平。

（一）主体

主体是摄影最主要的拍摄对象，一幅画面要有明确的主体，没有明确主体的画面，将是失败的构图。在取景构图时，要通过对各种被摄体的相互比较，找出最具特性、典型性的物体作为被摄主体。主体的选择要符合构图简洁的原则。

在画面上安排主体时，要注意的位置、画幅与水平线、方向性及完整性。

（二）陪体

陪体是指主体前面和后面的景物，在主体前面与照相机之间范围的陪体称为前景，主体后面的陪体称为背景，因此陪体是由前景和背景组成的。陪体在构图中是不可缺少的画面组成部分，有助于说明主体所处的环境，并能与主体构成情节，加深人们对主体的认识和了解。陪体的选择要服从于主体的内容，不论是前景还是背景都要有助于画面构图，能起到烘托主体的作用。俗话说"红花要靠绿叶衬"，如果把红花比喻为主体，那么绿叶就是陪体。陪体与主体是呼应关系，但不能喧宾夺主、主次不分，否则就失去了陪体的作用。

（三）方向、高度、距离

方向、高度、距离统称为拍摄角度。在选择主体与陪体的同时，画面构图还要靠照相机的方向、高度、距离的变化来完成。掌握好照相机的方向、高度、距离之间的变化关系及其规律，对于主体的表现和构成一幅完美的画面是极为重要的，任何一张照片都是照相机在不同方向、高度、距离的变化中产生的结果。如方向可分为正面方向、侧面方向、斜侧面方向以及背面方向，拍摄时应根据不同的物质对象，不同的环境，不同的要求而选择方向；高度，是指照相机与被摄体的水平关系。照相机与被摄体处在同一水平线上时为平拍，照相机高于被摄体时为俯拍，照相机低于被摄体时为仰拍。平拍、俯拍、仰拍会产生不同的画面透视效果。距离，系指被拍摄物体到镜头之间的相隔长度。

（四）线型

线型又称线条构图，是摄影构图中运用被摄体形状特征来安排画面的一种形式。线型实际上是指被摄体的形状。被摄主体的线型在构图中称为主线，是线型构图的骨架，陪体的线型称为辅助线，主线与辅助线组成了变化不一的画面。线型构图是摄影造型的基础，是摄影的一种表现手法。线型构图的画面具有布局合理、形式感强的特征。

任何被摄体都有自己的线型结构，构图时应该把所有被摄体看作是各种形状的线型，随后按线型构图规则将其安排在画面中。画面中线型排列得越长，就越能吸引观众的视线，线型效果越好，观众的视线在画面上就停留得越久。

客观物体的线型有自然形成的，也有人为排列的。摄影构图时要找出容易被忽视的各种线型，通过选择不同的拍摄角度、不同的光影造型、不同焦距的镜头等，完美地把被摄体的线型美感表现出来。

（五）画面的均衡

均衡又称平稳、稳定、平衡。均衡是摄影构图的基本原则之一，它是指正确处理好主体与陪体之间的轻重、大小、虚实、疏密、繁简、对比等关系，使画面取得总体布局上的稳定。均衡同时又是人们欣赏画面的视觉要求，因稳定的画面令人悦目，不稳定的画面会使人产生不安定的感觉。

均衡并非要求在画面上平均分配被摄体，而是通过取景构图，合理处理好被摄体在画面上的稳定关系。均衡是整个构图中必须考虑的因素。均衡是要求画面有稳定感，不失去重心。当然，也可以采取非对称均衡处理，该方法的原理有如“秤砣虽小压千斤”之理，利用主体与陪体之间的大小变化、色彩对比、动静结合、虚实关系等，通过合理布局，使被摄物体之间的比例关系在画面上表现得当，取得总体上的均衡。

（六）用光

摄影离不开光，摄影用光有两个基本目的，一是为了满足曝光的需要而提供足够的照明，二是为了控制被摄体再现的效果。光给人的感觉具有重要的表达性，有些光是硬的、刺目的、聚集的、直接的，有些光是软的、柔和的、散射的、间接的。在摄影中，光能影响被摄物体再现的形状、影调、色彩、空间感、美感以及真实感，光也能强化或削弱甚至消除被摄体某些方面的表现。

在用光过程中，一是要注意光源和光源的性质。如直射光可以造成明暗对比强烈的造影效果，使被摄物体形成清晰轮廓。二是光的投射方向。如侧光能很好地表现被摄物体的形状、主体感和质感。三是光的造型。如主光的造型，其作用在于主光照明决定了画面主要影调趋向。例如，顺光作为主光，往往在画面中形成明亮影调，而以侧逆光为主光画面影调结构往往偏暗、凝重；主光的方位对画面中被摄体的立体感、画面纵深感都有决定性的作用。顺光的照明对被摄体的立体感、画面纵深感表现较弱，而侧光、侧逆光对被摄体的立体感、画面纵深感表现则较强。四是眼神光。是通过在人物眼球上的小光斑使眼睛能传神生动，用以刻画人物的神态。眼神光的应用往往是拍摄人物的近景和特写。五是修饰光。值得一提的是，现在摄影还常用到修饰光，该光往往用于被摄体某些部位由于照明不足或不够突出，另用光进行修饰照明，例如头发、服装、面部某一处或环境某一处等。所以，修饰光的作用是为了美化被摄体，使其更富有形象的感染力。

(七)影调

影调指画面上的明暗层次、虚实对比及色彩的明暗关系。经过摄影的曝光、冲洗等过程,现实生活中不同亮度的景物按比例在画面上形成许多不同深浅的黑、白、灰和彩色颗粒,它们排列在画面上,显示出原景物的亮度、色彩和明暗关系,从而使人们联想到具体的事物,认出其形状、体积和质感。摄影画面中的形状、线条,色彩,都是由不同深浅的黑、白、灰和彩色颗粒组合而成的。影调的作用表现在:突出主要形象,创造情绪气氛、取得特殊的艺术效果等。

(八)色彩

黑白照片上的影调主要体现为明暗效果,彩色照片还要涉及色彩问题。从对色彩的感受上分,主要有暖色与冷色两大类。红、橙、黄、白等颜色,使人联想到阳光、火光,称为暖色;绿、青、蓝、黑等颜色,使人联想到树阴、月光、黑夜、水等,所以称为冷色。摄影艺术正是通过作品中的影调明暗对比的无穷变化,使人在欣赏时不断产生情绪上的联想和感受,并由此产生对艺术和生活的共鸣,令人震撼。

色彩既作用于造型,也作用于人的情感。摄影时要注意色彩的基调(色彩的选择)、色彩的对比(主体和背景的色彩关系)、色彩的和谐(色彩的明暗过渡)及色彩的饱和度等。

第二节 摄影艺术的主要类别

摄影艺术有各种不同的分类。根据拍摄的目的,可以分为实用摄影和艺术摄影;根据拍摄的手段和胶片,可以分为黑白摄影和彩色摄影;根据摄影所需器材、技法和条件,还可分为普通摄影、航空摄影、近接摄影、显微摄影、立体摄影、红外摄影、全息摄影等。从摄影的内容上分,又可分为人像摄影、风光摄影、静物摄影、生活摄影、新闻摄影、舞台摄影、体育摄影、时装摄影、建筑艺术摄影、艺术广告摄影等。下面简述人像摄影、风光摄影、静物摄影和生活摄影。

一、人像摄影

人像摄影是以人物为主要拍摄对象的摄影艺术。它要求准确地捕捉所摄人物的外貌特征,努力刻画人物的内心世界,做到形神兼备。譬如,郑景康摄的《齐白石老人》那清澈深邃直视观众的目光,将这位老画家对生活明察秋毫、体验入微的特征表现得活灵活现(如图8-1所示)。

图8-1 齐白石像
(1995年 郑景康摄)

与其他种类的被摄体相比,人物照片往往引起观众更为强烈的共鸣。人像佳作不仅仅展现被摄人物的外貌,它还应该是一部视觉传记,即通过捕捉人物的特征,揭示人物独特的个性。人像可以是在对被摄体毫无了解的情况下拍摄的照片，也可以是摄影师被授命去执行一项特殊任务时拍摄的比较正规的照片。由于涉及到方方面面，所以有许多技术性问题需要处理，不同的情况下需要配备不同的影像效果；不同的拍摄视点适合不同的人物面容，可美化不同的背景。人像摄影并不局限于对静止人物的摆布，用闪光灯抓取运动中的人物可使人像显得生动、活泼，而捕捉人物活动时间的瞬间会使影像产生意想不到的结果。后者尤其适合于儿童，因为儿童的耐心比较差。在人像摄影中，千万不要忽视背景和布景的重要性，在户外或在人物熟悉的环境里拍摄人像，能使影像达到在摄影棚环境里所达不到的拍摄效果。世界名人肖像摄影大师尤索福·卡什的名作《丘吉尔》，此照片摄于1941年12月，是卡什的成名之作，时年33岁。在允许拍照的时间里，丘吉尔总叼着雪茄，神情闲散，与人们熟知的坚毅、自信、镇定不相符，于是卡什走近丘吉尔，一把扯掉了他嘴上的雪茄，丘吉尔正要发怒，卡什按下了快门。就这样，诞生了一幅世界名作（如图8－2所示）。

图8－2　丘吉尔像
（1941年　尤索福·卡什摄）

二、风光摄影

风光摄影以名山大川、乡村田野、风土人情、城市风貌、建设新姿等风景为主要拍摄对象。风光摄影不但要表现自然美，更重要的是，要表现人对自然美的感受，表现作者强烈的感情色彩和审美情趣，注意意境的营造。风光摄影的一般要求如下：

（一）主题要鲜明

在拍摄风景照片之前，一定要有明确的拍摄意图、照片的主题和表现的内容，并且心中要有设想。根据这一要求，在拍摄风景照片时，要大胆取舍，把不必要的、杂乱的景物从画面上避开，使主体在位置远近、形体大小、色调对比上都能处于主要地位，使画面集中，生动而优美。

（二）特点要抓住

风景照片要反映不同的地方特色，使照片的表现力大大增强。在拍摄工业风光、城市风光、农村风光时，除了要注意反映地区的特色外，还要注意时代特色和民族特色等，要拍摄那些最能反映我们时代本质的画面。

（三）重点要突出

拍摄表现我国自然界新事物、新面貌的画面，是风景摄影的主要任务，也是拍摄的重点内容。风、花、雪、月、小桥、流水等小景，固然可以调节人们的精神文化生活，但不能把这些作为重点来表现。

（四）时间要适宜

一张风景照片，要交代拍摄的时辰。清早，远景处于浓雾的笼罩中，显得朦朦胧胧，这时太阳刚从东方出来，透过晨雾散射出光芒，能给人以清新悦目、奋发向上的感觉。傍晚，火红的夕阳散发出绚丽的霞光，给周围的景物披上浓妆，配上适当的滤色镜拍摄，画面的气氛更加浓烈，富有感染力。拍摄城市风景、工业风光，可以利用夜晚的灯光，渲染夜间活动的气氛。

总之，风光摄影要求情景交融、寓意深刻、画面优美、色彩鲜艳、生动逼真、令人向往。例如，美国摄影大师亚当斯的《白宫废墟》（如图 8－3 所示），岩壁上明亮亮的阳光，洞穴中幽黑的去处，如同瀑布流动的竖向线条与岩石坚硬的质感，都形成了强烈的对比而发人深思，残垣与巨大的岩壁相比，显得异常渺小，人生的岁月与造物的年代相比，又是多么的短促。然而，随着年代的推移，人类通过前赴后继的奋斗，显示了更为巨大的力量，古与今、虚与实交错在一起，形成了对岁月变迁的感慨，对自然与人类伟大的赞叹。

图 8－3　白宫废墟

（1942 年　亚当斯摄）

三、静物摄影

静物摄影区别于其他摄影的最大特点，是它所表现的东西都是静止的。诸如工艺品、日用品、食品等等，不仅是静止的，而且体积较小、造型优美。高大的建筑物、巍峨的山峰、精巧的小桥、新式的机床，这些虽然也都是静止的物体，但不属于静物拍摄的范畴。静物摄影区别于其他摄影的又一个显著特点，是不必进行匆忙的现场拍摄，可以根据作者的创作意图进行摆布、导演，然后进行拍摄。

静物摄影要求精心构图，尽量做到新颖简洁。通常在安排所拍的物体时，不要将画面中的物体安排得太多太满，一般选择有特征的物体两三件即可。在布置这些物体时，不要把主体或构图重点置于画面中央，更不能随随便便地任意将拍摄物体集中堆放，不然拍出的画面就会显得别扭而呆板。对静物布置的再创造，也要意境深远、趣味盎然、生动感人，使人从中领略人类的智慧和伟大的创造力。譬如，美丽的插花摄影，将使你领略大自然蕴蓄的美和活跃的生命力（如图 8－4 所示）；丰富新鲜的瓜果蔬菜，使您感受到劳动收获的愉快和生活的满足；精湛的工艺品，使你惊叹人类巧夺天工的智慧；古代文物，使你为古代灿烂的文化而折服。

图 8－4　花篮（静物）

在很大程度上，静物用光取决于画面的各个组成部分，以及在最后的照片上它们将要呈现的透明度、固态程度和色彩饱和度。一般来说，柔和的正面光照明具有一种美化形状的效果，易于展现二维空间。比较而言，侧光照明有利于突出被摄体的表面特征，但投射出的阴影也许会掩盖被摄体的表面细节。

四、生活摄影

社会生活摄影把人与人、人与环境相互间所形成的事件作为摄取的对象。它要求反映生活的真实，反映人们的精神面貌，要有浓郁的生活气息，表现出典型环境中的典型性格。生活摄影的一般要求有以下几点。

(一)反映生活的真实

摄影作品表现的是生活中的真人真事，这是生活的真实。生活真实虽然是客观存在的，但这是自然形态的东西，好坏混杂，美丑并存，所以生活中发生的事情，反映到照片上来，思想性应该是健康的，应表现积极的一面，美好东西(如图 8－5 所示)。

图 8－5　周恩来同志晚年生活照

(二)反映人的精神面貌

生活摄影与其他类型的摄影一样，是通过人的具体活动，来反映人们的生活状况，记录人们的生活经历，因此体现人的精神面貌很重要，也要以形传神(如图 8－6 所示)。有些生活摄影作品，只见人物外貌，不见人物之心，这种作品既谈不上真实地记录，更谈不到艺术的价值。

图 8－6　人民子弟兵在汶川抗震救灾

(三)有浓烈的生活气息

生活摄影作品一定要有浓烈的生活气息,它和其他摄影创作有所不同,没有生活气息的作品,内容干瘪,形象呆板。因此,作者一定要学会抓拍真实镜头,切忌矫揉造作和弄虚作假。

第三节 摄影艺术的审美特征

摄影艺术最基本的审美特征可以概括纪实性、瞬间性和造型性三大方面。

一、纪实性

摄影技术的属性告诉人们,摄影艺术是用再现现实生活中实际存在的客观事物的形状、形态、质感、色彩及其周围环境的方法,来反映生活的真实性。它的艺术形象只能直接来源于生活,具有现场纪实的性质,因此可以给人一种现场感、真实感和亲切感,可以使一切美好形象永存,从而大大增强了它的审美能力。一张绘画作品尽管十分逼真,它在人们心理上的真实可信的程度,也难以和一张照片相比较。可以说,摄影艺术所独有的纪实本领,使摄影具有文献性、凭证性和纪念性,使人生更为生动而悠远。

二、瞬间性

众所周知,一幅摄影作品的画面,只是在事物运动的一瞬间记录。在摄影创作中,错过了时机,抓不住瞬间,形象就会改变,甚至一去不复返,只能成为永远的遗憾。可见瞬间性在摄影过程中十分重要。

摄影作品的瞬间性包括动态的瞬间、神态的瞬间以及形态的瞬间三种类型。摄影艺术的瞬间形象,包含着作者对生活审美的主观评价和情感体验,是对客观生活本质规律认识的客观化和形象化。摄影创作可以有一个较长的酝酿准备过程,但它总是在一个极为短暂的瞬间内完成拍摄的。至于许多瞬息万变的生活现象、稍纵即逝的人物活动、时过境迁的社会事态,则更需要摄影家抓住最能表现形象特征的那个典型瞬间来完成拍摄。摄影艺术的欣赏过程,就是从瞬间形象调动欣赏者的想象,继而引发审美心理活动的过程。

三、造型性

摄影艺术也是一种造型艺术,摄影作品的造型具有无穷无尽的意味。如点、线、面、光、影、色等造型因素,在摄影作品中被摄影家加以创造性地运用,都具有独立存在的价值,从而成为一种有意味的形式,能给人们带来视觉上的愉悦感与审美心理上的满足感。丰富而深刻的内容与有意义的形式的完美结合,使摄影作品具有实态美、真切美、动势美、简约美和意象美等,就会大大增强摄影艺术的魅力与生命力。

第四节　摄影艺术欣赏方法

美国著名的摄影家亚当斯说:“人们往往只会观看照片而不会欣赏照片。”然而,对亚当斯自身来说,他觉得欣赏摄影作品如同欣赏一部交响乐一样。为什么?他告诉我们仅仅会观看作品是不够的,必须学会如何欣赏作品,这就需要懂得欣赏的基本方法。一般来说可以从以下三个方面着手。

一、提炼与升华真实美

摄影艺术在于反映生活的直接性,可以在生活中直接选取精华而成为摄影艺术的花朵。以生活自身的形象反映生活是摄影的优势。但是,这种过程必须经过摄影家头脑的过滤、比较和升华来完成。因为,摄影家拍摄的是人所共睹之景,人所共历之事,现实的客观存在并不一定很差,摄影艺术作品的形象,往往是真实事物的提炼与升华,它能做到寓一般于个别之中。

摄影技术手段的创造性运用,可使摄影艺术具有提炼和概括生活的能力。摄影艺术是把客观世界所显示的具有宽度、高度和深度的“三维空间”,变为只有宽度和高度的“二维空间”。因此,自觉地运用光线、色彩构成不同的影调、色调,以表现出物像的多面结构和各种透视的逼真效果;同时,选择拍摄角度、合理布局画面,采用合适的相机镜头,选取最佳拍摄时机等,都可以强化形象的某些特征,为欣赏者提供一种强烈的心理感受和视觉印象。

显而易见,生活中高尚的品格、美好的感情总往往会在一些平凡的、具体的事物中闪现光辉,丑恶的东西也总是以具体的形象存在,受到人们的痛恨。摄影家的发现与选择,是将平凡的生活美升华为艺术美的一个关键,是技术手段的运用、视点的选择与情感的投入。立体的现实空间,可以因摄影家空间视点的改变而形成无数的摄影平面形象。画面上每一种不同的物态、形状及相互关系,都代表着一种空间方法的视角,都透露着摄影者的内心世界。正是因为摄影家能随心所欲地选择某一空间方位进行拍摄,才真正使画面形象成为主观与客观的结合。使生活中平凡的美升华为艺术的美。

二、体验光影美的追求

光与影是摄影造型的直接现实。在构成视觉艺术的各个因素中,光的作用至关重要。色彩、形状、线条、质感和体积,是光的外部形式。前期拍摄与后期制作,都必须通过光发生效应。大至摄影创作的全过程,小到一个极其微小的细节处理,都会受到光的影响。所以,光是衡量一幅摄影作品优劣的重要尺度。

从摄影审美心理考虑,美是不同层次的内容与形式的统一,是通过借助心理联想与经验来实现的。美包括：内容美、形式美和整体美等。其中，内容美多指拍摄对象的社会、政治、伦理、道德意义所涵盖的伟大与渺小、崇高与低下、善良与残暴等精神内涵；形式美是指由光景、色彩、形状、线条、质感等形式因素渗透表现出来的端庄与细腻、粗犷与典雅、艳丽与质朴、清新与浓郁等形式美之感。内容与形式只有在相互依存、和谐一体中才能使美臻于统一完善，才能形成整体美感。这一整体美感需要借助于人的心理体验，在主、客体的相互交流中得以实现。这一整体审美原则，正是考察光景、色彩、形状等媒介的特征及其运用规律的准则。为此要求摄影家必须对光与影的特性、作用以及可能产生的美感，且具有明确的认识。例如，影调的等级配置，就决定了作品的基调是柔还是刚；从最深到最浅的影调过渡，柔调层次多，变化趋于缓慢；硬调层次简明，过渡趋势急剧。柔调作品浑然一体，具有西方油画一样含蓄与厚重；硬调作品对比明快，近似于版画。因此，自觉地、能动地追求光影美，摄影作品就会给人以强烈的视觉吸引，并令人久久回味，作为一个摄影家应充分注意到这一点。

三、感受作品的个性与情感特征

色彩是人们感知客观世界空间存在形式的基本视觉元素。在绘画中注重色彩品质，在摄影中则强调质感，这也是色彩的一种表现形式。所谓质感，是人们借助于触觉来判断事物质地的薄厚、粗细和硬软，并以此鉴别一幅摄影作品影调所达到的可触可感的逼真程度。画面光色虽然真实，如果质地不美，就会降低其美学价值。所以，摄影家总是千方百计以自己的不同技法，创造光色品质的最佳。它不仅是视觉艺术语言的一个重要组成部分，而且也是衡量艺术家智力和审美能力高低的标杆。

色彩的美不在于单一色彩的本身，而在于色彩的相互关系之中。在现实生活中，人们说某种色彩美的时候，实际上总是在大自然的和谐的色彩组合中来感知的。蓝天、白云、绿树、红花，它们都很美，因为它们是在相互组合之中的。对色彩的审美特征是：它所确定的不是简单的色彩，而是色彩的组合。因此，要通过调动空间角度，选择景物本身的色彩和光线条件，利用镜头的特性和后期制作等手段来控制色彩。譬如，通过色彩的对比，提高形与色的造型能力，使视觉具有跳跃、流动的节奏感；建立色彩的重音，使主体悦目突出，形成视觉的重音；确立色彩的基调，将欣赏者的情绪和感受带入预期的意境中去。正如世界著名的雕塑大师罗丹所言：“色彩的总体，要表明一种意义，没有这种意义，便一无美处。”

当然，摄影艺术的审美还不仅仅是以上所言，现代科学技术日新月异，许多高科技手段等正在被摄影艺术实践所采纳所借鉴。因此，在摄影艺术审美上也需要从更广阔的视野、更新的角度去加以研究和拓展。

第九章　音乐艺术与欣赏

音乐是一种以声、情动人的感情艺术，能够认识这种艺术的伟大，感受她的魅力，无疑是人生的一大幸事。我国著名作曲家冼星海在谈到音乐时，曾这样说："音乐是人生最大的快乐；音乐是生活中的一股清泉；音乐是陶冶性情的熔炉。"著名作家高尔基在欣赏音乐之后的感言是："当你听音乐时，你会忘记这是白天还是晚上，忘记自己是老人还是孩子，忘记一切。"的确，音乐那独特的旋律美与和谐美，能激起人类情感的浪花，拨动人们的遐想之弦，使人们感觉到心灵深处的纯净美好，生命与生活的斑斓多姿。毫无疑问，音乐这一伟大的艺术成为了人类精神享受的最高形式之一。除此之外，科学研究还表明，音乐可以促进人的智力开发、智能提高、记忆力增强，以及想象力和创造力的培养；可以使人保持旺盛精力，消除疲劳，有助于健康等。为此，我们了解一些音乐知识，提高音乐鉴赏能力，其意义也就不言而喻。本章就音乐的基本知识、音乐艺术的审美特征、音乐艺术欣赏方法及作品欣赏作简单介绍。

第一节　音乐基本知识

作为声音的艺术，音乐是通过有组织的乐音和通过节奏、速度、力度、音区、音色、旋律、和声、复调、调式和调性等诸多因素不断变换、对比和不同组合而成，体现在音乐的音响之中，形成艺术形象，以用来抒发和揭示人们内心的感情，或描述客观事物，反映社会生活等。

一、音乐语言的基本要素

音乐作品的思想内容、形象与艺术美，必须通过音乐语言的各种要素方能表现出来。音乐语言的基本要素有以下 11 个方面。

（一）旋律

也称为"曲调"，是按照一定的高低、长短和强弱关系而组成的音的线条。它是塑造音乐形象最主要的手段，是音乐的基础与灵魂。旋律又分为声乐旋律和器乐旋律两种。前者是为人声演唱而创作的，与人的声音语言有密切的关系。其特点是音域较窄，富有歌唱性；后者是为乐器而创作的，与乐器的特点有着密切关联，其特点是音域较宽，速度和力度变化比较大，富有节奏性和技巧性。旋律是将所有的音乐基本要素有机地结合在一块，表现出音乐的内容、风格、体裁和民族特征等。

（二）节奏

即组织起来的音在进行时的高低、长短和强弱关系。音乐节奏的变化表现为音乐的紧张与松弛。在整个乐曲或其部分中，具有典型意义的节奏，称为“节奏型”，它可以表现出乐曲的风格、类别等特点。

（三）节拍

是指强拍与弱拍有规律地交替和循环重复。强拍与弱拍的组合方式不同，就会形成不同的“拍子”。正常的节奏是按照一定的拍子而进行的。

（四）速度

是指音乐进行的快慢程度。音乐速度的快慢与乐曲的内容密切相关。准确的速度是准确表达音乐所要表现的思想情感的前提，不准确的速度会不同程度地破坏音乐形象。

（五）力度

是指音乐进行时音的强弱程度。音乐的强弱变化和乐曲的内容有着密切的关系，对音乐形象的塑造起到十分重要的作用。

（六）音区

是指音的高低范围。各音区所具有的音色特性在音乐中均有不同的功能与特点。

（七）音色

是指发音体发出的音响特色。不同的人声、乐器及不同的组合都具有不同的音色。不同音色的对比和变化，可以丰富和加强音乐的表现力与感染力。

（八）和声

是指两个以上的音按照一定规律同时结合。和弦是和声的基础，即由三个或三个以上不同的音，根据三度叠置或其他方法同时结合而构成。和声的功能和作用直接影响到力度的强弱、节奏的松紧与动力的大小。

（九）复调

是指在音乐中两个或几个旋律的同时结合而组成相互关联的有机整体。不同旋律的同时结合称之为“对比复调”；同一旋律隔开一定时间的先后模仿称为“模仿复调”。采用复调手法能够丰富音乐形象，强化音乐发展的气势和声部的独立性，造成前后呼应、此起彼伏的音乐效果。

（十）调式

是指按照一定关系联结在一起的多个音，但一般不超过七个，其中以一个音为主音。调式是音乐中音高等关系的组织基础，是音乐表现的重要手段之一。

（十一）调性

是指音乐作品中所体现的“调”的特征。它包括了调式类别和主音的音高。调式与调性的转换与对比,是表现气氛、色彩、情绪和形象变化的重要手法。

二、音乐作品的曲式结构

乐曲整体结构叫做“曲式”。音乐作品的曲式结构是指音乐材料排列的方式,也就是音乐的结构布局,其包括乐章、乐段、乐句、乐汇和乐节等。

(一)乐段(一部曲式)

它为曲式中最小的曲式结构,能表达一个完整的或相对完整的音乐思想,也称为“一部曲式”。它在音乐形式上较为单一。可以说所有的其他曲式结构都是建立在乐段基础之上的。乐段是由一个或几个乐句而组成。

(二)二段体(二部曲式)

它为两个乐段按照对比原则构成一体的曲式,又称为“二部曲”。若把乐段用 A 来表示,那么二段体就用 AB 来表示。A 段具有音乐思想陈述的性质,B 段则具有音乐思想发展的性质,运用音乐发展的基本手法中一种或几种表现因素的变化,与 A 段形成对比,从而进一步深化音乐的主题思想。

(三)三段体(三部曲式)

三段体是音乐作品中最常见的结构之一。它是在上述基础上的进一步发展。在该形式中,第一段是陈述音乐思想,第二段为展开音乐思想,第三段是收束音乐思想。三段体用 ABA 来表示,它们之间相辅相成、密切联系。可以说大多数的歌曲、浪漫曲、歌剧中的“咏叹调”以及各种器乐小品等都是采用这种曲式完成的。

(四)回旋曲式

它在音乐创作中被广泛运用,最具特点的曲式之一。不间断的流动感是该类曲式的基本性质。在结构上,它属于三段式的扩展。在三段式中,主题 A 之后是对比的中段 B,然后再回到 A。如果不停止,接着写另一个中段 C,再回到 A,就能构成 ABACAE……这样的形式。这就是回旋曲式。该曲式特点是主部主题每一次出现之后,都有一个与之对比的段落,主题至少要再现三次。因此,回旋曲式是由五个部分及以上的段落构成。

(五)变奏曲式

该类曲式是由主题的最初陈述和它的一系列变化、重复或展开所构成的曲式,图示为 $AA^1A^2A^3A^4$……,这是一种由简单逐渐发展到比较复杂的曲式,其结构与民间音乐有着密切的联系,在专业创作中被广泛应用并得到不断发展。

(六)奏鸣曲式

该曲式是以对比、发展和统一的原则为基础而形成的一种大型曲式。典型的奏鸣曲由三部分组成。第一部分叫做“呈示部”,由两个不同性质的对比主题,即“主部”和“副部”。第二部分叫做“展开部”。在一般情况下,“展开部”是第一部分中主部和副部音乐材料的配合发展或更剧烈的矛盾冲突。第三部分称为“再现部”,它是第一部分“呈示部”的重复或变化重复,从而表现出鲜明的结论意义的部分。

三、音乐作品体裁

在各时代、各民族、各阶层的文化生活中形成的音乐品种或类型，叫做音乐作品体裁。它大致可分为人声演唱的声乐体裁（该体裁中又可分为9种）和乐器演奏的器乐体裁（该体裁中又可分为3种）两大类型。当然，也有些体裁既有声乐曲又有器乐曲的性质，如小夜曲、摇篮曲、船歌曲等，目前尚无严格划分。

（一）声乐体裁

一是民歌。它是一种劳动人民为了表达自己的思想感情而集体或口头创作的歌曲艺术形式。二是进行曲。它是一种节奏鲜明、中等速度、结构方整的歌曲艺术形式，具有鲜明、匀称的步伐节奏特点，多采用2/4，4/4拍子写成。三是颂歌。是指带着崇敬的情感去颂扬美好对象或事物的歌曲艺术形成。四是抒情歌曲。即通过作者对现实生活的感受，抒发其诗化情怀的歌曲。五是叙事歌曲。即叙述故事的歌曲，歌调具有史诗，叙事诗或故事诗的性质，曲调一般都较口语化。除上述之外，还有诙谐歌曲、讽刺歌曲、舞蹈歌曲以及组歌，且各自都有自身的音乐特点和风格。

（二）器乐体裁

一是进行曲。它是用行进节奏写成的乐曲。该类曲按内容又可分为行军战斗曲、庆祝典礼曲、婚礼曲和葬礼曲等。二是轻音乐。它是流行音乐和通俗音乐的总称。该类音乐包括各种流行舞曲、爵士乐、美国乡村音乐、部分电影音乐、民间音乐、轻歌剧和音乐喜剧中的插曲等。其共同特点是：旋律流畅动听、节奏鲜明，不需要较深刻的理解，给人一种轻松、愉快且娱乐之感受。三是各种流行舞曲。它包括华尔兹、快步舞曲、狐步舞曲、探戈舞曲、伦巴舞曲、桑巴舞曲、恰恰舞曲、爵士乐、迪斯科、摇滚乐以及美国乡村音乐。如人们常听到的世界名曲《蓝色的多瑙河》就属华尔兹，也称“圆舞曲”，节奏明确、旋律流畅是它的主要特点；《西班牙斗牛舞》则属于快步舞，它是由波尔卡的跳进舞步发展而成，其特点以节奏强烈且快速而著称；《花好月圆》、《红梅花开》等属于狐步舞曲，其节奏有快有慢，好似狐狸步行的姿态；又如《送我一枝玫瑰花》则为伦巴舞曲，表现了情绪热烈、奔放、活泼的特点等。四是各国古典和民间舞曲。该类曲式种类繁多，目前较为常见的有近30种，如小夜曲、浪漫曲、幽默曲、幻想曲、随想曲、练习曲、回旋曲、协奏曲、交响曲等等，其艺术形式、风格、手法各异，且通过多变的旋律、节奏、调式等表现出其丰富内涵。

四、人声的类别与演唱形式

（一）人声的类别

可分为女声、男声和童声三类，且各类中又可细分。男女声可各分为高、中、低音三种。童声可分为童高音和童低音两种。

1. **女高音**：系指合唱声部中最高的声部，音域从小字一组c到小字三组c。女高音又分为抒情女高音、戏剧女高音和花腔女高音三种。抒情女高音的音色明亮、优美而宽广，适合演唱歌唱性、抒情性的歌曲；戏剧女高音的音质坚强有力，艺术感染力很强，适应演唱歌剧中的“咏叹调”等；花腔女高音的声音灵活自如，轻巧华丽，音域较宽广，可演唱快速音阶、断音等。

2. **女中音**：其声音浑厚，音域从小字组的 a 到小字二组的 a。

3. **女低音**：音色结实且温和，在合唱中多担任女低音声部演唱，音域从小字组 f 到小字二组的 f。

4. **男高音**：可分为抒情男高音和戏剧男高音两类种。抒情男高音的音色柔和、优美，音域从小字组的 c 到小字二组的 c；戏剧男高音的声音既刚劲有力，又明亮透彻，常常担任歌剧的主角演唱。

5. **男中音**：其音色浑厚深沉，音域从大字组的降 A 到小字一组的降 a。

6. **男低音**：其音色浑厚深沉，音域从大字组的 E 到小字组的 e。

7. **童高音**：经过训练的童高音，其音域从 c1 到 g2。

8. **童低音**：其音域从 a 至 e2。

（二）演唱形式

就一般表现形式而论，人的演唱有独唱、重唱、对唱、齐唱、轮唱以及合唱等形式。

1. **独唱**：可分为男声和女声独唱两种，且不论男声或女性均可分为高音、中音和低音独唱三种。

2. **重唱**：它包括女声重唱、男声重唱、男女声重唱。女声重唱中包括了二重唱（女高音、女低音）和三重唱（女高音、女中音和女低音）；男声重唱包括二重唱（男高音、男低音）和四重唱（第一男高音、第二男高音、男中音、男低音）；男女声重唱包括二重唱（女高音、男高音）、三重唱（女高音、女低音、男高音或女高音、女低音、男中音）及四重唱（女高音、女低音、男高音、男低音）。

3. **对唱**：它包括男女声对唱、男声对唱两种。

4. **齐唱**：有女声齐唱、男声齐唱两种形式。

5. **合唱**：其主要形式有三种，即同声合唱、男女声合唱、童声合唱。同声合唱又分女声合唱（二部、三部、四部合唱）和男声合唱（二部、三部、四部合唱）两种。混声合唱有三部合唱（女高音、女低音、男低音）和四部合唱（女高音、女低音、男高音、男低音）。童声合唱有二部合唱（童高音、童低音）、三部合唱（第一童高音、第二童高音、童低音）及四部合唱（第一童高音、第二童高音、第一童低音、第二童低音）。另外，还有伴奏合唱和无伴奏合唱之分。

五、乐器类别和演奏形式

乐器可分为民族乐器和西洋乐器两大类型。根据音乐作品的要求不同，可以选择不同乐器演奏。

（一）民族乐器种类和演奏形式

根据演奏方法的不同，民族乐器可分为四种类型，其演奏形式主要有合奏、重奏、齐奏和独奏等。

1. 拉弦乐器

主要有板胡、二胡、高音二胡、中胡、革胡、京胡及坠胡等，种类不同，其音色或表现功能也不同。如板胡的音色坚实、刚劲、亮亢而明快，适用于表现欢乐、热情与奔放的音乐；二胡则有很强的表现力，发音持续不断，擅长演奏抒情的音乐；高音二胡具有音色优美、明亮之特点，适合表现活泼、抒情而华丽的音乐。

2. 弹拨乐器

主要有琵琶、柳琴、扬琴、阮、筝、古琴及三弦等。弹拨乐器的演奏均有极强的个性和表现力。如琵琶的高音区音色清脆、坚实，中音区音色柔和、明亮，低音区音色浑厚、低沉，它既可演奏旋律，又可演奏和弦；扬琴，其高音区清脆、嘹亮，中音区优美、纯净，低音区浑厚、饱满，既可演奏单音，又可演奏双音；又如三弦，尤其是大三弦音色浑厚而明亮，可作为大鼓书的伴奏，而小三弦又可作为昆剧、京剧和南方评弹的伴奏乐器。

3. 吹管乐器

它主要包括笛、箫、唢呐、笙和喉管等几种。该类乐器不仅具有热烈、表现力强的特点，而且效果极好，深受人民群众喜爱；如笛子，它既可吹奏热烈又欢快的旋律，也可吹奏宽广悠长的旋律，演奏顿音、颤音效果尤佳，有着很强的表现力；唢呐音色嘹亮、热烈、又极富有表现力，常常用于民间戏曲和歌舞伴奏，也用于婚丧嫁娶吹打乐中；又如笙，它演奏顿音、连音、花舌音效果很好，既可吹单音，又可吹奏和弦，运用也较为广泛。

4. 打击乐器

它主要包括鼓、锣、钹、板、梆子、木鱼和碰铃等。该类乐器表现的特点是节奏感强，气氛热烈，在演奏中极富感染力和表现力。譬如，鼓在演奏上具有雄浑、热烈、急骤等功效；鼓可分为大鼓、缸鼓、京堂鼓、板鼓和排鼓等。其中，大鼓为某些地方演奏《十番锣鼓》中的较大的鼓；缸鼓形状像缸而得名，一般用于民乐合奏中；京堂鼓常作为戏曲中的打击乐器；板鼓用在戏曲、民乐合奏中，且常与板合用；排鼓是指四、五个不同大小的鼓，排列在一起进行演奏，各个鼓均有一定高音。锣，其可分为大锣、小锣、堂锣、云锣和十面锣等。其中，大锣在民乐合奏中是增强节奏、渲染气氛的一种乐器；小锣在京剧中用得较多，在表现幽默、诙谐的场面时，也以小锣做伴奏。堂锣为最小的锣，用绳子系在左手掌中，右手用薄木片敲击。云锣是有音律的打击乐器，一般由十面小锣组成，发音清晰、明亮、为抒情的音乐伴奏很有表现力。十面锣则由许多个大小不等，音色、音高不同的锣组成的一种没有严格定音，各个锣都有独特音色的打击乐器，适用于表现热烈庆祝的场面或活动。梆子，最早是梆子戏所用的伴奏乐器；打强拍增强节奏感，在器乐合奏中达到渲染气氛，增强旋律效果的作用等。

(二)西洋乐器乐类型和演奏形式

西洋乐器可分为弓弦乐器、木管乐器、钢管乐器、打击乐器和拨弹乐器等；独奏、重奏和合奏为它们的主要演奏形式。其中，独奏具有各种弦乐、管乐的独奏。重奏可分为二重奏(包括小提琴与钢琴、小提琴与中提琴、大提琴与钢琴三种形式)、三重奏(即钢琴三重奏，由小提琴、大提琴、钢琴组成)、弦乐三重奏(即小提琴、中提琴、大提琴组成)、竖琴三重奏(由长笛、中小提琴、竖琴组成)、四重奏(即弦乐四重奏,为第一小提琴、第二小提琴、中提琴、大提琴)、钢琴四重奏(即钢琴、小提琴、中提琴、大提琴)、五重奏(即弦乐五重奏,为第一小提琴、第二小提琴,第一中提琴、第二中提琴、大提琴)、钢琴五重奏(即钢琴,第一小提琴、第二小提琴、中提琴、大提琴)。合奏主要有弦乐合奏、管乐合奏和管弦乐合奏之分。

1. 弓弦乐器

它包括小提琴、中提琴、大提琴和低音提琴等。小提琴在西洋乐器演奏中最为常见,它为弦乐组的高音乐器,发音具备华丽光彩、柔和典雅、深沉且富有厚度等特点。中提琴为弦乐组中的中音乐器,音色较暗淡,带有“鼻音”,适用于演奏柔和、忧郁,略带伤感的旋律。大提琴为弦乐组的低音乐器,音色具有明朗、宽广、柔和、深沉、饱满和粗野之特点,类似男低音的音色。

2. 木管乐器

它包括长笛、短笛、双簧管、英国管,单簧管和大管等。这类乐器音色优美动人、欢快明朗、柔和甜美,有的饱满、浑厚和深沉等。如长笛,其高音区明亮或尖锐,且富有光彩;中音区音色柔和而优美;低音区音色略带沙哑但很具特色。又如双簧管,表现出高音区音色明亮、中音区音色甜美、柔和,低音区音色饱满且带有“重鼻音”,适宜表现优美抒情音乐,如表现田园风光、牧笛声、鸟鸣和鸭子的叫声等。

3. 铜管乐器

包括圆号、小号、短号、长号和大号等。这类乐器的音色丰富、表现力强,如演奏热情、雄壮、有力的旋律或塑造某些动物形象等。如圆号,其高音区音色洪亮,表现力丰富;中音区发音柔润、丰满;低音区音色较粗糙。圆号的音色介于木管、钢管和弦乐之间,既可以演奏雄壮有力或如歌的旋律,又可以描写自然景物,如森林、海洋、日出等。长号,其高音区音色辉煌有力,有凯旋般的气势;中音区音色饱满圆润,音色宏大;低音区强奏时有庄严感,弱奏时则有暗淡感。长号可演奏雄壮、奔放的旋律,也可表现深沉、阴森的音乐。

4. 打击乐器

包括定音鼓、大鼓、小鼓、铃鼓、三角铁、钹及大锣等。定音鼓具有固定音高,大定音鼓定音一般是从大字组 F 到小字组 c,中定音鼓从大字组 A 到小字组 a,小定音鼓从大字组 B 到小字组 g。又如大鼓,它没有固定音高,发音宏大而且饱满。在管弦乐队,大鼓既可用来加强乐队的低音,又可烘托乐队的气氛,常用来模拟炮声、雷声等。钹,也没有固定音高,声音响亮,具有描写风声、闪电等特点,又可造成恐怖、阴森之音响效果。又如铃鼓,人们常用来演奏各种节奏型,表现欢庆气氛、舞蹈艺术等。

5. 拨弹乐器

这是指主要是竖琴,它由 46 根或 48 根弦组成,音域共有 6 个半 8 度,且带有 7 个踏板。该琴适用于演奏各种琶音及级进的滑音,可以表现潺潺流水或无比激动的心情等。

第二节 音乐艺术的审美特征

音乐是通过有组织的乐音所形成的艺术形象,是表现人们的思想感情,反映社会现实生活的艺术。创作、演奏(演唱)和欣赏是音乐艺术实践的三个方面。欣赏音乐是一种审美活动,通过欣赏音乐使人们获得美的享受、智的启迪。美的标准是由一定时代、一定民族、一定社会阶级或阶层的审美趣味所决定的。现就审美特征做以下几方面的介绍。

一、音乐是声音的艺术

简单地说,乐音按照一定的规律组合和运动,便构成了音乐语言。人类基于特定的感情和创作冲动,运用音乐的各种元素创造出富有感染力的音乐形象。

乐音可谓美的声波,它作为声音的艺术现象,既不具有视觉艺术那样的具体形象,也不具有语言艺术那样明确的释义,因此缺少实在的"客体",这就决定音乐不能反映具体的生活现象和明确的思想概念,只能通过人们的主观感受来间接地表现。例如,我国著名民间艺人阿炳的二胡演奏曲《二泉映月》中,有一个代表作者在黑暗中挣扎,寻找出路,向往光明的主题,听众并未看到作者穷困潦倒的生活形象,但听了这首作品后,就能感受到双目失明的阿炳一生饱尝人间辛酸、受尽凌辱与压迫,靠卖艺为生,在琴弦上倾诉自己的痛苦、愤懑、渴望美好等。这首自传式的悲歌,充分表现了音乐语言的感人。

二、音乐是时间的艺术

音乐是时间的艺术,是因为音乐随时间的流动而流动,随时间的消逝而消逝。音乐不像绘画、雕塑等空间的艺术,也不像戏剧、舞蹈等空间与时间综合的艺术。它的旋律和色彩,必须随时间的流动,一分一秒地展示出来,人们才能感受到它的美妙和作品的内涵,只有从头到尾连贯地把它听完,才能有一个完整的印象。

值得提出的是,音乐是一种时间的艺术,但是这并不意味着音乐不存在空间的作用。事实上,随着乐声传到人的耳朵这个过程中,在不同的空间位置,听者的感受是很不一样的。然而,时间毕竟是音乐最主要的特征。由于音调会随着时间的消逝而消失,因此作曲家往往依靠重复、再现等手法来塑造、展现音乐形象。如民曲《好一朵茉莉花》,一段优美的音乐,经得起多次反复,让听众百听不厌;又如,一首分节歌《真的好想你》,用同一曲调反复演唱好几段歌词,听众并不觉得枯燥,反而能不断调动自身的情感,从而对此乐曲印象深刻。总之,音乐作品在发展阶段的各个组成部分的连续性和变动性,即音的运动,是音乐作品发展的本质,也是音乐感受的基础。

三、音乐是表现的艺术

音乐不同于文学、绘画和雕塑等再现的艺术，它是典型的表现艺术。因为音乐的音响是感情的直接载体，含载着感情内容的音乐，给人的感受是直接的。人们在从音乐中直接获得相应感受的同时，会发生种种想象，这种想像可能浮现为具体的画面、图像、情景等；生动活泼的想象，反过来又会强化自己的音乐感受。哲学家黑格尔说得好：音乐所特有的因素是单纯的内心方面的因素，即本身无形的情感，这种情感不能用一般实际的外在事物来表现，而是要用一旦出现了马上就消逝的亦即自己否定自己的外在事物。因此，形成音乐意义的是处在它的直接的主体统一中的精神主体，即人的心灵，亦即单纯的情感。

正是由于音乐没有具体形象，所以它突出地显示着一种感情化的形象、性格化的形象和意象性的形象。即使在描写较强的作品中，人们感受到的也只能是某种象征意义的形象。不论就整个作品的命名、标题，还是就某一部分、段落以自然界或生活音响，都是通过“以声表情”的方法来创造“声情并茂”的艺术形象。

第三节　音乐艺术欣赏方法

欣赏音乐艺术作品必须讲究方法。本节就如何在官能上、情感上以及理智上去理解作品的语言、作品产生的时代背景和体验作品的情感等，作一些阐述。

一、熟悉音乐语言

音乐有着丰富多彩的语言，它包括旋律、节奏、节拍、速度、力度、音区、和声、复调等多种要素。一部音乐作品的思想内容和艺术美，要通过这些要素才能表现出来。在音乐欣赏过程中，要学会理解这些音乐语言，并逐步熟悉它。这有助于人们掌握音乐形象，体味音乐中的情感与情绪的表达，进而更好地感受音乐之美。正如评论家肖复兴在评论贝多芬及其作品时所写到的：“贝多芬明确地主张‘音乐当使人类的精神爆发出火花。’‘音乐是比一切智慧、一切哲学更高的启示……谁能渗透我音乐的意义，便能超脱寻常人无比振拔的苦难’。因此，在他的音乐里，能够听得到他明确的主观意图，他棱角鲜明的性格，他抽象的哲学意义，和他史诗般宏大叙事的胸怀。因此，在他的音乐里，把苦难演绎得极其充分，淋漓尽致，他不是渲染它或宣泄它，而是重视它超拔它，以此反弹在他的乐思中乃至他对传统音乐创作规范的突破上。即使在苦难的深渊中对欢乐的讴歌，如第九交响乐末乐章的‘欢乐颂’，他给予我们的是从天而降的欢乐，和那些所经历苦难一样具有排山倒海的力量。那力量，便是大众的，是你我都具有的。”

二、了解作者和作品的时代背景

一首音乐作品，总是表现了作曲家对现实生活的感受。因此，要比较深刻地领会作品的思想内容，就必须了解作品产生的时代背景和时代特点。例如，在欣赏我国著名的唢呐曲《百鸟朝凤》时，就应该知道该曲是唢呐曲，它是16世纪前后由中亚一带传入。因为其乐挺拔洪亮，明代盛行于官府及军营，以壮声威。明末时又流传至民间，常用于喜庆及节日渲染热烈气氛的场面。随后该曲又演变成一首流行于山东、安徽、河南、河北等地的民间合奏曲，以唢呐模拟百鸟的叫声为显著特征。音乐形象生动、情绪欢快热烈，展现了万物生气盎然、欣欣向荣的景色，并寓有吉祥如意之意。

了解作者，对理解作品也十分重要，不少音乐爱好者均知道，贝多芬26岁开始耳聋，到了38岁双耳完全失聪。对于一个需要耳朵的音乐家来说，这确实是一种致命的打击。但是，贝多芬许多重要的作品正是在这样的打击下写出来的。他不是一个凡人，他的作品具有一般音乐家所难以具有的不同凡响的品质和力量。1808年他在创作第六交响曲之后说："我虽然失聪，但那里的每一棵树都跟我说话。"这部交响乐精美的配器，最大限度地调动起了管弦乐的潜力，真的好像是每一棵树都在和贝多芬述说，乡间的田野和溪水覆盖着美妙的旋律，就连明媚的阳光都闪烁着绿色的光斑，暴风雨也充满着牧歌般的温馨。不难理解，作品反映了作者热爱生活、热爱生命、憧憬美好的感情。更值得一提的是，无论是他的第四或是第六交响曲，还是爱情和田园，贝多芬所诉诸音乐的都是他心中的感觉、感受以及对人生的执著追求。如果说前三部交响乐是贝多芬的一面，即英雄、命运和欢乐；那么第四和第六则是贝多芬的另一面，即青春、爱情和自然。前者呼应着那个时代革命与英雄的主题，后者回荡着那个时代回归人性与自然的回声；前者是贝多芬的理想，后者则是贝多芬的幻想。如此阴阳契合，才表现出立体的贝多芬。

三、具备音乐欣赏心理

全面地欣赏一部音乐作品，应具备音响感知（官能的）、情感体验、想像联想（情感的）和理解认识（理智的）四种心理活动。音响感知，是指通过欣赏者的听觉而获得对音乐音响及其结构形式完整的接受。人耳不断通过声音先后对比感受音响，对优美的音色有时会产生无以名状的激动和快感。为此，欣赏者对乐曲整体，包括乐曲结构、旋律走向、音色变化、审美感受等进一步把握后，不但能辨别音高、节奏、力度、音色等音乐基本要素，还可感受到这些音素结合而成的音乐主题、旋律、乐段、乐章等整体性的音乐结构。

音乐欣赏还要通过音响感知较准确地体会到作品的情感内涵。在欣赏过程中，有些是感性上的直接情感体验，这种情感体验主要靠平时的经验积累而成。有些可以是音乐以外的文字因素，如从歌词、标题中去找依据，但这并不等于这些乐曲没有表现特定的感情，而是要求欣赏者凭借自己的直接感情经验，或作品产生的时代背景、作者生活基础和创作个性，去领会音乐作品的情感。在欣赏无标题音乐作品时，欣赏者还需要凭借音响感知与情感体验，自由地想像其意境。如，后浪漫主义作曲家布克鲁的E大调第七交响曲，大提琴温馨而极为精彩的开头，撩开轻柔的神秘纱幔，洒下皎洁委婉的月光，吹拂着天国飘来的圣洁的清香，真的有一种呵气如兰的感觉。独奏的法国号吹起来了，那种圆润如珠，那种浩渺如烟，和随之翻涌而来的浩气冲天的庄重激昂，都会给人留下独特的听觉体验。特别是柔板乐章，是最令人柔肠寸断的优美乐章。这部在布鲁克纳的家乡圣弗洛里安教堂创作的交响曲，赋予其中教堂的氛围在这段柔板中体现得最为浓郁。布鲁克纳整日置身于教堂之中，晚祷的钟声和亮泽的管风琴声，以及扑打在教堂窗外的风声雨声，渗入他的内心的美妙"音乐"是再自然而真实不过的，这部E大调第七交响曲中的浓重的宗教意味是无法剔除的。

大量的优秀音乐作品充分证明，音乐不仅是一门抒发感情的艺术，而且还能通过音乐形象的逻辑来表述深刻的哲理性思想。因此，在音乐欣赏中，不仅应该进行生动，具体的情感体验，而且也需要进行准确、深刻地理解认识，使两者有机地统一起来，从而提高自己的欣赏水平。

四、做到多听、多接触，以提高欣赏能力

音乐爱好者都知道，多听、多接触、多欣赏音乐作品，是培养音乐欣赏能力的重要途径。听得多了，熟悉了旋律，自然就会理解音乐之美。在初听音乐的时候，觉得旋律美、好听，这就说明了在一定程度上听懂了。当然，最初可能是一些比较朦胧的感受，若反复多听就会逐渐感受到音乐的变化和特点。如果能辨别出不同的旋律、节奏和音色，同时对音乐中的情感、意境也能有所领会，这就说明在一定程度上听得懂音乐了。

一般而言，欣赏一部音乐作品可从以下几步进行：

首先，要对创作这首作品的作曲者生平、创作风格、作品所表现的思想内容与情感有所了解。在此基础上完整地、有目的地去欣赏一遍，尽可能了解作品的旋律和风格是欢快还是忧伤的，是热烈的还是壮丽的，是抒情的还是幽默的。应按照作品的表达程度去领会、去欣赏。

其次，即听第二遍时，应分段进行欣赏。如在欣赏小提琴协奏曲《梁山伯与祝英台》时，开始是竖琴演奏出清淡的和声，要知道其奏出的几个单音表现的是什么，然后长笛奏出华彩的旋律，表现的是什么，接着是双簧管奏出引子的主题，然后小提琴独奏出呈示部的主部主题(爱情主题)。为什么"爱情主题"要变换音区演奏，即开始是A弦，后来转为C弦演奏呢?这些都需要听者去思考。在"草桥结拜"的一段音乐中，要了解作曲家分别采用什么样的乐器、用什么样的旋律来塑造梁山伯和祝英台的音乐形象。欣赏时，有的乐段要反复听，以便加深对作品思想内容和情感的理解。

在分段欣赏的基础上，再完整地听取作品的全部，并在时间许可的情况下连续反复听，这样就会准确地把握作品的内涵。

第四节 音乐作品欣赏

一、民族音乐作品

(一)《中华人民共和国国歌》(歌曲)

该首歌曲原名为《义勇军进行曲》,由田汉作词,聂耳作曲。1949 年经中国人民政治协商会议第一届全体会议决定,将其作为代国歌。1982 年,第五届全国人民代表大会正式决定并通过了《义勇军进行曲》作为中华人民共和国国歌。

《义勇军进行曲》原为聂耳在 1935 年为电影《风云儿女》所作的主题歌。这部影片反映的是 20 世纪 30 年代初期中国进步知识分子为拯救中华民族,奔赴抗日前线,英勇杀敌的故事。该片上映后,受到广大观众好评,影片中的主题歌风靡全国,很快成为最著名的抗战歌曲。

《义勇进行曲》为 G 大调,2/4 拍,进行曲速度,其前奏是:

1·3 5 5 | 6 5 | 3 1 5 5 5 | 3 1 | 5 5 5 5 5 5 | 1

由歌曲后半部变化而来,把 5 1改成为 | 5 5 5 5 5 5 | 1,这样使旋律显得更加庄严而富有号召力。同时,"1"音移到小节的重拍上,又为歌曲后半拍起做了准备,可见作者独具匠心。

歌唱部分前两个乐句,是以主和弦的分解式和弦作为骨干音形成的,显得明朗而铿锵有力:

0 5 | 1 · 1 | 1 · 1 5 6 7 | 1 1 | 0 3 1 2 3 | 5 5 | 3 · 3 1 · 3 |
起 来,不 愿 做 奴隶的 人 们! 把 我们的 血 肉 筑 成 我 们

5·3 2 | 2 – |
新的 长 城 。

接下来,"中华民族"四个字的四分音符,都加了强音记号,显得雄伟、坚强,表现出中华民族的奋斗精神。后面用的两个八音符,再接上一个十六分音符,给人们以紧迫感:

6 5 | 2 3 | 5 3 0 5 | 3 2 2 1 | 3 0 |
中 华 民 族 到 了 最 危险的 时 候,

往下的乐句是全曲的最低音区,音符紧凑,歌词密集,象征着中国人民潜在的力量,表达

了四万万同胞一往无前的气概：

5 · 6　1 1 | 3·3　5·5 | 2 2 2　6 | 2· |

每 个　人被　迫着 发出　最后的　吼　声。

接着，由军号的几个自然音组成的曲调，配上三个"起来"的歌词，再加上渐强的力度，把全曲推向了高潮，使歌曲富有极强的号召力：

5 | 1 · 1 | 3 · 3 | 5 － |

起　来！　起　来！　起　来！

歌词的最后两句指明了前进的道路："我们万众一心，冒着敌人的炮火，前进！"这是该首歌曲的中心主题。在引子里，它已经强调过一次：

1 · 3　5 5 | 6 5 | 3 · 1　555 (3) | 3 0　1 0 | 5 > 1 > |

我 们　万众　一 心，冒　着　敌人的　炮　火，　前　进！

结尾部分，重复"冒着敌人的炮火"一句，后面连续三个"前进"，并且在每一个音符上都有强音，再次表示出了中华民族坚定的信心：

3 · 1　555 (3) | 3 0　1 0 | 5 > 1 > | 5 > 1 > | 5 > 1 > | 1 > 0 ‖

冒　着　敌人的　炮　火，　前　进！前　进！前 进！　进！

歌曲最后以一个"进"字结束，从语法上看，似乎不够完整，但是从整个歌曲上看则运用得非常巧妙。由于是在强拍上结束，可以和歌曲开始的后一半相连接并反复演唱，同时也加强了歌曲的终止感。这绝非多余之举，而是作曲家画龙点睛之笔。

（二）《二泉映月》

该首曲子是我国民间音乐家华彦钧（阿炳）创作的一首二胡独奏曲。该曲在杰出的民族音乐改革家刘天华等人的不断努力下，在二胡的独奏上有更进一步的发展。阿炳自34岁起就双目失明，沦为乞丐，靠卖艺为生。他一生饱尝人间辛酸，受尽凌辱与压迫，他在黑暗中挣扎，找不到出路。他痛苦、愤懑，唯一能给他安慰的是音乐。每当他卖艺一天，受尽欺凌而不得温饱，拄着竹棍回到破庙住地后，就拉起了这首动人肺腑的乐曲，他在音乐中倾诉自己的心声。这是一首自传式的凄厉欲绝的悲歌。

阿炳作为一位中国的民间艺人，在中国音乐文化的历史积淀基础上，以自己度过的沧桑岁月和坎坷人生凝聚成了获得世界性声誉的传世之作。日本音乐指挥家小泽征尔在第一次聆听二胡演奏家闵惠芬演奏《二泉映月》时激动得流下了眼泪，他说："这首乐曲太感人了，像这样的乐曲应该跪下来听"。

全曲由引子和六个段落组成。它以一个音乐主题为基础，在全曲中进行了五次变化和发展。它的结构是：

引子 $+A+A_1+A_2+A_3+A_4+A_5$

引子是一个音阶下行式的短小乐句：

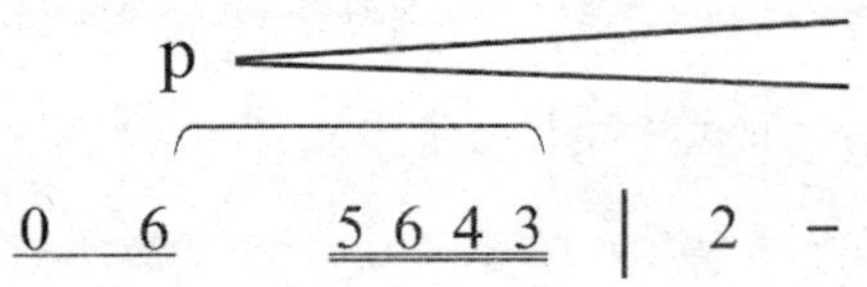

这仿佛是一个饱经风霜的老人因不堪回首往事而深深地叹息，主题A由三个乐句组成：

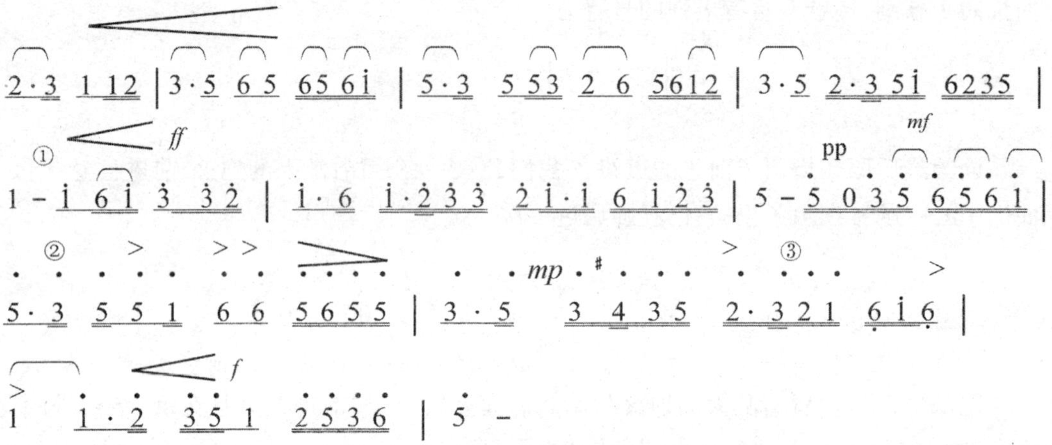

第一乐句是倾诉性的往事沉思，第二乐句是作者的无限感慨，第三乐句旋律在高音区流动，柔中带刚，情绪更为激动。主题音乐从开始时的平静深沉转而为激动昂扬，深刻地揭示了作者内心的生活感受和顽强不息的生活意志。

在后面的几次变奏中，其重点是在第三乐句的变化和发展，着力表现为愤慨、挣扎和反抗之情绪，层层深化，逐步推向高潮，鲜明地表现了阿炳在苦难中磨炼出来的倔强而刚毅的性格和对黑暗势力不妥协的斗争和反抗精神。

（三）《梅花三弄》

该作品原为一首笛子曲。据《晋书》及《神奇秘谱》中记载：晋代王子猷（即王羲之之子）与桓伊相互敬慕，但一直没有见过面。一次，子猷奉诏赴京，途中泊舟清溪岸边，适遇桓伊乘车从岸上经过，船上有人说："那是桓野王。"子猷听后，就上岸对桓伊说："久闻先生笛子吹得最好，能否领教一曲？"桓伊性格谦虚朴实，虽是名声显赫的大将，但他敬慕子猷的名气，就下车取出珍藏的柯亭名笛，蹲在胡床（一种随身携带能折叠的坐卧具）上，吹了一曲《梅花三弄》。吹完后揖别上车而去，客主竟未交谈一言。

桓伊曾与东晋名将谢玄一起在著名的"淝水之战"中大破前秦苻坚的进攻，立下赫赫战功。《晋书》称他"善音乐，尽一时之妙，为江左第一"，尤长于笛（注：当时的笛竖吹，似今之箫）。后人相传《梅花三弄》就是他的作品。至唐代，琴家颜师古把《梅花三弄》改编为琴曲，流传下来。乐谱最早见于明代《神奇秘谱》。

当今听到的《梅花三弄》有笛、箫、古琴等独奏或琴箫重奏、民乐合奏等多种形式。笛曲与琴曲的曲调也略有出入，但主旋律都一样。乐曲结构也都是循环体，即象征梅花的主旋律三次出现（即"三弄"），前有引子，后有尾声，中间加入两段对比性质的插部，即：引子 ABA-CA 尾声。

表现质满骨坚，迎风傲雪气质的梅花主题为：

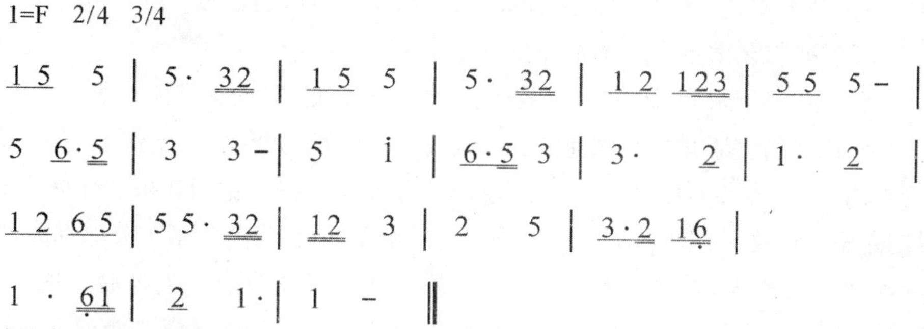

《梅花三弄》又有《梅花引》、《玉妃引》之称。我国传统文学及绘画作品中经常用梅花的洁白芳香和不畏霜雪寒冷的性格来比喻人的高尚品德，所以《梅花三弄》也是一首抒情咏志的乐曲。

乐手陆春龄用笛子独奏与谭渭裕用箫独奏（笙、箜篌、打击乐伴奏）的《梅花三弄》音乐结构基本一样：

引子　A　B　A　C　A　尾声

（8 小节）主题　（高八度）（重复主题尾句结束）

李祥霆领奏的琴、箫二重奏《梅花三弄》把琴、箫的两种风格特点交替糅合在一起，更加显得清新雅致。结尾用琴曲的“入慢”尾声，表现经历风吹雪打考验后梅花依然以清幽芳香散溢于人间。

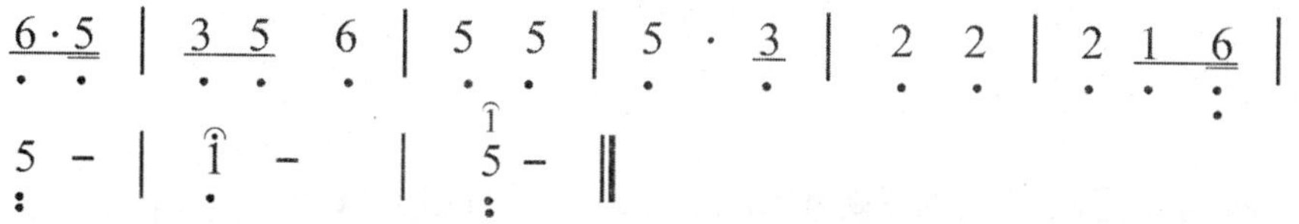

上海民乐团演奏的《梅花三弄》在筛锣创造的云雾朦胧的气氛中引出乐队演奏主题及尾声（主题首句），音乐玲珑活泼。

江南丝竹音乐中也有一首《梅花三弄》，并把全曲分为三大段（三弄），有“寒山绿萼”、“姗姗绿影”、“三叠梅花”三个小标题。音乐表现在冰雪的隆冬季节里，唯有梅花独放，并由她引来大好春光，所以结尾小标题是《春光好》。实际上，这是一首民间称为“三六”（也称“三落”）的乐曲，与上述《梅花三弄》的曲意和旋律完全不同。这些标题显然是文人雅士所加。《三六》表现的是一种活泼、明快、乐观向上的欢乐情绪，是一首娱乐性乐曲。音乐共分五大段，再加一个急板收尾。每大段都有一个相同的重尾（也叫“合头”）。因“合头”在曲中五次出现，所以具有循环体的特点，结构应为“具有变奏因素的循环体”，即：BA、CA、C^1A、DA、C^2A、尾声。

二、西洋音乐作品

（一）贝多芬的《命运交响曲》

贝多芬（1770～1827 年），最伟大的音乐家之一。他出身于德国波恩的一个平民家庭，父亲是教会合唱团的歌手。由于贝多芬很早就显露了音乐的才能,他父亲便不分白天黑夜地逼他练琴。贝多芬 8 岁就开始登台演出,同时肩负起家庭生活的重担。1792 年,他在海顿的帮助下去维也纳深造,艺术上产生了突飞猛进。

贝多芬坎坷一生,终身未娶,26 岁开始耳聋,晚年完全失聪,只能凭借谈话册和手势才可与人交流。但是,孤寂的生活并没有使他消沉。他在十分困难的情况下,创作了不朽的世界名作《第九交响曲》。贝多芬的作品具有鲜明的个性,继承并发扬了德国音乐的优良传统,开辟了浪漫时期音乐的道路,对 19 世纪以后的欧洲音乐事业的发展,产生了十分深远的影响。

《命运交响曲》,又称为《第五交响曲》。这一乐曲体现了作曲家一生与命运搏斗的思想。贝多芬曾说:"我要扼住命运的咽喉!"这部作品如同其《第三交响曲》("英雄")、《第九交响曲》("合唱")一样,充满了英雄主义情怀,可以说是一首英雄意志战胜宿命论、光明战胜黑暗的壮丽凯歌。

《命运交响曲》全曲分为四个乐章:

第一乐章为奏鸣曲式。一开始出现命运敲门式的动机:

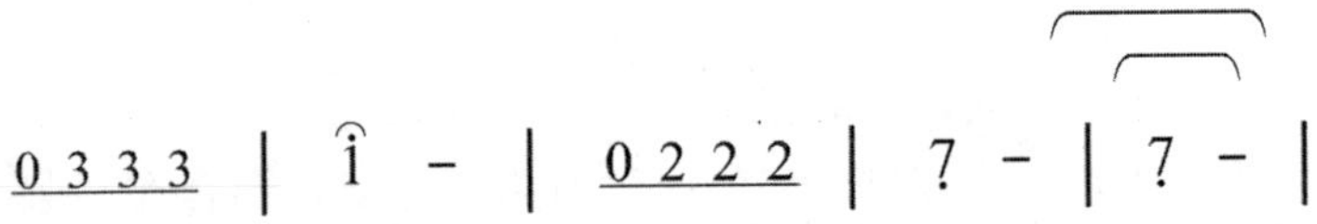

这一曲式发展出使人惊惶不安的第一主题。接着,用圆号吹出命运发生变化而来的号角音调,引出了明朗抒情的第二主题:

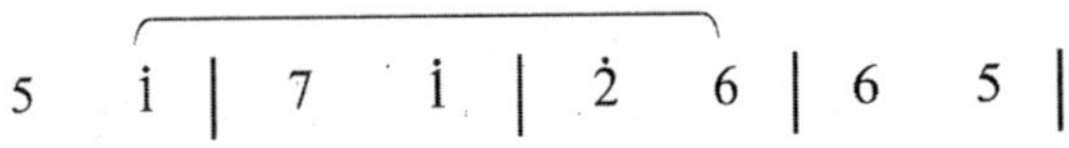

命运动机再次闯放,引出展开部,威风凛凛的命运一时占据上风。

第二乐章作者用双重主题变奏曲谱成。第一主题抒情、安详、沉思,采用中提琴和大提琴演奏:

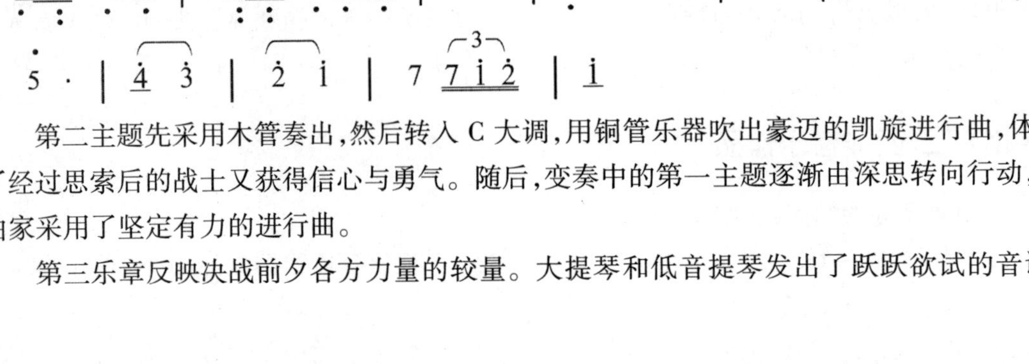

第二主题先采用木管奏出,然后转入 C 大调,用铜管乐器吹出豪迈的凯旋进行曲,体现了经过思索后的战士又获得信心与勇气。随后,变奏中的第一主题逐渐由深思转向行动,作曲家采用了坚定有力的进行曲。

第三乐章反映决战前夕各方力量的较量。大提琴和低音提琴发出了跃跃欲试的音调,小提琴却是无可奈何的叹息。命运主题依然凶险逼人，决战的第一阶段仍由命运取胜。但是，冲破黑暗，迎接曙光是主题的追求。此刻，低音弦乐奏出赋格段，旋风般的舞蹈主题使人振奋，表现了由于人民大众参战而改变了敌我双方力量的对比。当音乐再次回到该乐章开始的主题时，命运的魔力早已丧失了元气。相反，由低音弦乐奏出的音调却向高处发展，并在震撼人心的渐强声中迎来了第四乐章。

第四乐章属奏鸣曲式。该乐章以雄伟、壮丽的凯旋进行曲开始，整个乐队同奏辉煌的第一主题：

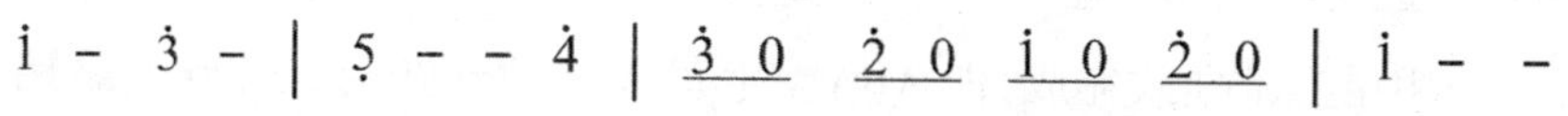

后由弦乐演奏欢乐的第二主题，这是由三连音组成的胜利舞曲，音乐轻松且有起有伏：

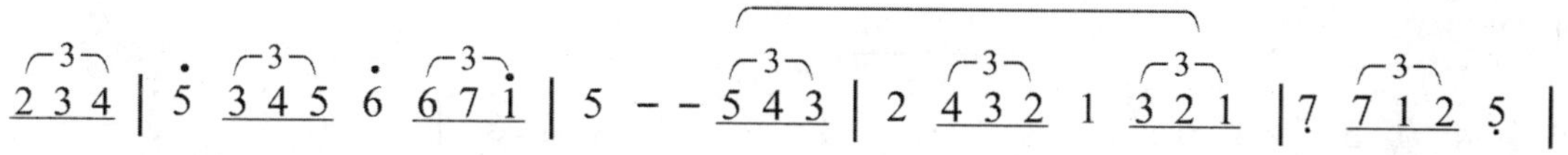

演奏到了发展部的高潮时狂欢突然中止，远远又响起了命运的威吓声，不过已是苟延残喘，再也阻挡不住历史前进的潮流了。于是，辉煌的第一主题再次响起，这场与命运的决战，最终以坚强的意志和一片光明而结束。

（二）约翰·施特劳斯与《蓝色多瑙河圆舞曲》

《蓝色多瑙河圆舞曲》是约翰·施特劳斯1867年，应维也纳一个男声合唱团的约请而作。当时，该合唱团的演出曲目相对单调、简单，特地邀请约翰·施特劳斯为他们创作一首圆舞曲。那时，约翰·施特劳斯对于声乐创作信心不足，故先作曲后由赫贝克的一位朋友为这首作品填词，歌词平庸、粗俗。1867年2月15日，在维也纳音乐会上首次演出时，没有获得预期效果。但在同年7月30日举行的巴黎万国博览会上，作者亲自指挥了不带合唱的管弦乐演奏，获得了巨大的成功，从此，该曲成为音乐舞会、夏季音乐会的常演曲目，被誉为奥地利的“第二国歌”。

《蓝色多瑙河圆舞曲》是按照维也纳圆舞曲写成的，由序曲、五首小圆舞曲和结尾部分构成，但在实际演出时，常常被略去某些段落。

乐曲开始的序奏分为两大段落。首先，通过小提琴的颤音效果营造一个“水波荡漾”的背景；接着圆号奏出全曲的主要音调。柔和的旋律中让人仿佛感到多瑙河从沉睡中苏醒；慢慢增强的力度，又好似晨曦初露，天色渐渐明亮。

1=A 6/8

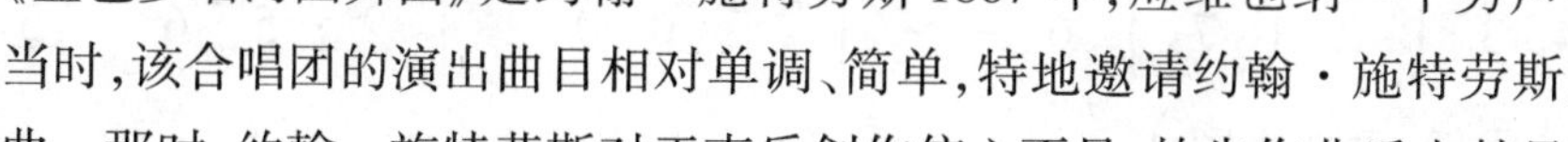

序奏的第二段落乐曲速度变快，让人振奋，象征着新的一天开始。在这一段具有冥想气质的引子后，依次出现五首小圆舞曲。

第一首小圆舞曲用单二部曲式写成，即｜AA'‖:B:‖。主题A是由序奏的主要音调组成。旋律节奏轻快，抒情明朗，蓬勃向上，充满生机的乐曲仿佛告诉人们，春天来到了多瑙河上：

1=D 3/4

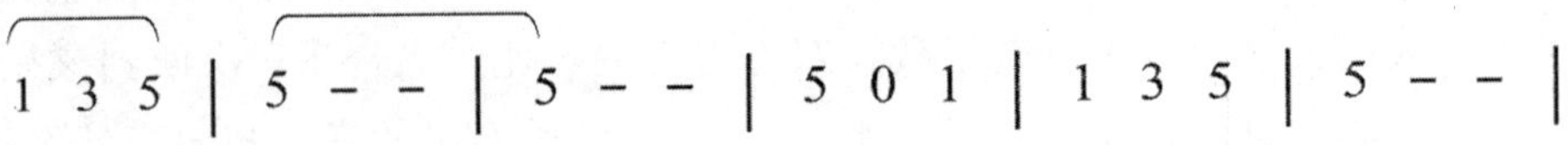

主题 B 旋律活泼、轻松、富有生气：

1=A 3/4

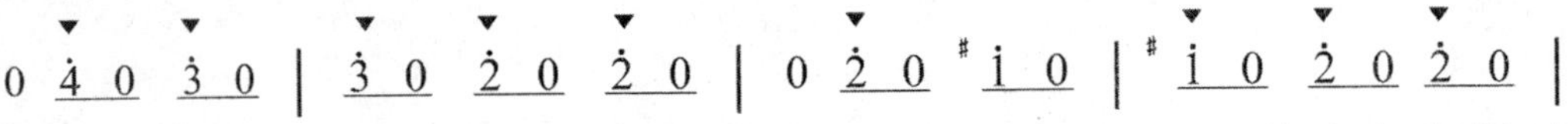

第二首小圆舞曲采用单三部曲式完成，即 ABA。主题 A 旋律活跃、起伏，好似多瑙河荡起层层波浪：

1=D 3/4

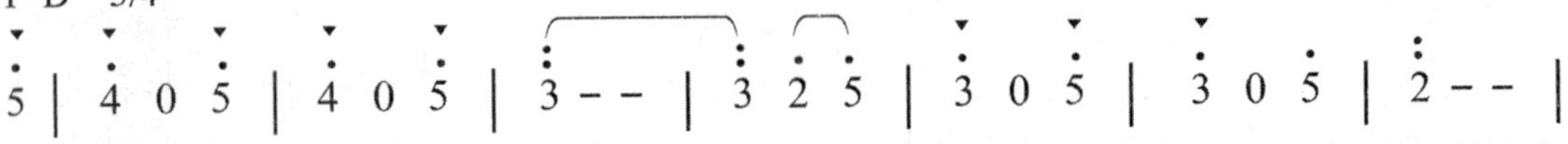

主题 B 由 D 大调转为降 B 大调，节奏轻快。通过转调，乐曲变得柔和、婉转，好像年轻人在热烈、欢快地舞蹈间隙里窃窃私语，互诉衷肠。

1= B 3/4

中间主题 B 完成后，再现主题 A。

第三首小圆舞曲采用单二部曲式完成。主题 A 通过华丽的波音，乐曲显示出优雅、庄重。

1=G 3/4

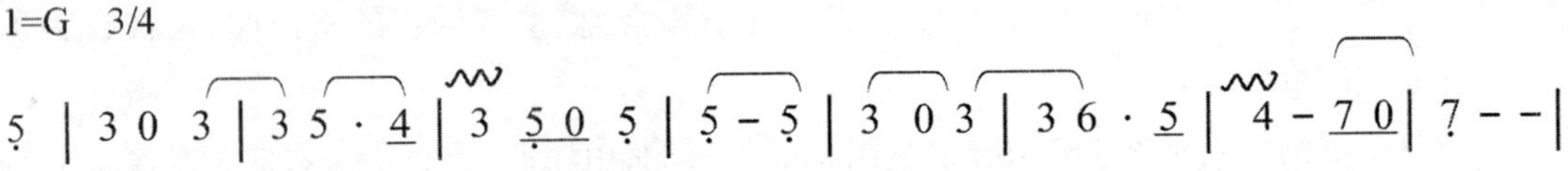

主题 B 以快速和每个乐句开头部分的八分音符连奏，使乐曲富有流动性和旋转性，表现出了活泼，生动的舞蹈场面：

1=G 3/4

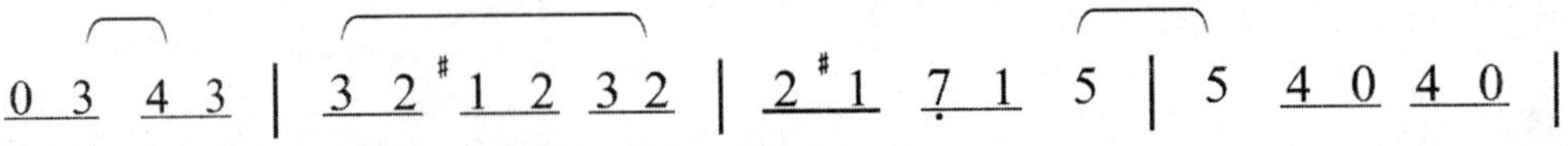

第四首小圆舞曲采用单二部曲式完成。主题 A 由 G 大调转入 F 大调，乐曲优美、清丽，具有乐观向上等特点。

1=F 3/4

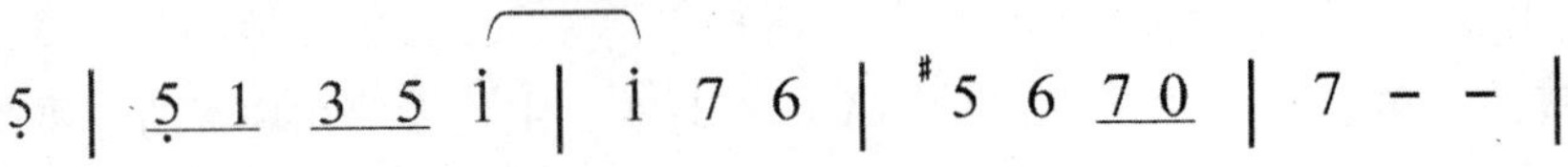

主题B采用舞蹈性的节奏，使旋律显得活泼、奔放，与主题A形成对比。

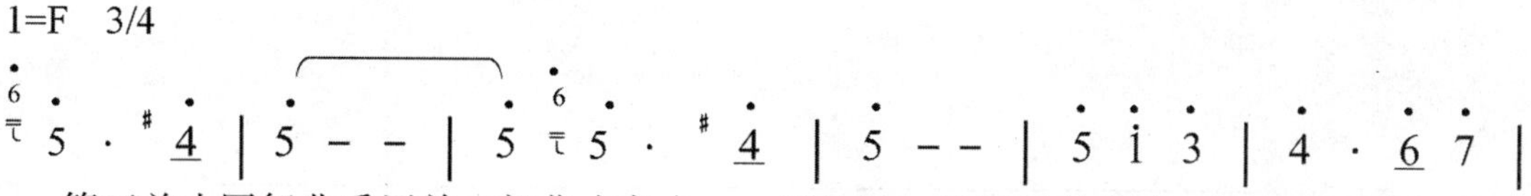

第五首小圆舞曲采用单二部曲式完成。一开始是一段较长的序奏，之后，出现较弱的主题A，显得柔情且瑰丽多姿。

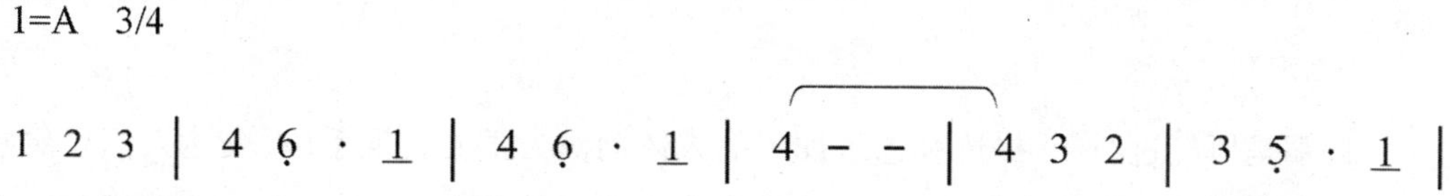

主题B采用顿挫性跳跃的节奏，再加入打击乐，使乐曲显得欢快、炽热，形成了全曲的高潮：

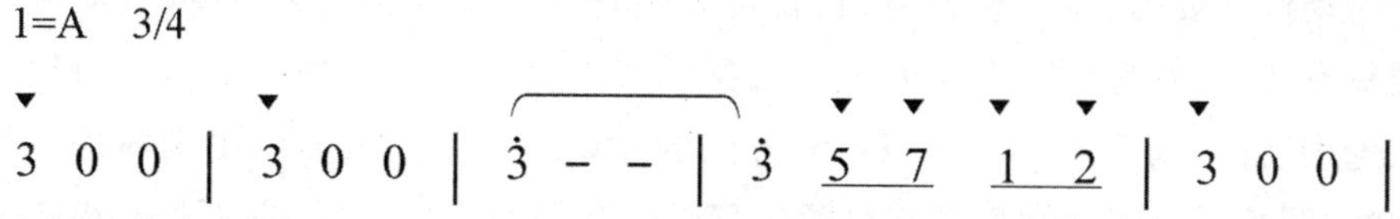

结束部分有两种形式：一种是合唱，结尾较短；另一种为管弦乐，结尾较长，规模较大。再现了圆舞曲和某些主题部分。最后，乐曲在热烈、欢腾的气氛中结束演奏。

第十章　舞蹈欣赏与实践

舞蹈是以经过组织、提炼和艺术加工的人体动作为主要表现手段，表达人们思想感情和反映社会生活的一种艺术形式，是一种具有空间性、时间性和综合性的动态造型艺术。舞蹈的基本要素是动作的姿态、节奏和表情，它直接影响着人物性格、情操、风度、气质和情感等内容。舞蹈具有认识、教育和审美功能。通过舞蹈我们可认识或了解各个历史时期的社会经济、政治、伦理、哲学以至宗教和风俗等多方面的知识。舞蹈的审美作用则体现在舞蹈的节奏、表情和构图给人以美感和舞者在舞蹈过程中所获得的身心愉悦，它不仅感染着观赏者的感情，也调动着舞者本身的情感，使双方在强烈的情感碰撞中获得更大的精神满足。而舞蹈的教育功能，即通过舞蹈的审美教育，使人从情感上受到感染，发自内心地体验到道德原则的崇高性，并把它变为自己内在的心理欲求，如培养自己或他人健美的身体姿态、动作的协调性、灵敏性、节奏感、表现力等。概括地说，舞蹈的这三种功能，就是真、善、美的有机结合。本章就舞蹈的基本概念、舞蹈艺术欣赏以及形体训练等作些介绍。

第一节　舞蹈基础知识

一、舞蹈的概念

在欧美，舞蹈(dance)一词源于高地日耳曼语的dans这个词，意即“伸展肢体”。在亚洲的日本、朝鲜都称舞蹈为“舞踊”，踊就是跳的意思，这和中国古代对舞蹈形容为“手之舞之，足之蹈之”颇相似。中国古代称上身肢体的动为“舞”，下身肢体的动为“蹈”，配合起来称为“舞蹈”。

世界上各种舞蹈流派对舞蹈解释各有不同。前苏联有学者认为：“舞蹈的艺术形象是由形成一定体系的人体姿态的有节奏地和有组织地变换而构成的。”美国现代派舞蹈创始人依莎多拉·邓肯认为：“凡借身体动作以表达思想感情的创造性活动，都是舞蹈艺术。”日本舞蹈家认为“用身体把人的内心活动表现出来的艺术”就是舞蹈。他们强调的重点和范围虽有所不同，但却有着共同的观点，一是舞蹈是人体的造型艺术，二是舞蹈是通过人体动作表达思想感情的。

"人体动作"是舞蹈形式上的特征,但舞蹈艺术所要求的人体动作不是自然形态或单纯生理状态的,而是具有特定的时间性和空间性,经过美化的极富感情色彩的动作。所以,人们把舞蹈的构成归纳为三大要素——即动作(空间)、节奏(时间)、表情(感情),三者缺一不可。

二、舞蹈的种类

由于舞蹈种类繁多,其分类方法便各有侧重。如按照它的作用和目的划分,可以分为生活舞蹈和艺术舞蹈两大类。

(一)生活舞蹈

生活舞蹈,一般是指与人们生活密切相关的、功利性和目的性比较明确、人人都可以参与其中且具有广泛群众基础的舞蹈活动。生活舞蹈大致可划分为习俗舞蹈、宗教祭祀舞蹈、社交舞蹈、时尚自娱舞蹈和健身舞蹈五类。

1. 习俗舞蹈

习俗舞蹈即不同民族在种植、收获、婚嫁、丧葬以及一些喜庆节日里,举行群众性舞蹈活动。在这些舞蹈活动中,集中反映了他们的文化传统、民族性格、风土人情、精神风貌等,是各民族人民精神生活不可或缺的重要组成部分。比如,我国部分农村每年立春前后都有表演舞蹈《跳春牛》习俗,东北一些地区每年秋天都要跳《农乐舞》等。

2. 宗教、祭祀舞蹈

宗教、祭祀舞蹈指宣传宗教思想、表现宗教观念、进行宗教仪式活动的舞蹈。在我国流传于湖南的《开山舞》、云南的《跳假神》、青海的《踩八卦》,以及上海的《跳财神》等都充满了神秘的巫术色彩,传达着某些宗教内涵。

3. 社交舞蹈

社交舞蹈又称"交谊舞"或"交际舞"。它是在人们的文化生活中,最具广泛性和群众性的舞蹈活动。它由民间舞演变而成,多为男女对舞的舞会舞蹈形式。现国际流行的有严格规范和明确规则的是国际标准舞,简称"国标舞"。国标舞分两大系列,即拉丁系列和摩登系列,主要包括"华尔兹"、"探戈"、"狐步"、"伦巴"、"恰恰"、"桑巴"等。

4. 时尚自娱舞蹈

它是人们进行自娱自乐的一种舞蹈。这种舞蹈不是单纯为了跳给他人看以影响和感染他人,而更多的是用舞蹈来宣泄自己内心的情感,并在这种宣泄过程中获得审美、愉悦和满足。比如,曾广为流行的"霹雳舞"、"迪斯科",近期较流行的"街舞"、"爵士舞"、"ParaPara舞",以及在跳舞机、跳舞毯上的舞蹈等。

5. 健身舞蹈

这是集体育与舞蹈于一体,融体能锻炼与艺术修养为一身的运动项目,如近年来比较风靡的健身舞、水上健美操、肚皮舞、瑜伽以及广场舞蹈等。

(二)艺术舞蹈

艺术舞蹈是指舞蹈工作者通过对社会生活的体验、观察、分析、综合、想象、提炼后,进行艺术创作,并借助肢体表演而产生的主题鲜明、情感浓郁、形式完整、具有典型意义的艺术形式。根据艺术舞蹈的风格特点,一般分为古典舞、芭蕾舞、民族民间舞、现代舞和国际标准舞等。

1. 古典舞

古典舞是指经过历代专业舞蹈工作者提炼、加工、创作的,大多经历过较长时间的艺术实践检验,被认为具有典范意义和古典风格的舞蹈。一般来说,古典舞都具备严谨的程式、规范性的动作和较高的技巧。许多文明国度都有各具特色的古典舞蹈,中国也不例外。如中国古典舞,脱胎于中国戏曲舞蹈,并受中华武术"身韵"的影响,具有融细腻圆润、刚柔相济、情景交融、技艺结合为一体,集手、眼、身、步、法与精、气、神高度和谐统一的古典舞美学特色。

2. 芭蕾舞

欧洲的古典舞一般是指具有古典风格的芭蕾舞。芭蕾舞是法文 Ballet 的音译,是欧洲古典舞剧的统称。芭蕾舞起源于意大利,形成于 17 世纪的法国。到 19 世纪初期,已发展成一门独立的艺术,创造了足尖舞技巧,有一套完整的训练方法,并逐渐发展为不同风格的意大利学派和法国学派。18 世纪芭蕾舞传入俄国,又建立了俄罗斯学派。现在许多国家都有不同风格的古典芭蕾。20 世纪初,出现了现代芭蕾学派,并派生出许多新的流派。中国芭蕾开展于 20 世纪 50 年代,师从俄罗斯的瓦冈诺娃(Vaganova)学派,至今已建立了比较完善的演出市场和发展体系。

3. 民族民间舞

指在人民群众中广泛流传并具有鲜明民族风格和地方特色的传统舞蹈形式。它是各族人民生产和生活的缩影,是各族人民社会意识、历史文化积淀的结晶。由于各民族、各地区人民的生活、历史、地域、风俗习惯、自然条件的不同,而形成了不同的民族风格和地方特色。中国各民族的民间舞蹈历史悠久、形式多样,大多为载歌载舞,如汉族的"秧歌"、"腰鼓",蒙古族的"安代",藏族的"弦子"、"锅庄",维吾尔族的"赛乃姆"等,都具有各自的风格和特点。

4. 现代舞

现代舞是 19 世纪末 20 世纪初在欧洲兴起的,以美国舞蹈家邓肯为代表的一种舞蹈流派。它并不是现代流行的舞蹈或现代题材的舞蹈作品,而是摆脱了古典芭蕾的表演程式和束缚,主张以自然的舞蹈动作自由地表现人物的真情实感,强调人的独特个性和开放性身体语言的艺术形式。

5. 国际标准舞

国际标准交谊舞,又称"体育舞蹈",原名称作"社交舞",为欧洲贵族在宫廷举行的交谊舞会上的舞蹈。经历一百多年的发展,"社交舞"从"社交"发展为"竞技",将单一的舞种发展为拉丁舞(伦巴、桑巴、恰恰、斗牛、牛仔等)和摩登舞(华尔兹、探戈、狐步舞、快步舞、维也纳华尔兹)两大系列共十多个舞种,并制定了有关舞蹈理论、技巧、音乐、服装等具有严格规范和明确规则的统一竞技标准,公布为"国际标准交谊舞"(简称"国标舞"),为世界各国所遵循。

国标舞作为一项高贵优雅的运动,世界各国各地区竞相提倡,风行日盛。在我国,文化部于 1986 年宣布成立了中国国际标准舞学会,并在每年举办一届全国国标舞会演。从 1998 年开始，国标舞被列入中国文化部“荷花奖”的评奖单项，国标舞事业从此开辟了一个崭新的篇章。

三、人体各部位、舞蹈中常用术语及知识

（一）人体各部位名称

由于舞蹈是无声的肢体语言，舞蹈的每个动作与人体各部位都息息相关，因此为了提高对这门独特艺术的欣赏质量，我们首先必须对人体各部位名称有所了解（如图 10－1 所示）。

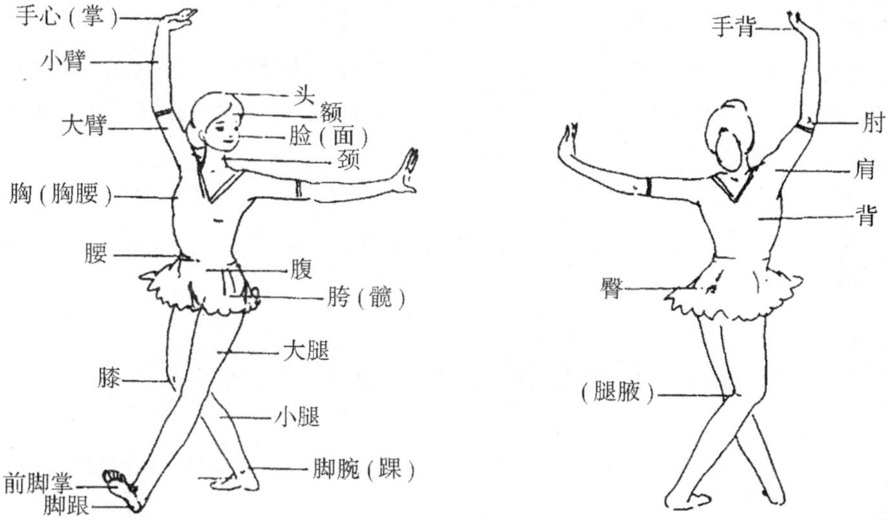

正　面　　　　背　面

（二）舞蹈中的常用术语

1. 八个方位

根据舞台，设计出 8 个方位（1～8 点），用于规范舞蹈者面向、走向。场地正前方为第一方位——简称“1 点”，右前、右旁、右后为第二、第三、第四方位——称“2、3、4 点”，正后为第五方位——“5 点”，左后、左旁、左前为第六、第七、第八方位——称“6、7、8 点”（如图 10－1 所示）。

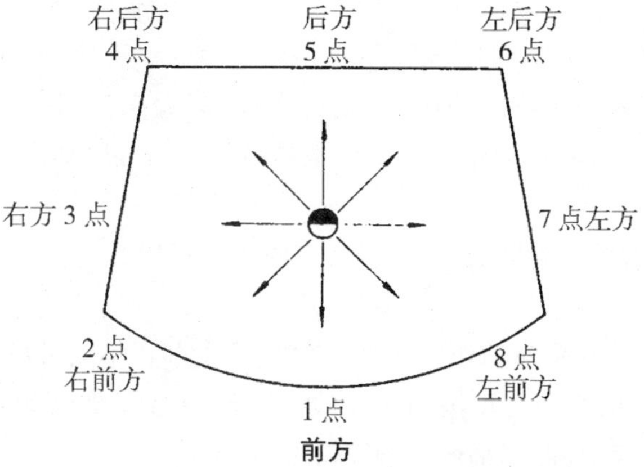

图 10－1　人体各部位名称及其舞台与人体的方位

2. 扶把训练

扶把训练是手扶把杆做舞蹈练习,可分为“单手扶把”和“双手扶把”。

3. 中间训练

中间训练即站在训练场地中间做练习,是相对“扶把训练”(因把杆多设在场地四周)而言的。

4. 对称动作

对称动作指左右相对的同一动作,如“右按手”的对称动作即“左按手”,“左转身”的对称动作为“右转身”。

5. 动作的左与右

单一舞蹈动作一般都分左右两面,通常是以动作腿(或动作臂)来区分,如左腿向前踢腿即“左前踢腿”,右手做“盘手”即称“右盘手”。舞蹈训练中常称“左虚步”、“右端腿”、“左托掌”、“右摇臂”等,即表示用左肢或右肢做该动作。

6. 动作的单与双

有些动作以单臂(或腿)做动作时,多称左或右(见上)。双臂(或腿)同时做该动作时,多标以“双”字,如“双山膀”、“双摇臂”、“双起双落”等。

7. 主力腿

主力腿又称“支撑腿”,是指做舞蹈动作时支撑身体重心的那条腿。

8. 动力腿

动力腿又称“动作腿”,是指舞蹈时正在运动着的那条腿,一般不担任支撑身体重心的任务。

9. 亮相

亮相源于中国古典舞中独具特色的一种技法,即在某舞蹈段落最后,以一个加强节奏感的动作塑造该舞姿“造型”。通过这个舞姿动作顿挫到位,或甩头、凝视等使表达的神情更明朗、强烈。此种造型即亮相。

10. 平圆、立圆

与地面平行的圆圈运动路线(通称“划圆”)即“平圆”,与地面垂直的圆圈运动路线即“立圆”。

11. 留头、甩头

身体开始转动而头仍留向原方位不动,称“留头”。头从一方位迅速转向另一方位称“甩头”。例如,“转圈”、“翻身”动作,开始转体时“留头”,当身体转动约180°时,再迅速甩头360°,以控制旋转方向、增强动力。甩头也是亮相时的常用动作。

12. 环动

环动指腿部以髋关节为轴的划圆动作,有时也泛指以其他关节为轴的划圆运动。

13. 控制

控制有两种用意:一是使动作停在某一“舞姿”上静止不动,以训练某部分肢体的力量和功能,即“控制动作”练习。二是按动作路线、节奏、规格等要求支配肢体准确到位,以达到“舞姿”或“技巧”的完美,即舞蹈运行的“控制”能力。

14. 起法儿

正式动作以前,从力量或动作上做准备,称“起法儿”。一般在正式动作前的半拍时间做起法儿动作。

(三)舞蹈的场记知识

舞蹈的场记是一种通过图示、文字、曲谱等来说明舞蹈作品的书面记录,它通常用于排练、创作、速记、互相交流、保存等。舞蹈场记一般包含以下几个方面:

1. **舞蹈的作品概要**

舞蹈的作品概要是指将舞蹈作品的名称、主题思想、背景人物、典型环境、主要情节等用精炼的语言记录下来。

2. **舞蹈音乐**

了解舞蹈音乐就是要了解舞蹈作品所用音乐类型、节奏、旋律,音乐与舞蹈配合等;在舞蹈场记中,一般用简谱记录主旋律谱,通常把整个音乐按小节逐一编号标明,记为[1]、[2]、[3]、[4]……

3. **基本动作**

舞蹈作品离不开舞蹈动作和造型,基本动作是舞蹈场记的重要组成部分,要把这些动作依次、准确地记录下来,最好使用插图。可用杆形图速记法快速地把动作记下来,再配以必要的文字说明和符号标记。

(1)头部。用椭圆或不完整椭圆即可表示头形,用一小截线代表睫毛,表示头的方向(如图 10－2 所示)。

头(正面)　头(左、右半侧)　头(左侧)　仰头　低头

图 10－2　头部画法

(2)手形。图 10－3 所列示的是各种舞蹈动作手形的杆型画法。

手心向上　手心向下　握拳　指　掌　兰花指

图 10－3　手形画法

(3)腰、胯、肩。画腰、胯用曲线,画肩留空当(如图 10－4 所示)。

图 10－4　肩、腰、胯、腿的处理

(4)腿。前腿用连笔,后腿用断笔(仍如图 10－4 所示)。

(5)脚形。脚形的杆型图(如图 10－5 所示)。

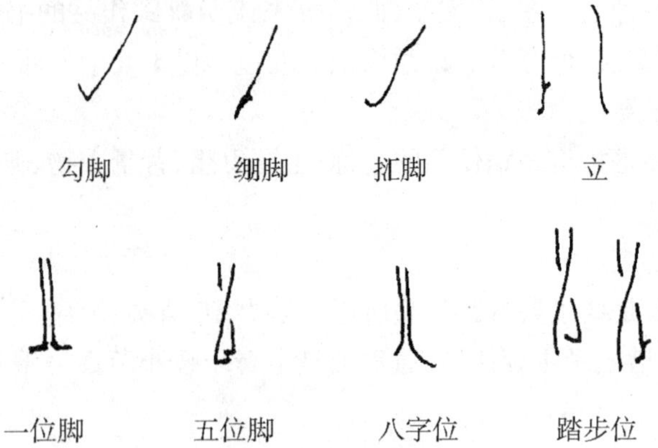

图 10－5　脚形画法

(6)巧妙地运用辅助符号。①地平线:跳跃动作画地平线(如图 10－6 所示);②方向线:翻身、旋转、环动、盘腕等动作走势可用虚线箭头表示(如图 10－7 所示);③道具线:用简单几笔画出道具的外形(如图 10－8 所示);④各种记号。V—呼吸记号,▼—加重记号,→—移动记号,波浪记号— ～～～,‖:　:　‖—反复记号(如图 10－9 所示)。

图 10－6　地平线

图 10－7　方向线

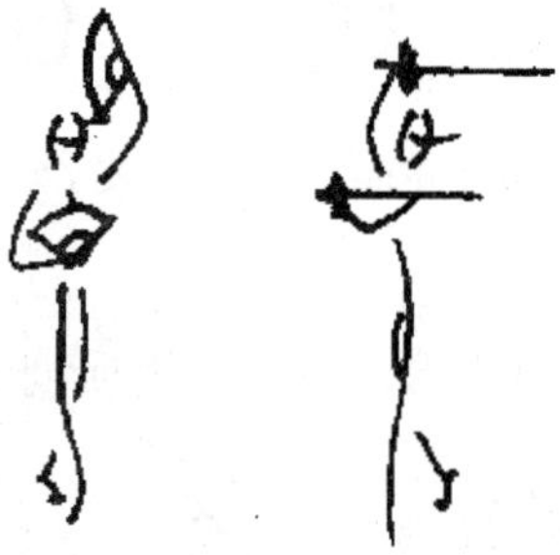

图 10－8　道具线

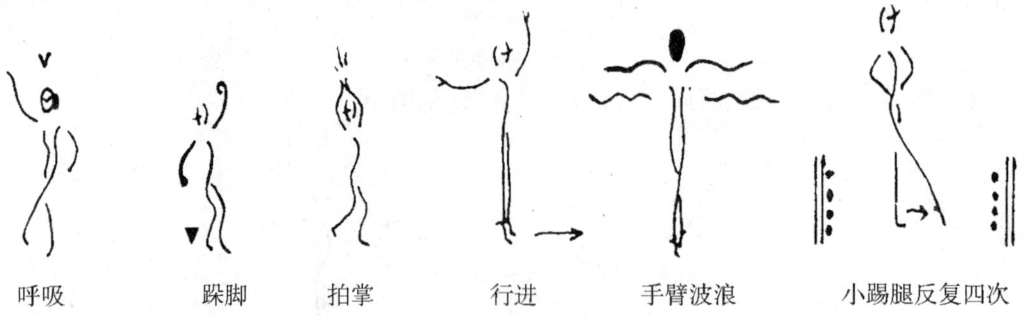

图 10－9　各种记号

4. **舞台调度图**

舞台调度图可较完整地反映舞蹈作品的舞台造型、队形及队形变化及表演过程等(如图

10－10 所示），通常可用“ ”表示女性，用“ ”表示男性。符号中空白处代表演员的身向，黑色代表背向，若演员多，可在符号下加下标 1、2、3……分别代表 1 号、2 号、3 号演员……使用人物符号时，演员的身向一定要画得准确。演员所在的位置以及队形变换流动线也要明确。

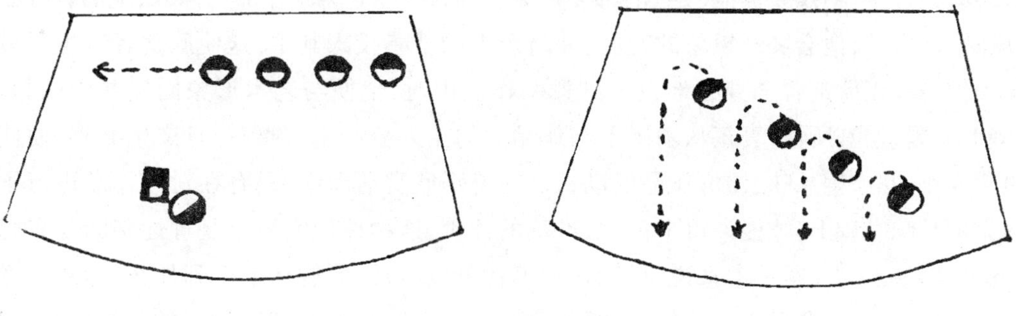

图 10－10　舞台调度图

5. 舞台美工

舞台美工包括演员服装、道具、舞台布景、灯光等。

第二节　舞蹈欣赏

舞蹈欣赏是艺术欣赏的一个组成部分，也是美学教育不可缺少的内容。舞蹈欣赏有别于其他艺术门类的欣赏，这是由其自身的特性所决定的。可以说人人都能欣赏舞蹈，但是，由于兴趣爱好、文化素养、生活阅历等方面的不同，不同的欣赏者必将对同一舞蹈作品存在着理解程度、审美感受、审美评价等方面的差异。为缩小这种差异，寻求欣赏的正确方法很有必要，即以舞蹈的眼光去欣赏舞蹈，也就是要依照舞蹈固有的特性去认识舞蹈、理解舞蹈、评价舞蹈。以美的要求培育的舞蹈艺术一经诞生，不仅会激发欣赏者的审美兴趣，使其得到美的享受、美的陶冶和美的启迪，而且会使欣赏者按照美的尺度来塑造自己，使其具备能够了解美、欣赏美和创造美的舞蹈艺术欣赏能力。

一、舞蹈欣赏的概念

舞蹈欣赏是欣赏者接触舞蹈艺术作品时所产生的一种审美活动，是欣赏者对舞蹈作品进行感受、理解、鉴别、体验、评价，并从中获得审美享受的过程。同时，它也是欣赏者通过舞蹈艺术形象认识世界、创造世界的一种思维活动。

欣赏舞蹈实际上是对舞蹈家的创造，通过演员连绵不断、变幻无穷的动作，所酿造的某种意境、情绪或特定气氛等而产生的共鸣与回响。因而，尽管舞蹈艺术既无台词说白，又无文学表述，但广大欣赏者却都可以入乎其内、出乎其外地领悟、遐想，以自己的经历和感受去理解与丰富作品的内涵，充实作品的意蕴，填补作品的空缺，走完欣赏的历程，取得心理上的快慰。

每个人都有追求美的心理和创造美的天性，而舞蹈艺术家按照“美的规律”创造出的精神产品，无疑会使人们身心得到愉悦，心理得到满足，精神得到慰藉。当舞蹈者随着音乐翩然起舞时，欣赏者不仅会被他(她)的舞姿所吸引，而且，随着舞蹈作品的深入，他的各种心理活动也随之启动，他会展开想象的翅膀，并将个人的情感投入其中，这使欣赏者产生了最初的审美愉悦。当欣赏者全身心地投入到舞蹈作品中时，他便与艺术形象同忧共乐、同悲共喜、爱其所爱、憎其所憎，真正从情感上与作品中的主人公产生共鸣，一旦产生共鸣，便使欣赏再次深化，并产生品味、评价作品的动机。在舞蹈欣赏活动中，只有在对该作品进行了细致入微的品味基础上，才能说得上客观、准确的评价，这种评价实质上是理性判断与直感判断交融的结果。对舞蹈艺术来说，尽管每个人都可以欣赏，但能从中得到什么，却是仁者见仁，智者见智。正如鲁迅先生评价《红楼梦》的读者：“单是命意，就因读者的眼光而有种种：经学家看见《易》，道学家看见淫，才子看见缠绵，革命家看见排满，流言家看见宫闱秘事……”

一般而言，舞蹈艺术只有通过欣赏才能体现出它的魅力，才能产生社会效应，才能创造出懂得艺术和能够欣赏美的大众，否则，就失去了其存在的美学价值。所以，舞蹈欣赏是人们文化生活中的一项重要内容，也是一种普遍的社会活动。

二、舞蹈艺术的特征与舞蹈欣赏

舞蹈欣赏与其他艺术类型的欣赏，既有着共同的规律，又有着不同的特征。怎样欣赏舞蹈，有必要从舞蹈这门艺术固有的特征上去进行探讨，了解舞蹈既是一门主体性很强的艺术形式。又是一门综合性很强的艺术形式。它既需要情感与肢体的有机结合，又需要调动音乐、诗歌、雕塑、美术、服装、道具、灯光、布景等多种艺术手段来共同塑造其艺术形象。

(一)动作性

动作性是舞蹈艺术最主要的特征，也是区别于其他艺术形式的根本所在。芭蕾舞剧的奠基人诺维尔说：“人类的感情达到语言不足于表达的程度，舞蹈(舞剧)就会大大奏效，一个舞步，一个身段，一个动作，能够说出任何其他手段所不能表达的东西，要描绘的感情越强烈，就越难用语言来表达它，作为人类感情顶峰的喊叫，也已显得不够，于是喊叫被动作所取代。”舞蹈也正像我国《毛诗·大序》中所说：“……情动于中，而形于言，言之不足，故嗟叹之；嗟叹之不足，故咏歌之；咏歌之不足，不知手之舞之，足之蹈之也。”也就是说，当语言(甚至喊叫)不足于表现人的强烈感情时，作为舞蹈的特殊手段——人体动作，却具有最鲜明而有力的艺术表现能力。

(二)节奏性

舞蹈是人体动作的艺术，但不是所有的人体动作都被看作舞蹈，只有经过提炼、美化、节律化的动作才能被看作舞蹈。生活节奏是产生舞蹈的基础，但生活的节奏是自然的，而舞蹈要表达的是更集中、更鲜明、更典型和更有规律的某种特定情感和意境。因此，构成舞蹈的主要特征必须把动作节奏化，让它能够符合一定的“动律”。所以，舞蹈一刻也离不开音乐，即使没有音乐伴奏，它也必须在既定的节奏中进行，否则就不叫舞蹈，舞蹈是人体律动的诗篇。

（三）抒情性

舞蹈长于抒情。当人们用语言和文字难以传达或不能透彻地表现某种思想感情时，往往用人体动作和姿态，反而可以简单明了地表达出来。也就是说舞蹈是人的情感的产物，舞蹈艺术内在的本质的属性是抒情性，无论是直接抒发人们的悲、欢、喜、怒之情，或是缘物以寄情来抒发特定的感情，都适合运用人体动作的艺术手段去表达。强烈抒情性使舞蹈艺术具有迷人的魅力和强烈的美感。《孔雀舞》的绚丽端庄，《天鹅湖》的诗情画意等，舞蹈艺术家所塑造的舞蹈形象，都是生活中典型人物感情的高度集中和升华，是用动态的诗的语言揭示人的内心的真、善、美。如《再见吧，妈妈》中的战士形象，能引发人们对崇高情操的理解和追求；舞剧《天鹅湖》中的舞蹈形象，令人在诗情画意中领会那纯真的善和美。

（四）表演性

舞蹈表演，是指舞蹈演员按照舞蹈编导的艺术构思和具体编排，在规定的时间和空间内，以自身不断流动的姿态、动作和表情进行艺术创作、塑造艺术形象的全过程。

舞蹈表演具有情舞交融、形神兼备的艺术审美特征。戏谚云：“有形无神形无韵，有神无形神不显。形不开则神不现，形有尽而意无穷。”当演员“以情带舞、情舞俱佳、形神统一”时，才能称得上是真正的舞蹈表演艺术。

（五）三维艺术性

“舞蹈是唯一平等使用空间、时间和动力的艺术，但当然不能把它看成是空间诸因素与时间诸因素以及动力诸因素相加的关系，因为它们之间是不可分割的”，这是美国著名舞蹈理论家约翰·马丁在深入研究舞蹈的内在规律之后得出的结论。他认为，舞蹈是有生命的人体运动，这是一种在自身意志左右下的运动。在时间、空间和动力这三维中，其中任何一维的活动，如方位、时间、能量等级等，都服从于设计规律，都包含着动机。

就芭蕾而言，它的动态特征是轻盈向上，因此它主要是属于空中的舞蹈。演员们巧妙地利用脚与地面的作用力与反作用力，创造各种高难度的腾空跳跃动作，或在单脚独立的同时展现不同舞姿并保持一定时值的平衡，从而塑造出令人赏心悦目的舞蹈艺术形象。

在跳的技术中，跳的越高、落地越轻，其质量就越高，技术难度也越大。芭蕾舞男演员最常用的跳跃动作叫“交织击腿跳”。它要求演员在腾起至落地这段时间内，两腿脚相互击打若干次。被誉为“20 世纪世界三大芭蕾男演员”之一的俄国演员尼金斯基曾与被誉为“天鹅象征”的巴甫洛娃作搭档，在《埃及之夜》、《阿尔米达宫》、《仙女们》等多部芭蕾舞剧中担任主角。他那轻盈的大跳、急速的旋转和多达五次的击腿技巧，曾经震惊了巴黎和伦敦。

女演员的高难动作要数“挥鞭转”，就是舞者以任何一侧的腿脚为轴，在半脚尖与全脚尖之间连续起落，与此同时另一条腿连续屈伸，就像是挥舞鞭子那样连续一连串强健有力的划圈，借以带动全身原地旋转。尤其是那些著名的舞蹈家，她们不像别的舞蹈者在跳跃、旋转之前作出明显的“起法儿”，而是不动声色地“飘进”高难度的技术动作之中，然后又似乎是很随意地回到自然的平稳状态。这个动作在古典芭蕾舞剧《灰姑娘》和《天鹅湖》中，都得到最充分的展现。现在，在《天鹅湖》的《黑天鹅双人舞》中，三十二圈“挥鞭转”已经成为演出时的固定指标。

在静态技术中，最常用的一个动作是 Arabesgue（“阿拉贝斯克”）。Arabesgue 源自摩尔人叶片状连续花纹图案。它以主力腿直立（或半蹲）为主力，动力腿往后抬起伸直，一主力腿形成直角，两手臂形成与此相适应、和谐一致的姿势，从而构成从指尖到足尖的四肢末梢尽可能伸长的直线，给人以强烈的延伸感。由于它可以在空间飞行中形成各种造型，故被人们誉为芭蕾舞表演中最优美的舞姿。

（六）综合性

舞蹈是一门包罗万象的综合性的表演艺术。舞蹈不仅有着自身得天独厚的优势和魅力，而且还与其他各门类艺术相互渗透、相互交融。舞台表演以“舞”为中心，而音乐、舞美、戏剧、文学、数码技术等现代科技都可以成为舞蹈的辅助手段。舞蹈精彩绝伦、音乐动听感人、舞美神奇变幻、道具造型逼真、剧情扣人心弦、内涵丰富雅致，舞蹈也可以气势恢弘博大、多位一体，这正迎合了当代人的审美品位，铸造了独特的舞台魅力。

1. 舞蹈音乐

这是指专为舞蹈作品服务的音乐，它既能为舞蹈表演伴奏、烘托气氛，也可作为音乐作品独立演奏，一般具有节奏鲜明、旋律流畅、结构完整等特点，是舞蹈作品的重要组成部分。舞蹈与音乐的关系是十分密切的，自古以来就有“乐舞”之称。舞蹈中的音乐是完成舞蹈作品中的艺术形象和揭示其主题思想的重要组成部分，而且舞蹈表演的情绪变化，又是通过音乐节奏的力度与速度来体现的。舞蹈正是在形体动作与音乐的旋律、节奏、速度的有机结合中塑造鲜明的艺术形象的。而我国古代《乐论》亦云：“有乐而无舞，似瞽者之音而不能见；有舞而无乐，如哑者会意而不能言。乐舞合节，谓之中合。”可见，舞蹈与音乐如“鱼水关系”，只有两者密切结合、优势互补，才能产生感人至深的艺术魅力。

音乐与舞蹈如同一对亲姊妹，从立意到风格，从情调到节奏，从气氛到意境，都珠联璧合，浑然一体，达到高度的和谐统一。例如，哈萨克族的《草原之夜》是一首抒情歌曲，它为舞蹈编织了一个多么幽远、飘逸而深沉的意境。又如，根据法国作曲家圣·桑的音乐创作的芭蕾舞《天鹅之死》，音乐与舞蹈水乳交融，哀怨委婉，诗情画意尽蕴其中。

2. 文学

纵观历史，剖析现状，舞蹈艺术历来就包括有深刻的文学性，作为文学形式的诗词，也已经成为舞蹈艺术的一种内涵。在新中国成立后的二十几年，就有不少脍炙人口的舞蹈佳作，如《荷花舞》、《葵花舞》、《丰收歌》、《洗衣歌》、《再见吧！妈妈》、《送别》等，都以其独特的舞蹈语言和诗词的意境感染了广大欣赏者，使人们在得到舞蹈艺术美的享受同时，也得到了诗词美的熏陶。

而舞蹈取材于文学作品的更是不乏其例，中外很多大型舞剧作品，大多数是根据文学作品改编而成的。例如，我国近年来创作的大型民族舞剧《红楼梦》，根据鲁迅同名小说改编的《伤逝》，芭蕾舞剧《祝福》、《雷雨》、《二泉映月》、《大红灯笼高高挂》等。再如，前苏联作曲家柴可夫斯基所写的二幕芭蕾舞剧《胡桃夹子》，其剧情取材于德国作家霍夫曼的童话《胡桃夹子与耗子王》；被誉为"古典芭蕾巅峰之作"的三幕芭蕾舞剧《睡美人》的剧情则取材于18 世纪法国作家查尔斯·贝洛的童话；二幕芭蕾舞剧《吉赛尔》的创作灵感却来自海涅的《妖精的故事》和雨果的《东方诗集》中的《幽灵》；舞剧《堂·吉诃德》的题材源自西班牙大文豪塞万提斯的同名小说。芭蕾舞剧《天鹅湖》、《巴黎圣母院》、《奥涅金》、《一千零一夜》等也是如此。

因此，欣赏者要具有较广泛的文学知识，就可以从中获得更大的艺术美的享受和陶冶。也可以说，舞蹈欣赏本身就包含了文学欣赏。

3. 雕塑绘画

舞蹈和雕塑、绘画都属于造型艺术，前者是运动着的表演艺术，由人体直接创造形象供人们欣赏，后者是静止的造型艺术，是通过构图、着色、可塑材料等创造可视形象的。

有人说，舞蹈是活的雕塑、动的绘画，或说舞蹈是用人的肢体在作画，这既道出了它们之间的差别，又说出了它们之间的紧密联系。一般来讲，舞蹈大都是由经过提炼、加工、美化后的人体动作构成，它要求舞蹈动作必须具有节奏性，使之符合舞蹈表演的规范外，同时还要求舞蹈动作必须具有造型性，使之符合舞蹈审美的要求。而舞蹈的造型性，又体现在人体动作姿态的造型和舞蹈队形画面的造型两方面。

民族舞剧《丝路花雨》和中国古典舞《敦煌彩塑》，就是创作者们从我国敦煌宝库的壁画和彩塑中汲取了丰富的营养创作而成的。编导抓住了敦煌壁画舞姿的最大的特点——"S"形为基本的韵律和体态，把"三道弯"、"反弹琵琶"的体态加以美化和艺术夸张，给观众展示了一种独特美妙的曲线美。编导又以独特的视角，使演员的头、手、脚、胯有机地结合起来，体现出敦煌特有的姿态美、中国式的造型美。而且在《敦煌彩塑》当中，编导没有局限于对敦煌石窟中塑型的再现，而是随着富有浓郁的古代宗教色彩音乐旋律的起伏和气息的变化，赋予她新的生命力，并恰如其分地通过对眼神、表情和末梢的强调，把活的情感灌注于静止的形态之中，展现了"动中有静"、"静中有动"，使人物的形象更具有灵性和表现力，而且还通过运用具有浓郁的宗教语义的手语，如合掌式，佛手式等等，体现出一种在几千年文化上积淀已久的艺术魅力。它们的成功创作和演出，雄辩地证明了舞蹈与雕塑、绘画之间的紧密联系。

4. 舞台美术

舞台美术是指舞台演出中的造型艺术，它包含化妆、服装、道具、布景、灯光、音响、效果等诸多项目，它能模拟和再现特定的客观事物形象，营造舞台表演的时空，提供演出规定的场景。

成熟的舞台美术既具艺术性，又具技术性。它必须是艺术构想与相应的技术手段和物质条件有机结合的产物。随着科学技术的不断发展，尤其是新材料、新光源的不断问世，以及控制设备的日趋现代化，为提高舞台艺术外部造型的表现力提供了雄厚的物质基础。当代舞美的表现和创作，正朝着写实与写意、抽象与具体、再现与表现等多角度发展，形成迥异的风格与流派，呈现出琳琅满目、美不胜收的舞台艺术世界。近年来，舞台美术正在与舞台艺术同步发展，共同创造出气势恢弘、绚丽多彩、引人入胜的舞蹈艺术精品。

张继刚编导的《千手观音》，杨丽萍的《云南映象》，张艺谋的舞剧《图兰朵》和世界著名舞剧《阿依达》，他们的舞美都做到了世界一流，充满了冲击力，让观众迅速地融入到舞蹈的场景中，加深了观众对舞蹈本身的理解。2007 年春晚上的舞蹈《小城雨巷》中展现的江南的诗情画意，运用科技数码元素打造了细雨飘飞的江南水乡街道，青青的石板路和白墙灰瓦的特色建筑，悠扬的丝竹声，现场水幕制造的烟雨效果顷刻间将江南文化中的婉约秀丽、清新典雅之美展现得淋漓尽致，加上匀称高挑的舞蹈演员身着洁白与藕荷相间具有浓重中国画特色的旗袍，手执一把玲珑纸伞，在空灵的旋律中翩翩起舞，令全国观众怦然心动、记忆犹新，很好地渲染了所要传递给观众的思想内涵。

5. 文化创新

纵观古今中外优秀的舞蹈作品，几乎都具有舞蹈文化创新的艺术风格。今天随着国家经济的迅猛发展，在人民精神文化需求迅速提高的基础上，国家舞台艺术精品工程正在与时俱进地实施。大批彰显国家艺术水准的舞蹈作品相继涌现出，如大型现代舞剧《红梅赞》；舞剧《大梦敦煌》、《妈勒访天边》、《红河谷》、《一把酸枣》、《风中少林》，大型衍生态打击乐舞《云南的响声》；芭蕾舞剧《大红灯笼高高挂》、《二泉映月》等。这些具有创造性的造型、舞姿、技艺、艺术结构、场面调度、舞蹈语言、人物编排等的大型舞蹈剧目，给观众留下了强烈的审美享受，而舞蹈文化的力量深深地熔铸到了舞蹈创造和审美中去了。

三、舞蹈作品欣赏

（一）《东方红》

为了迎接中华人民共和国成立十五周年，使人们了解我国民族解放艰苦卓绝的战斗历程，经周恩来总理倡议和亲切指导，组成了由我国著名诗人、词作家、音乐家、舞蹈家、舞台美术家创作班子，有三千多名专业和业余的音乐、舞蹈工作者联合演出的大型音乐舞蹈史诗《东方红》，于 1964 年 9 月在北京人民大会堂首演。作品以豪迈磅礴的革命气势和雄伟壮阔的舞台图景，形象地概括了中国人民在中国共产党的领导下进行革命和建设的伟大历程。同时，表达出中国人民自力更生，奋发图强，决心战胜一切困难，同全世界人民并肩携手，将革命进行到底的坚强意志。《东方红》的创作和演出，是新中国音乐舞蹈界在革命化、民族化、群众化的艺术实践中取得的重大成就。

【案例 10－1】 大型音乐舞蹈史诗《东方红》

演出在壮丽的《东方红》序曲和千人大合唱中揭幕。70 名女演员迎着天幕上从沧海中冉冉升起的一轮红日，组成葵花图形翩翩起舞，生动体现了“葵花向阳，人心向党”的动人情景。序幕后，共分八场。

第一场：东方曙光。舞蹈《苦难的年代》、歌舞《北方吹来十月的风》。

第二场：星火燎原。表演唱《就义歌》、舞蹈《秋收起义》、表演唱《井冈山会师》、歌舞《打土豪，分田地》。

第三场：万水千山。歌舞《遵义会议放光芒》、舞蹈《飞夺天险》、歌舞《情深谊长》、舞蹈《雪山草地》、歌舞《陕北会师》。

第四场：抗日烽火。表演唱《救亡进行曲》、《到敌人后方去》、歌舞《游击队》，表演唱《大生产》，歌舞《保卫黄河》。

第五场：埋葬蒋家王朝。表演唱《团结就是力量》，舞蹈《进军舞》、《百万雄师过大江》，歌舞《欢庆解放》。

第六场：中国人民站起来。歌舞《伟大的节日》、《抗美援朝、保家卫国》、《百万农奴站起来》。

第七场：祖国在前进。大合唱《社会主义好》、《我们走在大路上》，舞蹈《工人舞》、《丰收歌》、《练兵歌》，歌舞《全民皆兵》，大合唱《毛主席，我们心中的太阳》，童声合唱《我们是共产主义接班人》。

第八场：世界在前进。大合唱《全世界无产者联合起来》、《全世界人民团结起来》。

音乐舞蹈史诗这种艺术体裁是以音乐、舞蹈为主要表现手段，综合诗歌、戏剧、电影、舞美等多种艺术因素，概括地、典型地表现一个较长历史时期的生活和斗争的综合性的表演艺术形式。根据统一的主题和完整的艺术构思，把各个历史阶段具有代表性的广为流传的音乐舞蹈，借助诗歌朗诵的贯穿及舞台美术的烘托，艺术地再现历史生活的场景和时代发展的概貌，使观众可以从中认识生活，受到感染和教育，在一定程度上起到了历史教科书的作用。

（二）《雀之灵》

由杨丽萍自编自演的独舞《雀之灵》，曾在“中华民族20世纪舞蹈经典作品评比”中获得“经典作品金像奖”。她在这部作品中，运用修长、柔韧的臂膀和灵活自如的手指形态变幻，创造出孔雀灵巧、秀美的艺术形象。同时，通过手指做出的孔雀头的造型，通过手腕、手臂、肩部、胸部及腿部各个关节有节奏、有层次的律动，模拟出孔雀机敏、精巧、高贵的气质。杨丽萍在舞台上塑造的艺术形象，既是孔雀的形象，也是傣家少女的形象。舞蹈家杨丽萍“以心造舞”，营构了一曲“生命的颂歌”。

（三）《萋萋长亭》

古典舞《萋萋长亭》由广东省歌舞剧院青年编导梁群创作，由山翀、汪洌首演。其音乐及意境取材于中国民族音乐作品《二泉映月》，它以优美的旋律、丰富细腻的舞蹈语汇生动地展现了一对青年男女长亭送别的离愁别绪，倾诉着爱的缠绵悱恻。

这一作品1997年问世以来屡获大奖，包括1998年首届“荷花奖”全国舞蹈比赛表演金奖和2000年首届电视舞蹈大赛金奖，2001年代表中国的唯一舞蹈参赛作品获得在莫斯科举行的首届国际德尔菲艺术比赛仅有的特别大奖等。

曲目选自阿柄的《二泉映月》，乐曲旋律本身已经很凄惨，二胡在咝咝拉拉千回百转地道尽人生悲苦，同时在舞蹈的编排上赋予离愁别绪的讲述，那种举手投足的伤感力量会直击你的心脾，过去曾经有过的情绪会很快在剧目的演出过程中重新燃起，如同观看怀旧电影。

“萋萋长亭”，不由让人想起“长亭送晚”的词句来，但因不是故人相送，而是夫妻别离不免惆怅之意更盛。舞蹈《萋萋长亭》没有“因”的铺陈，也不见“果”的继续，而是以“长亭”为场所，画地为牢向观众细述“自古伤心多别离”的那一送别场面。编导不假借任何舞台布景、道具、语言，而是通过动作的属性——急缓、轻重、刚柔、直曲和动作的舞台线路来表现人物关系、场面状况和思想情绪，充分开拓舞蹈语汇自身的示意传情之功能。从舞台布局的角度上看，编导采用了2点至8点的斜向线路，所有的动作套路于这一区间内往复，突出了“长亭”的绵长。而舞台的光区也较窄长，且色调低暗，既似夕阳西下，又若黎明即起，“光气氛”的渲染使离别的氛围更加浓重。演员于斜线区域上的动作流动，加之低暗的光调更让人不禁时时想起那“似有还无”的美。

古典舞《萋萋长亭》的语汇特征既保存有古典之神韵又不乏现代技法的运用。《萋萋长亭》采用了首尾呼应的编排方法，开场时是女前男后、间隔而出，结尾时是男前女后，首尾于斜线布局上的和谐一致使得作品结构趋于完整。先后男女位置次序的不同，分别表现“送”和“别”的两层寓意。在结尾“别”的当口，女演员以突发转体前倾的定势结束，心之所向仍是“难别”长亭那边的“他”……

两情若是长久时，又岂在朝朝暮暮。

(四)《长鼓舞》

在朝鲜族舞蹈家崔美善表演的《长鼓舞》中，她以流畅舒展的舞姿，抑扬顿挫的节奏，富于雕塑美的造型，以及那细致的动律——手势、耸肩、呼吸、眼神等，动与静、快与慢、放与收、进与退，构成了和谐的舞蹈美的韵律，塑造了一个朴实、娴静、端庄的朝鲜族妇女的典型形象。

(五)《摘葡萄》

维吾尔族舞蹈家阿依都拉表演的《摘葡萄》，散发出浓郁的生活气息。她穿梭般地来往于葡萄架下，忽而前行，忽而后退，时而窥视，时而思索，在清脆、强弱、快慢的手鼓伴奏下，好像是在同即将成熟的葡萄窃窃私语。特别当她两次品尝葡萄，先酸后甜的传神表情充满了生活的真情实感，似乎把我们也带到了茂密的葡萄园中，身临其境地体味其丰收的快慰。

(六)《天鹅之死》(《The Dying Swan》)

由20世纪初芭蕾舞坛的一颗巨星巴甫洛娃(Anna Pavlova，1881～1931年)1905年首演。当时，巴甫洛娃刚成为玛林斯基剧院芭蕾舞演员，她要在皇家歌剧院合唱团的艺术家所举办的音乐会上表演一个独舞，于是她找到著名芭蕾舞编导、改革家福金(michel fokine，1880～1942年)。那天福金正在朋友的钢琴伴奏下演奏圣桑的《天鹅》，听到巴甫洛娃的请求，他不假思索地问道：“你看圣桑的《天鹅》怎么样?”她立刻意识到天鹅是她最合适的角色。福金瞧着这瘦伶伶的巴甫洛娃，心想她好象天生就是扮演天鹅的，于是马上动手编排，舞蹈动作很快就定型了。那几乎是一个即兴之作，但竟能风靡整个世界，可称得上一次芭蕾“革命”，它体现了旧式舞向新式舞的过渡，不仅仅表现了芭蕾技巧，更创造出一种在生活中坚持不懈、奋力抗争的形象。《天鹅之死》仅用四肢是无法表现其深刻含意的，它需要整个身心，它不仅给人以视觉的享受，而且能够激励情感和丰富想像。虽然它表现的是天鹅的垂死，却是一首对生命的颂歌。

在淡蓝色的月光下一只雪白的天鹅静静地飘游在湖面上。她忧伤地低着头，轻轻挥动着翅膀，犹如在唱一首告别的歌曲。突然她展开双翅飞向天空，但已经体衰力竭，再也不能自由飞翔了。然而长空在召唤，生命在呼喊，她那鼓足全部力量、不屈不挠地立起脚尖的舞姿，好像要离开湖面。但在与死神搏斗中她已筋疲力尽，身体无力地倾向前方，然而她又慢慢地直起身体，开始原地旋转，似乎又产生了一线希望，表现出了天鹅对生命的热爱和渴望。但生命是有限的，天鹅终于没能摆脱死神的阴影，她跪下来渐渐地合上了双翅与世永别了——这就是《天鹅之死》，一部福金专门为巴甫洛娃创作的作品。由于其鲜明积极的主题，深刻的思想内涵，和音乐融为一体的朴实无华、简练明晰的舞蹈动作语言，而成为世界不朽的名作。在这个舞蹈中没有什么惊人的技巧，但短短的两分多钟，巴甫洛娃以其细腻的表演与超凡的舞蹈才能，淋漓尽致地表现了一只生命垂危的天鹅奋力求生与死神搏斗的生动情景，出色地塑造了这个不屈服于命运的天鹅形象，使《天鹅之死》成为芭蕾史上流传最广的节目，巴甫洛娃也因此被誉为“不朽的天鹅”，而现代芭蕾舞女演员莫不以出演《天鹅之死》为荣。

附　录　舞蹈基本功训练

舞蹈基本功训练，是指通过科学的、系统的、规范的基本功训练教学，使学员的身心趋于向舞蹈艺术表现需要的方向发展，从肢体的力度、软度、开度、柔韧性、稳定性、灵活性、协调性等方面，以及思想内涵、审美修养、人生观、价值观等进行全方位的训练培养，以下主要介绍中国古典舞、芭蕾舞和民族民间舞等舞种的基本功基础训练要领，要进行这些基本功训练，学员一定要经过良好的身体素质训练，通过地面练习、扶把练习和中间练习以达到一定的软度、开度和力度，也就是要训练学员后背和腿的直立力量，踝关节勾绷得柔韧性和灵活性，腰和腿的“软度”以及肩和髋的“开度”。

一、基本素质训练

1. 肩、胸的训练（如图 10－11 和图 10－12 所示）

(1)压肩。面向把杆，小八字步直膝站立，上体前屈，双前臂搭于把杆上，挺胸，肩关节松弛，上体尽量往下压。

(2)拉肩。背对把杆，小八字步直膝站立，双手抓住把杆，收腹收臀，身体挺直尽量向前拉，双臂在后伸直尽量并拢。

(3)掰肩。甲伏卧正步绷脚，双臂伸直夹头起上身，抬头，挺胸，收臀，肩放松，而乙坐在甲的大腿上，一只脚蹬甲的后背，双手抓住甲上臂往后掰。(甲为练习者，乙为协助者，以下同)

(4)掰平肩扩胸。甲乙同向小八字步站立,甲挺胸,收腹,双臂侧平举,乙在其正后方抓住甲上臂往后掰。

(5)展肩。两脚前后分立,前腿屈膝,脚尖点地,后腿直膝,抬头、挺胸、立腰、立背,双手手指交叉相握,直臂上举,尽量往头后振臂展肩,也可在“单跪立”上做。

(6)扩胸。正步位绷脚坐立,低头含胸,两臂前平举准备,1～2 拍两臂屈肘尽量向后扩胸,同时抬头挺胸立腰,3～4 拍还原成准备姿态,如此反复练习。

(7)挑胸腰。仰卧正步绷脚,双手伸直平放在身体两侧与肩平,手心向下,双肩放松,从胸腰开始一节一节挑起,头留在最后,脖子放松,成坐式——上身向前俯贴腿,双手随动作向上举,三位手向前伸够脚背,再从胯开始一节节地躺平还原。反复练习。

(8)展胸。两脚底相对盘坐。1～2 拍上体前屈腰椎形成弓形,背似“上弧线”,骨盆固定,眼视腹部。3～4 拍,胸完全展开,骨盆固定,肩与地保持平行,“展胸”也称“腆胸”。

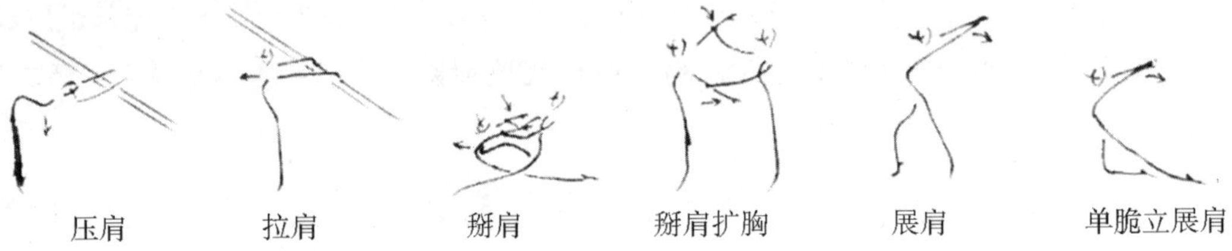

图 10－11　肩的训练

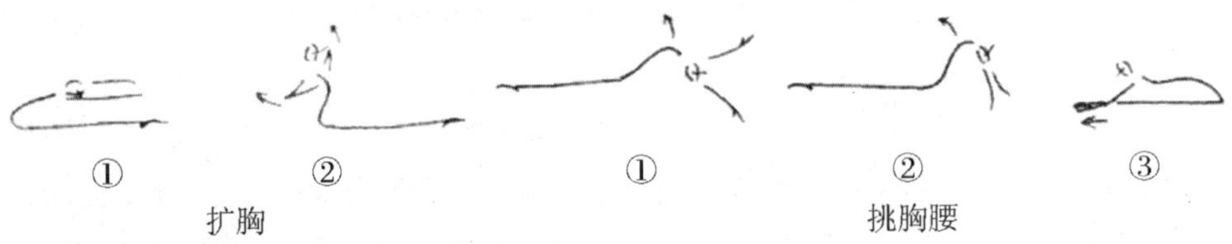

图 10－12　胸的训练

2. 腰腹部的训练(如图 10－13 至图 10－15)

(1)腰背肌。甲伏卧正步绷脚,双手手指交叉,屈臂抱头,掌心贴后脑,乙跪在甲的身后,用双手压住甲的小腿,1～2 拍甲上体尽量后屈,3～4 拍还原。反复练习。

(2)侧腰肌。同腰背肌。只是甲直膝绷脚,侧卧地面,并始终保持全侧面。

(3)跪地后弯腰。双跪立,双膝与肩同宽,双臂伸直上举,先头后仰,再肩、胸腰、中腰,而后大腰一节一节向后下方撑长性伸直弯屈。返回直立时则腰、胸、肩、颈、头逐次直立。初练习者,独自不能下腰时,可由另一人弓步扶其腰协助其下。

“后弯腰”可在地面的“前伏位”和“竖叉”上做,也可在站立的“正步位”、“小八字位”和“大八字位”上做。

(4)前弯腰。正步位站立,身体前屈,尽量使腹、胸、头与腿部贴靠在一起。

(5)旁弯腰。骨盆固定不动,上体正对前方,眼视前方,头部向旁倾倒,然后肩、胸、肋部、腰部依次向身旁弯曲,使一侧肌肉收缩,一侧肌肉伸展,可以在地面的“双跪座位”上做,也可以在站立的“正步位”、“小八字位”、“大八字位”和“踏步位”上做。

(6)拧腰。腿部和骨盆固定住，以腰为轴，腰以上向左或向右最大限度转动，可在地面上的“坐”、“跪”位上做，也可在中间的各种“站”位上做。

① ② 展胸　① ② 腰背肌　① ② 侧腰肌

图 10－13　腰腹部训练

① ② 跪地后弯腰　协助跪下腰　趴地后弯腰　竖叉后弯腰　站立协助后下腰

图 10－14　腰腹部训练

站立后弯腰　前弯腰　旁弯腰　拧腰

① ② 仰卧起坐　仰卧起坐拧身　仰卧两头起　俯卧两头起

图 10－15　腰腹部训练

3. 髋部训练(如图 10－16 所示)

(1)坐地屈膝压胯。双脚屈膝盘坐，脚心相对，收到裆处，双手抓住脚背，上身挺直往下压。

(2)趴青蛙。屈膝俯卧，臀部往下用力，使腿的内侧贴地，双手垫在脸下面。

(3)躺青蛙压胯。甲仰卧地面，屈膝，脚心相对尽可能到裆处，收双手垫于脑后。乙跪立，双手按住甲的膝往下压。甲也可将两大腿成一条直线，使大腿与身体、小腿与大腿成 90°，绷脚背，髋部放松。

(4)趴横叉。双腿向身体两旁滑出，成横一字，上体平趴在地上。

(5)交替摆腿。仰卧直膝绷脚，两腿外旋，双手垫在脑后，双腿抬起成 25°，两腿上下或左右交替摆动。

坐地屈膝压胯　　趴青蛙　　协助压胯　　趴横叉　　交替摆腿

图 10－16　髋部训练

4. 腿部训练(如图 10－17 至 10－19 所示)

(1)坐地前抱腿。双腿并拢坐于地面，上身前伏双臂握脚掌，腹部、胸部尽可能去贴大腿，背拉长。

(2)躺地抬前腿。仰卧地面，收腹、直膝、绷脚，双腿抬至与地面垂直，再有控制地落下。反复练习。

(3)屈后腿压叉。这是对初学者而言，上体垂直，一腿体前伸直，另一腿身后稍屈，1～2 拍上体前屈，胸腹贴大腿，3～4 拍还原。反复练习。

(4)扶把前压腿。上体正对把杆，一腿放在把杆上，上身腹、胸、头依次向下贴腿。注意，两腿要直，肩、髋要正。

(5)扶把旁压腿。上体侧对把杆，一腿侧抬于把杆上，两腿外开，上体最大限度侧屈压腿。

坐地前抱腿　　躺地前抬腿　　屈后腿压叉　　扶把前、旁压腿

图 10－17　腿部训练

(6)扶把压后腿。身体斜对把杆，上体正直，一腿后伸放在把杆上，髋放正，两腿外开，上体后屈至最大幅度压腿。

(7)扶把下叉。面对把杆，双手抓住把杆，双腿一前一后逐渐拉开成竖一字，髋要正，腿要直，绷脚。

扶把压后腿　　扶把下叉　　竖叉　　竖叉前抱腿　　竖叉后弯腰

图 10－18　腿部训练

(8)躺搬腿。甲仰卧,右腿屈膝前吸,然后大腿固定,伸直小腿。乙用右膝抵甲的左膝,左手抓住甲的右腿踝部,往上推右腿使脚靠近头部,同时右手压住甲的右髋,不使髋部随腿送出。

(9)躺踢前腿。仰卧,直膝,绷脚,一腿往头部快速踢起,然后有控制地落下,同时另一腿压住地面不动。搬旁腿、踢旁腿与正腿类似,只是甲要侧卧,腿外旋开胯。

(10)跪搬后腿。甲、乙均跪立地面,甲双手扶把,抬头挺胸,左腿直膝绷脚,后抬架在乙左肩上,乙在甲后面掰住甲的双肩,使甲的肩和后腿尽量相互靠拢。

(11)跪踢后腿。以左腿为例,右腿跪地,大腿与地面垂直,左腿伸直、外旋、绷脚点地在后,双手扶地,左腿用力往后上踢,髋要正,松弛。

躺搬腿　　躺踢前腿　　跪搬后腿　　跪踢后腿

图 10－19　**腿部训练**

5. 脚的训练(如图 10－20 所示)

(1)立半脚尖。面对把杆,双手扶把,挺胸,立腰,收腹,收臀,半脚尖尽量立起,踝部下压时要用力下踩。

(2)压脚跟。正步位面对把杆,双手扶把并使身体成向前倾斜状,脚跟离地,用力下踩使全脚完全踩到地面上。

(3)压脚背。由双跪坐姿势,双手两侧扶地,逐渐把双膝抬起,脚背用力前顶,两脚跟一定要靠拢。

(4)坐地勾绷脚。上体直立坐在地上,直膝绷脚。先钩脚,双脚用力往上钩,使脚跟稍离地,然后双脚用力往下压,用脚尖找地面。反复练习。

(5)坐地转踝关节。以踝为轴,顺序钩、撇、绷、(还可反方向),形成脚尖连续划圈。

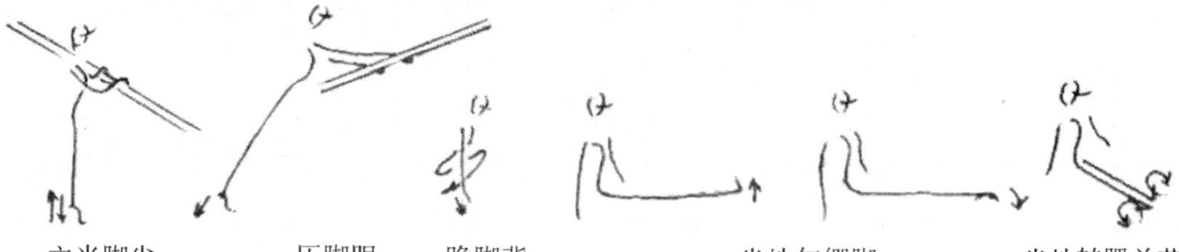

立半脚尖　　压脚跟　　跪脚背　　坐地勾绷脚　　坐地转踝关节

图 10－20　**脚部训练**

二、中国古典舞身韵训练

要学好舞蹈,除了必须具备扎实的基本功和技术技巧外,还必须同时具备中国古典舞的身韵。身韵即舞蹈的“身法”和“韵律”。“身法”属于外部的技法范畴,“韵律”则属于艺术的内涵神采。它们二者的有机结合与渗透,才能真正做到“形神兼备、内外统一、身心并用”,使舞蹈达到“以神领形,以形传神”的目的,从而真正体现中国古典舞的风貌及审美的精髓。身韵是中国古典舞中独具特色的艺术表现技法,是中国古典舞的艺术灵魂所在。

(一)身韵的特点和内涵

1. 形

“形”是指形体的外部动作,它表现为形形色色的体态,千变万化的动作及动作间的连接。舞蹈艺术形式的特殊性决定了对形体的雕琢具有重大意义,“形”的训练必须首选解决体态上“拧、倾、圆、曲”的曲线美和“刚健而含蓄、挺拔而柔韧”的气质美。其次要掌握人体的“三圆”(“平圆、立圆、八字圆”)运动,而其关键又在于腰部的运用。从腰部的运动中,又提炼出了以腰部运动为核心的“提、沉、冲、靠、含、腆、移”这七个最基本的动律元素,这些元素不但可以为多种千变万化的“圆”做好准备,而且可以由此派生出更丰富、更典型的以“圆”为特征的舞蹈动作。

2. 劲

“劲”的训练,主要体现在能掌握正确的用力方法,能有效地控制动作的力度。“劲”训练必须与“形”的训练相结合,在形体有节奏的运动中,劲力始终贯穿其全过程,“意要连、劲不断”。而劲力按照用力的大小、强弱、快慢、轻重、延停、长短、顿挫以及它的方向的组合等等规范为不同的劲,训练时就区分不同劲力的特点及感觉。如快速横拧亮相要刚而脆,而抒情慢板则要柔而连绵。刚劲要做得凝重有力,顿挫分明,柔劲则要求舒缓柔韧,韧劲需要富有弹性,如果劲用错了部位或用力不适度,则会造成僵拙、紧张或松散。

3. 神

“神”是中国舞内在的灵魂。它表现出民族的特有精神气质,古人说神韵是一种“无迹可求、透彻玲珑、如空中之音、相中之色、水中之月、镜中之缘、言有尽而意无穷”的感觉,即只可意会而不可言传,“心与意合,意与气合,气与力合,力与形合”,所道出“心、意、气”正是“神韵”的具体化。在训练中,神韵是支配一切的,“形未动,神先领,形已止,神不止”,当形、劲、心、意融会贯通于一体时才进入到一个“形神统一”的艺术境界,舞蹈才具有生命力。

4. 律

“律”指节律,它包含动作中自身的律动性和它所依循的规律,它不仅指按时间的长短、动作速度的快慢安排,而且还包括动作的疏密、幅度的大小、顺势与反势,以及与之相适应的劲力的各种变化、气的不同运用所形成的种种对比反衬的艺术手法的节律。舞蹈中,动作接动作能一气呵成,有如行云流水的“顺”劲便是律中之“正律”;一个动作的走势分明往左,却突然急转直下往右的奇峰迭起、扑朔迷离、瞬息万变的动感,则是“不顺则顺”的“反律”;还有“逢冲必靠、欲左先右、逢开必合、欲前先后”的“一切从反面做起”的运动规律,都体现了中国古典舞的圆、游、变幻之美,这正是中国“舞律”的精奥之处。

(二)身韵训练的重要元素

身韵训练的重要元素为“提、沉、冲、靠、含、腆、移、旁提”。中国古典舞身韵发展了戏曲身段中的“以腰为核心”的动作原理，即腰是身韵的枢纽，所谓“起于心、发于腰、形于体”就是这个意思。这里所说的“腰”，不是泛指腰部训练的软度、力度等，而是它在动作中起主导和枢纽作用之“动律”。这种以腰为轴心之“动律”是经过对一切动作分析、概括、提炼出来的，包含有基本技法、身法、神韵、呼吸、形态、点线等诸方面的核心因素，那就是“提、沉、冲、靠、含、腆、移、旁提”。这些元素是由心意带动呼吸，而又由呼吸去支配腰部而体现的。而其一旦贯通于一切古典舞蹈动作之中，也就可以说初步掌握了古典舞蹈“形、神、劲、律”走向统一的诀窍。

为使学员真正体会到腰的感觉，在身韵的训练中，首先要从“坐”、“跪”的位置上开始训练，当掌握了以腰为轴心的动律后，再站起来采用“立”、“行”的方式练习，再加上手臂动作和步法的配合，以至全身融会贯通。这里仅介绍“跪”位上的元素训练。

1. 基本跪姿

双跪坐，脚后跟要并拢。后背自然垂直，肩胸放松，眼平视，双手背于身后。

2. 沉

在坐的姿态上通过呼气使气息下沉，感觉气沉丹田，以沉气之力带动腰椎从自然垂直状一节一节下压而形成胸微含，身微弯状，眼皮随之沉气而微微放松（如图 10－21A 所示）。

3. 提

在“沉”的基础上深吸气，感觉气由丹田提到胸腔，同时以胸劲而带动腰椎由微弯状一节一节直立，感觉头部向上顶，气息提至胸腔再向上延伸，同时眼皮逐渐张开，瞳孔以气劲放神（如图 10－21B 所示）。

4. 冲

用肩的外侧和胸大肌向 8 点或 2 点水平冲出，肩与地面保持平行，切忌上身向前倾倒，感觉腰侧肌拉长（如图 10－21C 所示）。

5. 靠

用后肩部及后肋侧带动上身向 4 点或 6 点“靠”出，感觉前肋往里收，后背侧肌拉长，要求挺胸、肩与地面保持水平拉出，切忌向后躺倒之感，靠时头和颈部略向下梗（如图 10－21D 所示）。

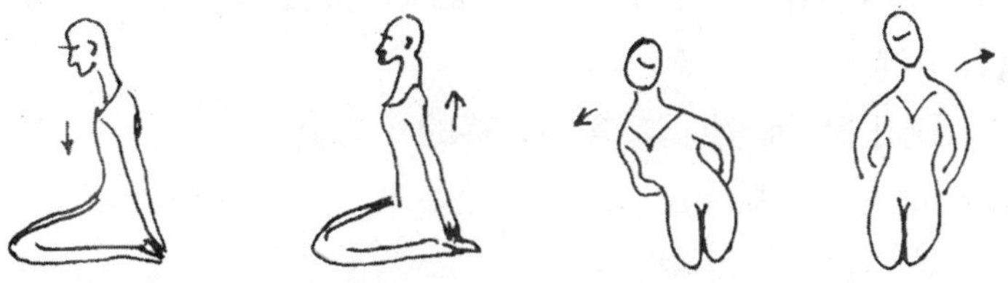

A 沉（呼气）　B 提（吸气）　C 冲　D 靠

图 10－21　沉、提、冲、靠的训练

6. 含

在“沉”的过程中，双肩向里合挤，背向后突，胸椎形成弓形，凹胸低头（如图 10－22A）。

7. 腆

在“提”的过程中，双肩向后掰手，胸尽量前探，头微仰，使上身的肩胸完全舒展开（如图10－22B所示）。

8. 移

以腰发力，用肩带动左旁或右旁拉长腰肋肌移动，与地面成横的水平移动，头与运动方向相反（如图10－22C所示）。

9. 旁提

在“沉”往上“提”的过程中，身体由下经“移”往上的上身弧线运动，旁提时以腰带肋，以肋带肩，一节一节往上提，最后形成像弯月和满风的船帆样的形态，头、眼在训练过程中要随着旁提的动律转动巡视（如图10－22D所示）。

A 含（呼气）　B 腆（吸气）　C 移（左横移）　D（右）旁提

图10－22　含、腆、移、旁提的训练

（三）注意事项

（1）以上元素中以“提、沉”为核心，其他元素都离不开“提、沉”。

（2）“提、沉”开始要用呼吸来学，“提”时吸气，“沉”时呼气，呼吸是内心的发动，同时使腰发动。

（3）一切动作从腰开始。

（4）手任何时候都动作在头前。

（5）身体和手的关系有九个字，即手带身、身让手、身推手。

（6）“形移而神不止”的含意是指，动作虽然停止了，但你的神态和感觉还在继续延伸。

（7）可以说，“提沉”是“上下”动律，“冲靠”是“斜移”动律，“含腆”是“前后”动律，移是“左右”动律，它们都是身体作“直线”运动的元素，而“旁提”是作弧线运动的元素。

（四）身韵组合示例

现以女性为例，阐述提、沉、冲、靠、含、仰、移的身韵组合。

伴奏音乐为《小花》，4/4拍。

1. 组合动作

前奏准备“双跪坐”，“双背手”，身向1点，视1点中位，音乐最后一小节“沉”，视1点下方。

说明：[1]－[2]　表示第1小节至第2小节音乐，“[ ]”表示“小节”，括号中的数码为小节数。以下同。

[1]－[2]　　“提”，双臂“旁大波浪”提起，视1点。

[3]-[4]	"沉",臂下落,视1点下方。
[5]	"提",胸前"小五花"。
[6]	"沉",下落成"双背手"。
[7]-[8]	快"提"、慢"沉"。
[9]	第1~2拍,"提",右"按手"、"提腕"。第3~4拍,"沉"、"提"同时"压腕"、"提腕"。
[10]	第1~2拍,右、左"横移","压腕"两次。第3~4拍同[9]第3~4拍动作。
[11]-[12]	做[9]至[10]对称动作。
[13]-[14]	"提"双臂"旁大波浪"起,"跪立"。
[15]-[16]	右、左"横移"并"压腕"两次。
[17]	"提"、"沉"臂下落,"跪坐。"
[18]	"提"、双手上"晃"、右"冲",成右"山按手",视2点。
[19]	"提"、双手上"晃",左"靠",右"摊手",左单"按手",视2点。
[20]	做[19]对称动作。
[21]	做[18]对称动作。
[22]-[23]	"提"、"含"、"旁中波浪"一次。
[24]-[25]	"提"、"仰"、"双分手"、"跪立"。
[26]-[27]	"提"、"含"、双"盖手","跪坐"。
[28]-[29]	"提"、"沉"、"旁中波浪"一次。
[30]	"仰"、上位"小五花","跪立"。
[31]	"含"、臂下落"跪立"。
[32]	快"提"、胸前"小五花"。
[33]	"含"、臂下沉。
[34]	"提"、双"背手",视1点。

2. 动作提示

(1)做"提"、"沉"练习时,应注意慢"提"和快"提"节奏上的区别。慢"提"是均匀的,连绵不断的,而快"提"是迅速的"提",然后静止。强调视"点"的准确,同时眼睛运用与身体应协调。

(2)做"含"的练习时,脊柱应最大限度的向前弯曲,体前要空,有裹住一个球的感觉。做"仰"时,脊柱先一节一节拉长,然后向后弯曲,胸部感觉向天花板方向"仰",颈部伸展拉长、不折。

(3)在训练中,要用心灵去做动作,并表现出音乐节奏的变化,与之融为一体,同时要具有丰富的想像力。例如,以上的组合即可以表现姑娘照镜子的动作和心情。

三、中国民族民间舞及其训练

中国是一个多民族的国家,其民族民间舞种类繁多、历史悠久、风情醇厚、多姿多彩、风格各异。这里仅介绍几种比较有代表性的民族民间舞蹈。

(一)东北秧歌

东北秧歌流传于我国东北三省,舞蹈语汇丰富,表现形式活泼、生动,具有浓郁的生活气息和泼辣、稳静、幽默的风格特点。它以上身扭摆圆,两膝软、硬颤,脚下踢步为主要动律,形成"稳中浪(有欢乐俊俏意)、浪中美、美中俏、俏中哏(趣味)"的韵律特点。

东北秧歌中的"手绢花"和"鼓"的动作丰富。"手绢花"即是手绢在手与腕变化舞动中,形成各种不同花样的动作,使舞蹈热烈、欢快、富有幽默感。"鼓"则是舞者在特定的鼓点伴奏下做各种动作,常常在情绪转换和舞蹈告一段落时使用。

1. 东北秧歌的手绢拿法

(1)把握手绢。用拇指和其余四指握住手绢的一边,似握拳。

(2)单指贴手绢。拿法同上,但食指伸直贴在手绢边上或伸向中心处,用于片花、挽花和扔手绢等舞蹈动作。

(3)握手绢角。握住手绢一角或中心处,多用于碎绕花。

2. 东北秧歌手绢花的动作方法

(1)里挽花。单指贴手绢于胸前,手心向上,指尖向前。手指带动手腕,由外向里转腕一圈,呈手心向下提腕,然后向下压。动作要求是,挽花时速度要快,压腕时速度要慢,手指上翘,不要架肘,动作要连贯,使手绢转成立形,强调手指尖的带动,向里挽花。

(2)外挽花。单指贴手绢于胸前,掌心由上向下,指尖向前,然后食指带动掌心由外向里,再向上、向前甩出,呈掌心向上。要求挽花时,手的动作成圆圈,甩出时要有力。

(3)里片花。全把握手绢于胸前,掌心向上,以腕为轴,手掌向里平移,同时小臂稍抬起,然后从小臂下掏出,呈指尖向旁,接着继续向上转腕一圈呈手心向上。动作要求连贯,形成"8"字形,手绢要甩平,两肘随之上下起伏,但不能端肩。

(4)外片花。单指贴手绢,动作与里片花相反。

(5)碎绕花。握手绢角于胸前,以手腕带动由外向里连续绕手绢称里碎绕花,由里向外绕手绢称外碎绕花,可在上下各不同位置做。要求手臂松弛,身体平稳,碎花绕得越碎越好。

3. 东北秧歌的基本步法

东北秧歌的基本步法有后踢步、前踢步、旁踢步、跳踢步、十字步、踮步、走场步等,做这些步法时要注意充分体现"哏"劲儿的风格和动律。

4. 东北秧歌的基本动作

(1)单臂花。正步准备,左手叉腰,右手自然下垂,全把握手绢。预备拍时,左脚后踢步,右手经下弧线至胸前,上身右摆。第一拍前半拍左脚落地,右手里挽花,后半拍右脚后踢步,右手经下弧线至体侧,上身左摆。第二拍右脚着地,右手里挽花。

(2)双臂花。正步准备,双手自然下垂,全把握手绢。预备拍时,左脚起前踢步,双手经下弧线摆向左侧,双臂做里挽花。第一拍前半拍左脚落地,向右摆身,后半拍动作相反。

(3)交替花。前踢步,双手全把握手绢,交替做单臂花。

(4)盖分花。正步准备,双手自然下垂全把握手绢。预备拍时,右脚前踢步,双手同时由旁撩起至扬掌位里挽花。第一拍前半拍右脚落地,双手同时盖至胸前架肘。后半拍左脚起前踢步,双手外挽花向上分掌,依次反复进行。

(5)十字花。正步准备,双手自然下垂,全把握手绢。预备拍时,左脚后踢步,双手经下弧线至胸前。第一拍的前半拍左脚落地,双手交叉于胸前里挽花;后半拍右脚后踢步,双手经下弧线至身体两侧。第二拍右脚着地,双手里挽花。

(6)展翅花。正步准备,双手全把握手绢于体两侧。预备拍时,双手抬至山膀位里挽花。第1拍的前半拍双脚落地,双手压至体两侧,后半拍起,动作同上。(做时手臂要直,落时要有往下夹的感觉)

(二)藏族舞蹈

生活在西藏、青海等地区的藏族同胞,能歌善舞,他们善于以歌叙怀,借舞抒情。藏族舞蹈具有英健、粗犷、豪放、抒情等特点。其动律特征是,膝部分别有连续不断、小而快的、有弹性的颤动或连绵柔韧的屈伸,而有颤动或屈伸的步法形成的重心移动,带动了松弛的上肢运动,使手臂动作多系附随而动,上身动作也绝不能主动,形成了其流动造型的流动美。

藏族舞蹈主要形式有弦子、锅庄、热巴、堆谐等。弦子:舞蹈时围成圆圈,领舞拉着弦子,其余的人甩长袖边歌边舞,以双膝颤动、舞袖为主,连绵不断,流动性强,非常优美。锅庄:依然以屈伸为主要动律,但它节奏铿锵有力,躯干、上肢随步法而动,具有块状的整体运动感,表现出藏族舞蹈中一种憨厚、深沉的个性特征。热巴:是一种综合性的表演形式,包括说、唱、舞和杂技。堆谐:也叫“踢踏”。膝部上下运动频率快,形成了上下颤动的动律。“踢踏”时,脚下打点,发出各种踢踏声,先慢后快,以快板的踢踏为主。

1. 藏族舞的常用手位

(1)(踢踏)双手在胯旁或前后悠摆。

(2)(弦子)双手扶胯,单背袖,旁展单背袖。

2. 藏族舞的常用脚位

自然位,丁字步位。

3. 弦子的基本步法

(1)平步。原地或向各方向行进,抬腿时两膝弯曲,落地时两腿伸直,动作时脚与上身有向相反方向拉长的感觉,上身韵律晚于脚。

(2)撩步。动力腿提膝撩小腿,主力腿屈伸。撩腿时,膝部放松。

(3)拖步。一脚擦地向前迈出,另一脚拖地随靠。

(4)三步一撩。走三个平步,再撩腿,撩时膝部要放松。

4. 藏族的踢踏舞动作

(1)退踏步。右脚脚掌后撤半步,身体保持与左脚的垂直。左脚稍抬起后,原位踏落,然后右脚再全脚掌在左脚旁跺步。

(2)抬踏步。两拍完成,以右脚为例。第一拍前半拍右腿屈膝右脚离地,同时收回小腿,左脚“冈达”(膝下沉,脚掌打地),后半拍右脚落地。第二拍前半拍左脚全脚踏地一次,后半拍休止。

(3)嘀嗒步。左丁字步准备,右脚脚掌抬起,屈膝下沉,左脚离地,再全脚原位落地,同时右脚掌拍地,两膝直起。

在练习上述动作时,要做到上身松弛,膝部放松,动作协调、连贯。

(三)蒙古族民间舞

在辽阔的大草原上、从事狩猎和游牧劳动的蒙古族人民,创造了古老而灿烂的草原文化,蒙古族民间舞蹈就是草原文化园地中的一支奇葩。它热情奔放、稳健有力、节奏欢快,富有浓郁的生活气息,男子舞蹈强健骁勇,女子舞蹈端庄典雅,具有肩部松弛自如、臂腕部柔韧优美、脚下沉稳扎实、灵活敏捷的韵律特点。

蒙古族民间舞蹈的形式有牧马舞、筷子舞、盅碗舞、狩猎舞、安代舞等,都是蒙古族人民喜爱的歌舞形式。

1. 蒙族舞的基本手形

(1)平手。四指伸直、并拢,拇指自然旁开,五指在一个平面内。

(2)叉腰手。四指卷起,大拇指伸直,虎口张开,叉于腰部的前侧位。大拇指在后,拳在前。

(3)挥鞭手。食指伸直,大拇指与中指、无名指相握,小指弯曲。

2. 蒙族舞的常用手位

(1)鹰式位。双手在体旁,手臂保持圆,大拇指张开,四手指向斜前,这是平的鹰式位。若双手在斜上则为高的鹰式位。

(2)叉腰位。用平手或叉腰手,虎口张开,放于腰际,肘部向前,后背张开,身体微微后靠。

(3)勒马位。左手叉于腰际,右手握空拳,大拇指放于食指的第一关节,手腕下压,胳膊肘稍弯,对体前,身体后靠。

3. 蒙族舞的常用脚位

(1)前点步位。前脚掌着地,双膝向两边打开,膝盖微弯,重心在后脚。

①直点步位:正步,右脚全脚着地自然直立,左脚尖或前脚掌在右脚窝处,为右直点步,左直点步与右直点步动作相反;②蹲点步位:同直点步,只是主力腿略蹲点。

(2)踏步位、八字步位与中国古典舞脚位相同。

4. 蒙族舞的肩部基本动作

(1)硬肩和柔肩。一肩向前推出,肘部向后,同时另一肩向后,肘部向前,动作时肩部用力,而不是肘部用力。硬肩要干脆有力,要控制幅度;柔肩要柔中有刚。

(2)耸肩和笑肩。双肩向上去找耳朵,耸起,再下落回原姿,落下时要有力度,称耸肩。笑肩在耸肩的基础上加快速度。

(3)碎抖肩。两肩放松,前后交替迅速抖动,用肩胛骨做动作。抖动时上身放松,腰直立,抖得碎而均匀。

5. 蒙族舞中腕臂腰的动作

(1)硬腕。手腕向上、向下提压。动作不宜过大,力度要强。不要用手指尖做动作。

(2)柔臂。双手体侧从柔肩开始,手臂拉出并提腕,指尖下垂,同时另一肘弯曲压腕。柔臂要从大臂根开始到指尖一节一节提起压下,肩膀要放松。

(3)板腰。双膝跪地,两膝距离同肩宽,双手平鹰式位准备。先是膝以上垂直后躺,躺至与地面平,然后慢慢垂直起、还原,双手交替提压腕或柔臂。此动作可慢下慢起,也可快下快起,躺至地面时可加左右移动。

6. 蒙族舞的基本步法

(1)蹚步。脚掌沿着地面擦出去,脚后跟向前推,像淌着水往前走的感觉,双膝弯曲外开。

(2)圆场步。与中国古典舞的圆场步相同。

(3)走马步。勒马舞姿准备。左脚先上一步,右脚脚掌擦地面快速跟上(成屈膝),前脚掌点地。换脚交替进行。

(4)跑马步。正步,双膝弯曲,上身前俯,左手勒马,右手后甩鞭,后背拉长。双脚步轮流交替跳落。

(5)摇篮步。双脚用脚外缘来回滚动。右脚落于左脚外旁,左脚外缘着地,双膝弯曲,重心移至右脚。然后左脚全脚着地,右脚外缘着地,重心移至左脚,双膝微屈。左右脚交替进行。

(四)维吾尔族民间舞

辽阔的新疆维吾尔族地区素有“歌舞之乡”的美誉,它的歌舞艺术绚丽多彩。维吾尔族舞具有热情潇洒、活泼奔放、开朗幽默、抒情优美的风格特点。它的动作特点擅长于头部和手腕的运用,通过移颈,头部的摇、挑,手腕的翻腕、绕腕、柔腕、击腕等丰富多变的动作,以及抖肩、旋转和脚下灵活的步伐,加上眼神的巧妙配合,使舞蹈色彩浓郁,别具一格。

维吾尔族舞的主要表现形式有:“赛乃姆”、“多朗”、“萨玛”、“纳孜尔库姆”以及带道具的舞蹈。这些舞蹈的各类动作可概括为四种基本动律,即以“多朗”的颤步和滑冲步为代表的两种,以“赛乃姆”的垫步、三步一抬为代表的一种,以及女性舞多用的摇身点颤。这几种动律体现在诸多的动作中形成如下特点:挺拔而不僵,微颤而不窜,上身撒得开,脚步不离散,晃身带摇头,耸肩绕手腕,技巧多旋转,节奏多符点。

1. 维吾尔族舞的手形

(1)常用手形。近似兰花指,立腕,手指松弛,中指、拇指靠近。

(2)叉腰手。虎口打开,拇指和食指叉腰,其余手指伸直,于腰平行。

2. 维吾尔族舞的动律

上身及头部横向左右摆动,注意动作不宜太大。

3. 维吾尔族舞的手位

(1)一位。双手下垂在胯的两侧,微微摆腕、摆肘。

(2)二位。双手分摊到身体两侧斜前方45°。经过绕腕,双腕相抱到胸前,双手在垂直面上做软手的动律。

(3)三位。双手向上提到头顶上方斜45°位置上绕腕。

(4)四位。双手在身体两侧打开,相抱,一手叉过身体中心向另一侧腰处绕腕立掌,一手向上摆到三位绕腕,头向一侧平视。

(5)五位。双手在身体一侧平托到五位绕腕,头随手的方向平视。

(6)六位。双手一侧平摊到另一侧,一手在胸前,一手与肩平行,绕腕。

(7)七位。双手平摊到身体两侧与肩膀平行,绕腕。

(8)点肩位。双手分摊到身体两侧斜前方45°绕腕,一手摆到身体另一侧的腰旁,另一手点到肩前。

(9)托帽位。双手分摊到身体两侧45°,一手叉腰,一手到耳朵上方。

(10)叉腰位。双手分摊到身体两侧45°绕腕,用虎口向自己的腰部拉回,掌和拳都可以叉腰,手向里靠。

4. 维吾尔族舞的手的动作

(1)摊手。准备动作,双手交叉在胸前,经过翻手,手心向上,手指展开向两侧平平打开。

(2)软手。掌和腕不断地推和提。

(3)绕腕立掌。手掌平托,手向腕子方向绕一圈立掌向上停住。

(4)扛撩手。一手臂从身体一侧直接提到大三位,小臂收到与肩齐平,手掌向正前方,接着手掌向耳朵方向翻转撩出。

(5)撩肩手。手臂在身体一侧提到与肩齐,手背向上屈肘,小臂从肩前向肩后绕一圈,手掌平摊到另一肩前托掌。

(6)绕腕手。一手臂提到下颌处,手背向上,提腕经过耳旁从额前推掌到另一侧耳旁。

(7)缠绕手。五指并拢手掌由外向里绕圈,由里向外绕圈。

(8)弹指手。手掌平展,手指向上、向下运动。

5. 维吾尔族舞的步法

(1)点地步。

①前点:小八字位,一脚前伸半脚掌的距离,用前脚掌点地;②侧点:提脚向身体的一侧斜向后方伸出,脚掌点地;③后点:一脚向后撤向身体的另一侧,形成交叉方向,双膝并拢,脚尖点地。前点、后点、侧点都是重拍在下,如同打节拍一样。

(2)一步一点。动力脚向前或向斜前方向迈步的同时,经过双膝屈蹲移动中心到前脚上并直时,变主力腿,后脚在身体一侧点步。

(3)三步一抬。

①横向进行的三步一抬:双脚交叉横向连续迈出三步,向反方向迈出时,要把准备迈出脚直接向体后方快速踢一下,在落地的同时,向另一方迈出;②拧身体45°三步一抬:步伐要求同上,但身体拧向二、八方位45°;③拧身360°三步一抬:步伐要求同上,但转身360°。

(4)辗步。一脚用脚跟迈出,经过脚掌向另一脚方向移动落地,同时另一脚用脚掌向旁移出,反复交替进行。

(5)关开步。一脚以脚掌为轴,另一脚以脚跟为轴,同时向左方或右方横向移动,两脚同时脚尖相对。

(6)点探步。动力脚向身体的正前方直腿点地,主力脚经过屈膝时,动力脚微微离地面,身体重心向前移动的同时,向前探迈一步。

(7)退错步。动力脚向身体正后迈一步10厘米的距离,向后移动重心时,另一脚拖地后移膝微颤一下。

(8)退蹭步。动力脚始终做后踢步,每后踢一步,向正后方退一步,另一脚在地面蹭一下。

(9)进退步。动力脚向前用脚跟点地,向后用脚掌点地,主力脚在原地屈膝,前点是主力脚原地踏一步,后点时主力脚继续踏一步。

(10)别步。与进退步相同,横向左右进行。

(11)跺半脚尖步。双膝屈右脚跺踏的同时双膝直立,向前行进,半脚尖迈出。

(12)滑冲步。基本上与拧身45°三步一抬要求相同,但步伐节奏是带符点的。

(13)二步一跺。右脚左脚先后向正前方迈出一步,经过屈膝右脚后踢,直立的同时右脚跺在左脚平行的正步上。

(14)跺移步。右脚跺屈膝,接着向左移动重心时左脚横向一步,右脚迅速跟向左迈一步落在左脚的前方直立。

6. 维吾尔族舞中头和腰的基本动作

维吾尔族舞蹈中,颈和腰的运用是很重要的特征,同时,动颈和眼睛的配合又是不可分割的。动颈有快慢之分,腰有软腰和板腰之分,一般都是运用旋转接甩腰。

(1)动颈及眼睛的配合。

①动颈:头垂直两肩中心,上身控制不动。动颈时,用耳朵带动肩膀的两侧左右摆动,摆动的距离要相等;②眼睛:练习时,面向正前方,眼睛自然向下垂视,看出时头不动,眼睛向45°平视,收回自然向下垂视,再向后45°垂视。

(2)四位甩腰。四位舞姿摆好后,胸腰和侧腰同时向后快速甩下,快速收回。

(3)五位甩腰。五位舞姿摆好后,以一腿为重心,另一脚前点快速甩侧腰,快速收回。

(4)板腰。双膝跪地,从大腿、臀及上身后背全部贴近地面,躺平。

(5)挑闪腰。推动身体一侧的胸腰,下颌微微向前方挑出。

(五)傣族舞

我国的傣族人民主要居住在云南省美丽富饶的西双版纳和迤逦江边,那里是众所周知的"歌舞之乡",它以其形象的舞姿和独特的韵味而著称。傣族舞具有舞姿优美,动作灵活,柔中带刚,含而不露的风格特点。傣族舞尤以"孔雀舞"和"鱼舞"最为典型。

傣族舞动作优美,肢体多保持半蹲状态,身体各段及手臂各关节都有弯曲,具有独特的

"三道弯"舞姿造型。舞蹈时,伴随手腕的翻动,脚的起落,胯的摆动,做双膝有节奏的屈伸,并带动身体的上下起伏,而形成傣族的基本动律特点。

1. 傣族舞的基本手形

(1)掌形。四指并拢,虎口张开,大拇指与四指垂直,手掌及手指用力伸直翘起。

(2)冠形。大拇指与食指捏成圆形,其余三指像扇形张开伸直。

(3)嘴形。食指与大拇指捏在一起,手指伸直,其余三指像扇形张开伸直。

(4)屈掌。四指并拢,从第三关节处向掌心弯曲,其他指关节微屈,大拇指伸出,形成掌心向上的曲拳状。

(5)爪形手。由掌形手变食指第二关节弯曲。

(6)鱼手。一手的手心重叠在另一手的手背上,大拇指分别在两侧形状如"鱼"。

2. 傣族舞的基本手位

(1)低展翅。一手立掌旁平位屈肘弯臂,另一手横立掌在胯前屈肘弯臂。

(2)平展翅。双手山膀位弯臂立掌,手心朝外。

(3)高展翅。一手托掌,一手在胯前屈臂。

(4)双合翅。双托掌位手腕相对,两手腕相距一拳或一拳半。

(5)合抱翅。一手托掌位,一手按掌位。

(6)顺展翅。掌形手,同顺风旗。

(7)侧展翅。山按掌位立掌。

(8)双抱翅。双手屈肘弯臂立掌交叉于胸前。

3. 傣族舞的基本脚位

点丁字位。在丁字步的位置上成丁字步的前脚稍往前上半步的位置上,前脚掌落地,脚放松,两膝弯曲。

4. 傣族舞中手的基本动作

(1)屈掌按掌。双手屈掌于两侧从腰的位置向下压,到了胯下,拉起来变按掌再往下推。

(2)翻盖手。一手手心向上时,另一手的手心则向下,两手交替翻盖,它可在各种手臂的位置上做。如胸前"翻盖手",左手经胃到前边,手指尖带动打开到身体左侧,同时右手从肩膀的位置回来,经下巴位置往下盖,压到胃的位置,两手交替进行。

5. 傣族舞的基本步法

(1)正步起伏步。一拍一次,前半拍两腿均匀下蹲,后半拍一脚快速向后刨地,勾脚,慢慢落地,同重心交替、推移和膝部的屈伸向胯部随之有一个下弧线的前引,两脚交替进行。

(2)垫步。双脚"正步位"准备,以右脚为例:第一拍,右脚迈出全脚着地,同时双膝屈;左脚原位提起,稍离地面;第二拍,左脚掌着地,双膝同时直,两脚交替进行,动作保持均匀而柔和地屈伸,感觉应平稳。

(3)点步。根据点地的位置不同,可分为旁点步、前点步和后点步。如前点步,左脚向斜旁迈,右脚点到斜前方,右脚尖点地,脚背放松,屈膝下蹲,右脚的膝盖不要打开太多,对正步。

6. 孔雀舞的舞姿造型

(1)“丹凤朝阳”。左手在左斜上方,右手在右胯旁,指尖朝外,两手保持“三道弯”。

(2)“斜展翅”。两手在斜前拎腕(手腕相对),手胳膊要保持“三道弯”。

(3)“孔雀戏鳞”。右手在斜上扣回,指尖对头顶左手在斜下扣回,胳膊要圆。

(4)“孔雀点头”。左手在斜上,头转到手的方向,左手在胸前,扣回。

(5)“孔雀抬头”。右手在斜上(似扬掌),左手在斜下,两手指尖朝外。

(6)“孔雀照镜”。左手在右斜旁,右手在左耳朵旁,上身向后倒。

第十一章 茶艺欣赏与实践

茶艺蕴藏着深厚的中华民族文化。学习中国的茶文化，欣赏茶艺，具有陶冶情操、品味人生、顿悟迷茫、锤炼意志、修身养性、升华人格的作用，对于提高我们个人的人文素养无疑也是大有裨益的。本章介绍茶文化的一般概念、如何开展茶艺欣赏以及学习实践茶艺表演三个方面，其中重点内容为茶艺欣赏。

第一节 茶文化的基础知识

一、茶文化的基本概念

中华茶文化博大精深，从古至今，从南到北，中国人都爱喝茶，因为喝茶有史、有益、有礼、有道、有诗、有艺、有歌。

（一）茶文化

茶文化从广义上讲是人类在社会历史过程中所创造的有关茶的物质财富和精神财富的总和，是人类文化宝库中的瑰宝；从狭义上讲是人类创造的有关精神财富，如茶史、茶诗、茶词、茶道、茶艺、茶树栽培学、茶叶制作学等，其中最核心的是茶艺和茶道。

【案例 11－1】 有句古话："茶为国饮"，但是现在各种各样的饮料充斥市场，国饮渐渐失宠，甚至还出现了"可乐一代"。

中国台湾中华茶文化学会创会理事长范增平教授在两岸茶人首次高峰对话时，有一番讲话：这个问题短期内还是让人忧心的，但是任何事情的发生都有它的因，也许过去我们在推动饮茶方面有点忽略或者疏忽，可是其他的饮料的广告和行销很吸引人，针对这个现象来调整，怎么让年轻人喜欢？不然喝茶会变成"老人茶"，喝茶年龄将来会断层。茶叶有五千年的历史，一定有存在的价值，不必太忧心。

泡茶、饮茶是最好的学礼方式，很多年以前，茶礼就是生活教育之一。客来奉茶；过年孩子给长辈奉茶；新婚夫妻给父母奉茶。有礼生活就有规范，有规范，一个人到了社会，行为举止就会比较优雅。茶界百岁泰斗张天福说，喝茶能够"俭、清、和、静"。同事之间、夫妻之间、朋友之间互相泡杯茶就是爱，爱是很简单的事。人与人之间因为一杯茶可以带来温暖，所以推动茶饮应该是一个人在快速发展的社会避免忧郁症的一个很好办法，茶文化是构建和谐社会的一个最好项目。

(二)茶艺和茶道

茶艺和茶道作为茶文化的核心,茶艺是茶道的载体,是茶事活动中物质和精神的中介,艺在其表,道在其中,只有通过茶艺活动,没有生命的茶叶才能与茶道联系起来升华为充满诗情画意和富有哲理色彩的茶文化。通过茶艺表演效果,才能表达求真求善求美的茶道人文精神。茶道是茶艺实践过程中所追求和体现的道德理想、人生哲理。在茶香、茶色、茶味中陶冶情操、品味人生、顿悟迷茫、锤炼意志、修身养性,并升华人格。中国茶道,就是中国人人格之道。

1. 茶艺

茶艺主技,载茶道而成艺。茶艺研究对象是形而下的物质及程序,泡茶品茶的形式。茶艺重在实践(如何泡好一壶茶的技艺和如何享受一杯茶的艺术)。茶艺是生活的艺术、人生的艺术。

中国茶艺的四大特点是:茶家争鸣,百花齐放;艺技简朴,道法纯真;文质并重,善美其中;心身放松,人格升华。

中国茶艺审美的四大要领:美由艺生、艺由情生、情由心生、心由德生。

2. 茶道

茶道主理,因茶艺而得道。茶道是指导茶艺的理念,是茶文化的核心,其研究对象是形而上的精神,“道由心悟”,通过品茶把当今社会倡导的伦理道德、行为规范赋予品茶活动中,从中领悟人生哲理,思想境界得以升华。只有人品、茶品皆佳者才能领悟茶之真道。

中国茶道内涵厚重,博大精深,是中国优秀传统文化的精华。我们在学习茶艺时,只有先掌握茶道和茶艺的基本特点并用它指导茶艺实践,我们的茶艺才能神形兼备,精彩动人,我们才能在学习茶艺的过程中彻悟人生伦理、道德,升华人格、完善自我。

中国茶道的四大特点:一是养德之道——品味人生,锤炼意志,完善自我,升华人格;二是养性之道——静心、静性,“*以虚静推于天地,通于万物,此谓之天乐*”(庄子);三是养心之道——心胸开阔,海纳百川;四是养身之道——修身健体,求真求善求美,达到修身养性、陶冶情操、纯净心性、品味人生之目的。

二、茶文化的发展简介

中国的茶文化萌芽于神农,起源于秦汉时期,早创于隋朝之前,兴起于唐朝,鼎盛于宋明。可以说,中国茶文化源远流长。

茶文化最早形成在唐朝,当时是以僧人、道人、文人为主的茶文化。唐朝疆域广阔,盛事太平,注重外交,给茶文化的发展提供了良好的大环境。陆羽是我国的茶艺发展的创始人,被称为中国的“茶圣”,其《茶经》是唐朝及唐朝之前茶科学和茶文化的系统总结。随之,李白、白居易等以茶会友,以茶传道,以茶兴艺,以茶做诗,以茶作画,使茶在文人生活中的地位大大提高,使茶饮的文化内涵更加深厚。

到宋朝,茶文化不断拓展,一方面是宫廷茶文化的出现,另一方面是市民茶文化和民间斗茶之风的兴起。宋朝茶器制作精致,植茶知识进步,制茶技术提高,饮茶技艺升华,茶书茶诗创作更是百家争鸣，宋朝许多著名茶人同时又是著名文人，这加快了茶与相关艺术融为一体的过程。像欧阳修、王安石、苏轼等文学家都好茶。诗人有茶诗，书法家有茶帖，画家有茶画，使茶文化的内涵得以拓展成为文学、艺术等纯精神文化的关联部分。把饮茶作为增进友谊、社会交际的手段，饮茶已成为民间礼节。宋朝茶文化在唐朝茶文化的基础上继续发展深化，并形成了特有的文化品位。

自元朝开始，茶文化又表现出两个特点：一是茶艺简化，茶艺渐渐返璞归真；二是茶文化精神与大自然、与自身契合。文人希望在茶中表现自己的清高气节，磨炼自己的意志。

明朝时，饮茶对人们的生活影响更明显，如画家、文学家唐伯虎的自嘲诗《除夕口占》："柴米油盐酱醋茶"，开门七件事中就有"茶"。在品茶中有意识地追求一种自然美和环境美。

清朝茶叶产量增多，茶叶贸易相当发达，饮茶之风真正踏进寻常巷陌，走入千家万户，走向世界各地。茶馆的出现又是引人注目的一个特色。

茶叶和茶文化发展最快的时期无疑是在现代和当代，尤其新中国成立以后，茶文化获得了前所未有的重视。1990 年"中国茶人联谊会"在北京成立，1991 年在杭州西湖中国茶叶博物馆落成，1993 年"中国国际茶文化研究会"成立，1998 年中国国际和平茶文化交流馆建成。2002 年制定、实施的《茶艺师国家职业标准》，使中国的茶文化向着更规范、更健康、更科学的方向发展。

如今茶已成为风靡世界的三大无酒精饮料之一。在法国，茶为最温柔、最浪漫、最富有诗意的饮品；在英国，茶被视为美容养颜的饮料，是健康之液，灵魂之饮；在日本，茶被视为"万病之药"；在我国，茶更被誉为"国饮"。

三、中国茶艺分类

(一)以人为主体分类

即以参加茶事活动的茶人的身份不同进行分类：宫廷茶艺、文士茶艺、民俗茶艺、宗教茶艺、居家茶艺等。

(二)以茶为主体分类

实质上是茶艺顺茶性的表现，即绿茶茶艺、红茶茶艺、乌龙茶(青茶)茶艺、黄茶茶艺、白茶茶艺、黑茶茶艺、花茶茶艺、紧压茶茶艺、保健茶茶艺、果茶茶艺等。

(三)以表现形式分类

分为表演型茶艺、待客型茶艺等。

第二节 茶艺欣赏

在了解了茶文化的概念、发展简史之后，为我们进入茶艺欣赏做了一些知识的铺垫。在茶文化中,茶艺欣赏可以说是更为高雅的文化生活的享受。明朝许次纾在《茶疏》中说:"茶滋于水,水借于器,汤成于火,四者相须,缺一则废。"这实际上道出了茶的基本要素和茶的艺术欣赏内涵,茶艺欣赏可以概括为以下几个方面。

一、茶之美

茶之美包括茶的名、形、色、香、味。

我国的一般评茶项目:外观,审观茶叶的外形、条索、色泽、嫩度(芽尖白毫)、净度(如各种茶末杂质)等。汤色,审观茶汤颜色,观察茶汤的色度、亮度、清浊度。香气,判别香气的种类、高低、强弱、清浊、纯杂等,确认是否带有油臭、焦味、烟味、青臭味、发霉等异味。滋味,审察茶汤的浓稠、淡薄、甘醇、鲜爽、苦涩,以及茶的活性、刺激性、收敛性等。叶底,审视茶叶泡开后茶渣的色泽、叶面展开程度、叶片与芽尖是否完整无破损等,可作为判别茶青原料品种、老嫩、均一性及发酵程度是否恰当的依据。

(一)茶的名之美

赏析茶名之美,不仅可以增加茶文化知识,还可以看到传统文化中茶人的艺术底蕴和美学素养。

1. 地名加茶树得名

如西湖龙井、安溪铁观音、闽北水仙等。

2. 地名加茶叶得名

如君山银针、庐山毛尖、婺源茗眉等。

3. 地名加想象力得名

如庐山云雾、南京雨花等。

4. 典故、传说得名

又如碧螺春(吓煞人香),据说采茶人在雨天采集时,将采集的茶叶放在怀里,香气四溢,茶人称"吓煞人香"。康熙(1699 年)皇帝得到进贡的"吓煞人香",康熙认为该茶是极品,名不雅。根据茶的色泽碧绿、形卷曲如螺,又采制于早春而赐名"碧螺春"。又如铁观音,因味重,开始称为"重如铁",种茶人信奉佛,所以后称"铁观音"。

5. 象形茶名

如龙须茶、佛手、孔雀尾、绿牡丹、金蝴蝶等。

(二)茶的形之美

茶形主要看匀净度、色泽、嫩度、条索、芽尖、白毫等,审评师对茶叶外形的专业术语有显毫、匀齐、细嫩、紧秀、紧结、浑圆、圆结、挺秀等。

1. 自然茶

包括绿茶、红茶、乌龙茶(青茶)、黄茶、白茶、黑茶六大类。绿茶、红茶、黄茶、白茶等属芽茶。根据茶芽展开的形态称针或枪,如一芽一叶称旗枪、一芽二叶称雀舌、弯曲形的称眉、卷曲形的称螺、圆形的称珠。乌龙茶属于叶茶,一芽三开片——粗枝大叶;安溪的"铁观音"素有“青蒂绿腹蜻蜓头”、“美如观音重如铁”之称。

2. 再加工茶

指花茶、紧压茶、保健茶、果茶等。花茶一般是熏香茶，宋朝就创出茉莉花焙茶，明朝更有“木樨、茉莉、玫瑰、蔷薇、兰蕙、橘花、栀花、木香、梅花皆可作茶”之说，现在最受欢迎的有茉莉花茶、桂花茶、白兰花茶。

(三)茶的色之美

干茶看茶色，泡茶看汤色。干茶的色泽有(专业术语)：嫩绿、黄绿、浅黄、深黄、橙黄、黄亮、金黄、红艳、红亮、红明、浅红、深红、棕红、暗红、黑褐、棕褐、红褐、姜黄。鉴赏茶之汤色宜用内壁洁白的素瓷杯，茶人把色泽艳丽的茶汤比作“流霞”，把色泽清淡的茶汤比作“玉乳”，如乾隆皇帝就写到“竹鼎小试烹玉乳”。

绿茶是历史上最早的茶类，属不发酵茶。绿茶，绿叶、绿汤，一芽一叶或一芽二叶，距今至少有三千多年的历史。但真正意义上的绿茶加工是从公元 8 世纪发明蒸青制法开始，到 12 世纪又发明炒青制法，此时绿茶加工技术已比较成熟，一直沿用至今，并不断完善。如西湖龙井、碧螺春、庐山云雾、黄山毛尖、婺源绿茶等都是绿茶。

红茶的干茶色泽与冲泡的茶汤以红色为主调，所以称为红茶。红茶、红叶、红汤，一芽二叶或三叶。以适宜制作本品的茶树新芽叶为原料，经微雕、揉捻、发酵、干燥等典型工艺过程精制而成，如安徽祁红功夫茶、云南滇红功夫茶、修水宁红茶等。

青茶也称乌龙茶、半发酵茶，一芽三叶，粗枝大叶。它是我国几大茶类中，独具鲜明特色的茶叶品类。乌龙茶综合了绿茶和红茶的制法，品质介于二者之间，既有红茶的浓鲜味，又有绿茶的清芳香，所以有“绿叶红镶边”的美誉，如广东乌龙、台湾包种、闽南乌龙、闽北乌龙等。

黄茶在炒青绿茶的过程中，由于杀青、揉捻后干燥不足或不及时，叶色即变黄，产生了新的茶类——黄茶。黄茶的制作与绿茶有相似之处，不同点是多一道焖堆工序，如皖西黄大茶、湖北鹿苑毛尖、安徽霍山黄芽等。

白茶，属轻微发酵茶，是我国茶类中的特殊珍品。因其成品茶多为芽头，满坡白毫，如银似雪而得名。白茶的历史悠久，如白牡丹、白毫银针、贡眉等。

黑茶，属后发酵茶。在鲜叶选料、工艺流程和对其色泽、品质的要求上，都具有其独特的标准与风味，形成了同其他茶类不同，独占一个“黑”字的茶类，如湖南黑茶、云南普洱茶、四川边茶等。

(四)茶的香之美

香气是茶叶本身具备的芳香物质。闻香的类别可分为汤前香、汤后香两种。茶香有清香、高香、浓香、幽香、纯香、毫香、嫩香、甜香、火香、陈香等。茶香一大特点是随温度的变化而变化，所以闻香既要热闻又要冷闻。

汤前香一般在赏茶阶段进行，观察干茶的外形与色泽时，可先闻一闻干茶香气；再将茶叶置于茶荷中，供饮茶者观赏茶的外形、颜色、闻茶香；当茶壶已由热水温热，倒入茶叶后，可先盖上壶盖数秒,由此借壶中热气烘托,再闻一次茶叶,香气将更为明显。

汤后香为茶叶经热水冲泡而散发的香气,嗅闻汤后香的方法依泡茶方式而定。使用闻香杯者,将茶汤倒入闻香杯,再将闻香杯中的茶汤倒入品茗杯后,用鼻子深吸闻香杯中的味道;用茶壶也可在茶壶倒出茶汤后,闻一闻壶盖聚集的香气;用盖碗,可闻碗盖。汤后香有如下三个阶段:

1. 热闻

用来判断香气的类别与高低,辨别香气是否正确。闻开泡后充分显示出来的茶的本香,从氤氲的水汽中闻香,闻壶盖杯盖的留香。茶汤正热之际,最容易闻出别样味道。

2. 温闻

当茶汤温度降至45℃左右,此时香气仍在,可轻易嗅闻茶汤,判别味道。

3. 冷闻

冷闻可了解茶叶香气的持久程度。品质较高的茶,即使茶汤冷却后,依然会散发幽雅的香气,持久不散。闻茶香的持久性——用闻香杯慢慢细闻杯底留香。

明朝诗人陆容的《送茶僧》:“江南风致说僧家,石上清泉竹里茶。法藏名僧知更好,香烟茶晕满袈裟。”诗中茶香、水香、禅香、景香、心香,陶醉人、陶冶人,不仅染上袈裟,还深入肌骨,熏染灵魂。

(五)茶的味之美

接茶后,趁热品尝,细啜茶汤,入口不咽下喉,边吸气边用舌尖打转,反复品尝,徐徐咽下,领略甜美的回味。

茶有百味,鲜爽、浓烈、浓厚、浓醇、醇爽、鲜醇、醇厚、回甘、醇正等。通俗地讲主要有苦、涩、甘、鲜、活。“苦”,茶汤入口,口中最先有一种淡淡的苦味;“涩”,茶汤咽下,口中有一种不适的干涩麻舌之感;“甘”,茶汤咽下后,回味甜润爽口;“鲜”,茶汤之滋味圆滑、清爽宜人、回味十足;“活”,品茶人的心理感受,舒适、美妙,有活力,余香犹存。

品茶的“品”字三个口:第一口“喝”,第二口“饮”,第三口“品”。茶叶冲以煮沸的清水,顺乎自然,清饮雅尝,寻求茶的固有之味,重在意境,这是中式品茶的特点。中国人饮茶,注重一个“品”字。“品茶”不但是鉴别茶的优劣,也带有神思遐想和领略饮茶情趣之意。在百忙之中泡上一壶浓茶,择雅静之处,自斟自饮,可以消除疲劳、涤烦益思、振奋精神,也可以细啜慢饮,达到美的享受,使精神世界升华到高远的境界。人生百味,茶也有百味。品茶最重茶的“味外之味”,不同的人,不同的心情,不同的社会地位,不同的文化底蕴,不同的环境,可从茶中品出不同的“味”。历尽沧桑的文坛宗师欧阳修从茶中品出人情如纸,世态炎凉的苦涩味:“吾年向老世味薄,所好未衰惟饮茶。”仕途得意的文彦博从茶中品出春之味:“森然可爱不可慢,骨清肉腻和且正,雪花雨脚何足道,啜过始知真味永。”一群茶农一生生活在青山绿水中,种茶、采茶、制茶,终年荷锄劳作、倚树休息,相互谈笑,平常百姓从茶中体会出平安快乐之味:“自家青山里,不出青山中。生涯草木灵,岁事烟雨功。荷锄人苍蔼,倚树占春风。相逢相调笑,归路还相同。”清朝盛世之君乾隆从茶中品出了天下归一之味:“一岭中分西与东，流泉泻涧昧甘同。吃茶虽不赵州学，楼上权披松下风。”

二、茶与水之美

水为茶之母，茶为水之味。明朝张源在《茶录》中写道：“茶者，水之神也；水者，茶之体也。非真水莫显示其神，非精茶曷窥其体。”许次纾在《茶疏》中写道：“精茗蕴香，借水而发，无水不可与论茶也。”沈长卿在《沈氏日旦》中对泉水评价：“茶为水骨，水为茶神。大率茶酒二事，全得力于水也。山顶泉清而轻，山下泉清而重，石中泉清而甘，砂中泉清而冽，土中泉淡而白。”清朝郑板桥的一幅茶联：“从来名士能评水，自古高僧爱斗茶。”可见，好茶必须用好水。

(一) 水的分类

水可以分为降水、地表水、地下水和再加工水。我们使用的水质可分为硬水和软水，泡茶用水以软水为宜。除了蒸馏水、雨水、雪水外，自然界中的地水均属于硬水，但硬水可经煮沸而成为软水，所以泡茶用水的选择相当多。

1. 天然水

(1) 降水。包括雨、雪、霜、露、雹。

(2) 地表水。包括溪水、江水、湖水、河水、池水、水库水、塘水等。

(3) 地下水。即有浅层地下水、深层地下水、泉水等。地下水均属于硬水，须煮沸后成为软水。

古今中外的名人雅士饮茶用水极为讲究，如陆游在《雪后煎茶》中赞雪水：

雪液清甘涨井泉，自携茶灶就烹煎。

苏东坡在《汲江煎茶》中赞江水：

活水还须活火烹，自临钓石汲深清。
大瓢贮月归春瓮，小勺分江入夜瓶。
雪乳已翻煎处脚，松风忽作泻时声。
枯肠未易禁三碗，卧听山城长短更。

康熙皇帝曾有《中泠泉》赞泉水烹茶：

静饮中泠水，清寒味日新。
顿令超象外，爽豁有天真。

乾隆皇帝则用荷露烹茶，有诗云：

平湖几里风香荷，荷花叶上露珠多。
瓶罍收取供煮茗，山庄韵事真无过。

2. 再加工水

再加工水指太空水、纯净水、蒸馏水。

(二) 对水的要求

唐朝陆羽在《茶经》中对水要求：“其水用山水上、江水中、井水下。”宋徽宗赵佶的《大观茶论》则称:“水以清、轻、甘、洁为美。”现代茶人称水以“清、活、轻、甘、冽”为佳,尤其应符合我国饮用水的卫生标准。

(三)水的温度

中国的茶叶种类繁多,冲泡每种茶叶的水温要求也有所不同。

1. 高温

90℃以上,适合叶茶类,如铁观音、水仙、冻顶乌龙、佛手等。

2. 中温

80~90℃,适合轻发酵的茶类,如文山包种茶、白毫乌龙、高级红茶、香片、熏花等。

3. 低温

低于80℃以下,适合绿茶类,如龙井、碧螺春等。

(四)水与茶的比例

一般而言,标准置茶量是以1克茶叶搭配50毫升水,但不同的茶叶种类也有差异。

三、茶与火之美

茶、水、器、火成就了一壶好茶,四者缺一不可,我们可从历代茶诗中来体会茶与火的关系。

唐朝茶圣陆羽以水反映火的要求,讲水有三沸:“其沸如鱼目、微有声,为一沸;缘边如涌泉连珠,为二沸;腾波鼓流浪,为三沸。”一沸水太嫩,冲泡劲力不足,泡出之茶香味不全;三沸水太老,水中氧气和二氧化碳挥发殆尽,泡出的茶汤不鲜爽;唯有二沸水,称“得一汤”,泡出色、香、味、滋、韵俱美的好茶。

宋朝诗人苏东坡名句“活水仍须活火煎”,一语道破烹茶中火的作用和重要性。

明朝许次纾在烹茶中描述火:“茶滋于水,水藉乎器,汤成于火,四者相须,缺一则废。”在制茶中描述火:“生茶初摘,香气未透,必借火力,以发其香。”

清朝刑土襄《茶说》:“善候汤者,必活火急扇,水面若孔珠,其声若松涛,此正汤候也。”更值得一提的是爱新觉罗·弘历,即乾隆皇帝,六下江南写下不少与茶有关的诗,其中《观采茶作歌》就有这样的诗句:“火前嫩,火后老,惟有骑火品最好。”茶的炒制过程十分复杂,火候也要恰到好处。

四、茶与器之美

不论是在古代,还是在现代,人们饮茶都比较讲究盛茶器皿。高雅而精美的器皿,有助于提高饮茶的品位。

(一)茶具的分类

据传统的方法,茶具可分为以下几类:

1. 按质地分类

有陶土、瓷器、玻璃、金属、漆器、竹木、其他(玉石、水晶、玛瑙等)。

2. 按用途分类

大概可分为六种。

(1)置茶器。茶则、茶匙、茶漏、茶斗、茶荷、茶擂、茶仓(分茶罐)。

(2)理茶器。茶夹、茶匙、茶针、茶桨、茶簪。

(3)分茶器。茶海、茶盅、公道杯、母杯、同心杯。

(4)品茗器。品茗杯、闻香杯、盖碗、三才杯。

(5)涤洁器。茶盘、茶船、茶池、壶承、渣方、水方、茶盂、水盂、涤方、茶巾、容则。

(6)其他。煮水器、壶垫、盖置、奉茶盘、茶拂、温度计、茶巾盘、香炉、茶炉。

(二)茶具的选择

根据不同的茶叶、不同的环境,以及人的不同身份选择不同的茶具。

1. 绿茶

(1)茶具。杯内壁为纯白的瓷质或玻璃茶具,以个人杯组为宜。

(2)置茶量。150 毫升泡茶用水放入略少于 3 克茶叶,炒青绿茶可冲泡 2~3 次,蒸青绿茶则冲泡 2 次,水温 70℃以下。碧螺春选用三才杯泡茶为佳,龙井、君山银针选用玻璃杯泡茶为佳。

2. 乌龙茶

(1)茶具。宜选用紫砂壶。

其一,选壶的要求:

① 选小、浅、齐、老。

② 神韵,高贵大气,返璞归真;“方不一式,圆不一相”。

③ “三山齐”,倒扣壶时,壶把、壶嘴,壶口水平。

④ 壶置装满水的盆中平稳漂浮。

⑤ 注水时,“七寸注水不泛花”,该断则断,不再滴水。

⑥ 泥质上品,雕工精细,用壶盖边轻敲击壶身,清脆悦耳,似金属声。

其二,选杯的要求:紫砂、陶质小茶壶搭配紫砂、陶瓷杯;选小、浅、薄、白的紫砂、陶瓷杯。

(2)置茶量。150 毫升泡茶水放入 3 克茶叶,或置茶入壶约 1/3 至 1/2,水温 90℃以上。

3. 铁观音

(1)茶具。紫砂陶壶最能表现本茶特色。

(2)置茶量。150 毫升泡茶用水放入 3 克茶叶,或置茶入壶约 1/3 至 2/5,水温为 90℃以上。

4. 白毫乌龙茶

(1)茶具。小型白瓷茶壶搭配小瓷杯。

(2)置茶量。150 毫升泡茶用水放入 3 克茶叶,水温 90℃。

5. 红茶

(1)茶具。纯白瓷器,搭配有杯耳的白瓷杯,并加上茶杯托盘,或西式茶具组。

(2)置茶量。条形红茶为 150 毫升泡茶用水放入 3 克茶叶,碎形红茶的茶叶量应稍减,如加入冰块或其他物品调味，用量约增10%。条形红茶可冲泡2～3次，碎形红茶只能冲泡1次，水温80～90℃。

6. 花茶

(1)茶具。驰名中外的景德镇瓷器当为首选，内壁为白色的有盖陶杯，或者透明的玻璃杯。

(2)置茶量。150毫升泡茶用水加略少于3克茶叶，水温在80～90℃。

五、茶与境之美

品茶还应讲究意境、艺境、环境之美。

(一)意境美

清水清茶，清饮雅赏，寻求茶固有之味，重在意境，这是中国品茶的特点。意境美也是本节中的重点。意境美是人与茶、与情、与景融为一体，虚实统一，身心极度放松，是主体情感与客观物象的有机结合。从更深层次理解意境，它不仅是意与情、意与景契合无间，高度统一的有机艺术整体，而且还蕴含和昭示着深刻的人生哲理，是一种人生审美的理想境界。明朝张源《茶录》："饮茶以客少为贵，客众则喧，喧则雅趣会泛泛矣。"茶室非牌室、非聊天室，品茶是心的歇息、心的放牧。

(二)艺境美

品茶还要重视人文环境：独品得神，对啜得趣，众饮得慧，七八人为施茶。

茶通六艺，琴、棋、书、画、诗、金石古玩；"六艺助茶"，即四壁悬画，室内摆置盆景、古玩、工艺品、鲜花、文房四宝等。琴为六艺之首，茶人非常重视音乐，如我国古典名曲《春江花月夜》、《彩云追月》，近代品茶音乐《闲情听茶》、《香飘水云间》等音乐可以营造高雅的意境，有助于开启生命、享受生活。在饮茶中使人感受到音乐与大自然的美妙和声，令人心驰神往，如小溪流水、大海涛声、雨打芭蕉、风吹竹林、百鸟啁啾、平湖秋月等等，把我们带入大自然，身置景中，情景交融。人在景中，吟诗作画，摆棋对弈，闲谈阅文。

(三)环境美

1. 茶室内环境

装修简朴，或是古色古香、格调高雅；或是湖光山色、小桥流水；或是精巧别致、典雅明净；或是仿真古寺，禅乐钟声，超凡脱俗；或是田园风光，乡土气息，竹木藤条，瓜果蔬菜；或是书画篆刻，文房四宝，诗情画意。总之，室内环境应气氛温馨、幽静清新，这样给人以沉思、默想的空间，给人以宁静、安逸的氛围，让人有飘飘欲仙的感觉。

2. 茶室外环境

(1)唐朝诗僧灵一写过一首诗，诗云：

野泉烟火白云间，坐饮香茶爱此山。

岩下维舟不忍去，清溪流水暮潺潺。

我们似见"山泉潺潺、青烟袅袅、白云飘飘、轻舟悠悠"，一幅大自然赋予的情趣幽境的画卷，诗人在蓝天白云间、绿水青山中品茶、品景、品人生之乐。

(2)唐朝钱起也写过描绘茶室外环境的诗，诗云：

竹下忘言对紫茶，全胜羽客醉流霞。
尘心洗尽兴难尽，一树蝉声片影斜。

这首诗使我们似见“竹林幽境、竹影婆娑、蝉鸣声声、月影西斜”清寂的环境，诗人在这种环境中品茶，感到尘心洗净、俗念全消、心灵安宁、乐而忘返。

六、茶与诗之美

可以说，茶文化反映茶与美学的关系，不仅寄托着历代文人雅士与茶不解的情缘，养育着他们的人文情怀，陶冶着他们的情操，而且对推动中国文学的发展起着积极的作用。回顾一下中国文学史，不难发现文人雅士们留下了许多脍炙人口的咏茶诗篇。诗的形式有古风、律诗、绝句，还有茶联等。我国不同历史时代名人饮茶诗词举不胜举。

(一)茶诗

宿蓝桥题月

(唐)白居易

昨夜凤池头，今夜溪桥口。
明月本无心，行人自回首。
新秋竹影下，半夜钟声后。
清影不宜昏，聊将茶代酒。

双井茶

(北宋)欧阳修

西江水清江石老，石上生茶如凤爪。
穷腊不寒春气早，双井芽生先百草。
白毛囊以红碧纱，十斛茶养一两芽。
长安富贵五侯家，一啜尤须三日夸。

晚秋杂兴十二首

(南宋)陆 游

置酒何由办咄嗟，清言深愧谈生涯。
聊将横浦红丝碨，自作蒙山紫笋茶。

以六一泉煮双井茶

(南宋)杨万里

日铸建溪当近舍，落霞秋水梦还乡。
何时归上滕王阁，自看风炉自煮尝。

西域从王君玉乞茶因其韵七首

（元）耶律楚材

高人惠我岭南茶，烂赏飞花雪没车。
玉屑三瓯烹嫩蕊，青旗一叶碾新芽。
顿令衰叟诗魂爽，便觉红尘客梦赊。
两腋清风生坐榻，幽欢远胜泛流霞。

采茶词

（明）高启

雷过溪山碧云暖，幽丛半吐枪旗短。
银钗女儿相应歌，筐中采得谁最多？
归来清香犹在手，高品先将呈太守。
竹炉新焙未得尝，笼盛贩与湖南商。
山家不解种禾黍，衣食年年在春雨。

观采茶作歌

（清）爱新觉罗·弘历（乾隆皇帝）

火前嫩，火后老，惟有骑火品最好。
西湖龙井旧擅名，适来试一观其道。
村男接踵下层椒，倾筐雀舌还鹰爪。
地炉文火续续添，干釜柔风旋旋炒。
慢炒细焙有次第，辛苦工夫殊不少。
王肃酪奴惜不知，陆羽茶经太精讨。
我虽贡茗未求佳，防微犹恐开奇巧。

初饮高桥银峰

郭沫若

芙蓉国里产新茶，九嶷香风阜万家。
肯让湖州夸紫笋，愿同双井斗红纱。
脑如冰雪心如火，舌不豆丁眼不花。
协力免教天下醉，三闾无用独醒嗟。

访梅家坞

陈毅

会谈及公社，相约访梅家。
青山四面合，绿树几坡斜。

溪水鸣琴瑟，人民乐岁华。
嘉宾咸喜悦，细看摘新茶。

我国数以千计的茶诗、茶词，各种诗词体裁一应俱全，还有一些比较独特的体裁。

1. **宝塔诗**

唐朝诗人元稹有一首宝塔诗，一字至七字诗，题名《茶》。

茶，
香叶，嫩芽，
慕诗客，爱僧家。
碾雕白玉，罗织红纱。
铫煎黄蕊色，碗转麴尘花。
夜后邀陪明月，晨前命对朝霞。
洗尽古今人不倦，将知醉后岂堪夸。

2. **回文诗**

回文诗也称"回环"诗。回文茶诗是苏轼的一绝，其《记梦口文二首》的字句，回环往复，顺读倒读都成篇章，而且意义相同。在数以千计的茶诗中，回文诗可称一绝。

酡颜玉碗捧纤纤，
乱点余花睡碧衫。
歌咽水云凝静院，
梦惊松雪落空岩。

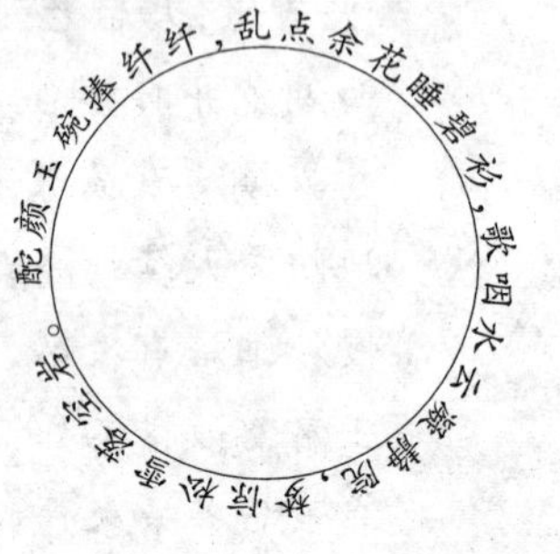

空花落尽酒倾缸，
日上山融雪涨江。
红焙浅瓯新火活，
龙团小碾斗晴窗。

3. **联句诗**

联句诗是两人或多人共作一首各自吟出的诗句，意思连贯，相连成章。欣赏颜真卿等六位诗人《五言月夜啜茶联句》这首诗，似见他们月夜饮茶，吟诗助兴，诗的内容环环相扣，结构严谨。

泛花邀客坐，代饮引情言（陆士修）。

醒酒宜华席，留僧想独园（张荐）。

不须攀月桂，何假树庭萱（李萼）。

御史秋风劲，尚书北斗尊（崔万）。

流华净肌骨，疏瀹涤心原（颜真卿）。

不似春醪醉，何辞绿菽繁（皎然）。

素瓷传静夜，芳气满闲轩（陆士修）。

（二）茶联

雪芽、甘露、竹叶青，集茶谱妙品香座客；
水浒、三国、红楼梦、汇艺苑精绝醉散仙。

茶事是事，事到无心皆可乐，
茗品须品，人非有品不能闲。

一杯清茶，解（jiě）解（xiè）解（jiè）元之渴；
七弦妙曲，乐（lè）乐（yuè）乐（yuè）师的心。

【注】明代才子解（xiè）缙（1369～1415年），明太祖时乡试得了第一名，中了“解元”，一次出游，闻一草庐中传出悦耳琴声，是古曲《高山流水》，解缙就进入草庐拜访琴师。交谈中，得知乐师姓乐（yuè），本是朝廷乐宫，因愤世嫉俗，隐居于此。乐乐师也得知解缙是新科“解元”，有意考考解缙，于是，乐乐师给解缙敬一杯茶，并出上联请解缙对下联。

七、茶与茶艺人之美

茶与各种人相关，如种茶人、采茶人、制茶人、售茶人、茶艺人、饮茶人，本节仅介绍茶艺人之美。

（一）心灵美

心灵美的核心是真与善。我们要有爱心，爱祖国、爱人民、爱事业、爱家庭、爱同学，只有会爱的人，才会美。

心灵美是思想、情操、意志、道德的综合，是“深层次”的美。茶艺人只有心灵美与仪表美、语言美、行为美等“表层次”的美相和谐，才可造就出完整的美。

（二）语言美

1. 声声情真

包括迎客声、请茶声、解说声、致谢声、致歉声、道别声。

2. 语言艺术

茶艺人语言规范，语言表达准确、情真意切、清晰、得当；语速不快不慢、娓娓道出；语音、语调柔和悦耳，抑扬顿挫，自然流畅，娓娓动听；加上优美、恰到好处的肢体语言表现出茶艺人的语言艺术。

(三)艺技美

主要包括茶艺程序编排的内涵美和茶艺表演的动作美、神韵美及服装道具美四个方面。茶艺表演的过程中,坚持以"顺茶性"、"合茶道"为原则,表演者熟能生巧的技艺,充分表现出茶艺的中和之美、自然之美、出水芙蓉之美;表演过程中流露出的个人性格、气质、爱好、情趣、文化素养、精神世界、生活习惯、行为举止都应是自然美与艺术美的和谐统一。

1. 仪态美

包括鞠躬礼、伸手礼、注目礼、点头礼、叩手礼以及其他礼节。

2. 神韵美

指神情和风韵,眉目传神。

3. 茶艺表演

应情真意切,声情并茂,风度翩翩,优雅大方。

(四)仪表美

仪表美,在第三章"职业礼仪",第四章"职业仪表"都已有阐述。

茶艺人的仪表美、仪态美给人留下的仅仅是外在美、静态美,如果加上神韵美、语言美、心灵美,才是茶艺人外在美和内在美的完美结合。

八、茶与健康美

人们之所以喜爱饮茶,不光是一种生活的享受,更重要的是饮茶与健康有着重要的关系,且不少的史料和资料都有记载。远古时代神农用茶解毒的传说,表明中国人最早是把茶叶当作药用的。在《神农本草经》这部我国现存的最早药学专著中,对茶的功用作了明确的记载:"茶味苦。饮之使人益思,少卧,轻身,明目。"说明茶本身确实是一种药。东汉医学大师张仲景在《伤寒杂病论》中说"茶治便浓血",三国"神医"华佗在《食论》中说"苦茶久食,益意思",南北朝名医陶弘景在《杂录》中有"苦茶轻身换骨"之说。唐朝著名药理学家陈藏器在《本草拾遗》中称道:"诸药为各病之药,茶为万病之药。"宋朝官方编纂王怀隐主编的《太平圣惠方》中就有茶疗方十多则,元朝宫廷饮膳太医忽思慧著的《饮膳正要》、明朝吴瑞的《日用本草》、清朝沈金鳌在《沈氏尊生书》都有有关含茶的药茶配方,当然还有很多,在此不一一列举。以上均证明茶既是饮料,又可用来防病、治病、健身,药食一体,多种功效兼备。

(一)茶叶的主要化学成分

茶叶中含有咖啡碱,多酚类化合物,维生素 B_1、维生素 B_2、维生素 C、维生素 E、维生素 K,烟酸和叶酸,矿物质(钾、磷、钙、镁、铁、锰、氟、硒)以及氨基酸。

(二)茶叶的保健功效

历史上以喝茶闻名的唐代文人卢仝在《走笔谢孟谏议寄新茶》一诗中,对饮茶的妙处作了淋漓尽致的描写:"一碗喉吻润,两碗破孤闷。三碗搜枯肠,惟有文字五千卷。四碗发轻汗,平生不平事,尽向毛孔散。五碗肌骨清。六碗通仙灵。七碗吃不得也,唯常见两腋习习清风生。"这就是闻名于世,脍炙人口的"卢仝七碗茶"。

茶的保健功效有：①提神益思，清脑醒睡；②安神除烦，生津止渴；③利尿通便，治痢止泄；④祛风解表，清热解暑；⑤涤齿，固齿防龋；⑥消炎灭菌；⑦解毒醒酒；⑧降脂降压，软化血管；⑨降血糖，预防糖尿病；⑩祛腻减肥，下气消食；⑪保肝明目，清肺去痰；⑫防辐射，抗癌变；⑬抗衰老，延年益寿。

唐朝陆羽的《茶经》中曾引用《神农食经》的“茶茗久服，令人有力，悦志”。皎然的《饮茶歌送郑容》诗句：“尝君此茶祛我疾，使人胸中荡忧栗。”白居易的《闲眠》诗句：“暖床斜卧日曛腰，一觉闲眠百病消。尽日一餐茶两碗，更无所要到明朝。”黄庭坚的《寄新茶与南禅师》诗句：“筠焙熟茶香，能医病眼花。”曾巩的《尝新茶》诗句：“一杯永日醒双眼，草木英华信有神。”谢应芳的《阳羡茶》诗句：“谁能遗我小团月，烟火肺肝令一洗。”皎然的《饮茶歌诮崔石使君》诗句：“一饮涤昏寐，情思爽朗满天地。再饮清我神，忽如飞雨洒轻尘。三饮便得道，何须苦心破烦恼。”陆希声的《茗坡》诗句：“二月山家谷雨天，半坡芳名露华鲜。春醒酒病兼消渴，惜取新芽旋摘煎。”古人留下一首首茶与健康的诗，给后人启发不少。

古代品茶人对各种茶作用和饮法也有很深的研究：“姜茶能治痢，糖茶能和胃；菊花茶明目，饭后茶消食；酒后茶解醉，午后茶提神；饭后茶漱口，洁齿除垢秽；晚茶难入眠，烫茶伤食道；空腹茶心慌，隔夜茶伤胃；过饮人黄瘦，淡茶益健康。”现代喜茶人有这样的总结“早茶醒目，午茶助神，晚茶驱睡；热茶解渴，温茶美人，凉茶爽口；姜茶治痢，糖茶和胃，浓茶醒酒，淡茶生津；茶可延年益寿。”饮茶对人体有保健功效，越来越多地获现代科学验证。

附　录　茶艺表演实践

大学生观赏与尝试茶艺表演是茶艺欣赏的主要内容，通过观赏与实践活动，既可以对传统文化进行继承和发扬，还可以陶冶性情、美化生活。不同的茶叶有不同的品性，更有不同的风格、不同的表演方式。以下简单介绍几种常见茶叶的茶艺表演。

一、乌龙茶茶艺

乌龙茶茶艺可分为闽北乌龙茶、闽南乌龙茶、广东乌龙茶、台湾乌龙茶四大类。按地区民俗可分为潮汕、台湾、闽南和武夷山等四大流派。乌龙茶（青茶）既有绿茶的鲜灵清纯、红茶的醇厚甘爽，又具有花茶的芬芳幽香。它集众美于一身，成大家之气度，可谓茶中之王。

（一）冲泡要领

明朝张源在《茶录》中指出：“茶之妙，在乎始造之精，藏之得法，泡之得宜。”

1. 择器

冲泡器，宜兴紫砂壶、小盖碗（三才杯）；选壶，一人选得神壶，二人选得趣壶，三人选得慧壶；选杯具，白瓷小杯（若琛杯）或由闻香杯和品茗杯组成的对杯。

2. 择茶

投放半壶干茶，一般以1克乌龙茶，冲开水30～40毫升为宜。

3. 器温和水温要双高

开泡前，要淋壶烫杯烫盏，以提高器皿的温度。

4. 用水

冲泡用100℃的开水，但不可“过老”。

5. 旋冲旋啜

边冲泡边品饮，时间过长会感苦涩，时间太短会感色浅、味薄、没韵。

根据茶的品种不同，季节气温差异及茶具的质地不同，头一泡，闷茶时间20秒钟至2分钟，以后每一泡顺延10～30秒钟。好的乌龙茶“七泡有余香，九泡不失茶真味”。

（二）品饮要领

有一位茶人描述乌龙茶，真正好茶，入口即化，淡而无味，后劲徐来，甘、甜、凉、香，韵味十足，强劲持久，使全身气脉畅通，滋润五脏六腑，令人回味无穷，浑然忘我，如入仙境。品茗最高境界是口韵、喉韵、胃韵、脉韵。

品饮要领：①乌龙茶讲究热饮，即“喝烧茶”，随泡随喝；②先闻其香，再试其味，一泡闻“火香”及茶香的纯度，二泡闻茶的本香，即热闻加冷闻，三泡闻茶的久香；③品茶要“徐徐咀嚼而体贴之”，咀嚼品出茶的真味；④释躁平矜，怡情悦性，精神升华。

（三）乌龙茶茶艺表演

各种茶的茶艺表演，可以说是百家争鸣，百花齐放，美不胜收，我们在本节中仅能列举极少一部分。本节中列举的茶艺表演的创编部分摘录于林治先生编著的《中国茶艺》。为便于理解，我们加了部分注解。

【实践11－1】 潮汕功夫茶茶艺

(1) 列器备茶（即右腿放包壶用巾，左腿放擦杯白巾）。

(2) 备煮候汤（烧水）。

(3) 烫壶温盅〔开水→茶壶（孟臣罐）→茶盅（公道杯）〕。

(4) 烫杯洗杯（茶盅内的水洗茶杯）。

(5) 干壶置茶（茶叶置壶的七八分满）。

(6) 烘茶冲点（用沸水淋壶，靠水温烘茶，高冲水泡茶）。

(7) 刮顶淋眉（刮去泡沫，再盖后淋壶加温）。

(8) 摇壶低斟（按住气孔，左右摇；茶低斟、斟尽）。

(9) 品香审韵（三口品，品完后喝白开水仍留茶香）。

(10) 涤器撤器。

整个过程一气呵成，精、气、神三者一体。三泡水的茶汤可置公道杯浓淡一致后再分茶。

准备：四宝、玉书（溶水四两的陶制水壶）、潮汕炉、孟臣罐（紫砂壶）、若琛杯（白玉瓷杯，如半个乒乓球大小），另备茶池、公道杯。

【实践 11－2】 武夷山功夫茶茶艺

(1)焚香静气,活煮甘泉。

(2)孔雀开屏,叶嘉酬宾(苏东坡称茶叶为“叶嘉”,展示茶具、赏茶)。

(3)大彬沐淋,乌龙入宫(开水烫壶、提高壶温,茶叶倒入茶壶)。

(4)高山流水,春风拂面(“高冲水,低斟茶”,用壶盖刮去泡沫)。

(5)乌龙入海,重洗仙颜(第一泡倒入茶海,用茶水再洗一次杯,壶内冲水,壶外浇淋)。

(6)母子相哺,再注甘露(壶架于茶海,倒出茶再冲水)。

(7)祥龙行雨,凤凰点头(茶海的茶汤分入闻香杯,凤手高低“点头”)。

(8)夫妻和合,鲤鱼翻身(闻香杯盖于品茗杯之上;再翻转双杯)。

(9)捧杯敬茶,众手传盅(捧杯齐眉,右传,行注目礼)。

(10)鉴赏双色,喜闻高香(一闻杯底留茶香)。

(11)三龙护鼎,初品奇茗(拇指、食指扶杯,中指托底,一品,含茶吸气)。

(12)再斟流霞,二探兰芷(第二次冲水,斟二道茶,二闻茶香)。

(13)二品云腴,喉底留甘(宋朝书法家黄庭坚称茶叶为“云腴”,二品茶汤)。

(14)三斟石乳,荡气回肠(第三次冲水,斟三道茶,三闻茶香,大口大口吸茶香)。

(15)含英咀华,领悟岩韵(咀嚼,领悟香、清、甘、活)。

(16)君子之交,水清味美(三道浓茶后,喝一口白水。咽下后回味甘甜,“此时无茶胜有茶”)。

(17)名茶探趣,游龙戏水(七泡有余香,九泡不失茶真味;水中茶叶翻动,游龙戏水)。

(18)宾主起立,尽杯谢茶。

准备:木制茶盘一个,宜兴紫砂母子壶一对,闻香杯,品茗杯若干对,茶道具一套,茶巾二条,开水壶一个,炉一套,香炉一个,茶荷一个。

二、绿茶茶艺

(一)冲泡要领

1. 择器

首选瓷质优良的景德镇瓷器,晶莹剔透的高档玻璃杯、瓷杯。

2. 择茶

绿茶如西湖龙井、洞庭碧螺春、庐山云雾、六安瓜片、蕙明茶、南京雨花茶、信阳毛尖、婺源茗眉。普通绿茶以 1 克茶叶冲开水 50～60 毫升为宜。

3. 水温

特级碧螺春,宜用 75～80℃的水;高级绿茶,80～85℃的水;中低档绿茶,95～100℃的沸水。

4. 投茶方式

下投法,茶先入杯,一次性冲水。中投法,茶先入杯,先冲入 90℃的开水至杯容量的1/3,稍停 3 分钟,待干茶吸水舒展开再冲水至满。上投法,85～90℃的开水先入杯,后投茶。

5. 冲泡技巧

冲泡前,沸水温壶,沸水温杯(洗壶、洗杯)。冲水时,高悬壶、斜冲水,杯中水打漩涡,茶叶也旋转。冲水后不加盖,或盖 1 分钟,掀盖闻香。续水时,杯中余 1/3 茶汤时即加开水。

(二)品饮要领

一是观干茶,观形闻香;二是观茶汤,观色闻香;三是品茶味;四是随泡随饮;五是品茶后味。

(三)绿茶茶艺表演

绿茶茶艺表演在这里只列举龙井茶茶艺的中投法和碧螺茶茶艺的上投法。

【实践 11－3】 龙井茶茶艺(中投法)

(1)点香——焚香除妄念(燃香,平心气静)。

(2)洗杯——冰心去凡尘(烫洗玻璃杯)。

(3)凉汤——玉壶养太和(100℃开水先注瓷壶中养一会儿,待水温降至 80℃)。

(4)投茶——清宫迎佳人(优质茶叶比作绝代佳人)。

(5)润茶——甘露润莲心(杯中注入 1/4 容量的热水,约 1 分钟;摇香)。

(6)冲水——凤凰三点头(高冲水,有节奏地三起三落,不间断,注七分满)。

(7)泡茶——碧玉沉清江(龙井吸水后,逐渐舒展,沉入杯底)。

(8)奉茶——观音捧玉瓶。

(9)赏茶——春波展旗枪(一芽一叶称"旗枪")。

(10)闻茶——慧心悟茶香(龙井四绝:色绿、形美、香郁、味淳)。

(11)品茶——淡中品至味(一看、二闻、三品味)。

(12)谢茶——自斟乐无穷(修身养性、品味人生、乐在怡然)。

准备:玻璃杯四个,白瓷壶一把,电随手泡一套,锡茶叶罐一个,茶道具一套,脱胎漆器茶盘一个,陶茶池一个,香炉一个,香一支,茶巾一条,特级龙井 12 克。

【实践 11－4】 碧螺春茶茶艺(上投法)

(1)点香——焚香通灵(茶须静品,香能通灵)。

(2)涤器——仙子沐浴(冲泡前应清洗玻璃杯)。

(3)凉水——玉壶含烟(敞开壶盖,看蒸气,水温至 80℃)。

(4)赏艺——碧螺亮相(碧螺春的四绝为:形美、色艳、香浓、味淳)。

(5)注水——雨涨秋池(唐代李商隐名句"巴山夜雨涨秋池",水注七分满,留三分装情)。

(6)投茶——飞雪沉江(指茶叶满身披毫,银白隐翠,似白雪花翻飞)。

(7)观色——春染碧水(茶汤变成淡绿色)。

(8)闻香——绿云飘香(闻热香)。

(9)品茶——初尝玉液(一口喝)。

(10)再品——再啜琼浆(二口饮)。

(11)三品——三品醍醐(三口品;醍醐是奶酪,品第三口茶时已不是茶了,而是品像奶酪一样香甜的太湖春天的气息)。

(12)回味——神游三山(闻冷香;慢品、静品、细品)。

准备:盖碗(三才杯)或玻璃杯若干,电随手泡一套,双层木茶盘一个,茶道具一套,锡茶叶罐一个,香炉一个,香一支,茶巾一条,碧螺春12克。

三、红茶茶艺

红茶茶性温和,滋味醇厚,醇如柠檬,甜如蜜糖,烈如白酒,润如奶酪,辛如肉桂,清如菊花,而且都能相互融合、相得益彰,调制出美味饮品。所以,红茶不重清饮,重调饮。这里只列举两例。

【实践11-5】　果味红茶茶艺

(1)预泡红茶——玉壶春潮连海平。

(2)投入配料——丹桂金橘报福音。

(3)冲茶搅拌——红雨随心翻作浪。

(4)分茶敬茶——一点一滴总关情。

准备:水晶碗一只,托盘一个,白瓷茶壶一把,大银勺一把,小银勺四把,三才杯四只,红茶6克,另加糖、桂花、小金橘。

【实践11-6】　浪漫音乐红茶茶艺

(1)配乐。歌曲《真的好想你》(周冰倩)。

(2)择器。晶莹剔透的高档玻璃杯。

(3)用料。红茶、方糖、鲜奶、红樱桃。

(4)制法。红茶汁加入方糖,红樱桃装边,鲜奶沿杯边缓缓倒入,如白云翻浪、如心潮翻滚、思念万千。

浪漫音乐茶艺,可以"随心所欲"的搭配,利用各种茶、低度酒、鲜奶、水果、果汁、鲜花、音乐来表达心愿。

四、花茶茶艺

花茶属再加工茶,一般用香花来命名,如茉莉花茶、白兰花茶、桂花茶等。

【实践11-7】　茉莉花茶茶艺

(1)烫杯——春江水暖鸭先知(指烫杯后冒热气)。

(2)赏茶——香花绿叶相扶持(一品,即目品——观茶色,干闻花茶香气)。

(3)投茶——落英缤纷玉杯里(晋代文学家陶渊明《桃花源记》中的名句)。

(4)冲水——春潮带雨晚来急(高冲水,90℃,花茶随水翻滚)。

(5)闷茶——三才化育甘露美(盖为天、托为地、杯为人,天、地、人合一)。

(6)敬茶——一盏香茗奉知己(捧杯齐眉,行点头礼,从右到左)。

(7)闻香——杯里清香浮清趣(二品,即鼻品——从盖与杯缝中间闻茶香)。

(8)品茶——舌端甘苦入心底(三品,即为口品——从盖与杯缝中喝茶汤)。

(9)回味——茶味人生细品悟(指天、地、人之间的感悟)。

(10)谢茶——饮罢两腋清风起(唐代诗人卢仝名句:“唯觉两腋习习清风生”)。

准备:三才杯(即小盖碗)若干只,白瓷茶壶一把,过滤网一个,木制托盘一个,开水壶2把,青花茶荷一个,茶道具一套,茶巾一条,废水盅一个,花茶每人2~3克。

【实践11-8】 北京盖碗茶茶艺

北京人爱喝花茶,称之“香片”。

(1)恭迎宾客。

(2)呈展茶旗。

(3)敬宣茶法(廉、美、和、敬。廉俭育法;美真康乐;和诚相处;敬爱为人)。

(4)精选香茗(为三伏天茉莉花花最香时加工)。

(5)理火烹泉。

(6)鉴赏甘霖。

(7)摆盏备具(盖、碗、托三位一体、象征天、地、人不可分离)。

(8)流云拂月(指温盏、升温)。

(9)执权投茶(应从金、木、水、火、土五个方位投茶,每碗3克)。

(10)云龙泻瀑(先注水少许,湿润茶叶,再悬壶高冲,茶叶上下翻腾)。

(11)初奉香茗。

(12)陶然沁芳(左手托碗托,右手拿碗盖,拂茶汤、闻香、观色,缓啜三口)。

(13)百味凝香(指加茶食——点心)。

(14)重酌酽香(盖碗茶要热饮)。

(15)泉入龙潭(剩1/3时注水)。

(16)品评江山(指眼观、鼻嗅、口尝)。

(17)即兴颂章(清诗思,助诗兴,颂诗篇)。

(18)书画会赏。

(19)尽杯谢茶。

(20)叶嘉酬宾。

(21)洁具收盏。

(22)茶仓归一。

(23)再宣茶法。

(24)致谢话别。

准备:盖碗若干,电随手泡一套,双层木茶盘一个,茶道具一套,锡茶叶罐一个,茶巾一条,花茶15克。

五、宗教茶艺

禅茶茶艺是在茶艺中融入了禅机或以茶艺来昭示佛理。禅茶适用于修身养性、强身健体的茶艺,告诉人们放下世俗的烦恼,抛却功利之心,以平和虚静之心,领略“茶禅一味”的真谛。

【实践 11-9】 武夷留春茶艺(道教)

(1)静心——抱元守一。 (2)候汤——调和五行。 (3)炀盏——烫杯温鼎。
(4)投茶——瑞草入瓯。 (5)摇茶——灵丹受热。 (6)干闻——采气调息。
(7)开汤——倾注玉液。 (8)刮沫——风吹浮云。 (9)洗茶——雨润仙草。
(10)烫杯——仙子沐淋。 (11)二冲——再注甘露。 (12)焖茶——乾坤交泰。
(13)闻香——餐霞服气。 (14)斟茶——玉池水涨。 (15)赏色——春色无边。
(16)品茶——涤心洗髓。 (17)回味——金液还丹。 (18)谢茶——归根复命。

准备:每人炭火炉一个,小水壶一把,三才杯(盖碗)一只,品茗杯一个,圆形双层瓷茶盘一个,茶巾一条,乌龙茶 5 ~ 7 克。

【实践 11-10】 五台山礼佛茶茶艺

(1)莲步入场。 (2)焚香顶礼。 (3)礼佛三拜。 (4)普施甘露。 (5)打坐禅定。
(6)抽衣净手。 (7)烫杯泡茶。 (8)敬茶献茶。 (9)收杯接碗。 (10)问讯退场。

准备:香炉一个,香一札,双层茶盘一个,紫砂壶一把,托盘一个,锡茶叶罐一个,茶道具一套,茶巾一条。

六、民俗茶艺

中国民俗茶艺有湖南擂茶,闽潮功夫茶,四川盖碗茶,桂北普洱茶,云南盐巴茶,白族三道茶,西藏酥油茶,蒙古奶茶,等等。

第十二章　插花艺术与实践

我国著名科学家高士其在《花的启示》一文中写道:“花开在人类的生活中,花更开在人类的心灵中。”《花的启示》告诉我们:在建设社会主义精神文明的今天,我们不仅要追求外在的美,更要追求内在的美;不仅要追求形象的美,更要追求精神的美,只有这样才是真正符合人类的美学观念。

从人类认识自然到改造自然,从最初的生存需要到现代生活对美的追求,插花艺术正是迎合人类审美、创美的要求而形成并发展起来的,印证了人类的文明和进步;插花艺术通过艺术加工,既让花材、花语、色彩、造型来表达创作者美的意念情感,又将花材、花语、色彩、造型配置成一件精致美丽、富有诗情画意、再现大自然美与生活美的艺术品。它能陶冶情操,使人赏心悦目,又能烘托和渲染环境气氛;它既是优美的室内装饰品,同时又是馈赠、接待宾客等的高雅礼品。鲜花艺术、鲜花礼仪成为当今社会建设精神文明生活的一种高品位的新时尚。寓情于花花生情,蕴爱于花花生爱,花草情深就成为现代社交活动联系友情的纽带。

第一节　插花艺术的基本知识

一、插花艺术的概念

插花艺术就是将花朵、叶片、果实、枝条、根茎等材料,按照艺术的构图原则和色彩搭配,配合生活的时间、空间、用途等,经过一定的技术(修剪、整枝、弯曲)和艺术(构思、造型、设色)加工,巧妙地组合在一起,使之成为一件既有一定象征意义,又能充分展示花的自然美的艺术品。准确地说,插花就是花的艺术造型设计。插花艺术是一门融文化素质、艺术修养、生活情趣、个人品位为一体的艺术创作活动。所以说,插花是用心意、心境来创作花的造型,用花型来表达心态、心声的一门再现大自然美和人工美完美结合的造型艺术。

二、艺术插花的分类

(一)按用途分类

1. 艺术插花

主要用来供艺术欣赏和美化环境的一类插花。它的形式灵活多样、选材广泛,作品注重创造丰富的意境和表达较深的思想内涵。

2. 礼仪插花

即用于社交礼仪、婚丧礼庆等场合用的插花。它可以传递友情、亲情、爱情,又可以表达庆祝、欢迎、敬重、致喜、慰问、哀悼等。礼仪插花在生活中几乎天天能见到,如各种节日和纪念日常用的花篮(生日花篮、庆典花篮、婚礼花篮、慰问花篮、迎宾花篮)、各种花钵、瓶花、桌饰、花束、胸花、花环、捧花等。丧葬插花一般用花圈,也有用花篮或花束的。

(二)按花材性质分类

根据所用花材可分为鲜花插花、干花插花、人造花插花、混合式插花。

1. 鲜花插花

选用鲜花插花,因为是自然花材,色彩绚丽,花香四溢,给人以清新、鲜艳美丽、真实的生命力美感,最易表现出强烈的艺术魅力。

2. 干花插花

选用经过脱水、加工后的自然植物材料。它们既不失原有植物的自然形态美,又可随意染色,而且插作后经久耐用,管理方便,不受采光限制。干花插花一般多用于宾馆、饭店的走廊、底楼,灯光暗的餐厅以及楼梯平台角落、咖啡店、酒吧间等。

3. 人造花插花

所用花材是人工仿制的各种植物材料,有绢花、涤纶花、水晶花、塑料花等。适宜大型舞台、橱窗的装饰,婚礼上、家庭居室中也多有应用。

4. 混合式插花

即将干花、人造花和鲜花混合使用。

(三)按所用容器分类

根据所用容器样式可分为瓶花、篮花(用各种花篮的插花)、钵花、盘花、壁花(贴墙的吊挂插花)等。

(四)按艺术表现手法分类

一般可分为写意式插花、写景式插花(盆景式)与装饰性(抽象式)插花。

三、艺术插花的形式

当今世界插花流派众多,然而,从总体上可以分为三种。一是以中国、日本等国为代表的东方风格的插花;二是以欧美国家为代表的西方风格的插花;三是自由随意插花,是一种完全突出个性的、抽象的、写意的插花形式。三者各有千秋,表现出不同的美学欣赏价值。

(一)东方插花艺术

东方风格的插花,中国和日本最具有代表性。中国是东方插花的主要发源地,历史悠久,可追溯到1500年前,由花引发的诗、词、茶、食品等,已经形成了中国的花文化。如在南史中就有这样一段描述:"有献莲华供佛者,众僧以铜罂盛水,渍其茎,欲华不萎。"也许"借花献佛"之名便因此而来。陶渊明《采菊》:"采菊东篱下,悠然见南山。"区区10个字,既表达诗人的娴雅心境,又描述了自然景色。南北朝的陆凯曾从江南遥寄长安范晔一枝梅花表达友情,并题诗:"折梅逢驿使,寄予陇头人,江南无所有,聊寄一枝春。"

(二)西方艺术插花

金字塔象征着埃及的古老文明,在金字塔内,法老与干燥的花瓣共室同眠,使人联想到古埃及人对花卉的爱意。欧洲文化的成熟,始于古希腊。古希腊人常用植物制成花环或插在花瓶里作为装饰品。色彩鲜艳丰富,追求块面效果,表现出热情奔放、雍容华贵、富丽堂皇的风格。

(三)自由随意插花

自由随意插花是在对东、西方插花艺术的学习、借鉴、融合基础上发展起来的,兼容了东、西方插花特点,是一种展示自我,突出个性化、抽象、写意的插花形式。

四、艺术插花的特点

(一)时间性强

插花艺术作品有集万紫千红、千姿百态为一身的美丽和魅力,但它绚丽的色彩、婀娜的姿容、清晰的芬芳终会随着时间的流逝而凋零。

(二)自娱性强

插花艺术作品可以展示个人的丰富内涵——或热情欢乐、或秀丽华贵、或坚韧刚毅品质与精神风貌。经常亲手制作插花艺术作品,能逐渐美化、净化心灵,陶冶情操,起到修身养性、增进友情和传递信息的作用。时常与花做伴,以花为友,有利于心身健康。

(三)表意性强

插花艺术作品是以形传神、以形传情、以形传意,形、神、情、意兼备。插花艺术作品最接近生活环境,是一种最容易被人们所接受的美化环境的方式、艺术修养及文化娱乐活动。如用于各种庆典仪式、迎来送往、婚丧嫁娶、探亲访友等社交礼仪活动中的礼仪插花;用于美化、装饰环境和陈设在家庭、餐饮、休闲场所、各种展览会上的艺术插花。

(四)装饰性强

爱美是人的天性和共性。插花艺术作品独具自然花材绚丽的色彩、婀娜的姿容、清晰的芬芳,时时处处释放着大自然清馨气息和大自然的美感,给人以回归大自然的心境和感觉。如鲜花插花即具自然花之材之美,色彩绚丽、花香四溢,又给人以清新、鲜艳、美丽、真实的生命力美感,最易表现出强烈的艺术魅力。

第二节　插花艺术的欣赏

插花艺术重色、重形、重质，但更重神韵与生命。插花艺术的欣赏应从插花作品的意境美、造型美和色彩美三方面入手。

一、意境美——千变万化的花意美

所谓意境，就是通过插花作品表现出来的情调和境界。

创作一个好的作品，要对人、事、地点、时间进行全面分析，形成一个创作主题，确定一种创作语言。当看到作品时，作品的思想、情感、语言、心迹都可以充分表达，即"此时无声胜有声"。将插花艺术融入自然天理和伦理道德等学说之中，从而在形式和内容上表现出如下意境。

（一）景物插花的意境

这类作品主要是体现出大自然的景物和园林景色，就像是一幅风景图画，对美景作夸张的描写。

（二）自然形体插花的意境

自然形体插花，具体表现就是用模拟的手法来表现植物自然生长的形态。当然，在模拟中要去粗存精，有选择地取舍。

【实物作品 12－1】《春华秋实》，运用百合、黄菊等鲜花和香蕉、苹果、梨、葡萄、橘子等水果合蓝来表现春意盎然和瓜果丰收的客观景致，表达了对生活甜美、殷实和收获的喜悦，情趣甚浓。

【实物作品 12－2】《春晓》，春晓利用桌面办公的简单笔筒，在高位插几枝银柳意示春天的来临，在低位插几枝玫瑰花。此作品花材简单，器皿简单，抒发了对浪漫醉人春光的喜悦，对生机勃勃春意的热爱，花寡意浓，悠悠深远，韵味无穷。

作品 12－1　《春华秋实》

作品 12－2　《春晓》

(三)心迹插花的意境

插花艺术的心迹意境表达,取决于它的题材、造型、内容和花卉、器皿等,还要充分考虑到插花作品将处的位置、时间、地点和所面对的人物。构思作品如图 12 –1 所示。

- 花枝叶草器 — 构思作品
  - 人
    - 老人:幸福长寿
    - 孩子:学业进步
    - 恋人:爱情甜蜜
    - 友人:友谊长存
    - 病人:健康快乐
  - 环境
    - 庆典:气派、喜气洋洋
    - 哀悼:庄重、肃穆
    - 会议:和谐、大气
    - 居家:温馨、甜美
    - 办公室:简洁、大方
    - 病房:温暖、洁净
    - 商务:严谨、明快

图 12 –1　心迹插花的意境构思

(四)意境美的作品

意境美的作品是让花枝的造型讲话。

【实物作品 12 –3】《月亮代表我的心》,用白色或淡黄色康乃馨或玫瑰或非洲菊衬以针叶等插成一个弯弯的月亮。

【实物作品 12 –4】《一帆风顺》用针叶裁剪成风帆状,以白色、红色的菊花或玫瑰花相衬,用绿叶插成大海波涛。以花来作为我们的“情感语言”表达,必定收到美好的“情感效应”。

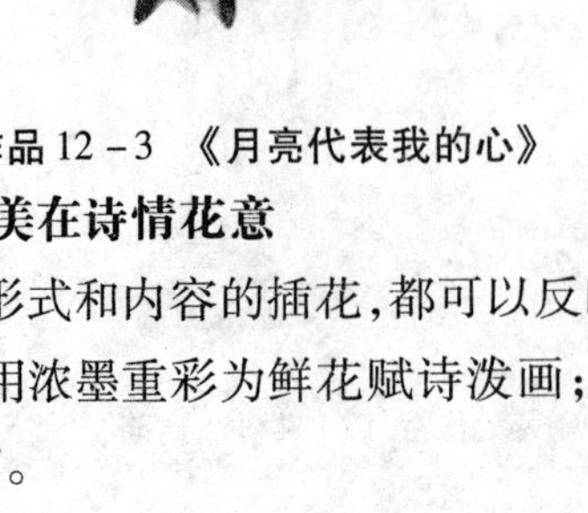

作品 12 –3　《月亮代表我的心》

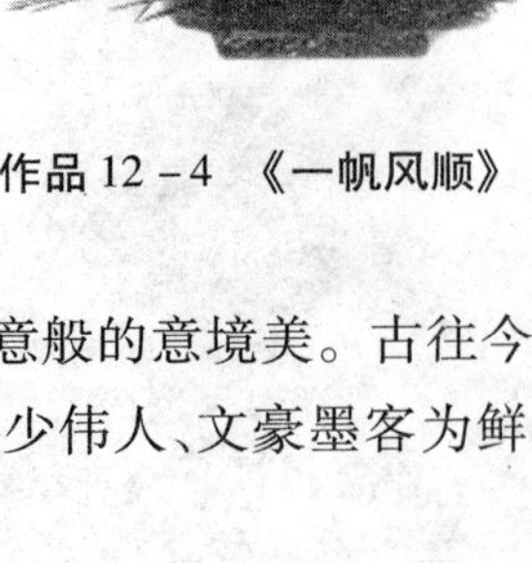

作品 12 –4　《一帆风顺》

(五)意境美在诗情花意

不论何种形式和内容的插花,都可以反映出诗情画意般的意境美。古往今来,不知有多少诗人、画家,用浓墨重彩为鲜花赋诗泼画;又不知有多少伟人、文豪墨客为鲜花撰文著说,赞颂它、描绘它。

卜算子·咏梅

毛泽东

风雨送春归，飞雪迎春到，
已是悬崖百丈冰，犹有花枝俏。
俏也不争春，只把春来报，
待到山花烂漫时，她在丛中笑。

卜算子·梅花

（宋）陆 游

驿外断桥边，寂寞开无主。
已是黄昏独自愁，更著风和雨。
无意苦争春，一任群芳妒。
零落成泥碾作尘，只有香如故。

桃 花

（宋）朱淑真

每对春风竞吐芳，胭脂颜色更浓妆。
含羞自是不言者，从此成蹊入醉乡。

瑞香花

（宋）王十朋

真是花中瑞，本朝名始闻。
江南一梦后，天下仰清芬。

牡 丹

（唐）皮日休

落尽残红始吐芳，佳名唤作百花王。
竟夸天下无双艳，独立人间第一香。

（六）意境美在花的语言

花中所蕴涵的生命韵律让人感动。人在欣赏花的自然美的过程中把情感体验赋予花，因此就出现了花的拟人化和花文化。人们对花赋予了不同的语言俗称花语，不同地方、不同民族，花语也有不同。因此在礼仪插花的创作过程中，需要考虑尊重民族传统和地域习俗，了解花语禁忌，以免造成误会。

1. 传统插花的寓意

国色天香——牡丹
亭亭玉立——荷花
春风一家——桃、李、杏
岁寒三友——松、竹、梅
竹菊傲霜——竹子、菊花
四君子——梅、兰、竹、菊
玉堂富贵——玉兰、海棠、牡丹
雪中四友——梅、腊梅、水仙、山茶
四季名花——春兰、夏荷、秋菊、冬梅
五地名花——井冈杜鹃、漳州水仙、洛阳牡丹、成都海棠、昆明山茶

2. 现代花语

(1)牡丹:代表国色天香、繁荣昌盛、富贵荣华。

(2)玫瑰:美好常在,和平友好,青春常驻是玫瑰的总体语言,同时根据其不同的颜色又有更具体的含义。如粉玫瑰——初恋,红玫瑰——热恋,白玫瑰——父爱,黄玫瑰——道歉。

(3)百合花:代表纯洁和庄严。不同颜色的百合有不同寓意,如白百合——纯洁,黄百合——虚伪,山百合——庄严,百合——百年和好、合家欢乐。

(4)蝴蝶兰:代表我爱你。用于新娘头花,朦朦胧胧的花色和白色婚纱突出新人对浪漫情调的追忆。

(5)鹤望兰:代表含情脉脉、翘首以待、期盼归来。

(6)剑兰:代表步步升高,前程似锦,事业发达,宜赠送朋友。

(7)康乃馨:代表母爱,绵绵爱意。不同颜色的康乃馨有不同寓意,如深红色——热烈的爱,粉红色——我爱你,白色——纯真的爱,黄色——友谊更深。

(8)马蹄莲:代表少女的清纯,白衣少女亭亭玉立,为国外(欧美)婚礼的新娘捧花之一。

(9)菊花:代表清高、长寿,历经风霜和顽强的生命力。黄菊——淡淡的爱,白菊——哀悼之意,暗红色——娇媚、娇贵,但白菊在日本代表纯洁、贞洁、诚实。

(10)非洲菊(扶郎花):可扎成花束作庆典、点缀居室。

(11)火鹤:代表大吉大利,喜庆佳节,庆贺;在欧美可送情人,代表献上一颗火热的心;也可做新娘捧花。

(12)向日葵:代表憧憬、光辉、敬意。在希腊神话中,水泽女神痴恋太阳神阿波罗,道权神将她变成向日葵,使其终身追随阳光。大盘向日葵——你很优秀,小盘向日葵——对你崇拜。

(13)勿忘我:代表永恒的爱,花中情种,永不变心,爱情永恒,友谊长存。此花得名还有一个小故事,在欧洲,一名骑士带恋人去海边,恋人看到海水中漂着一束花,便去拾花束,被海浪卷走,在消失的那一刻,她把花抛向骑士,喊着"勿忘我"。故此花成为爱情信物。

(14)满天星:代表清纯、思念,温柔多情,楚楚动人。插花时,可用作陪衬花,使花束更美、更可人。

(15)兰花、君子兰:代表淡泊名利,高风亮节、不畏强权,奋发向上。

(16)莲花(荷花、芙蓉花):代表清廉自重,甘愿奉献,出污泥而不染。

二、造型美——千姿百态的花姿美

前面我们已经论述了意境美和花的语言，很显然意境美和花语的表达离不开理想的造型。造型需要更多的艺术想象，为了更好地理解造型的知识，应该首先对插花的各元素有一定的了解。

在插花作品中花是主角，插花者应把握花的形态和颜色表现出其内在的深刻意义。枝作为一个独立的元素，是极具线条感的插花材料，其作用主要是衬托主花，使整个作品要传达的信息变得强烈。红花虽好还需绿叶扶持，插花时决不能低估叶的作用。插花作品不仅要建立花的比例关系，还要寻找合适的叶子作为衬景，甚至有时插花的意境完全是由枝叶唱主角的。叶子有各种颜色和质感，叶脉也各具特色，叶纹上更有水珠、晕色、斑驳等多种变化。此外，作为衬枝之一的草也是不可忽略的。

花器是构思插花布局前所必须考虑的因素。花篮和花钵质地多样，可由金属、玻璃（或磨砂玻璃）、陶瓷、竹材、塑料等制成，形状多样，有杯状、碗状、浅盆状、台座状、缸状或高脚状，也有圆形、椭圆形、长方形等。衬饰，要以起到突出主题、锦上添花的作用，在花器下摆放一块艺术板，作品中加上圆木、枯木、贝壳、鹅卵石等小摆设，有渲染气氛的效果。在不同的季节及喜庆日子里，不同的花材可以给人们带来不同的感受。例如，一朵睡莲，可给人一种悠然自得、忘我于夏日的闲情；桃花则使人想起新的一年开始和大地回春。必须注意，所选花材时间的统一，不应以桃花与夏季的睡莲或姜花为伴，而应当配以同在春天的花草。插花作品除了本身是一个整体外，与周围的环境也是连成一体的。插花艺术，是运用色彩和造型等手段，创作出可见的具体视觉形象，以此来传递、表达思想情感和内心世界。

（一）插花艺术的造型分类

早在明朝文学家袁宏道就归纳了插花技巧："一枝二枝正，三枝四枝斜；宜直不宜曲，斗清不斗奢。"插花不可太繁，亦不可太瘦，多不过两、三种，高低疏密，如画苑布置方妙。还有明朝张谦德著有《瓶花谱》，他描述："假如瓶高一尺，花出瓶口一尺三四寸；瓶高六七寸，花出瓶口八九寸乃佳；忌太高，瓶易仆；忌太低，雅趣失。"清朝陈淏子也对插花有"若二枝须高下合宜"之说。现代插花造型分类一般有以下两种：

1. 对称的构图法

即对称插花，是在假定的中轴线两侧或上下均齐布置，为同形同量，感觉是完全相等的状态。对称的插花，不太讲究花体与花器之间的比例关系，以稳固为度；也不太讲究疏密变化，主要为匀称排列，常用的造型有球形、半球形、扇面形、金字塔形、瀑布形等。对称构图插花常使用的场合是餐桌上的台花、送礼的花篮、迎宾花束、新娘捧花、花环等。

（1）四面观赏的花体：用五枝花定位，第一枝花为顶部，另外的四枝花插在花体的前后左右，以确定花体的高度（如图 12－2 所示；实物插花作品见附录三球形插花）。

（2）单面观赏的花体：用三枝花定位，方法是将第一枝花为顶部，确定高度，另外两枝插在左右，限定花体的宽度（如图 12－3 所示；实物插花作品见附录三塔形、倒 T 形插花）。

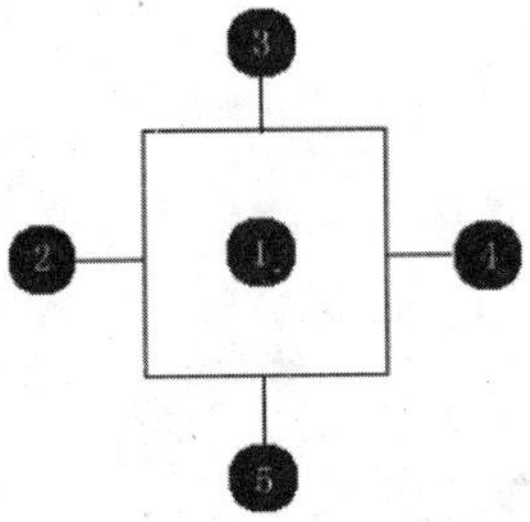

图 12－2　四面观赏插花(俯视)示意图

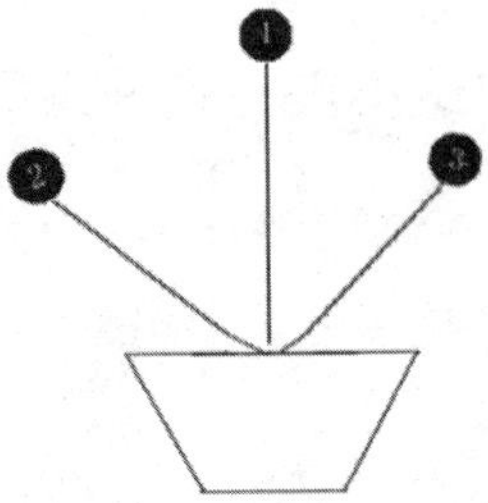

图 12－3　单面观赏插花(正面)示意图

2. *不对称的构图法*

可以用多种变化形式构图,其特点是以不对称的均衡为原则,富于变化,可以得到活泼、自然的艺术效果,但不易掌握。如以不等边三角形的构图方法来确定造型,充分利用线条变化。

一般插花形式,以三主枝高度计算:插花界早就有"天、地、人"专门名词,构成花型的三条线称为主枝。主枝的主要任务是表现插花的高度、宽度、深度,以明显表现其轮廓,因此主枝倾斜的高度又决定花型的形态及从枝的长度。第一主枝称为"天",等于花器尺寸的 2 倍,为三主枝及整体插花的中心;第二主枝称为"人",等于花器尺寸的 1.5 倍;第三主枝称为"地",等于花器尺寸的 1 倍。只要掌握这个比例关系,把三枝花的位置、角度略微变化一下,就能产生各种不同形状的图案。

由此三个定位枝点,形成不等边三角形,再将每一主枝部分插入辅助花材,这样虽为主枝,同时也是"从枝"。从枝可随插花者的喜好增减,从枝插得好坏直接影响整个插花作品的好坏,无论主枝如何重要必须用从枝进行补充(如图 12－4 所示;实物插花作品见附录三 L 形插花)。

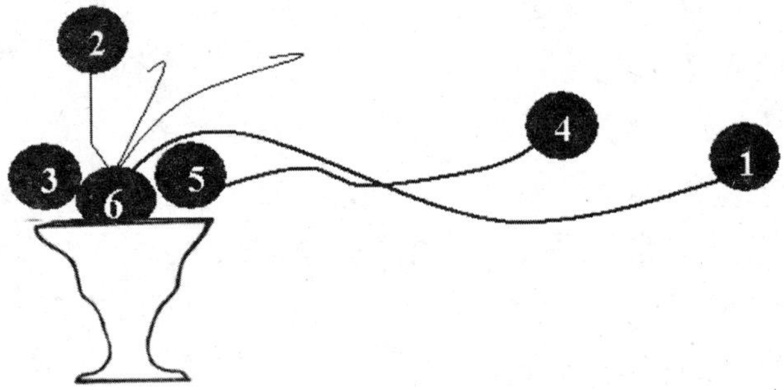

图 12－4　不对称插花(正面)示意图

不对称的插花图常使用的场合有献花花束、居家花艺、新娘头花。

(二)造型的基本形式

中外的插花大致可以归纳出五种基本样式,即直立式、倾斜式、悬崖式、平卧式、漂浮式。前四式中又分单面观赏式、两面观赏式和四面观赏式。

1. *基本对称式插花*

第一主枝基本是直立状为基准,所有插入的花卉,都呈自然向上的势头,整个作品充满了蒸蒸向上的勃发生机。此式适用于各种正式场合和迎宾花束。

(1)球形(四面观赏式)、圆形(空心)构图及插花。球形构图,花、叶、草组成分布均匀的圆球状，可做成大型的庆典或迎宾花球、花柱、花环、腕花（如图 12－5 所示；实物插花作品见附录三球形插花）。

（2）三角形（单面、两面观赏式）、塔形（四面观赏式）、圆锥形（四面观赏式）构图及插花。三角形、塔形、圆锥形构图，以主花呈直立状，上尖，向下渐宽，似宝塔状（如图 12－6 所示；实物插花作品见附录三三角形插花）。

① 球形插花（正面）示意图

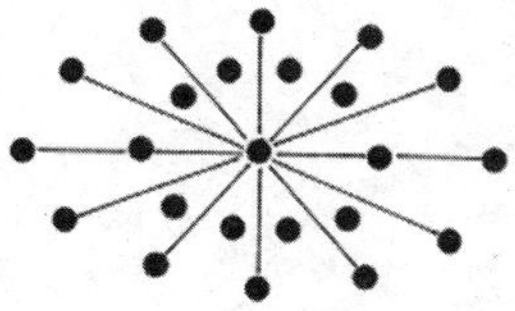

② 球形插花（俯视）示意图

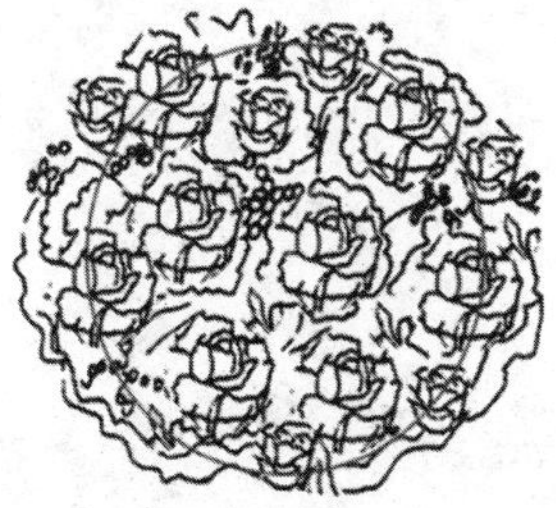

③ 球形插花效果图

④ 圆形（空心）插花效果图

图 12－5　球形、圆形插花示意图及效果图

① 三角形插花示意图

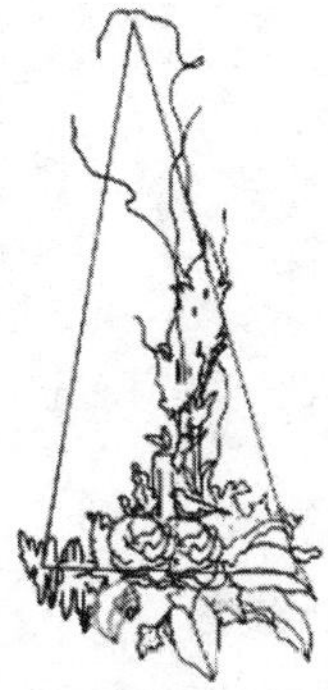

② 三角形插花效果图

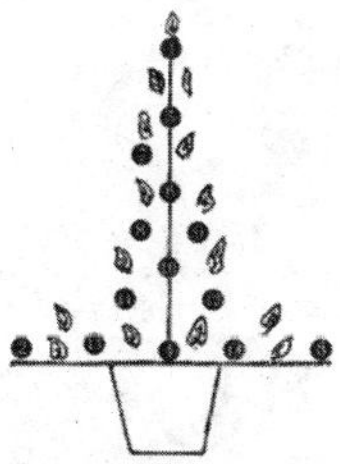

③ 塔形插花示意图

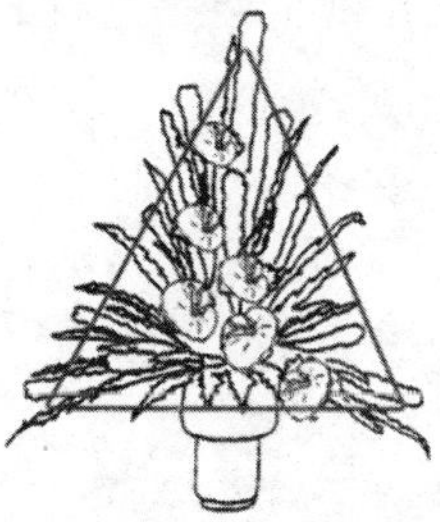

④ 三角形、塔形效果图

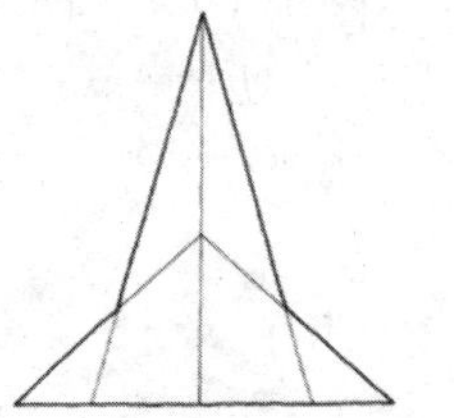

⑤ 圆锥形立体示意图

⑥ 圆锥形插花效果图

图 12－6　三角形、塔形、圆锥形插花示意图及效果图

（3）放射形（扇形）、圆弧形（单面或两面观赏式）构图及插花。放射形、圆弧形构图，以花朵为主体，大花或花朵密集的部分为中心，圆弧状向外发展，最外部可以用细长的叶片钩形，创造延伸效果（如图 12－7 所示；实物插花作品见附录三扇形插花）。

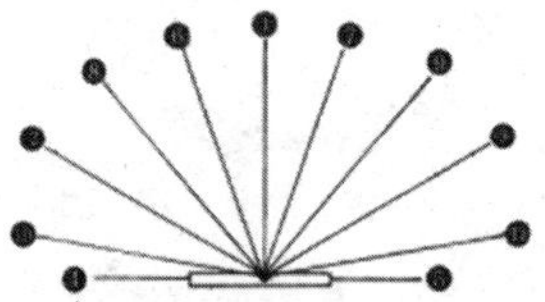

① 放射形插花示意图

② 放射形插花效果图

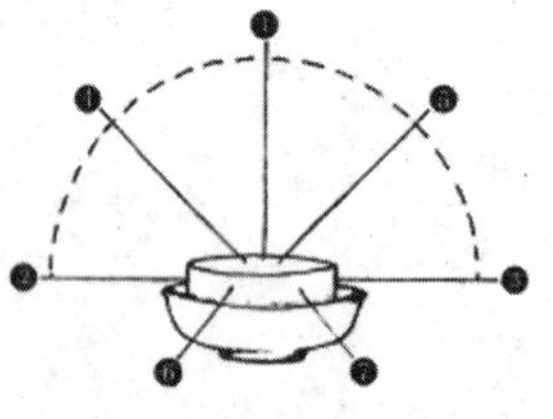

③ 圆弧形插花示意图

④ 圆弧形插花效果图

图 12－7　放射形、圆弧形插花示意图及效果图

2. **不对称式（异形）插花**

异形式插花的图案很多，可以根据个人的想象，根据备有的花材，设计出各种各样的造型。基本不对称式插花既可以是对称式插花造型上的演变（如图 12－8 所示），也可以是完全不对称式的插花造型。

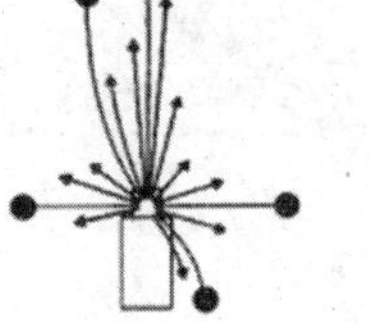

① 组合 L 形 +S 形

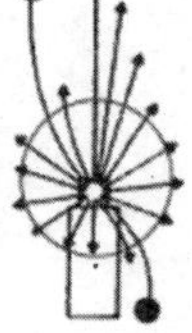

② 圆锥形 +S 形

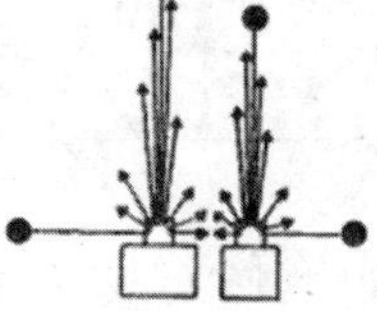

③ 双 L 形

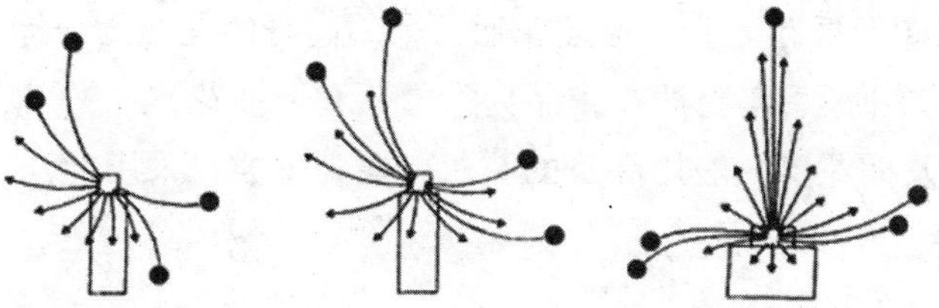

④ 月形 +S 形　　⑤ 双月形　　⑥ T 形 +S 形

图 12－8　异形插花示意图

(1)倾斜式构图及插花:以第一主枝倾斜于花器一侧为标志,似乎含有“疏影横斜”的韵味。第一主枝表现的位置是在垂直线左或右 30°之外,至水平线以下 30°为止的两个 90°的范围里。第二、第三主枝都是围绕第一主枝进行排列变化,可以呈直立状,也可以是下悬状,以与第一主枝形成最佳呼应势态为原则保持统一趋势(如图 12－9 和图 12－10 所示)。倾斜式插花适用于较为休闲、娱乐、居家的场合。

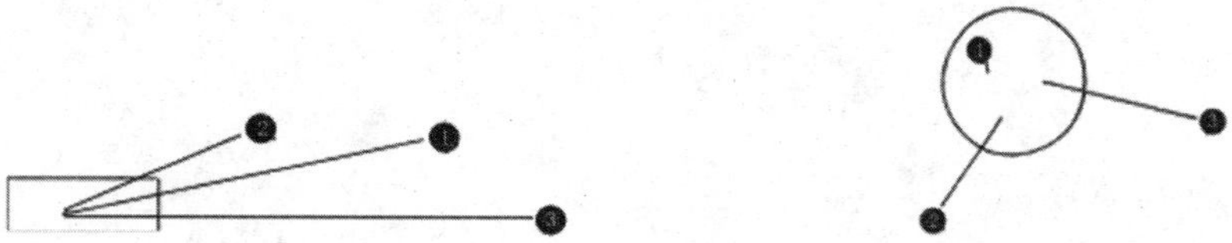

① 正面示意图　　② 俯视示意图

图 12－9　倾斜插花示意图

① 倾斜式花枝　　② 倾斜式叶枝

图 12－10　倾斜式插花效果图

(2)L 形构图及插花。以图 12－11①平卧式 L 形为例,花插座置于盆心的左边,让第一主枝呈直立状,第二主枝微斜插于左侧,第三主枝在右侧横插于贴近盆面的位置,插好后的图形(如图 12－11②所示;实物插花作品见附录三 L 形插花)。

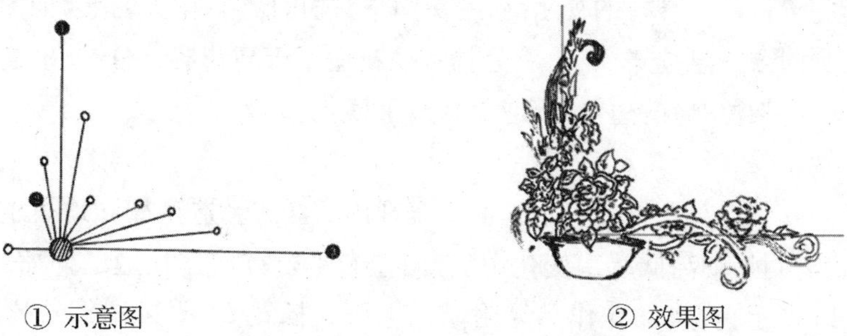

① 示意图　　② 效果图

图 12－11　L 形插花示意图及效果图

(3)新月形构图及插花。新月形插花通常采用高身的花瓶为容器,由鲜花、枝、叶组成的L形状(如图12－12所示;实物插花作品见附录三L形插花)。

(4)S形构图及插花。一般用高身的花瓶或在高位插花采用此法(如图12－13所示;实物插花作品见附录三S形插花)。

① 示意图　　② 效果图

图12－12　新月形插花示意图及效果图

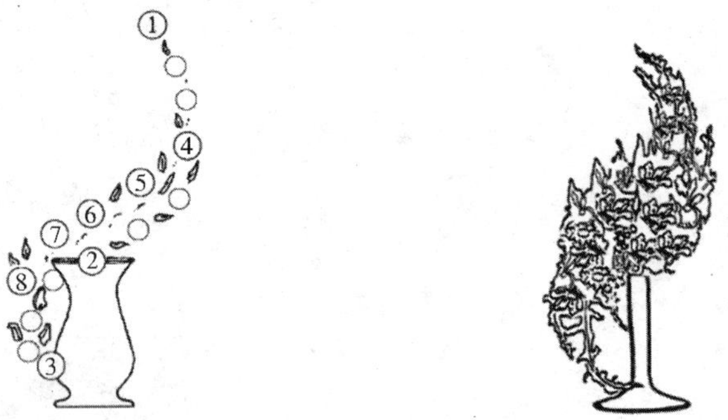

① 示意图　　② 效果图

图12－13　S形插花示意图及效果图

3. **悬挂式插花**

以第一主枝在花器上悬挂下垂,作为主要造型特征。其形如高山流水、瀑布倾泻,又似悬崖上的葛藤垂挂;线条简洁夸张,格调高逸。

方法:第一主枝由上向下弯,在平行线以下30°外的120°的范围里。第二、三主枝的插入稳定重心即完善作品。悬挂的视角高,花头向下;视角低的,花头朝上(如图12－14所示;实物插花作品见附录三悬挂式插花)。悬挂式插花适用于高花器、壁挂及吊挂在高处的花器中,或挂在玄关、书架、房屋的边角处,或是新婚手捧花。

4. **平卧式插花**

平卧式插花是以全部花卉在一个平面上表现出的样式。造型如同地被植物匍匐生长的姿态,花枝间没有明显的高低层次变化,只有向左右平行方向作长短的伸缩,同样具有装饰性(如图12－15所示;实物插花作品见附录三平卧式插花)。平卧式插花比较适合于主席台、会议桌和餐桌的布置,以避免挡住就坐人的视线。平卧式插花同时又适合于俯视的装饰环境和受到环境因素限制的地方摆设。

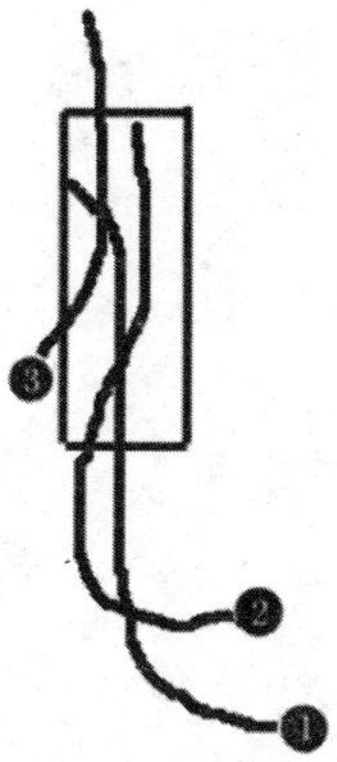

① 示意图

悬崖式插花蓝

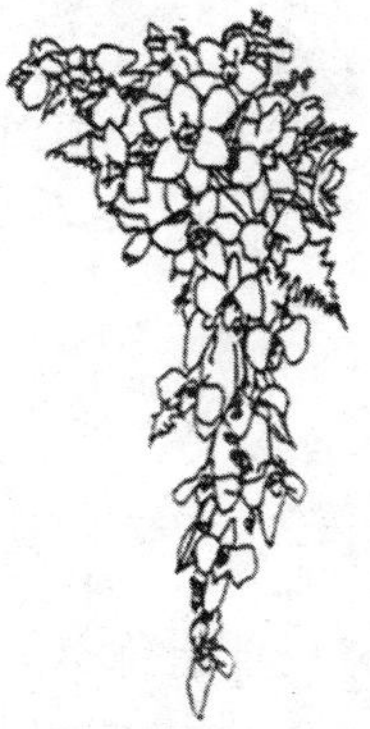

新娘捧花

② 效果图

图 12－14　悬崖式插花示意图及效果图

① 平卧式插花示意图

② 椭圆形平卧式插花效果图

③ 方形平卧式插花效果图

④ 作品 12-5《庆护士节》

图 12－15　平卧式插花示意图、效果图及作品

【实物作品 12－5】《心》如“心”形平卧式插法，先用花纸包好“心”形花泥，中心用 99 朵红玫瑰插成心状，再用勿忘我围绕，长青树叶镶边，满天星点缀，适用于作新婚洞房床花或车花。再如护士节，用红玫瑰或红色康乃馨插成“心”形的外圈，内用黄色玫瑰或康乃馨插成“5 · 12”，以天门冬衬底，表达护士的一片爱心和护士节的喜庆。

5. 漂浮式插花

取美丽的玻璃器皿，如玻璃花瓶、玻璃盘、玻璃酒杯、玻璃烟灰缸、笔洗等，先放水，后放花或小草，宜少不宜多（如图 12－16 所示；实物插花作品见附录三漂浮式插花），适合点缀餐桌、酒吧台、洗手间、办公桌等。

图 12－16　漂浮式插花效果图

三、色彩美——万紫千红的花色美

插花艺术既要有优美的造型,又要有明艳的色彩,两者均是构成优美形象的主要因素。

(一)色彩的感情效果

色彩能够影响人的情绪,不同的色彩会引起不同的心理反应。不同的民族和传统习惯,不同的文化修养、性别、年龄等,会对色彩产生不同的联想效果。因为色彩的象征和联想是一个复杂的心理反应,受到历史、地理、民族、宗教、风俗习惯等多种因素的影响。花材的色彩选择与合理配置,是关系到各类插花作品成败的关键问题,各类插花既要突出形式美又要突出色彩美。以下提供一些有关颜色选择的提示。

1. **红**:艳丽、热烈、富贵、兴奋。红色是传递欢乐喜庆情感的"使者",是热情活力的表达,能激发人们精神振奋、热血沸腾、情绪激昂。常用花材:玫瑰、山茶、扶桑、牡丹、火鹤、一串红、一品红、太阳花、美人蕉。

2. **橙**:明朗、甜美、成熟、温暖,象征丰收。常用花材:长春菊、万寿菊、金莲、天人菊。

3. **黄**:象征光辉、高贵、庄严,可以带给人类光明、开朗、希望和快乐的心理感受。常用花材:迎春花、丁香花、菊花、腊梅、玫瑰、大丽花。

4. **绿**:轻柔、生机、活力、宁静、健康、安详。绿色是生命的象征,是自然界一切有生命的生物和人类赖以生存的主宰色彩。它代表着希望、青春和力量,既能给人带来生机蓬勃的活力,又能给人带来安全、健康、舒适和恬静的宜人情怀。常用花材:绿萼梅、绿牡丹、松柏、棕竹、蒲葵、苏铁等。

5. **蓝**:清新、明快、安宁、深远、冷静。蓝色是平和的象征,能带给人宁静和恬淡以及心平气和的心理感受。蓝、绿、青都属于冷色调,能营造出醒脑、凉爽、清新的氛围。常用花材:飞燕草、霍香菊、牵牛花、风铃草。

6. **紫**:高贵、柔和、娴静、美丽。紫色在人们视觉中呈现的既是一种典雅、庄重、稳定的氛围,又带有一点神秘莫测的娴雅风韵,使人产生一种朦朦胧胧、若似梦幻的浪漫神秘情怀。常用花材:绣球花、紫茉莉、千日红、木槿、紫藤、紫薇、翠菊、牵牛花。

7. **白**:纯洁、高雅、朴素。白色,象征着纯洁和神圣。常用花材:山茶花、郁金香、百合花、菊花、白兰、大丽花、栀子花、玫瑰、玲兰、满天星。

(二)艺术插花的配色

插花色彩的配置,具体可以从三个方面进行研究。一是花卉与花卉之间的色彩关系,二是花卉与容器之间的色彩关系,三是花卉与环境、季节之间的色彩关系。这三方面的关系若能正确掌握,插花配色就能得心应手了。

花卉与花卉之间的色彩关系,可以用多种颜色来搭配,也可以用单种颜色,但要求配合在一起的颜色能够协调。同时,别忘了青枝绿叶重要的辅佐作用。

花卉间的合理配置,还应注意色彩的重量感。色彩的重量感主要取决于明度,明度高者显得轻,明度低者显得重。正确运用色彩的重量感,可使色彩关系平衡和稳定。例如,在插花的上部用轻色、下部用重色;或者是体积小的花体用重色、体积大的花体用轻色。色彩的重量感与明度和色相有关。明度越高,膨胀感越强;明度越低,收缩感越强。暖色具有膨胀感,冷色具有收缩感。

花卉与容器的色彩要协调。可采用两种组合方式:一是采用对比色组合,典型的例子是"万绿丛中一点红";二是调和色组合(含单纯色、同类色、近似色),例如各种黄色的非洲菊配上黄绿色的西草。

插花实践和欣赏艺术插花最高境界是心中有花,心花如一。这两者都是借助于花的形态、色彩、语言、造型、去吟诵一首诗,绘出一幅画,奏响一乐曲,表达一真情。

附　录　师生插花作品欣赏

扇形

平卧式

L形

倒T形

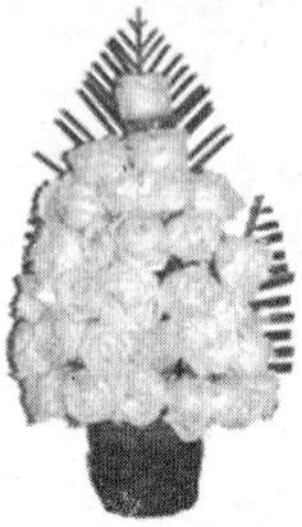
塔形

柱形

船形

三角形

悬挂式

S形

L形

I形

直立式

双L形

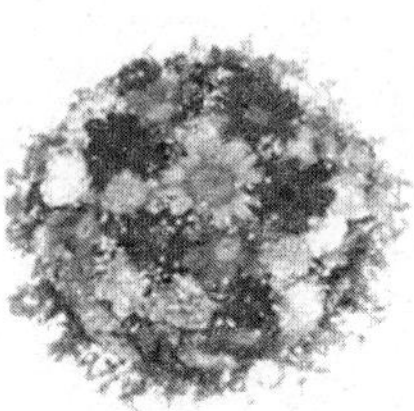
球形

漂浮式

参考文献与学习链接

1. 实用人才素质与能力测评委编写. 实用人才素质与能力测评[M]. 北京:企业管理出版社,2003.
2. 眭依凡. 青年形象改善[M]. 南昌:江西高校出版社,1991.
3. 曹荣. 比尔・盖茨的内衣[M]. 北京:中华工商联合出版社,2002.
4. 侯清恒. 快乐生活58招[M]. 北京:中国纺织出版社,2003.
5. 裴春秀. 公共关系与形象策划[M]. 北京:经济科学出版社,2001.
6.《读者》[J]. 甘肃人民出版社,2000-2009.
7. 胡艳芳. 怎样提高个人受欢迎度[M]. 乌鲁木齐:新疆人民出版社,2003.
8. http://wiki. mbalib. com
9. 刘少奇. 论共产党员的修养[M]. 北京:人民出版社,1962.
10. 曾盛聪. 论中国现代化进程中的公民伦理[J]. 社会科学,2005.
11. 史育华. 道义论在和谐社会建构中的实践价值[J]. 理论观察, 2007.
12. 邬昆如. 伦理学是什么——基本概念[J]. 哲学与文化,1996.
13. 李曙光. 中国新社会契约论[J/OL]. 中国企业家,2008(20)[2008-11-04].
http://www. cnemag. com. cn/fenxplun/newsfx/2008-11-04/174851. shtml
14. 万俊人. 论道德目的论与伦理道义论[J/OL]. [2009-01-27].
15. 常建坤. 现代礼仪教程[M]. 天津:天津科学技术出版社,2002.
16. 陆现柱. 公共关系学[M]. 北京:学苑出版社,2002.
17. 张大可. 礼仪大全[M]. 长春:时代文艺出版社,2002.
18. 口才训练方法 [2008-10-18]. http://www. Ms9527. com
19. 毕业生求职中的"职业礼仪"[2008-08-13]. http://www. jobcn. com
20. http://www. cnbm. net. cn/add/liyi. asp
21. http://www. thn21. com/Article/qing/15434. html
22. 劳动和社会保障部组织编写. 美发师[M]. 北京:中国劳动社会保障出版社,2001.
23. 苏曼云等. 新编经典盘发[M]. 西安:陕西旅游出版社,2002.
24.《读者》[J]. 甘肃人民出版社,2000-2008.
25. http://www. Prc-Cosmetics. com(中国国际美容网)
26. http://www. Zgmryx. com(中国美容医学网)
27. http://www. Cn-Cosmetic. com(中国美容化妆网)
28. 江蓝生,张国宪. 汉语语言文字基本知识读本[M]. 北京:人民出版社,2002.
29. 曾国全,吴建萍,张富翠. 应用写作[M]. 成都:巴蜀书社,2003.
30. 王光祖,杨荫浒. 写作[M]. 上海:华东师范大学出版社,1999.
31. 张芳霖. 公文处理与写作[M]. 南昌:江西高校出版社,2003.
32. 徐求真. 日常生活实用文写作[M]. 南昌:江西高校出版社,2003.
33. 何舟. 农村应用文[M]. 桂林:广西人民出版社,2001.
34. 胡建新等. 诸子精神译释[M]. 济南:济南出版社,1992.
35. 姚麟园等. 中学语文教师手册[M]. 上海:上海教育出版社,1981.
36. 周汝昌等. 唐宋词鉴赏辞典[M]. 上海:上海辞书出版社,1998.

37.《中国大学人文启思录》编委会.中国大学人文启思录[M].武汉:华中理工大学出版社,1996.
38.盛海耕.品味文学[M].上海:上海教育出版社,2001.
39.吴中杰.文艺学导论[M].上海:复旦大学出版社,2002.
40.全国干部培训教材编审指导委员会.古今文学名篇[M].北京:人民出版社,2002.
41.全国干部培训教材编审指导委员会.中国艺术[M].北京:人民出版社,2002.
42.郑家栋.儒教中国及其现代命运[M].北京:中国社会科学出版社,2000.
43.张舜徽译注.经典名言[M].长沙:岳麓书社,1997.
44.张明高等.鲁迅散文[M].北京:中国广播电视出版社,1992.
45.孟欣等.同一首歌20世纪中国流行歌曲精品[M].北京:现代出版社,2001.
46.邓必铨等.中外著名戏剧电影精彩对白[M].南昌:百花州文艺出版社,2001.
47.徐中玉等.大学语文[M].上海:华东师范大学出版社,1988.
48.欧阳中石.书法[M].北京:高等教育出版社,1992.
49.邓散木,邓国志.书法百问[M].天津:天津人民出版社,1981.
50.王冬龄.书法艺术[M].杭州:浙江美术学院出版社,1986.
51.刘晓晴.书法技法述要[M].上海:上海书画出版社,1986.
52.洛齐.书法与当代艺术[M].杭州:中国美术学院出版社,2001.
53.余德泉等.书法通[M].长沙:湖南大学出版社,1999.
54.欧阳龙.历代书法作品赏析[M].上海:上海书画出版社,1992.
55.程同根.书法欣赏与创作导学[M].北京:华夏出版社,2003.
56.中国书法家协会主办.中国书法[M].1986.
57.http://www.freehead.com
58.http://news.xinhuanet.com
59.韩程伟等.实用摄影教材[M].杭州:浙江摄影出版社,2002.
60.蔡林.摄影一点通[M].成都:四川科学技术出版社,1998.
61.丁彬萱.实用摄影手册[M].福州:福建科学技术出版社,2001.
62.陈文襄等.摄影技巧[M].郑州:河南科学技术出版社,2001.
63.董介文.摄影范例解析[M].杭州:浙江摄影出版社,1996.
64.骆飞.摄影创意36计[M].北京:中国摄影出版社,1996.
65.延百亮.摄影一本通[M].吉林:吉林摄影出版社,2003.
66.迈克尔·蓝福德.简明摄影教程[M].屠明非译.杭州:浙江摄影出版社,2001.
67.恩斯特·韦伯.摄影构图的最佳选择[M].贺西安,李海靖译.北京:中国摄影出版社,1993.
68.http://www.cphoto.net
69.http://image.baidu.com
70.音乐欣赏手册[M].上海:上海文艺出版社,1981.
71.肖复兴.音乐欣赏十五讲[M].北京:北京大学出版社,2003.
72.顾桐芳.交响音乐赏析[M].南京:南京师范大学出版社,2002.
73.朱秋华.西方音乐史[M].北京:北京大学出版社,2002.
74.徐飙.艺术欣赏[M].北京:中国文联出版社,2002.
75.杨仲华,温立伟.舞蹈艺术教育[M].北京:人民出版社,2003.

76. 冯双白. 舞蹈鉴赏[M]. 北京:高等教育出版社,2009.
77. 桂迎,赵丹丹. 舞蹈欣赏与创作[M]. 浙江:浙江大学出版社,2006.
78. 人民音乐出版社舞蹈组. 舞蹈的基本训练[M]. 北京:人民音乐出版社,1985.
79. 华东七省市、四川省幼儿园教师进修教材协编委员会. 舞蹈[M]. 上海:上海教育出版社,1990.
80. 孙光言. 中国舞分级考试教材(第五级)[M]. 北京:今日中国出版社,1996.
81. 肖灵. 舞蹈基础训练[M]. 南昌:江西高校出版社,1993.
82. http://www.chinadance.cn/
83. 林治. 中国茶艺[M]. 北京:中华工商联合出版社,2000.
84. 赵丁. 茶的故事[M]. 北京:地震出版社,2003.
85. 严英怀,林杰. 茶文化与品茶艺术[M]. 成都:四川科学技术出版社,2003.
86. 陈文怀. 茶之趣[M]. 杭州:浙江摄影出版社,2002.
87. 庄昭. 茶诗三百首[M]. 广州:南方日报出版社,2003.
88. 周君怡. 清心泡壶中国茶[M]. 北京:中国轻工业出版社,2002.
89. 林木. 听雨轩说茶[M]. 北京:中国物价出版社,2002.
90. 姚国伸,陈佩芳. 饮茶健身全典[M]. 上海:上海文化出版社,1995.
91. 范增平. 中华茶艺学[M]. 台湾:台海出版社,2000.
92. 陈子法. 茶艺[M]. 北京:中国劳动社会保障出版社,2003.
93. 茶艺知识. http://www.teachercn.com/Zxyw/Tsjs/2006-1/8/20060108175228310.html
94. 岭渊. 家庭插花1600例[M]. 乌鲁木齐:新疆美术摄影出版社,2002.
95. 陶今雁. 中国历代咏物诗辞典[M]. 南昌:江西教育出版社,1992.
96. 马大勇. 中国传统插花艺术[M]. 北京:中国林业出版社,2003.
97. 王琦. 插花2000问[M]. 北京:科学技术文献出版社,2000.
98. 韦力生. 插花要领200答[M]. 南京:江苏科学技术出版社,2003.
99. 马德. 插花造型设计[M]. 武汉:湖北科学技术出版社,2003.
100. 王立平. 新概念插花艺术设计-插花艺术高级[M]. 北京:中国林业出版社,2002.
101. 插花艺术. http://cathay.ce.cn/file/200902/16/t20090216_18217797_1.shtml

后　记

几年前,我们这群长期奋战在高等教育工作第一线的教师和从事高等教育管理的工作者,在实践中,深深感到高校大学生人文素质教育方面的窘迫和遗憾,在江西科学技术出版社和多方人士的帮助和支持下,我们实现了一个共同的追求和梦想———2004 年编写出版了《现代大学生人文素质与修养》这本书,并抱着既兴奋又忐忑的心情接受了读者和社会的检阅。回顾起来,令人欣慰的是,本书问世以来始终得到高校师生与社会诸多人士的欢迎和喜爱,有数百位老师和同学为本书写下书评,并将其作为日常学习、工作、生活的工具书;且认为这本书不仅仅是获取人文知识养料的重要途径,它对提升自身生活能力和生活情趣也是大有裨益的。本书问世以来三次印刷,得到了大家的厚爱,于 2006 年荣获江西省优秀教材一等奖,并入选为普通高等教育"十一五"国家规划教材。毫无疑问,这些对编著者来说是最好的肯定和鼓舞。

肯定就是对我们的信任,鼓舞就是对我们的希望。为了更好地服务于读者、回报读者的厚爱,本书现修订再版。我们认真总结了以往的经验,广泛征求了读者和社会各界的意见、建议,并在这一基础上进行了较大地修改,从而使该书更加适应学生要求、更加侧重教学实践、更加贴近人们的生活。但是,由于编著者水平所限,本书仍难免存在疏漏和缺陷,恳望读者一如既往地给予关注和提出批评。

本书的导言由黄河浪、郭华负责撰写;第一章《职业形象》由孔江联负责编写;第二章《职业人格、道德、伦理》由黄鹏(第一节),陈水福、肖绍闯(第二节),陈冰(第三节)负责编写;第三章《职业礼仪》由孔江联、万浔娟、陈冰负责编写;第四章《职业仪表》由孔江联、郭华、吴倞君(第一、二节)负责编写,何琴、郭华、孔江联(第三节)负责编写;第五章《职业文书与写作》由黄海啸、黄河浪负责编写;第六章《文学鉴赏》由黄河浪、杜玲、冯江负责编写;第七章《书法艺术与欣赏》、第八章《摄影艺术与欣赏》由付华荣、黄河浪负责编写;第九章《音乐艺术与欣赏》由郭华、杜玲、吴倞君负责编写;第十章《舞蹈欣赏与实践》由何琴负责编写;第十一章《茶艺欣赏与实践》由孔江联、郭华负责编写;第十二章《插花艺术与实践》由孔江联、李声华、吴洁华负责编写。封面设计、版面设计万浔娟;电脑制作钟世晗;绘图徐艳萍、唐健。

最后,我们要向为本书搜集资料、审核校对、编辑再版等工作付出辛勤劳动的同仁表示感谢,特别要感谢中共江西省委常委、宣传部部长刘上洋同志为本书再次写序;感谢江西省委宣传部、省教育厅等单位和各高校的领导和专家对我们的大力支持和帮助。正是因为有了这些难能可贵的关爱和支持,才有了本书的再版。

编　者

2010 年 6 月